तुलनात्मक राजनीति

तुलनात्मक राजनीति

कुसुम वाजपेयी

इशिका पब्लिशिंग हाउस
जयपुर दिल्ली

इशिका पब्लिशिंग हाउस

ए -25, ''गणेश सदन'', गली न. 4, आदर्श बस्ती,
बी.एल. हाउस के पास, टोंक फाटक,
जयपुर-302018 (राजस्थान) भारत
फोन : 0141-2761280, Mob. 9887532741
Email: ishikapublishinghouse@yahoo.in

दिल्ली कार्यालय : 102, प्रथम मंजिल, 'सत्यम हाउस'
4324/3, अंसारी रोड़, दरियागंज, नई दिल्ली - 110 002
फोन : 011-45652440

ISBN: 9788189471804

टाइपसेटिंग : बी.एस. कम्प्यूटर्स, जयपुर

मुद्रक : थॉमसन प्रेस, नई दिल्ली

प्रस्तावना

राजनीतिक विज्ञान के अध्ययन के साथ ही हम तुलनात्मक राजनीति का अध्ययन करते हैं तथा इसका क्षेत्र व्यापक है और राजनीति विज्ञान के साथ-साथ ही तुलनात्मक राजनीति का विकास भी प्रारंभ हुआ। अरस्तु को तुलनात्मक राजनीति का जनक कहा जाता है। वर्तमान समय में हम राजनीति विज्ञान के व्यवहारिक अध्ययन पर बल देते हैं लेकिन तुलनात्मक राजनीति अध्ययन को सरकारों को औपचारिक एवं संरचनात्मक पक्षों तक सीमित रखा गया है।

19 वीं शताब्दी में उन राष्ट्रों ने इसके अध्ययन पर बल दिया जो समान आर्थिक पृष्ठभूमि रखते थे। शीघ्र ही राजनीतिशास्त्र के विद्वानों ने विश्व में विद्यमान विभिन्न राजनीतिक व्यवस्थाओं में समानताओं व असमानताओं के बारे में जानना जरूरी समझा। इसके लिए उन्हें इन राज्यों के नेतृत्व, वहां की परम्पराओं, आर्थिक व सामाजिक परिस्थितियों आदि के कारण होने वाले परिवर्तनों की जानकारी के लिए उनका तुलनात्मक अध्ययन करना आवश्यक हो गया। इतना ही नहीं, उन्होंने इन देशों की शासन व्यवस्था को प्रभावित करने वाले गैरजनीतिक कारकों का भी तुलनात्मक अध्ययन किया। उन्हें अनुभव हुआ कि अरस्तु की परम्परागत पद्धति पर्याप्त नहीं है।

वर्तमान समय के विद्वानों ने सिद्धान्तों के निर्माण के साथ-साथ अध्ययन की विविध प्रणालियों का आविष्कार किया। इसके लिए उन्होंने अन्य विज्ञानों से उनकी शब्दावली भी उधार लेने से परहेज नहीं किया।

आधुनिक युग में तुलनात्मक राजनीति के अध्ययन में एक नवीन धारणा उत्पन्न हो रही है जिसके अंतर्गत माना जा रहा है कि किसी भी देश का राजनीतिक

व्यवहार विभिन्न राजनीतिक संस्थाओं के अध्ययन के द्वारा नहीं समझा जा सकता है।

वास्तव में विभिन्न देशों की शासन व्यवस्थाओं को राज्य व सरकार जैसी अवधारणाओं की तुलना करके नहीं समझा जा सकता क्योंकि इनके रूप, स्वभाव, व्यवहार व आदर्श भिन्न होते हैं और इन देशों की सामाजिक व आर्थिक परिस्थितियाँ शासकीय प्रक्रिया को एक निश्चित प्रकार का व्यवहार करने को बाध्य करती हैं।

आधुनिक काल के राजनीति-वैज्ञानिक व्यक्ति व समाज के राजनीतिक व्यवहार को गहराई से समझने के लिए किसी विशिष्ट समाज की राजनीतिक संस्कृति उसके राजनीतिक समाजीकरण तथा वहां की राजनीतिक संरचनाओं आदि का अध्ययन करते हैं। इस प्रकार तुलनात्मक राजनीति में विभिन्न स्तरों पर राजनीतिक क्रियाओं का अध्ययन किया जाता है।

कुसुम वाजपेयी

अनुक्रमणिका

1

तुलनात्मक राजनीति : उद्भव, प्रकृति और विषय क्षेत्र

राजनीति विज्ञान के अध्ययन के साथ ही हम तुलनात्मक राजनीति का अध्ययन करते हैं तथा इसका क्षेत्र व्यापक है और राजनीति विज्ञान के साथ-साथ ही तुलनात्मक राजनीति का विकास भी प्रारंभ हुआ। अरस्तु को तुलनात्मक राजनीति का जनक कहा जाता है। हैरी एक्सटीन के अनुसार, ''तुलनात्मक राजनीति के क्षेत्र का अतीत लम्बा और गौरवपूर्ण है।'' वर्तमान समय में हम राजनीति विज्ञान के व्यावहारिक अध्ययन पर बल देते हैं लेकिन तुलनात्मक राजनीति अध्ययन को सरकारों को औपचारिक एवं संरचनात्मक पक्षों तक सीमित रखा गया है। 19वीं शताब्दी में उन राष्ट्रों ने इसके अध्ययन पर बल दिया जो समान आर्थिक पृष्ठभूमि रखते थे। शीघ्र ही राजनीतिशास्त्र के विद्वानों ने विश्व में विद्यमान विभिन्न राजनीतिक व्यवस्थाओं में समानताओं व असमानताओं के बारे में जानना जरूरी समझा। इसके लिए उन्हें इन राज्यों के नेतृत्व, वहां की परम्पराओं, आर्थिक व सामाजिक परिस्थितियों आदि के कारण होने वाले परिवर्तनों की जानकारी के लिए उनका तुलनात्मक अध्ययन करना आवश्यक हो गया। इतना ही नहीं, उन्होंने इन देशों की शासन व्यवस्था को प्रभावित करने वाले गैरराजनीतिक कारकों का भी तुलनात्मक अध्ययन किया। उन्हें अनुभव हुआ कि अरस्तु की परम्परागत पद्धति पर्याप्त नहीं है। वर्तमान समय के विद्वानों ने सिद्धान्तों के निर्माण के साथ-साथ अध्ययन की विविध प्रणालियों का आविष्कार किया। इसके लिए उन्होंने अन्य विज्ञानों से उनकी शब्दावली भी उधार लेने से परहेज नहीं किया।

तुलनात्मक राजनीति के लम्बे विकास को **जी.के. राबर्टस** ने तीन भागों में विभक्त किया है–(1) अपरिष्कृत (2) परिष्कृत तथा (3) वृद्धिगत परिष्कृत। अध्ययन की सुविधा के लिए तुलनात्मक राजनीति के विकास को निम्नांकित तीन भागों में विभक्त करना न्यायसंगत है–

(1) द्वितीय विश्व युद्ध तक तुलनात्मक राजनीति का विकास

(2) तुलनात्मक राजनीति का द्वितीय युद्धोत्तर विकास

(3) तुलनात्मक राजनीति के विकास में वर्तमान योगदान।

द्वितीय विश्वयुद्ध तक तुलनात्मक राजनीति का विकास

द्वितीय विश्व युद्ध तक के तुलनात्मक राजनीति के इस दीर्घ समय चक्र को निम्नवत् मुख्य सीमाओं के तहत वर्णित किया गया है–

(1) द्वितीय विश्व युद्ध से पहले तक विकास

राजनीति विज्ञान के अध्ययन के क्षेत्र में प्रमुख रूप से दो लक्षण प्रकट थे। पहला, प्राचीन पद्धतियों का तिरस्कार और दूसरा, आधुनिक तुलनात्मक राजनीति के अध्ययन के क्षेत्र में आंकड़ों और नवीन खोजों का इस्तेमाल। इस काल में थियोडोर डी. बुल्ले की 'Political Science, or 'The State Theoretically and Practically considered' तथा वुडरो विल्सन की 'The State Elements of Historical and Practical Politics. A sketch of Industrial and Administration', पुस्तक महत्त्वपूर्ण है।

राजनीति विज्ञान के अध्ययन क्षेत्र के विषय में निम्नवत् पुस्तकें विशेष महत्त्वपूर्ण हैं–

'रूसो द्वारा लिखित' Essays on the Origins of Inequality।

'जेम्स ब्राहस द्वारा लिखित' Modern Democracies, 1921।

कार्ल जे. फ्रेड्रिक द्वारा लिखित Constitutional Government and Democracy, 1937।

सीले द्वारा लिखित 'Introduction to Political Science'।

एडवर्ड जैंक्स द्वारा लिखित Short History of Politics तथा The State and the Nation.

सर हेनरी मेन द्वारा लिखित 'The Ancient Law 1861', तथा Early History of Institution, 1864

(2) अरस्तु

अरस्तु को तुलनात्मक राजनीति के इतिहास में प्रथम अध्येता और राजनीति विज्ञान के तुलनात्मक अध्ययन का जनक भी कहा जाता है। इसने इस क्षेत्र को वैज्ञानिक ढंग से प्रस्तुत करने में मदद की लेकिन कुछ विद्वान मानते हैं कि अरस्तु का अध्ययन शासकों के तुलनात्मक अध्ययन तक ही सीमित रहा तथा तुलनात्मक राजनीति के अध्ययन का कार्य उसके बहुत बाद प्रारंभ हुआ।

डॉ. इकबाल नारायण का कथन है कि 'शासन के तुलनात्मक विश्लेषण की परम्परा अरस्तु जितनी प्राचीन है किन्तु तुलनात्मक राजनीति का अध्ययन आधुनिक संदर्भ में सर्वथा नवीन है।' डॉ. इकबाल नारायण का यह कथन स्पष्ट करता है कि अरस्तु प्रथम विचारक था जिसने तुलनात्मक पद्धति का श्रीगणेश किया तथा इस वैज्ञानिक पद्धति को अपनाया।

औन्केन का कथन है कि अरस्तु ने अपने ग्रन्थ 'पालिटिक्स' में अध्ययन की वैज्ञानिक विधि को अपनाया तथा वैज्ञानिक विश्लेषण पर विशेष बल दिया। उसने आगमनात्मक विधि को अपनाकर भविष्य में वैज्ञानिक विधि के उपयोग का मार्ग प्रशस्त किया। अरस्तु ने यूनान के नगर राज्यों के 158 संविधानों का तुलनात्मक अध्ययन किया। इस प्रकार वह तुलनात्मक विधि का प्रवर्तक बन गया। उसे राजनीति विज्ञान में आगमनात्मक पद्धति को अपनाने का श्रेय प्राप्त है जिसमें निरीक्षण, परीक्षण, आंकड़ों का एकत्रीकरण तथा उनके अध्ययन से सामान्य सिद्धान्तों की खोज करना सम्मिलित है।

तुलनात्मक राजनीति के क्षेत्र में अरस्तु का कथन है कि सतर्क पर्यवेक्षण, परीक्षण, निरीक्षण, विश्लेषण तथा तुलना करके वस्तुओं की आन्तरिक वास्तविकताओं का ज्ञान प्राप्त किया जा सकता है तथा इसके कारण सामने आने वाले तथ्यों के माध्यम से सामान्य सिद्धान्तों का निर्माण किया जा सकता है। अरस्तु को राजनीति विज्ञान के क्षेत्र में विशिष्ट स्थान प्राप्त है। इसका आधार यह है कि उसने विभिन्न राजनीतिक घटनाओं का अध्ययन तुलनात्मक रूप से किया। उसने तत्कालीन राज्यों का विश्लेषण किया, उनकी समस्याओं का निरपेक्ष अध्ययन किया, वहां होने वाली क्रान्तियों का पता लगाया, नीतियों का विश्लेषण किया, राज्य व समाज के सम्बन्धों का निरूपण किया, वहां के बहुसंख्यक संविधानों का तुलनात्मक अध्ययन किया तथा पुनः राज्य के विविध सिद्धान्तों पर प्रकाश डाला।

(3) माण्टेस्क्यू

माण्टेस्क्यू को वर्तमान तुलनात्मक राजनीति का जनक कहा जाता है। उसने

अरस्तु की तरह यूरोप की विभिन्न राजनीतिक स्थितियों का तुलनात्मक अध्ययन किया और आगमनात्मक पद्धति के आधार पर अपना निष्कर्ष दिया। इसकी सबसे प्रसिद्ध रचना 'स्प्रिट ऑफ दि लॉज' है। **हैरी एक्स्टीन** ने लिखा है कि "माण्टेस्क्यू सही सरकार को समाजशास्त्र तथा परिस्थिति के मसले के संदर्भ में लेता था। शासकीय ढांचे को वर्तमान परिस्थितियों अथवा स्थितियों के अनुकूल व्यवस्थित करने में रुचि रखता था। यही कारण है कि उसकी रुचि आधुनिक व्यवस्थाओं में ही थी। जैसे, राजनीतिक व्यवस्थाओं का अपने बाह्य पर्यावरण से सम्बन्ध, आर्थिक कारकों तथा व्यवहारों आदि की राजनीति में भूमिका एवं राजनीतिक व्यवस्थाओं के वर्गीकरण की समस्याएँ आदि।"

माण्टेस्क्यू ने अपनी पुस्तक में शासन के उन विभिन्न क्रियाकलापों एवं परिस्थितियों को वर्णित किया है जिनमें उनका उदय, विकास व अवनति होती है। उसने मुख्यतः शासन के कार्यक्षेत्र पर विचार किया और साथ ही राज्य की सुरक्षा, जनता की स्वतन्त्रताएँ, कर उगाहने व काम करने की समस्याओं पर चिन्तन किया। उसका विश्वास था कि भौगोलिक स्थिति, जलवायु, आर्थिक परिस्थितियाँ, मानवीय परम्पराओं तथा संस्थाओं को प्रभावित करती हैं।

(4) मैक्यावली

मैक्यावली इटली के एक प्रमुख राजनीतिक विचारक के रूप में उभरे थे। उनके काल में इटली दुर्बल, पिछड़ा हुआ तथा एकता के अभाव से ग्रस्त था तथा विश्व राजनीति में उपेक्षित बना हुआ था। इसकी कल्पना इटली को एक सशक्त राष्ट्र बनाना था। उसके सामने अनेक प्रश्न पैदा हुए। जैसे, शक्ति कैसे प्राप्त की जा सकती है तथा उसे कैसे बनाए रखा जा सकता है? उसकी प्रसिद्ध पुस्तक **'प्रिन्स'** तुलनात्मक अध्ययन पर आधारित है। मैक्यावली के काल में राजनीति का अध्ययन धार्मिक आधार पर होता था। उसने मज़हब को राजनीति से पृथक् किया और राजनीतिक समस्याओं के लिए विश्लेषणात्मक पद्धति को अपनाया। इसके लिए उसने अनुभववाद और इतिहासवाद का समन्वय किया। अरस्तु के बाद इस पद्धति को व्यापक रूप में अपनाने वाला वह प्रथम वैज्ञानिक था। मैक्यावली का पूर्ण विश्वास था कि अतीत अर्थात् भूतकाल के अध्ययन से हम सफलता और विफलता के कारणों को जान सकते हैं तथा भविष्य के लिए मार्ग प्रशस्त कर सकते हैं।

(5) द्वितीय विश्वयुद्ध के पश्चात् तुलनात्मक राजनीति का विकास

द्वितीय विश्व युद्ध के पश्चात् तुलनात्मक राजनीति के क्षेत्र में नयी प्रणाली

का तीव्रता के साथ उदय हुआ। द्वितीय विश्व युद्ध के पूर्व अध्ययन में सम्पूर्ण तुलनात्मक अध्ययन संप्रभु राज्यों तक ही केंद्रित था और उनमें भी पश्चिमी राज्यों की राजनीतिक संस्थाओं का ही अध्ययन किया जाता था। द्वितीय विश्व युद्ध के पश्चात् तुलनात्मक राजनीति में परम्परागत अध्ययन से अपना नाता जोड़कर इसमें राजनीतिक व्यवस्थाओं व प्रक्रियाओं आदि का वैज्ञानिक अध्ययन प्रारम्भ हुआ और इसी आधार पर निष्कर्ष निकालने की प्रवृत्ति विकसित हुई। **जी.के. राबर्ट्स** का मत है कि द्वितीय विश्वयुद्ध के उपरान्त तुलनात्मक राजनीति के क्षेत्र को अधिक विस्तृत व युक्तिसंगत बनाने वाली दो धाराएँ स्पष्ट दिखाई देती हैं। पहली धारा में तुलना की कला तथा पद्धतियों के बारे में आत्मचेतना की प्रवृत्ति थी जो अनेक चिन्तकों ने आत्म निरीक्षण से प्राप्त की थी। इस धारा के प्रमुख लेखक थे--हैक्शर, मैक्रीडिस, उल्म तथा बीवर आदि। आमण्ड एवं कोलमैन ने प्रथम धारा के उपरोक्त विद्वानों की व्याख्या **'दि पोलिटिक्स ऑफ डवेलपिंग एरियाज़'** तथा **'कम्पेरेटिव पालिटिक्स'** में की है।

प्रथम धारा के लेखकों ने पर्याप्त आत्म जागरूकता से तुलनात्मक पद्धति का उपयोग किया। वे विभिन्न राजनीतिक संस्थाओं का उपयोगी अध्ययन करना चाहते थे। इस क्षेत्र के विद्वानों ने संस्थात्मक तुलनाओं के साधनों का भरपूर उपयोग किया। इस प्रकार वे तत्कालीन सरकारों का समुचित अध्ययन प्रस्तुत कर सके। ये लेखक अध्ययन के विभिन्न पक्षों जैसे संस्थागत तथा कार्यात्मक तुलनाओं, क्षेत्रीय अध्ययन, संविन्यासी उपागम तथा तुलना हेतु सामान्य सिद्धान्तों के निर्माण आदि से निकट रूप से सम्बन्धित थे। इस समय तुलनात्मक राजनीति के क्षेत्र में कुछ नई प्रवृत्तियों का जन्म हुआ जो उत्तरोत्तर प्रभावी होती गयीं। राजनीतिक आधुनिकीकरण, राजनीति समाजशास्त्र तथा अन्तर्राष्ट्रीय राजनीति से सम्बन्धित नवीन अवधारणाओं का विकास इस धारा का परिणाम है। बाद में तुलनात्मक विश्लेषण में प्रत्ययीकरण पद्धति, माडल्स तथा व्यवहारवादी सिद्धान्तों के रूप में समस्या उत्पन्न होने लगी।

(6) तुलनात्मक राजनीति के विकास का आधुनिक परिप्रेक्ष्य

आधुनिक युग में राजनीति विज्ञान में तुलनात्मक अध्ययन पर जोर दिया गया। इसके प्रमुख प्रवर्तक डेविड ईस्टन, आमण्ड, कोलमैन, पावेल, डायच, राबर्ट डहल, हेराल्ड लासवेल, हैरी एक्स्टीन, शीलस, डेविड एप्टर, तथा मायरन वीनर 'व्यवस्था सिद्धान्त' इन्हीं अध्ययनों का परिणाम है। व्यवस्था सिद्धान्त ने न केवल सामाजिक व्यवस्थाओं की तुलना की बल्कि राजनीतिक व्यवस्था के कार्यों से

सम्बन्धित सभी तत्त्वों की व्याख्या भी प्रस्तुत की। डेविड ईस्टन का आदान-प्रदान विश्लेषण वर्तमान काल की सर्वाधिक महत्त्वपूर्ण पद्धति है। बाद में आमण्ड ने इसमें परिवर्तन करके संरचनात्मक-कार्यात्मक प्रणाली को प्रतिपादित किया।

आमण्ड और पावेल ने जिस राजनीतिक व्यवस्था की धारणा प्रस्तुत की, वह ईस्टन की धारणा से मिलती है। उन्होंने राजनीतिक व्यवस्था के कार्यात्मक पक्षों पर अधिक बल दिया है। उन्होंने राजनीतिक व्यवस्था को सामाजिक व्यवस्थाओं से पृथक् माना है। **पारसन्स व परेटो** ने राजनीतिक व्यवस्था की व्याख्या के लिए अन्तर्अनुशासनीय दृष्टिकोण को अपनाया।

आधुनिक काल में जो प्रणाली, शोध तकनीकें, संकल्पनाएँ आदि प्राप्त हैं वे गत तीन शताब्दियों में विकसित हुई हैं। लोवेन्थाल तथा यंग ने विधायिकाओं का अध्ययन डुवरगर तथा मैकेन्जी आदि ने राजनीतिक विशिष्ट वर्गीय अध्ययन तथा डौयश ने राजनीतिक संचार के सम्बन्ध में श्रेष्ठ अध्ययन प्रस्तुत किए हैं। इसी प्रकार एप्टर वरोस्टोव आदि अनेक विद्वानों ने तुलनात्मक राजनीति के विकास का विश्लेषण प्रस्तुत किया है। तुलनात्मक राजनीति में 1969 का वर्ष अत्यधिक राउण्ड टेबिल 1969 के कारण तुलनात्मक राजनीति को विशेष गति प्राप्त है।

तुलनात्मक शासन और राजनीति क्या है?

इनका तुलनात्मक अध्ययन दीर्घ काल से ही होता रहा है, किन्तु इसको विशिष्ट स्थान आधुनिक युग में प्राप्त हुआ। अब यह एक अलग और मौलिक अनुशासन के रूप में विकसित हो रहा है। इसमें तीन प्रमुख विचार सम्मिलित हैं—शासन, राजनीति तथा तुलनात्मक अध्ययन। तुलनात्मक शासन व राजनीति के अध्ययन से पूर्व इन शब्दों को जिन अर्थों में प्रयुक्त किया जाता है उन्हें समझ लेना आवश्यक है। ये दो विशिष्ट पहलुओं के अध्ययन पर बल देते हैं। शासन में किसी देश की राजनीतिक-व्यवस्था के विशेष रूप से औपचारिक कारकों तथा संस्थाओं के संस्थागत अध्ययन पर बल दिया जाता है जबकि किसी देश की राजनीति का अध्ययन मुख्यतः संस्थाओं व व्यक्तियों के उस विशिष्ट व्यवहार का अध्ययन करने के लिए उस देश की औपचारिक संस्थाओं तथा अनौपचारिक व्यवस्थाओं के संस्थात्मक अध्ययन के साथ-साथ उन सामाजिक व आर्थिक परिस्थितियों का अध्ययन करना भी आवश्यक है जो जनसाधारण के लिए विशिष्ट प्रकार के निर्णय लिए जाने के लिए बाध्य करती है। **जी.के. राबर्ट्स** तथा **जीन ब्लोण्डेल** आदि विद्वानों ने दोनों क्षेत्रों को अलग-अलग माना है। जब किसी देश की शासन व्यवस्था

व राजनीति का अध्ययन उसके समान या उससे भिन्न शासन व्यवस्थाओं व राजनीतिक क्रियाओं के साथ तुलना करके किया जाता है, तब हम उसे **तुलनात्मक अध्ययन** कहते हैं। इस प्रकार 'तुलनात्मक शासन एवं राजनींति' के अन्तर्गत विभिन्न देशों की शासन व्यवस्थाओं का व राजनीति का तुलनात्मक अध्ययन किया जाता है। यद्यपि शासन व राजनीति का अध्ययन प्राचीन काल से ही होता आ रहा है किन्तु वर्तमान काल में इसका अध्ययन अधिक महत्त्वपूर्ण माना जाता है। यूनान के प्रसिद्ध दार्शनिक अरस्तु ने अपने काल के डेढ़ सौ से भी ज्यादा संविधानों का तुलनात्मक विधि से व्यापक तौर पर अध्ययन किया है।

तुलनात्मक शासन व राजनीति का तात्पर्य

प्रत्येक राष्ट्र की शासन पद्धति और वहाँ की राजनीति का तुलनात्मक अध्ययन करने से पहले इस बात से अवगत होना जरूरी है कि तुलनात्मक शासन व राजनीति का क्या तात्पर्य है? इन देशों के शासनों का तुलनात्मक अध्ययन करना अथवा इन देशों की राजनीति **शासन** से तात्पर्य किसी देश की उस शासन व्यवस्था से होता है जिसमें मुख्यतः संविधान, शासनतन्त्र, व्यवस्थापिका, कार्यपालिका तथा न्यायालय जैसे औपचारिक कारक सम्मिलित होते हैं। इसमें निर्णय लिए जाते हैं और उन्हें कार्यान्वित किया जाता है। **राजनीति** एक सर्वव्यापी गतिविधि है। लघु अथवा दीर्घ जन-समूहों व संगठनों आदि में जहां कहीं भी निर्णय लिए जाते हैं वहां कम या अधिक राजनीतिक क्रिया अवश्य होती है। यह मानव व्यवहार का सामाजिक रूप है जिसमें निर्णय लिए जाने की क्रिया होती है। राजनीति के अर्थों में क्रान्तिकारी परिवर्तन हो गया क्योंकि अब निर्णय-प्रक्रिया का सम्बन्ध राज्य से जोड़ा जाने लगा। इस प्रकार राजनीति व्यक्तियों या उनके समूहों के निर्णय लिए जाने सम्बन्धी व्यवहार से सम्बन्धित होती है और इसी कारण उसमें अनौपचारिक संगठनों तथा राज्य से बाहर की राजनीतिक व सामाजिक परिस्थितियों का प्रमुख तौर पर अध्ययन करते हैं।

(अ) तुलनात्मक विधि से तात्पर्य

पूरे विश्व में किसी भी राष्ट्र में शासन एक अनिवार्य व्यवस्था है और राजनीतिक व्यवस्था के न होने पर हम व्यवस्थित राष्ट्रीय जीवन के बारे में सोच भी नही सकते हैं इसी कारण विश्व के प्रमुख विचारक या श्रेष्ठतम व्यवस्था की खोज करते रहे हैं। राजनीतिज्ञ समूचे विश्व में शासन एक अनिवार्य व्यवस्था है।

राजनीतिक व्यवस्था की अनुपस्थिति में हम व्यवस्थित राष्ट्रीय जीवन के बारे में सोच भी नहीं सकते हैं। यही कारण है कि राजनीतिक विशेषज्ञ श्रेष्ठतम राजनीतिक व्यवस्था की खोज करते रहे हैं। इस खोज की सर्वोत्तम विधि यह है कि हम अपने देश की शासन व्यवस्था की अन्य देशों की व्यवस्थाओं से तुलना करें और देखें कि कौन-सी व्यवस्था अधिक जनहित करने में सक्षम है। किसी भी अध्ययेता को इस बात का ध्यान रखना चाहिए कि प्रत्येक देश की अपनी भिन्न स्थितियाँ होती हैं। उनको समझे बिना वहां की राजनीतिक स्थिति नहीं समझी जा सकती है। अतः शासन व्यवस्था की तुलना करने के साथ-साथ हमें सम्बन्धित देशों की आर्थिक, सामाजिक, धार्मिक व भौगोलिक आदि अनेक परिस्थितियों का भी तुलनात्मक अध्ययन करना होगा। संसदीय शासन इंग्लैण्ड में सफल हुआ किन्तु अनेक देशों में वह पूर्णतः असफल हो गया और वहां अब तानाशाही शासन स्थापित है। भारत में यद्यपि संसदीय प्रणाली सफलतापूर्वक चल रही है किन्तु यह संसदीय प्रणाली कई बिन्दुओं पर इंग्लैण्ड की पद्धति से अलग है।

इस प्रकार साम्यवादी देश अपने यहां की शासन व्यवस्था को सच्चा लोकतंत्र घोषित करते हैं जबकि पश्चिमी देशों की दृष्टि में वहां अधिनायकवाद स्थापित है। यदि साम्यवादी देशों में साम्यवादी दल का शासन है तो एक समय जर्मनी व इटली में भी हिटलर व मुसोलिनी का एक भिन्न प्रकार का, एक दलीय शासन स्थापित था। मानवीय व्यवहार का प्रयोगशाला में जड़वत् रूप में अध्ययन नहीं किया जा सकता। तुलनात्मक अध्ययन के माध्यम से हम अनेक राजनीतिक समस्याओं का समाधान खोज सकते हैं।

भिन्न-भिन्न दशाओं में भिन्न-भिन्न राजनीतिक संस्थाएँ एक जैसे परिणाम पर कैसे पहुंच सकती हैं? क्या इंग्लैण्ड व कनाडा जैसे देशों में सफल रहने वाली संसदीय प्रणाली पूर्वी देशों में भी सफल हो सकती है? बिना तुलनात्मक अध्ययन किए हम यह निष्कर्ष नहीं निकाल सकते कि जो लोकतंत्र श्रीलंका व भारत में सफलतापूर्वक चल रहा है वह अफ्रीका व एशिया के अधिकांश नवोदित देशों में असफल क्यों हो गया? तुलनात्मक अध्ययन के माध्यम से हम लोकतन्त्र की सफलता के लिए आवश्यक परिस्थितियों का ज्ञान प्राप्त कर सकते हैं। शासन व राजनीति का तुलनात्मक अध्ययन राजनीति विज्ञान को सिद्धान्त निर्माण में सहायता प्रदान करता है और पुराने सिद्धान्तों का नवीन परिस्थितियों में औचित्य सिद्ध करने के लिए परिस्थितियाँ जुटाता है। यही कारण है कि हम तुलनात्मक शासन व राजनीति के अध्ययन को मौजूदा समय में काफी प्रमुखता प्रदान करते हैं।

(ब) तुलनात्मक-राजनीति का तात्पर्य

आधुनिक युग में तुलनात्मक राजनीति के अध्ययन में एक नवीन धारणा उत्पन्न हो रही है जिसके अंतर्गत माना जा रहा है कि किसी भी देश का राजनीतिक व्यवहार विभिन्न राजनीतिक संस्थाओं के अध्ययन के द्वारा नहीं समझा जा सकता है। वास्तव में विभिन्न देशों की शासन व्यवस्थाओं को राज्य व सरकार जैसी अवधारणाओं की तुलना करके नहीं समझा जा सकता क्योंकि इनके रूप, स्वभाव, व्यवहार व आदर्श भिन्न होते हैं और इन देशों की सामाजिक व आर्थिक परिस्थितियाँ शासकीय प्रक्रिया को एक निश्चित प्रकार का व्यवहार करने को बाध्य करती हैं। आधुनिक काल के राजनीति-वैज्ञानिक व्यक्ति व समाज के राजनीतिक व्यवहार को गहराई से समझने के लिए किसी विशिष्ट समाज की राजनीतिक संस्कृति, उसके राजनीतिक समाजीकरण तथा वहां की राजनीतिक संरचनाओं आदि का अध्ययन करते हैं। इस प्रकार तुलनात्मक राजनीति में विभिन्न स्तरों पर राजनीतिक क्रियाओं का अध्ययन किया जाता है। तुलनात्मक राजनीति को संक्षिप्त रूप में नीचे वर्णित किया जा सकता है–

(1) तुलनात्मक राजनीति किसी समाज की राजनीतिक व्यवस्था का अध्ययन है–तुलनात्मक शासन व राजनीति में एक ओर राज्य सरकार व अन्य संस्थाओं के औपचारिक अध्ययन के साथ-साथ व्यक्ति व समाज के राजनीतिक व्यवहार को समझने के लिए समाज की उन अनेक व्यवस्थाओं का भी अध्ययन किया जाता है जो प्रत्यक्षतः राजनीति से सम्बन्धित नहीं हैं किन्तु जिनका व्यवहार राजनीतिक निर्णयों के लिए किए जाने तथा उनके कार्यान्वित किए जाने को प्रभावित करता है। हम इसके तहत शासन और राजनीति दोनों का अध्ययन करते हैं। हालाँकि शासन और राजनीति दोनों शब्दों में भिन्नता है और दोनों अलग-अलग व्यवस्थाओं के अध्ययन पर बल देते हैं किन्तु दोनों को हम पृथक् नहीं कर सकते। कब हमने शासन का अध्ययन समाप्त करके राजनीति का अध्ययन प्रारम्भ कर दिया यह कहना सर्वथा असम्भव है। दरअसल विषयवस्तु के ख्याल से दोनों में समरूपता है, यद्यपि इनकी विभिन्नता का आधार इनकी व्यवस्था है।

जब प्रत्येक व्यक्ति समाजवाद, आर्थिक, व्यावसायिक रूप पारिवारिक सदस्य के रूप में व्यवहार करता है तो व्यक्तियों के व्यवहार अराजनीतिक हो जाते हैं और इस कारण हम उस शासन के अंतर्गत अध्ययन नहीं करते है। लेकिन परोक्ष रूप में प्रत्येक व्यक्ति शासन द्वारा किये गए निर्णयों को प्रभावित करता है और अध्ययन

के साथ-साथ क्रियाओं का भी अध्ययन करने लगता है। ठीक इसके विपरीत जब हम शासन की विभिन्न संस्थाओं के व्यवहार का अध्ययन करने लगते हैं तो उसके द्वारा लिए जाने वाले निर्णयों का भी अध्ययन करना हमारे लिए आवश्यक हो जाता है। शासन के ये निर्णय समाज के उन विभिन्न वर्गों को प्रभावित करते हैं जिनके कार्य प्रत्यक्ष रूप में राजनीतिक नहीं होते किन्तु शासन के निर्णयों का प्रभाव जब इन वर्गों पर पड़ता है तब उसकी प्रतिक्रिया होती है। यद्यपि इस प्रतिक्रिया का रूप भी सामान्यतः गैर-राजनीतिक ही होता है किन्तु यह प्रतिक्रिया शासन को प्रभावित करती है। **मैकरिडिस एवं वार्ड** ने तुलनात्मक शासन व राजनीति को शासन तथा दो अन्य परस्पर एक दूसरे से सम्बन्धित व प्रभावित करने वाले उन कारकों का अध्ययन बतलाया है जो किसी भी समाज के राजनीतिक व्यवस्था का निर्धारण करते हैं।

विशेषता–इसकी विशेषताओं को निम्नलिखित रूप से स्पष्ट कर सकते हैं–

(i) शासकीय संस्थाओं का अध्ययन–मैकरिडिस एवं वार्ड की दृष्टि में राजनीतिक व्यवस्था में सर्वप्रथम शासन का अध्ययन किया जाता है जिसमें शासन का गठन व उसका व्यवहार सम्मिलित है। विभिन्न देशों के शासन का स्वरूप, उनकी विधायिकाओं, कार्यपालिकाओं व न्यायालयों की संरचनाओं, शक्तियों व कार्यप्रणालियों का अध्ययन तथा प्रशासकीय संगठनों एवं प्रशासकों द्वारा शासकीय नीतियों को कार्यान्वित किए जाने आदि का अध्ययन शासन के अध्ययन में आता है।

(ii) राजनीति के आधारभूत कारकों का अध्ययन–मैकरिडिस एवं वार्ड की दृष्टि में राजनीतिक व्यवस्था के अन्तर्गत राजनीति के स्वरूप को निर्धारित करने वाले अनेक आधारभूत कारकों को सम्मिलित किया जाना आवश्यक है। आधुनिक समय में यह प्रमाणित हो चुका है कि किसी भी देश के राजनीतिक व्यवस्था का अध्ययन ठीक से तभी किया जा सकता है जब उस देश की सामाजिक, आर्थिक और भौगोलिक स्थितियों की सही जानकारी हो। भारत की भूमि व जनसंख्या की विशालता, धरती की उपजाऊपन की विविधता, धार्मिक, जातीय, भाषायी व खानपान की विविधता होते हुए भी राष्ट्रीय एकात्मक जीवन के साथ-साथ आर्थिक विषमता में वृद्धि, प्राचीन सभ्यता व संस्कृति की निरन्तरता तथा लम्बे परतन्त्र जीवन की विरासत आदि यहां की राजनीतिक व्यवस्था को प्रभावित करती हैं। ब्रिटेन, रूस व अमरीका जैसे विकसित देशों की राजनीतिक व्यवस्थाओं को वहां की सामाजिक, आर्थिक व भौगोलिक परिस्थितियों ने प्रभावित किया है। इस प्रकार राजनीतिक व्यवस्था को प्रभावित करने वाले विभिन्न सामाजिक, आर्थिक व भौगोलिक आदि

आधारभूत कारकों का अध्ययन तुलनात्मक शासन व राजनीति की मुख्य विषय वस्तु माना गया है।

(iii) राजनीतिक दलों, दबाव समूहों व नेतृत्व के ढांचे का अध्ययन— मैकरिडिस एवं वार्ड की दृष्टि में तुलनात्मक शासन व राजनीति का तीसरा महत्त्वपूर्ण कारक किसी देश के राजनीतिक दल, दबाव समूह तथा नेतृत्व होते हैं जो वहां के व्यक्ति व समाज के राजनीतिक व्यवहार को प्रभावित करते हैं। हम जानते हैं कि राजनीतिक व्यवस्था का स्वरूप कैसा भी क्यों न हो राजनीतिक दल, दबाव समूह तथा नेतृत्व आदि गतिशील कारक राजनीतिक निर्णयों को प्रभावित करते हैं। अतः समाज के विशिष्ट प्रकार के राजनीतिक आचरण के अध्ययन के लिए हमें इन बिन्दुओं पर प्रकाश डालना जरूरी है।

(२) तुलनात्मक राजनीति का सम्बन्ध समूचे राजनैतिक व्यवहार से होता है—आधुनिक काल के अनेक विद्वानों ने तुलनात्मक शासन के स्थान पर तुलनात्मक राजनीति को महत्त्व दिया है जिसका सम्बन्ध व्यक्ति व समूहों के सम्पूर्ण राजनीतिक व्यवहार से होता है। **जी.के. राबर्ट्स** का कहना है कि तुलनात्मक शासन की तुलना में तुलनात्मक राजनीति सम्पूर्ण राजनीतिक क्रियाओं से सम्बन्धित है। यह उस व्यापक क्षेत्र की ओर संकेत करती है जिसमें तुलनात्मक शासकीय व अशासकीय राजनीति— कबीलों, सम्प्रदायों व अन्य अशासकीय संगठनों की राजनीति का भी अध्ययन किया जाता है।

राबर्ट्स की दृष्टि में तुलनात्मक राजनीति में शासन से सम्बन्धित संस्थाओं तथा अन्य सामाजिक संगठनों की राजनैतिक क्रियाओं का अध्ययन किया जाता है। इस प्रकार राबर्ट्स ने समाज के सम्पूर्ण राजनीतिक व्यवहार को तुलनात्मक राजनीति का विषय बना दिया। **राल्फ ब्रेबन्ती** की दृष्टि में सम्पूर्ण सामाजिक व्यवस्था में से उन तत्त्वों को पहचानना तथा उनकी व्याख्या करना तुलनात्मक राजनीति है जो राजनीतिक कार्यों व उनके संस्थागत प्रकाशन को प्रभावित करते हैं। इस प्रकार ब्रेबन्ती ने कहा है कि तुलनात्मक राजनीति में समाज की उन व्यवस्थाओं का अध्ययन किया जाता है जो राजनीतिक क्रियाओं व इन क्रियाओं की संस्थाओं द्वारा प्रकट करने को प्रभावित करते हैं। **एम. कर्टिस** के अनुसार तुलनात्मक राजनीति के दो पक्ष हैं। पहले का सम्बन्ध राजनीतिक संस्थाओं की कार्यविधि से है और दूसरे का सम्बन्ध राजनीतिक व्यवहार से है जिसमें इस व्यवहार की निरन्तरता, समानताएँ व असमानताएँ शामिल होती हैं।

(३) तुलनात्मक राजनीति किसी समाज की राजनीतिक व्यवस्था का

अध्ययन है—आधुनिक विचारक राजनीति विज्ञान के अध्ययन को राज्य, सरकार व संस्थाओं के अध्ययन तक ही सीमित नही रखना चाहते क्योंकि औपचारिक संस्थाओं के अध्ययन से सम्पूर्ण राजनीतिक व्यवहार को नहीं समझा जा सकता। इसी कारण तुलनात्मक राजनीति में मुख्यतः अनौपचारिक संगठनों का, सामाजिक वातावरण का तथा गैर-शासकीय राजनीति का अध्ययन किया जाता है। वर्तमान समय में राज्य की जगह राजनीतिक व्यवस्था शब्द का प्रयोग इसी के परिणामस्वरूप हो रहा है और इसके माध्यम से राज्य, सरकार व अन्य संस्थाओं के संगठन व कार्यों के अध्ययन के साथ-साथ ऐसी अनौपचारिक व्यवस्थाओं के अध्ययन पर अधिक बल दिया जाता है जिसके माध्यम से राजनीतिक व्यवहार को समझा जा सके।

उपरोक्त अध्ययन के आधार पर कहा जा सकता है कि तुलनात्मक शासन व राजनीति में हम 'शासन' व 'राजनीति' दोनों का अध्ययन करते हैं जो एक-दूसरे के पूरक हैं।

(स) तुलनात्मक शासन या सरकार का तात्पर्य

राजनीति और शासन इन दोनों शब्दों में भिन्न-भिन्न अर्थ प्रकट होते हैं और ये दोनों अलग-अलग अर्थों में प्रयुक्त होते हैं लेकिन सामान्यतः इन्हें एक दूसरे के लिए इस्तेमाल कर लिया जाता है। जहां तक राजनीति विज्ञान के विद्यार्थियों का सम्बन्ध है उन्हें इन दोनों का शास्त्रीय अर्थ समझ लेना आवश्यक है। यहां तुलनात्मक सरकार या शासन को समझने के लिए उनके विभिन्न पक्षों का अध्ययन किया गया है—

(1) तुलनात्मक शासन में राजनीतिक दलों व दबाव समूहों का भी अध्ययन होता है—तुलनात्मक शासन के तहत मुख्य रूप से राज्य, शासन व उनकी विभिन्न संस्थाओं का अध्ययन होता है किन्तु वर्तमान काल में इसके अन्तर्गत राजनीतिक प्रक्रिया को प्रभावित करने वाले तथा व्यवस्था प्रदान करने वाले संगठनों, जैसे— राजनीतिक दल व दबाव समूह आदि का भी विस्तृत अध्ययन किया जाता है। ये संगठन जनभावनाओं की अभिव्यक्ति करते हैं तथा नीति निर्धारण करने वाली नीतियों को बदलने के लिए शासन को प्रभावित करते हैं। **जी.के. राबर्ट्स** का मत है कि तुलनात्मक शासन में राजनीतिक दलों और दबाव समूहों का अध्ययन शामिल है।

(2) यह राज्यों, संस्थाओं, सरकारों के संगठनों व कार्यों का अध्ययन है—तुलनात्मक शासन के अन्तर्गत किसी एक देश के भीतर विभिन्न राजनीतिक

संस्थाओं का तुलनात्मक अध्ययन या एक से अधिक देशों के राजनीतिक संस्थाओं, संगठन और उनके कार्यों का तुलनात्मक अध्ययन है। **जी.के. राबर्ट्स** ने तुलनात्मक शासन की परिभाषा देते हुए इसे मुख्यतः राज्यों, उनकी संस्थाओं व सरकारों के कार्यों का अध्ययन बतलाया है। इसी बात को जीन ब्लोण्डेल ने भी तुलनात्मक शासन की परिभाषा देते हुए स्वीकार किया है और कहा है कि **तुलनात्मक सरकार समकालीन विश्व की राष्ट्रीय सरकारों के प्रतिरूपों का अध्ययन है**। इस प्रकार तुलनात्मक शासन में मुख्यतः राज्य व उसकी औपचारिक संस्थाओं के संगठन व उनके कार्यों का ही अध्ययन होता है। इसमें औपचारिक संस्थाओं के परे उन सामाजिक व आर्थिक प्रभावों का अध्ययन नहीं किया जाता जो शासन द्वारा निर्णय लिए जाने व उन्हें प्रभावी करने हेतु विवश करते हैं।

तुलनात्मक शासन और राजनीति का विषय-क्षेत्र

तुलनात्मक शासन और राजनीति का क्षेत्र काफी व्यापक है। इसका वर्णन निम्नांकित रूप में किया गया है—

(अ) विषय-क्षेत्र के विविध चरण

तुलनात्मक राजनीति और शासन की विषयवस्तु के बारे में उत्पन्न विवाद अध्ययन विषय की गम्भीरता को हमारे सामने प्रस्तुत करता है। सत्य यह है कि इसका विषय-क्षेत्र अत्यन्त व्यापक है। **सिडनी वर्बा** ने इस व्यापकता की ओर इशारा करते हुए कहा है कि इसमें क्रान्ति का आरम्भ अनेक साहसी सिद्धान्तों के कारण हुआ— इन सिद्धान्तों में कहा गया है कि वर्णन से आगे सैद्धान्तिक दृष्टि से अधिक उचित समस्याओं की ओर देखो, एक विषय से आगे अनेक विषयों की तुलना की ओर देखो, शासन की औपचारिक संस्थाओं के अध्ययन से आगे राजनीतिक प्रक्रियाओं व राजनीतिक क्रियाओं की ओर देखो तथा केवल पश्चिमी यूरोपीय देशों के अध्ययन तक सीमित न रह कर एशिया, अफ्रीका व लैटिन अमरीका के नवोदित राष्ट्रों की ओर देखो।

तुलनात्मक शासन व राजनीति के विषय-क्षेत्र के विविध चरणों का संक्षिप्त वर्णन निम्नवत् है—

1. राजनीतिक दलों व दबाव समूहों का अध्ययन—राजनीति और तुलनात्मक शासन के अध्ययन के लिए राजनीतिक दलों व दबाव समूहों का विशेष महत्त्व है। शासन के अंग न होते हुए भी ये शासन के निर्णयों को प्रभावित करते हैं। ये जनता

व शासन के बीच की कड़ी का काम करते हैं। राजनीतिक दल तो शासन के स्वरूप को निर्धारित करते हैं। एक ओर शासक दल बहुसंख्यक समाज के समर्थन से शासन पर अधिकार करता है और अपने घोषित आदर्शों, नीतियों व कार्यक्रमों को कार्यान्वित करता है। उसके द्वारा लिए गए निर्णय सम्पूर्ण समाज को प्रभावित करते हैं। दूसरी ओर विरोधी दल शासक दल पर अंकुश लगाने का काम करते हैं और उसे जन आकांक्षाओं के अधिक निकट लाते हैं। जन सभाओं व प्रदर्शनों के द्वारा, प्रचार व जन-संपर्क के माध्यम से जनता के हितों को उजागर व एकीकृत करते हैं तथा शासन के निर्णयों को जनहित की दृष्टि से प्रभावित करते हैं। राजनीतिक दलों का तुलनात्मक राजनीति में प्रमुख स्थान है।

यहाँ पर दबाव समूहों का अभिप्राय अराजनैतिक संगठनों से है, विभिन्न वर्गों, समूहों व क्षेत्रों में विशिष्ट हितों के लिए इनका गठन होता है किन्तु इनकी गतिविधियाँ राजनीतिक सक्रियता की विशिष्ट पहलू होती हैं। मजदूर संघ, रेलवे की यूनियंस, उद्योगपतियों के यूनियंस, बैंक कर्मचारियों के यूनियंस आदि अनेक दबाव समूह हैं जो कि शासन के निर्णयों को प्रभावित करते हैं। स्वतंत्र लोकतान्त्रिक देशों में दबाव समूहों का विशेष महत्त्व है क्योंकि यहां इन्हें अपने विचारों को रखने के लिए कानूनी संरक्षण प्राप्त होता है। साम्यवादी तानाशाही देशों में इन समूहों की भूमिका अधिक महत्त्वपूर्ण नहीं होती।

2. विभिन्न राज्यों के मध्य सम्बन्धों का अध्ययन—तुलनात्मक राजनीति के अंतर्गत राज्यों के मध्य सम्बंधों का अध्ययन किया जाता है। वर्तमान समय में विश्व तीन भागों में बंटा हुआ है। (i) विकसित, (ii) अर्द्धविकसित तथा (iii) अविकसित। इसी प्रकार उदार लोकतन्त्रवादी व साम्यवादी तानाशाही देशों में, क्रमशः अमरीका व रूस हैं। संसार के विभाजन का एक अन्य धार्मिक आधार है जिसमें धार्मिक कट्टर देश, धार्मिक सहिष्णु देश, धर्मनिरपेक्ष देश तथा धर्मविहीन देश आदि सम्मिलित हैं। तुलनात्मक राजनीति की विषय-वस्तु इन सभी प्रकार के देशों के पारस्परिक सम्बन्धों का अध्ययन करना है और पता लगाना है कि किस प्रकार ये एक-दूसरे को प्रभावित कर रहे हैं। दोनों शक्ति गुटों– रूस व अमरीका—के सम्बन्धों का अध्ययन, इन गुटों में सम्मिलित देशों के पारस्परिक सम्बन्धों का अध्ययन आदि तुलनात्मक राजनीति के अध्ययन के महत्त्वपूर्ण क्षेत्र हैं। इन देशों के पारस्परिक सम्बन्ध, संघर्ष व सहयोग, अन्तर्राष्ट्रीय राजनीति में दिशा-निर्देश प्रदान करते हैं।

3. प्रशासन की भूमिका का अध्ययन—समूचे विश्व में समाज के राजनीतिक व्यवहार को वहां की नौकरशाही बहुत प्रभावित करती है। राज्य का स्वरूप

कल्याणकारी बनने के साथ-साथ शासन के कार्यक्षेत्र का अत्यधिक विस्तार हो गया है। इन कल्याणकारी कार्यों की पूर्ति में प्रशासनिक अधिकारी महत्त्वपूर्ण भूमिका निभाते हैं। इसी कारण वर्तमान युग 'नौकरशाही का युग' कहा जाता है। यहां प्रशासनिक कर्मचारी जनता की अज्ञानता व दरिद्रता का लाभ उठाते हैं और उसके स्वामी बन जाते हैं। इसके अतिरिक्त राजनीतिक अस्थिरता तथा दबाव समूहों की दुर्बलता ने भी प्रशासन को शक्ति सम्पन्न बना दिया है। तुलनात्मक शासन व राजनीति में विभिन्न विकासशील व विकसित देशों के प्रशासनों के संगठन व व्यवहार का तुलनात्मक अध्ययन किया जाता है जिससे किसी विशिष्ट समाज के राजनीतिक व्यवहार के बारे में जाना जा सके।

4. राजनीतिक नेतृत्व की भर्ती और उसके प्रभाव का अध्ययन—तुलनात्मक राजनीति का अध्ययन तब तक अधूरा माना जाता है जब तक कि विभिन्न देशों के राजनीतिक नेतृत्व की भर्ती की विधि तथा इसके समाज पर पड़ने वाले प्रभाव का अध्यन न किया जाए क्योंकि राजनीतिक व्यवस्था के स्वरूप को उस व्यवस्था का राजनीतिक नेतृत्व प्रभावित करता है। शासन करने वाला यह राजनीतिक नेतृत्व या विशिष्ट वर्ग समाज के किस वर्ग से आता है यह अत्यन्त महत्त्वपूर्ण है। लोकतान्त्रिक देशों में इन शासकों की भर्ती का स्रोत मुख्यतः राजनीतिक दल होते हैं और इनको भर्ती करने में सामान्य जनता का सहयोग होता है। अतः ऐसे देशों में जनहित करने वाले राजनीतिक नेतृत्व को शान्तिपूर्ण ढंग से अपदस्थ करके नये नेतृत्व को भर्ती कर लिया जाता है। इन देशों में न केवल क्रान्ति की सम्भावनाएँ समाप्त हो जाती हैं बल्कि शासन में जनता का सीधा हाथ होने के कारण राष्ट्रीय नवनिर्माण के कार्यों में जनता उत्साहपूर्वक भाग भी लेती है। इसके विरुद्ध जिन देशों में धर्म, सेना अथवा दल का अधिनायकवाद होता है वहां शासक व शासित के बीच की खाई बहुत गहरी होती है और शासन में परिवर्तन रक्तिम क्रान्ति के माध्यम से होता है। कई बार जनता भी विद्रोह कर बैठती है। इस प्रकार जब राजनीतिक नेतृत्व किसी विशिष्ट वर्ग से सम्बन्धित होता है और वह जनता पर तानाशाही रूप से शासन करता है फलतः सामाजिक विद्रोहों की सम्भावना बढ़ जाती है। रूस, पोलैण्ड, पाकिस्तान, ईरान तथा बंगला देश व अन्य अनेक अफ्रीकी देश इसके ज्वलन्त उदाहरण हैं। इसके विपरीत लोकतान्त्रिक देशों—भारत, अमरीका, ब्रिटेन, पश्चिमी जर्मनी आदि—में इस तरह की समस्या नहीं उत्पन्न होती है।

5. विभिन्न संस्थाओं का अध्ययन—राजनीति के तुलनात्मक अध्ययन के रूप में हमें शासन की विभिन्न संरचनाओं व संस्थाओं का अध्ययन करना अत्यंत

आवश्यक है। परम्परावादी विद्वान तो राज्य, शासन व कानून आदि औपचारिक व्यवस्थाओं के अध्ययन को ही इस अनुशासन की विषय-क्षेत्र मानते हैं। यद्यपि आज व्यक्तियों व संस्थाओं के व्यावहारिक पक्ष पर बल दिया जाता है किन्तु राजनीतिक संरचनाओं के संस्थागत अध्ययन के महत्त्व को कम नहीं किया जा सकता। निश्चित निष्कर्ष निकालने के लिए यह आवश्यक है कि हम संस्थाओं के व्यावहारिक पक्ष का अध्ययन करने से पहले इनके बारे में जानें।

6. राजनीतिक संस्कृति का अध्ययन—राजनीति और तुलनात्मक शासन में समाज के लोगों की भावनाओं, दृष्टिकोणों, विश्वासों व मूल्यों का भी अध्ययन किया जाता है। ये सब तत्त्व किसी समाज की राजनीतिक संस्कृति को जन्म देते हैं। वास्तव में राजनीतिक संस्कृति पर ही राजनीतिक व्यवस्था आधारित होती है। अतः राजनीतिक व्यवस्था के स्वरूप का निर्धारण राजनीतिक संस्कृति करती है। हम जानते हैं कि लोकतन्त्र के सफलतापूर्वक चलने में अन्य अनेक सहायक परिस्थितियों के साथ-साथ समाज के लोगों में सहिष्णुता की भावना का होना आवश्यक है।

हमारे देश में कई सामाजिक और आर्थिक अवरोधों के होते हुए भी यहां लोकतन्त्र सफल हो रहा है तो इसके लिए यहां के लोगों की सहिष्णु प्रवृत्ति उत्तरदायी है। धार्मिक क्षेत्र में उदारता, पारिवारिक जीवन में व्यक्तित्त्व के विकास की स्वतन्त्र परिस्थितियों की उपस्थिति, जियो और जीने दो के सिद्धान्त में विश्वास आदि ने यहां के जनमानस को लोकतांत्रिक बनाया है। इसके विपरीत संसार के किसी भी मुस्लिम देश में लोकतन्त्र सफल नहीं हो सका। विस्तार से अध्ययन करने पर पता चलता है कि मुस्लिम समाज में धार्मिक, सामाजिक व सांस्कृतिक दृष्टि से लोकतान्त्रिक व्यवस्थाएँ विद्यमान नहीं हैं जो राजनीतिक जीवन में भी प्रकट होता है। इस प्रकार राजनीतिक संस्कृति का अध्ययन तुलनात्मक राजनीति का मुख्य विषय है क्योंकि यही राजनीतिक व्यवहार को प्रभावित करता है।

(ब) विषय-क्षेत्र के बारे में विवाद

तुलनात्मक राजनीति का विषय क्षेत्र बड़ा ही व्यापक है जिसके परिणामस्वरूप अभी तक इसकी सीमा का निर्धारण नहीं हो सका है। अभी इस पर विवाद जारी है। इसके विषय की समस्या यह है कि इसमें क्या-क्या सम्मिलित किया जाए। इस दृष्टि से दो दृष्टिकोण सामने आते हैं—1. दृष्टिकोण इसके क्षेत्र को अत्यन्त विस्तृत बतलाता है और राजनीति विज्ञान के समान एक अलग अनुशासन की श्रेणी में ला खड़ा करता है तो 2. दृष्टिकोण इसकी अत्यन्त संकुचित रूप में व्याख्या करता है

तथा राज्य व शासन के तुलनात्मक अध्ययन तक इसे सीमित रखना चाहता है। इसी कारण **जी.के. राबर्ट्स** ने कहा है कि **तुलनात्मक राजनीति सब कुछ है या कुछ भी नहीं।** तुलनात्मक शासन व राजनीति वास्तव में संक्रमण काल से गुजर रहा है अर्थात् यह एक प्रकार की विश्लेषण शैली से दूसरे प्रकार की शैली में गन्तव्य है।

अतः इस संक्रमण काल में यह विवाद उठ खड़ा होना स्वाभाविक है कि इस अनुशासन का विषय-क्षेत्र क्या हो? **हेरी एक्सटीन व एण्टर** का कहना है कि **तुलनात्मक राजनीति के सम्बन्ध में आधारभूत बात यह है कि इस विषय के सम्बन्ध में अत्यधिक विवाद विद्यमान है क्योंकि यह अभी संक्रमण स्थिति में है—एक प्रकार की विश्लेषण शैली से एक दूसरे प्रकार की शैली में प्रस्थान कर रहा है।** मुख्यतः इन दोनों के विषय क्षेत्र के बारे में विवाद का कारण यह है कि परम्परावादी व आधुनिक विद्वानों में इसके स्वरूप, प्रकृति, अध्ययन पद्धतियों व विश्लेषण के उपागमों के सम्बन्ध में मत भिन्नता है। एक ओर परंपरावादी विद्वान इसके विषय क्षेत्र को सीमित रखना चाहते हैं और दूसरी ओर आधुनिक विचार इसे विस्तार देने का आग्रही है। यह केवल राज्य व शासन के अध्ययन तक सीमित न रहकर गैर-सरकारी संगठनों व उनकी राजनीति के अध्ययन को भी आवश्यक मानता है जो सामान्यतः राजनीति विज्ञान की विषयवस्तु नहीं माना जाता है।

जीन ब्लोण्डेल व विषय-क्षेत्र सम्बन्धी

विषय क्षेत्र के बारे में जीन ब्लोण्डेल ने तुलनात्मक शासन और राजनीति के विवाद को जिन दो बातों से सम्बन्धित बतलाया है वे मूलतः परम्परावादी व आधुनिक विद्वानों के दृष्टिकोणों से सम्बन्धित हैं। उसके अनुसार सीमा सम्बन्धी विवाद को दो भागों में विभक्त किया जा सकता है—

1. मानक और व्यवहार के सम्बन्धों से सम्बन्धित विवाद

इसमें विवाद का मुख्य कारण मानक और व्यवहार को लेकर उत्पन्न होता है। मानक अर्थात् आदर्शात्मक नियमों अर्थात् नार्म्स को कानूनों, प्रक्रियाओं तथा नियमों आदि के रूप में पहचाना जा सकता है। एक पक्ष तुलनात्मक राजनीति को इन नार्म्स अर्थात् नियमों तक सीमित रखने के पक्ष में है जबकि दूसरा व्यवहारवादी पक्ष इन कानूनी सीमाओं के बाहर के व्यवहार का भी अध्ययन करने के पक्ष में है क्योंकि कई बार राजनीतिक व्यवहार इन मानकों के प्रतिकूल भी होता है। यदि राजनीतिक व्यवहार इन मानकों अर्थात् नार्म्स के अनुरूप होता है तब तो इस व्यवहार का

तुलनात्मक अध्ययन करना उचित व सरल होता है किन्तु जब व्यवहार इन मानकों के प्रतिकूल होता है तो राजनीतिक व्यवहार के अध्ययन का कोई महत्त्व नहीं है क्योंकि इससे शुद्ध निष्कर्ष नहीं निकल सकते।

राजनीतिक व्यवहार के अध्ययन के लिए यह आवश्यक हो जाता है कि हम जानें कि राजनीतिक व्यवहार मानकों के अनुकूल है अथवा नहीं। यह बात एक उदाहरण से स्पष्ट हो जाती है । मई, 1982 में भारत के उत्तर प्रदेश के विधान सभा के चुनावों में किसी भी दल को बहुमत न मिलने के कारण राज्यपाल श्री तपासे ने लोकदल तथा भारतीय जनता पार्टी गठबन्धन के नेता को अपना बहुमत सिद्ध करने के लिए आमंत्रित किया क्योंकि यह गठबन्धन विधान सभा में सबसे बड़ा दल था किन्तु इससे पूर्व ही किन्हीं मजबूरियों के कारण तपासे महोदय ने कांग्रेस (आई) के नेता को मुख्यमन्त्री नियुक्त करके शपथ भी दिलवा दी। इन परिस्थितियों में जब तक हम उस राजनीतिक व्यवहार का अध्ययन नहीं करेंगे जो मानवीय व्यवहार से परे है और उन प्रभावों का अध्ययन नहीं करेंगे जिन्होंने इस प्रकार के व्यवहारों के लिए राज्यपाल को विवश किया तब तक यथोचित परिणाम नहीं प्राप्त हो सकता है। नॉर्म्स तथा व्यवहार सदा एक-दूसरे को प्रभावित करते हैं और इनमें पारस्परिकता भी होती है।

2. सीमा से सम्बन्धित विवाद

तुलनात्मक राजनीतिक विचारक इस बात से सहमत हैं कि इसका संबंध राष्ट्रीय सरकारों से है और इसमें न केवल शासकीय संरचनाओं का बल्कि शासन के राजनीतिक कार्यों का अध्ययन भी किया जाता है। सीमा सम्बन्धी विवाद का स्वरूप यह है कि सरकार के क्रियाकलापों आदि की व्याख्या का आधार क्या हो? सामान्यतः इस व्याख्या का दो दृष्टिकोणों से अध्ययन किया जा सकता है।

(अ) **व्यवहारवादी दृष्टिकोण**—इस दृष्टिकोण के अनुसार संस्थाओं का राजनीतिक व्यवहार कानूनी आधार पर नहीं आंका जा सकता क्योंकि इससे राजनीतिक क्रियाओं की वास्तविकताओं को नहीं समझा जा सकता। पूर्व ज्ञात है कि ब्रिटिश राजनीतिक व्यवस्था के सिद्धान्त व व्यवहार में कितना अन्तर है? वहां के सांविधिक प्रावधान इंग्लैण्ड को निरंकुश राजतन्त्र का रूप देते हैं जबकि वास्तव में वह संसार के सर्वोत्तम उदार लोकतन्त्रों में गिना जाता है। इसी तरह इंग्लैण्ड की राजनीतिक व्यवस्था को समझने के लिए सावैधानिक प्रावधानों से बाहर निकल कर अराजनीतिक संस्थाओं के राजनीतिक व्यवहार का अध्ययन करना आवश्यक है।

इसीलिए व्यवहारवादी राजनीति वैज्ञानिक तुलनात्मक शासन व राजनीति में शासकीय व अशासकीय दोनों प्रकार की संस्थाओं के राजनीतिक व्यवहार का अध्ययन करने पर बल देते हैं। यदि वह अध्ययन दूसरे देशों के इसी प्रकार के राजनीतिक व्यवहार से तुलना करके किया जाए तो साधारण परिणाम प्राप्त होंगे।

(ब) कानूनी अथवा संस्थागत दृष्टिकोण—कानूनी दृष्टिकोण के समर्थक विद्वानों का मानना है कि तुलनात्मक शासन व राजनीति के अध्ययन के आधार पर संविधान होना चाहिए, अर्थात् राजनीतिक क्रियाओं का समुचित मूल्यांकन संविधान के अन्तर्गत निर्मित संस्थाओं के राजनीतिक व्यवहार का अध्ययन करके किया जा सकता है। इन विद्वानों का मत है कि किसी अन्य आधार पर राजनीतिक क्रियाओं का अध्ययन अव्यावहारिक है। इस कानूनी या संस्थागत दृष्टिकोण को स्वीकार करना कठिन है क्योंकि इस प्रकार का अध्ययन सतही तथा अवास्तविक होगा। कोई भी औपचारिक अध्ययन वास्तविकताओं को समझने में अक्षम होता है। उदाहरण के लिये यदि देखा जाय तो रूस के संविधान तथा इसके द्वारा स्थापित संस्थाओं का औपचारिक व संस्थागत अध्ययन रूस की राजनीतिक व्यवस्था से दूर-दूर तक मेल नहीं खाता है।

2

संघवाद का तुलनात्मक विश्लेषण

संघवाद विकासशील देशों द्वारा अपनाई गई एक ऐसी प्रणाली है जिसके माध्यम से उस देश की जनता के प्रत्येक व्यक्ति का विकास संभव हो पाता है। शासन की इस प्रणाली में सत्ताएँ राजनीतिक संबंधों पर निर्भर करती हैं तथा प्रत्येक इकाई का विकास करती हैं। संघवाद सरकार का वह दोहरा रूप है जो केन्द्र एवं राज्य है और आवश्यक कानूनों के अधीन कार्य करती है और आवश्यक कानूनों का निर्माण करती है। यह प्रणाली केन्द्र एवं राज्य की निरंकुशता एवं एकाधिकार को उत्पन्न नहीं होने देती। भारत भी संघवाद प्रणाली को अपनाए हुए है।

वर्तमान समय में संघीय व्यवस्था काफी कारगर साबित हुयी है खासकर उन देशों में जिनकी गणना, जनसंख्या व क्षेत्रफल के आधार पर बड़े देशों में गिनती की जाती है और इसके द्वारा हम विविधता में एकता को स्थापित करने में कामयाब हो सकते हैं और इसके साथ ही, जिन राष्ट्रों में जलवायु एवं आर्थिक स्रोतों में भौगोलिक दृष्टि से व्यापक अंतर पाया जाता है। जिनमें अनेक प्रकार की सामाजिक एवं जातीय विभिन्नता तथा भिन्न-भिन्न धर्मों को मानने वाले लोग रहते हैं और जो अलग-अलग कई भाषाएँ बोलते हैं। ये सब दशाएँ, अमेरिका, कनाडा, भारत वर्ष, पाकिस्तान, आस्ट्रेलिया, रूस, ब्राजील तथा मैक्सिको में पाई भी जाती हैं, अतः वहाँ पर संघीय व्यवस्था पाई जाती है। इन बड़े-बड़े देशों के अलावा पश्चिमी जर्मनी, यूगोस्लाविया, स्विट्जरलैंड तथा आस्ट्रेलिया जैसे छोटे-छोटे राज्यों में भी संघ व्यवस्था विद्यमान है। इन व्यवस्थाओं को दृष्टिगत करते हुए हम इस निर्णय पर पहुँचते हैं कि "संघवाद द्वारा विभिन्नता में एकता स्थापित करने का प्रयास किया जाता है।"

संघवाद के निर्माण में यह विचारधारा कार्य करती है कि सरकार के कुछ मुख्य **कार्य सभी** इकाई राज्य अलग-अलग ढंग से अच्छी प्रकार नहीं कर सकते। अतः उन्हें **पूरा** करने के लिए सब राज्य मिलकर केन्द्रीय सरकार का निर्माण करते हैं जिसका मुख्य कार्य उन सब कार्यों को सम्पन्न करना है जो सामान्य हित से सम्बन्धित हैं, जैसे राष्ट्र की सुरक्षा, आर्थिक विकास, यातायात एवं अन्तर्राष्ट्रीय व्यापार आदि। **के. सी. व्हीयर** ने अपनी पुस्तक 'Federal Government' में लिखा है कि–"संघ की इच्छा सैन्य असुरक्षा की भावना, सामान्य सुरक्षा की आवश्यकता पर आधारित है। विदेशी शक्तियों से स्वतन्त्रता की इच्छा तथा यह अनुभव करना कि संघ द्वारा ही उनकी सुरक्षा सम्भव है तथा संघ से आर्थिक लाभ की आशा ही संघ के निर्माण का आधार है।" प्रसिद्ध Achean League का जन्म इसी कारण हुआ था।

संघवाद हेतु आवश्यक कारक

संघवाद की आवश्यकता हेतु निम्नलिखित कारक आवश्यक हैं जो निम्नलिखित हैं–

(1) भौगोलिक एकता–इसके फलस्वरूप नागरिकों में सामान्य हितों की भावना उत्पन्न होती है जो संघवाद के लिए जरूरी है। भारतवर्ष इसका ज्वलन्त उदाहरण है।

(2) सामान्य मस्तिष्क का होना–एकता की भावना सामान्य राष्ट्र-मस्तिष्क का ही बाहरी रूप है। इसी भावना के कारण पूर्वी और पश्चिमी पाकिस्तान एक थे। यद्यपि पूर्वी पाकिस्तान और पश्चिमी पाकिस्तान में पारस्परिक मतभेद थे। किन्तु पाकिस्तान अब दो राष्ट्रों में विभाजित हो गया है और एक नए देश के रूप में बांग्लादेश जाना जाता है।

(3) राजनैतिक कारण--इसका तीसरा और प्रमुख कारण राजनीतिकरण है। छोटे-छोटे राज्य मिलकर एक बड़े संघ का निर्माण करना चाहते हैं जिससे संसार के अन्य राष्ट्रों के संघ में वे महत्वपूर्ण स्थान प्राप्त कर सकें। सांस्कृतिक भिन्नताएँ संघ के निर्माण में रुकावट नहीं बन सकतीं यद्यपि भाषा तथा धार्मिक एकता संघ की स्थापना के लिए बहुत आवश्यक समझी जाती हैं। अमेरिका, कनाडा तथा रूस में सांस्कृतिक विभिन्नताएँ पाई जाती हैं परन्तु फिर भी वहाँ पर संघ व्यवस्था का निर्माण हुआ है।

(4) सामान्य हितों का होना–संघवाद की स्थापना के लिए सामान्य हितों

का होना जरूरी है। इन हितों का मूल आधार सामान्य भाषा, एक-सा धर्म, रीति-रिवाज तथा एक से आर्थिक हित होते हैं। सामान्य हितों के कारण ही व्यक्तियों में भ्रातृत्व की भावना का विकास होता है तथा उनमें एकता की भावना का भी जन्म होता है, जो संघ के लिए बेहद जरूरी है।

संघवाद का अर्थ

संघवाद अंग्रेजी के Federal शब्द से बना है। इसकी उत्पत्ति लैटिन भाषा के शब्द 'फोइडस' (Foedus) से है जिसका अर्थ 'सन्धि या समझौता' है तथा यह बहुपक्षीय और लिखित होता है। मोन्टेस्क्यू ने लिखा है कि–"शासन का यह रूप एक प्रकार का समझौता है जिसके द्वारा छोटे-छोटे राज्य उस बड़े राज्य के सदस्य बन जाते हैं जिसे वे स्थापित करना चाहते हैं।"

व्हीयर के शब्दों में– "संघीय सिद्धान्त का अर्थ सत्ता के विभाजन की ऐसी पद्धति से है जिसके द्वारा सामान्य तथा क्षेत्रीय सरकारें अपने क्षेत्रों में सहयोगी व स्वतन्त्र होती हैं।"

फाइनर के शब्दों में– "संघीय राज्य वह है जिसमें अधिकार और शक्ति का कुछ भाग स्थानीय क्षेत्रों में निहित हो और शेष भाग स्थानीय क्षेत्रों के समुदाय द्वारा विचारपूर्वक निर्मित केन्द्रीय संस्था को दिया जाए।"

गार्नर के शब्दों में– "संघ एक ऐसी प्रणाली है जिसमें केन्द्रीय तथा स्थानीय सरकारें एक ही प्रभुसत्ता के अधीन होती हैं। ये सरकारें अपने-अपने क्षेत्र में जिसको संविधान या संसद का कोई कानून निश्चित करता है, सर्वोच्च होती हैं। संघ सरकार जैसा कि कह दिया जाता है, अकेली केन्द्रीय सरकार नहीं होती, बल्कि यह केन्द्रीय और स्थानीय इकाई सरकारों को मिलाकर बनती है। स्थानीय सरकारें इस प्रकार संघ का भाग हैं तथा वे केन्द्र द्वारा निर्मित या नियन्त्रित नहीं होती हैं।"

हेमिल्टन के शब्दों में–"संघ राज्यों का एक समूह है जो एक नए राज्य को जन्म देता है।"

स्ट्रांग के शब्दों में– "संघ राज्य वह है जिसमें कुछ एक समान राज्य निश्चित व समान उद्देश्यों के लिए इकट्ठे होते हैं। इसमें केन्द्रीय अथवा संघीय सत्ता के अधिकार समान उद्देश्यों के लिए एकत्रित हुई इकाइयों को दे दिए गए, निश्चित अधिकारों से सीमित होते हैं। ऐसा होते हुए कोई ऐसी सत्ता भी चाहिए जो इस विभाजन का निश्चय करे। यह शक्ति ही स्वयं संविधान है।"

उपर्युक्त परिभाषाओं से यह निष्कर्ष निकलता है कि संघीय संविधान ऐसे कई देशों में शासनतन्त्र की व्यवस्था का निर्माण करता है जो एक राज्य में सामान्य साझेदारी की स्थापना तो करना चाहते हैं किन्तु इसके साथ ही साथ अपना स्वतन्त्र अस्तित्व भी बनाए रखना चाहते हैं।

संघवाद व अस्थायी संघ में भिन्नता

संघवाद तथा अस्थायी संघ में पर्याप्त अन्तर पाया जाता है। संघवाद का अर्थ स्पष्ट रूप से समझने के लिए इसका अस्थायी संघ से अन्तर जान लेना बहुत जरूरी है। **अस्थायी संघ** यथार्थ राज्यों का ऐसा संगठन है जिसमें केवल रक्षा व्यवस्था ही केन्द्र के हाथ में रहती है। इसके अलावा सदस्य राज्य की शासन व्यवस्था अलग-अलग होती है। इसका मतलब उस राजनीतिक एकीकरण से है जो किसी अस्थायी उद्देश्य की पूर्ति के लिए एक निश्चित समय तक के लिए ही किया जाता है। जिसके कारण वे एक दूसरे से एक प्रकार की संधि द्वारा जुड़े रहते हैं। इसके विपरीत सरकार हितों वाले मामलों को केंद्र के सुपुर्द करा दिया जाता है और राज्य एक बड़ी इकाई के रूप में परिवर्तित हो जाता है।

संघ राज्य के सहायक राज्यों में युद्ध छिड़ जाता है तो उसे अन्तर्राष्ट्रीय न कहकर गृहयुद्ध कहा जाता है। इसके विपरीत अस्थायी संघ में प्रत्येक सदस्य राज्य सम्प्रभु बना रहता है और उसका अपना अन्तर्राष्ट्रीय व्यक्तित्त्व होता है। वह अन्य किसी राज्य से भी सन्धि कर सकता है और युद्ध की घोषणा भी कर सकता है जिसमें अस्थायी संघ के अन्य राज्यों को भाग लेने के लिए मजबूर नहीं किया जा सकता।

न्यायपालिका संघीय देशों में सर्वोपरि होती है और न्यायपालिका पर कोई दबाव नही होता है। इसमें संघ विधि स्पष्ट होती है जबकि अस्थायी संघ में विधि की कोई साधारण व्यवस्था सामने नहीं आती। स्थायी संघ में नागरिकों को दोहरी नागरिकता मिलती है। इसके विपरीत अस्थायी संघ में प्रत्येक राज्य का नागरिक अपने ही राज्य का नागरिक रहता है। अस्थायी संघ का कोई भी सदस्य राज्य संघ से अलग हो सकता है परन्तु साधारण रूप से चाहे तो संघ राज्य में सदस्य संघ से अलग नहीं हो सकता। उन राज्यों में स्थानीय स्वशासन के मामलों में विचारधारा एक नहीं हो सकती है। यह भिन्नता इस बात पर निर्भर करती है कि संविधान में उनके लिए कितना और किस सीमा तक स्वायत्त शासन का अधिकार प्रदान किया गया है।

संघीय एवं एकात्मक शासन व्यवस्था में अन्तर

संघीय शासन व्यवस्था व एकात्मक शासन व्यवस्था में कुछ भिन्नताएँ हैं

जिनका वर्णन निम्नवत् किया गया है। इस विचारधारा का मैरियट विरोध करते हैं। उनके अनुसार दोनों व्यवस्थाओं में मौलिक तथा आवश्यक रूप से भेद पाया जाता है। **सर जान सीले** के विचार में एकात्मक तथा संघीय व्यवस्थाओं में गुणों की अपेक्षा मात्रा का अन्तर है और यह अन्तर भी इस बात पर निर्भर करता है कि किस स्थान में कितना स्वशासन अधिकार वहाँ की जनता को मिला हुआ है। परन्तु **प्रो. स्ट्रांग** तथा **व्हीयर** ने इन विद्वानों के बीच का मार्ग अपनाया है। उसके विचार में सिद्धान्त रूप में एकात्मक संविधान कार्य करने में संघात्मक हो सकता है। एक संघात्मक संविधान व्यवहार में एकात्मक हो सकता है जैसे कि मैक्सिको, वेनेजुएला, ब्राजील तथा अर्जेंटाइना के संविधान संघात्मक संविधान हैं।''

एकात्मक शासन का तात्पर्य—केन्द्र तथा इकाई सरकारों के सम्बन्धों के आधार पर सरकार को एकात्मक तथा संघात्मक दो भागों में बाँटा गया है। **फाइनर** के अनुसार, ''एकात्मक सरकार में समस्त शक्तियाँ केन्द्र के पास इकट्ठी रहती हैं तथा केन्द्रीय इच्छा व कर्मचारी सारे देश में शक्तिशाली होते हैं।'' **गार्नर** के शब्दों में ''जहाँ संविधान द्वारा सभी शक्तियाँ केन्द्रीय सरकार को दी जाती हैं और जिससे स्थानीय सरकारें अपने अधिकार तथा स्वायत्तता ही नहीं साथ ही अपना अस्तित्त्व भी प्राप्त करती हैं, ऐसी व्यवस्था को एकात्मक प्रशासन कहा जाता है।''

संघात्मक शासन का तात्पर्य—संघात्मक व्यवस्था एक ऐसा समझौता होता है, जिसमें कुछ राज्य आपस में मिलकर एक संघ का निर्माण करते हैं तथा संघ प्रशासन का कार्य संघात्मक सरकार द्वारा पूरा किया जाता है। **गार्नर** के शब्दों में, ''संघात्मक सरकार वह शासन व्यवस्था है जिसमें सरकार की सभी शक्तियाँ संघ सरकार तथा इकाई सरकारों के बीच बंटी होती हैं। **प्रो. डायसी** के अनुसार, ''संघवाद एक राजनीतिक समझौता है जिसके अनुसार राज्य के अधिकारों को कम करने के साथ-साथ सारे राष्ट्र की एकता को भी सुनिश्चित किया जाता है।'' ग्रेट ब्रिटेन की शासन व्यवस्था एकात्मक है।

भारतवर्ष के बारे में कहा जाता है कि भारत में अर्द्धसंघात्मक व्यवस्था है क्योंकि यहाँ पर केन्द्रीय सरकार को सामर्थ्यवान बनाने की कोशिश हुई है। उपरोक्त प्रणालियों में विभिन्न अन्तर दिखाई देते हैं। संघात्मक शासन प्रणाली में शक्ति को केन्द्र के सुपुर्द कर दिया जाता है तथा इकहरी न्यायपालिका होती है। यहां लिखित संविधान केन्द्रीय सरकार की सर्वोच्चता भी होती है जबकि संघात्मक शासन में केन्द्र का साथ होता है। यहां लिखित संविधान पाया जाता है, स्वतन्त्र व निष्पक्ष उच्चतम न्यायालय होता है। संविधान की सर्वोच्चता ही यहां सर्वोपरि होती है।

संघात्मक शासन की विशेषताएँ

संघात्मक शासन व्यवस्था से संघ और राज्यों के बीच एक नैतिक समझौता होता है जिसके द्वारा राज्य के अधिकारों को सुनिश्चित करने के साथ-साथ सारे राष्ट्र की एकता को भी सुनिश्चित किया जाता है। इसके निर्माण में ज्यादातर वे स्वतन्त्र राज्य भाग लेते हैं जिनकी भौगोलिक स्थिति, संस्कृति, इतिहास, भाषा, रीति-रिवाज, धर्म-जाति आदि समान हों, जिसमें राष्ट्रीय भावना हो तथा एक साथ मिलकर कार्य करने की इच्छा हो। संघ राज्य के प्रमुख लक्षण निम्नलिखित हैं–

(1) लिखित संविधान–संघ राज्य का निर्माण कतिपय समान प्रयोजनों की पूर्ति हेतु ही किया जाता है। अतः उसका संविधान लिखित होना बहुत जरूरी है। अमेरिका तथा भारत के संविधान लिखित हैं।

(2) शक्तियों का विभाजन–संघ संविधान में संघ सरकार तथा इकाई सरकारों के बीच अधिकार का विभाजन स्पष्ट रूप से होना चाहिए। उनके कार्यक्षेत्र भी अलग-अलग होने चाहिएँ। अतः दोनों कार्यों का स्पष्ट रूप से वर्णन आवश्यक है। शक्तियों का विभाजन निम्नांकित प्रकार से किया जा सकता है–

(3) संविधान की सर्वोच्चता–संविधान राज्य की सर्वोच्च शक्ति मानी जाती है। देश में अन्तिम शक्ति भी संविधान द्वारा ही निश्चित होती है। इसी कारण वो संविधान की सर्वोच्चता के नाम से पुकारा जाता है। भारत तथा अमेरिका में संविधान ही सभी शक्तियों का स्रोत है। संविधान के आधार पर ही सरकार के विभिन्न अंगों में मतभेद एवं संघ तथा राज्यों के बीच उत्पन्न होने वाले मतभेदों को दूर किया जाता है। **न्यूमैन** के शब्दों में, "जिस प्रकार ब्रिटिश संसद सभी संसदों की जननी है उसी प्रकार अमेरिकी संघ सभी संघों का पिता है।"

(4) स्वतन्त्र-सर्वोच्च न्यायपालिका–केन्द्र तथा राज्यों के बीच उत्पन्न होने वाले पारस्परिक झगड़ों के निपटाने के लिए तथा आपसी मतभेदों को दूर करने के लिए एक स्वतन्त्र न्यायपालिका का होना भी बहुत आवश्यक है। इसे सर्वोच्च न्यायपालिका के नाम से पुकारा जाता है। वह संविधान की रक्षक होती है, तथा संविधान की व्याख्या करती है। आधुनिक राज्यों में न्यायपालिका नागरिकों के मूल अधिकारों की रक्षा भी करती है तथा समय-समय पर राष्ट्रपति को सलाह भी देती है। भारत तथा अमेरिका में सर्वोच्च न्यायपालिकाएँ पाई जाती हैं।

सर्वदा संविधान के द्वारा नागरिकों के हितों की रक्षा की जाती है। इस दृष्टि से "संघीय संविधान में संघ एवं राज्यों की सरकारों के अधिकारों एवं कर्तव्यों का

एक घोषणा-पत्र बना दिया जाता है। संघवाद में व्यवस्थापिका सर्वोच्च एवं प्रभुतासम्पन्न नहीं होती लेकिन संविधान जो सर्वोच्च होता है व्यवस्थापिका को नियन्त्रित करता है।"

(5) अपरिवर्तनशील संविधान—संघ राज्य के संविधान का अपरिवर्तनीय होना आवश्यक है। अर्थात् उनमें बदलाव नहीं होना चाहिए। संशोधन प्रणाली कठोर होनी चाहिए। डायसी के अनुसार, "संविधान या तो कठोर अथवा अपरिवर्तनशील होना चाहिए या कोई ऐसी सत्ता ही उसे बदल सके जो साधारण विधानमंडलों से ऊपर हो।

(क) इसमें मात्र केन्द्रीय सरकार के अधिकारों का वर्णन हो और अवशिष्ट शक्तियों का उल्लेख कर दिया जाए और अवशिष्ट शक्तियाँ केन्द्रीय सरकार के अधीन रहें तथा केवल राज्य की सरकारों की शक्तियों का वर्णन कर दिया जाए और अवशिष्ट शक्तियाँ केन्द्रीय सरकार के ही अधीन रहनी चाहिएँ। उन शक्तियों का वर्णन कर दिया जाना चाहिए जिनका प्रयोग केन्द्र की सरकार या राज्य की सरकारें अकेले नहीं कर सकतीं।

(ख) अमेरिका में प्रथम प्रणाली को अपनाया गया है। संविधान में केन्द्र की शक्तियाँ स्पष्ट रूप में लिखी गई हैं। अवशिष्ट अधिकार राज्य की सरकारों के अधीन है। जबकि भारतवर्ष में अवशिष्ट अधिकार केन्द्रीय सरकार के पास है। शक्तियों का विभाजन तीन सूचियों—संघ, राज्य, समवर्ती सूचियों के द्वारा किया गया है।

(ग) अमेरिका में संघ और राज्यों के लिए अलग-अलग नागरिकता का प्रावधान है। यही वजह है कि अमेरिका में संघ सरकार को अत्यल्प शक्तियाँ प्राप्त हैं। भारतीय संघ में संघीय सरकार को व्यापक शक्तियाँ प्राप्त होती हैं और राष्ट्र की भलाई के लिए ये विषय केंद्र को दिये जाने चाहिएँ। जैसे विदेश नीति, रक्षा नीति, करेन्सी, सिक्का, डाक व तार, आयात तथा निर्यात आदि।

निष्कर्ष यह निकलता है कि संविधान को सामान्य नियमों की तरह नहीं बदला जा सकता। अतः संघात्मक संविधान में संशोधन प्रणाली साधारण नियम परिवर्तन प्रणाली से अलग है। इसलिए संघात्मक संविधान अधिकतर कठोर होते हैं।

आधुनिक काल में संघवाद का महत्त्व

आधुनिक काल में संघवाद का महत्त्व निम्नवत् वर्णित किया गया है—

मैरियट फेडरेशन को संघ के नाम से पुकारता है।

विलोबी ने इसे 'a multiple government' के नाम की संज्ञा दी है। इस

दृष्टिकोण से आधुनिक राज्य के विकास में संघवाद की विचारधारा ने राजदर्शन के क्षेत्र में वही महत्त्वपूर्ण योगदान दिया है जो सामाजिक समझौते के सिद्धान्त ने दिया। दोनों सिद्धान्तों की उत्पत्ति आधुनिक औद्योगिक समाज की उत्पत्ति के कारण हुई है। दोनों सिद्धान्त प्रजातन्त्र की भावनाओं पर आधारित होते हैं और दोनों ने व्यक्तियों के विरोधी हितों, भावनाओं एवं धारणाओं में समन्वय स्थापित करने की कोशिश की है।

अमेरिका, भारतवर्ष तथा रूस में इसी विचारधारा के आधार पर संघ राज्यों की स्थापना की गई और संघ की भावना से प्रेरित होकर छोटे-छोटे राज्य भी एक बड़े राष्ट्र संघ के रूप में संगठित होने पर जोर दे रहे हैं।

संघवाद का भविष्य

आधुनिक युग में संघवाद का भविष्य निरन्तर प्रगति के पथ पर अग्रसर है। प्राचीन काल में इसकी महत्ता को नहीं जाना जा सका था, लेकिन वर्तमान परिप्रेक्ष्य में इसका महत्त्व निरंतर बढ़ता ही जा रहा है। आशा की जाती है कि भविष्य में यह विचारधारा सभी मनुष्य जाति को जीवन प्रदान करेगी। आज संसार का कोई भी राज्य आत्मनिर्भर नहीं है। सब एक-दूसरे के सहारे पर आधारित हैं। ऐसी स्थिति में संघवाद की विचारधारा को प्रोत्साहन मिलना आवश्यक हो जाता है। सामाजिक विकास की दृष्टि से राष्ट्र राज्य की विचारधारा अब अंतिम सीढ़ी नहीं है। अतः संघवाद की सहायता से ही विभिन्न राज्यों में सामंजस्य तथा एकता पैदा की जा सकती है।

आज संयुक्त राष्ट्र संघ (U.N.O.) तथा अन्य जितने भी प्रादेशिक संगठन कार्य कर रहे हैं उन सबका आधार संघवाद की विचारधारा है। वर्तमान समय में कई राष्ट्रों में संघीय व्यवस्था के तहत् नवीन बदलाव हो रहा है। संघ राज्यों में केन्द्रीयकरण की शक्तियाँ दिन-प्रतिदिन बढ़ती जा रही हैं। सम्मिलित अधिकार क्षेत्र तथा शक्ति के अन्तर्रहित सिद्धान्त के कारण केन्द्र के अधिकारों में दिन पर दिन बढ़ोतरी होती जा रही है। संघ राज्यों की सीमाओं में परिवर्तन होते जा रहे हैं। राज्यों की समस्याएँ राष्ट्रीय समस्याओं का रूप लेती जा रही हैं। आर्थिक क्षेत्र में राज्य की सरकारों पर केन्द्रीय सरकार का प्रभाव बढ़ता जा रहा है।

अनेक संघ राज्यों में संघीय विवादों को तय करने के लिए अतिरिक्त न्यायिक अधिकारों की माँग की जाने लगी है। इन सबका अर्थ यह लगाना कि संघात्मक व्यवस्था का स्थान एकात्मक व्यवस्था लेती जा रही है, भूल है। केन्द्र के शक्तिशाली होने का मूल कारण विश्व युद्ध का भय, देश की सुरक्षा, आर्थिक संकटों से मुक्ति

तथा आधुनिक युग में यातायात के साधनों के महान बदलाव हैं। भारतवर्ष में शक्तिशाली केन्द्र की व्यवस्था की गई है किन्तु शासन का आधार विकेन्द्रीयकरण है। ग्राम पंचायतों, पंचायत समितियों तथा जिला परिषदों का भी अपना विशेष महत्त्व है।

उपरोक्त बिन्दुओं का अवलोकन करने से हमें ज्ञात होता है कि संघवाद के सामने दो अवरोध हैं–

(1) पृथक्करण द्वारा इसका अन्त हो जाए।

(2) यह एकात्मक व्यवस्था का रूप धारण कर सकती है।

संघवाद में केन्द्रीयकरण की प्रवृत्ति

वर्तमान समय में संघ राज्यों में केन्द्रीयकरण की प्रवृत्ति दिखाई देती है। जबकि डायसी, फ्रीमेन, जैलिनेक आदि विद्वानों ने संघ व्यवस्था का आधार विकेन्द्रीयकरण को माना है। इस मूल प्रवृत्ति के पैदा होने के निम्नवत् कारण बताये गये हैं–

(1) न्यायिक सर्वोच्चता–संघ शासन में न्यायपालिका की सर्वोच्चता होती है। यह व्यक्ति की स्वतन्त्रता की पूरी तरह रक्षा करती है। दूसरे, सर्वोच्च न्यायालय कानूनों को लागू करने के साथ ही उनकी व्याख्या भी कर देते हैं। अमेरिका में उसे कांग्रेस द्वारा पारित कानूनों को अवैध घोषित करने का अधिकार प्रदान किया गया है। इस प्रकार न्यायपालिका संविधान की रक्षा करती है।

(2) यातायात, उत्पादन और वाणिज्य का विकास–आधुनिक युग मशीन युग कहलाता है। इस युग में राज्यों की पृथकता समाप्त हो गई है। औद्योगिक विलयन राजनीतिक मिलन का साधन बन गया है। एक राज्य दूसरे राज्य के अधिक निकट हो गया है। इस सहयोग को बनाए रखने के लिए केन्द्रीय सरकार का कार्य भी अधिक बढ़ गया है।

(3) राष्ट्रीय भावना का उदय होना–इकाई राज्य संघ को मजबूत बनाने का प्रयास करते हैं। उनमें धीरे-धीरे व्यापक राष्ट्रीय भावना विकसित होने लगती है और राज्य के प्रति देशभक्ति का भाव निर्मित होने लगता है। इसलिए उनका प्रयास संघ को अधिक-से-अधिक शक्तिशाली बनाने का भी रहता है।

(4) लोक कल्याणकारी राज्यों की स्थापना–प्राचीन राज्य अपने राज्य में शान्ति बनाए रखने का कार्य करते थे इसलिए उन्हें पुलिस कहा जाता था लेकिन आधुनिक राज्य जनकल्याण पर जोर देते थे। राज्य के कार्यों में बहुत अधिक वृद्धि हुई है। अब राज्य शिक्षा, स्वास्थ्य, उद्योग तथा वाणिज्य के क्षेत्र में अपने नागरिक

को अधिक-से-अधिक सुविधाएँ देने का प्रयत्न करते हैं। इस उद्देश्य की प्राप्ति के लिए केन्द्रीय सरकार का हस्तक्षेप करना भी स्वाभाविक है। राज्य की सरकारें संघ सरकार को अधिक-से-अधिक अधिकार प्रदान करती जा रही हैं।

(5) राज्य की पारस्परिक आत्मनिर्भरता—कोई भी राज्य अपने में स्वयं आत्म-निर्भर नहीं है। अतः उसे अपने कार्यों को पूरा करने के लिए दूसरे राज्यों का सहारा लेना ही पड़ता है। उदाहरणार्थ भारतवर्ष अन्य देशों से गेहूँ मँगाता है तथा उसका इकाई राज्यों में वितरण किया जाता है। इसके अतिरिक्त केन्द्र की सरकार ही अन्तर्राष्ट्रीय व्यापार का संचालन करती है। इस संचालन के लिए केन्द्र का शक्तिशाली होना बहुत जरूरी है।

(6) विदेश नीति का दृढ़ता से संचालन के लिए केन्द्रीय सरकार का शक्तिशाली होना बहुत आवश्यक है। केन्द्रीय कार्यपालिका ही सारे राष्ट्र की शक्ति का प्रतीक होती है। ब्रिटेन, अमेरिका, रूस आदि देशों की कार्यपालिकाएँ अत्यन्त शक्तिशाली हैं।

(7) संघ द्वारा राज्य की सरकारों को वित्तीय अनुदान प्रदान करना—इकाई राज्यों की आय के साधन सीमित होते हैं अतः केन्द्र की सरकार उनकी योजनाओं को सफल बनाने के लिए उन्हें अनुदान के रूप में धन देती है और इस प्रकार इकाई राज्य की सरकारों पर केन्द्र का नियन्त्रण रखा जाता है।

(8) राष्ट्रों की सुरक्षा की जरूरतें—अनेक संघ राज्यों के संविधानों में इकाई राज्यों को केन्द्र से अलग होने का अधिकार प्रदान नहीं किया गया है। केन्द्र सरकार के ऊपर ही सारे देश की सुरक्षा का दायित्व होता है। विश्व युद्धों के समय प्रायः देखने में आया है कि केन्द्रीय सरकार की शक्तियाँ अमेरिका, स्विट्जरलैंड आदि देशों में अत्यन्त विस्तारित हो गईं थी। भारतवर्ष में भी आपत्तिकाल में समस्त शासन एकात्मक हो जाता है। इस प्रकार सभी देशों में केन्द्रीयकरण की भावना दिन-प्रतिदिन बढ़ती ही जा रही है। आजकल प्रत्येक राज्य को विश्व युद्ध का भय बना रहता है इसलिए इससे मुक्ति पाने का एकमात्र उपाय यही समझा जाता है कि देश की रक्षा के लिए अधिक-से-अधिक धन खर्च किया जाए और इसका उत्तरदायित्व केन्द्रीय सरकार पर होता है।

उपरोक्त बिन्दुओं के अवलोकन से ज्ञात होता है कि संघवाद में विधायी, प्रशासनिक, न्यायिक, वित्तीय, वाणिज्य, सुरक्षा आदि क्षेत्रों में केन्द्रीयकरण की प्रवृत्ति दिन-प्रतिदिन बढ़ती जा रही है।

संघवाद का जन्म

इसकी उत्पत्ति निम्नांकित बिन्दुओं द्वारा हुई जो नीचे वर्णित हैं–

रूस में संघवाद

रूस में संघवाद पर विद्वानों में मतान्तर पाया जाता है, जिसका वर्णन निम्नवत् है–

रूसी संघवाद का राजनीतिक दृष्टिकोण–रूस की संघीय व्यवस्था के बारे में विद्वानों में बड़ा मतभेद है। रूस के नेता लोग अपने साम्यवादी संघ को ही आदर्श मानते हैं। **प्रो. स्ट्रांग** भी सोवियत संघ को संघ मानते हैं। **प्रो. व्हीयर** का कहना है कि "रूस का संविधान अधिक-से-अधिक अर्द्धसंघीय है।"

भारतीय संघ का निर्माण संविधान के अंर्तगत काफी सूझबूझ के साथ किया गया है। भारत का संविधान कठोर होने के साथ-साथ सख्त भी है और सदन के लिए 2/3 बहुमत मिलना आवश्यक है। संघ की इकाइयों की स्वीकृति पाई जाती है। रूस में संविधान की सर्वोच्चता है यद्यपि उस हद तक नहीं है जिस हद तक अमेरिका तथा भारत में पाई जाती है। इसलिए रूस का संविधान इस दृष्टि से संघात्मक है। जहां तक संघ और राज्यों के मध्य शक्ति को विभक्त करने का सवाल है उसमें केवल संघीय सरकार की शक्तियों का वर्णन किया गया है और शेष शक्तियाँ इकाइयों की सरकारों में निहित मानी गई हैं। किन्तु संविधान से इतना अवश्य स्पष्ट होता है कि संघीय सरकार की शक्तियाँ अत्यन्त व्यापक हैं। पर राष्ट्र सम्बन्धों का संचालन, युद्ध की घोषणा तथा सन्धियाँ करना, नए राज्यों को संघ में सम्मिलित करना जैसे महत्त्वपूर्ण विषय केन्द्र के अधीन हैं। यह व्यवस्था भारत से मिलती है। रूस में संविधान की व्याख्या करना तथा व्यवस्थापिका व कार्यपालिका के कार्यों की वैधानिकता देखने का कार्य सर्वोच्च न्यायपालिका के स्थान पर वहाँ की प्रेसीडियम को सौंपी गई है जो केन्द्रीय कार्यपालिका का ही एक अंग होती है। इस दृष्टि से रूस के संविधान में न्यायपालिका की सर्वोच्चता के सिद्धान्त को नजरअन्दाज किया गया।

इन तथ्यों को धयन में रखकर इस निष्कर्ष पर पहुंचे हैं कि रूस की संघीय व्यवस्था अमेरिका की भांति पूर्ण रूप से संघात्मक व्यवस्था नहीं है। **विशिंस्की** ने कहा था कि–"सोवियत संघ का निर्माण लोकतन्त्रात्मक केन्द्रीयकरण के सिद्धान्त पर हुआ है, जो पूँजीवादी राज्यों के कर्मचारी-तन्त्रात्मक केन्द्रीयकरण से बिल्कुल भिन्न

है।" रूस की व्यवस्था को हम भारतवर्ष की भाँति अर्द्धसंघीय व्यवस्था भी कह सकते हैं क्योंकि उसमें केन्द्रीयकरण की मूल प्रवृत्ति शामिल है।

रूसी संघवाद का सांस्कृतिक दृष्टिकोण—अन्तर्राष्ट्रीय स्तर पर इसकी एक अलग महत्ता है। सांस्कृतिक दृष्टि से रूस एक सच्चा संघात्मक देश है। इस बारे में अधिक मतभेद नहीं है। संघ के राज्यों के नाम से स्पष्ट होता है कि उनका संगठन राष्ट्रीयताओं के आधार पर किया गया है। उदाहरणार्थ, यूक्रेन सोवियत समाजवादी गणतन्त्र में यूक्रेनियम जाति के लोग रहते थे। इसी तरह उज्बेक सोवियत समाजवादी गणतन्त्र में उज्बेक जातीयता को मानने वाले लोग रहते थे। संघ में **दूसरी** तरह के राज्यों को स्वशासित गणतन्त्र के नाम से पुकारा जाता था। इनका संगठन छोटी-छोटी अन्य जातियों के आधार पर किया गया है। **तीसरे** प्रकार के राज्यों को स्वशासित क्षेत्र कहा गया है। इनकी व्यवस्था भी उन जातीय समुदायों के आधार पर की गई है जिन्हें सांस्कृतिक आधार पर स्वशासन का अधिकार मिला परन्तु जो स्वशासित गणतन्त्रों के स्तर के योग्य नहीं हैं। **चौथे** प्रकार के राज्यों को राष्ट्रीय प्रदेश के नाम से पुकारा गया है। इनका संगठन भी छोटी-छोटी जाति के समुदायों को सन्तुष्ट व एकत्र करने के लिए किया गया है।

इस प्रकार रूस में सभी राष्ट्रीयताओं के लोगों को समानता एवं सर्वोच्चता दी गई है। रूसी संघवाद की अपनी एक विशिष्टता है। जिसके तहत् वहाँ संघ के सभी गणतन्त्रों को अपना-अपना संविधान अपनी-अपनी इच्छा के अनुसार बनाने का अधिकार प्राप्त है और सभी इकाइयों को सोवियत संघ की व्यवस्थापिका में अलग-अलग व्यक्तित्त्व प्रदान किया गया है। सोवियत संघ में 1 संघीय गणराज्य, 20 स्वायत्त गणराज्य, 8 स्वायत्त प्रदेश एवं 10 राष्ट्रीय क्षेत्र थे। इसलिए उच्च सदन में संघीय गणतन्त्र 32, स्वशासित गणतन्त्र 11, स्वशासित प्रदेश 5 तथा राष्ट्रीय क्षेत्र 1 प्रतिनिधि भेजता था। इस प्रकार राष्ट्रीयता की दृष्टि से सोवियत संघ की भी सदस्य संख्या 750 है तथा संघीय सोवियत की भी सदस्य संख्या 750 थी।

इसके अलावा विभिन्न वर्गों को प्राप्त विशेष सुविधाओं को समाप्त कर दिया गया है। पूर्व सोवियत गणराज्य में शामिल हर इकाई को भाषाई स्वाधीनता भी प्राप्त है। इस बात का प्रयास नहीं किया गया है कि सम्पूर्ण संघ की भाषा एक ही हो। वहाँ न्यायालयों की कार्यवाही प्रादेशिक भाषाओं में भी होती है। संघ के कानून भी गणतन्त्रों में साधारण बोली जाने वाली भाषाओं में ही छापे जाते हैं। उन सब कार्यों में या कानूनों में एकमात्र भाषा का प्रयोग नहीं किया जाता है।

उपर्युक्त कई उन्मुक्ताओं के होते हुए भी इस बात का विशेष प्रयत्न किया गया है कि सब राज्य मिलकर एक देश के रूप में प्रगति के पथ पर अग्रसर हों।

रूसी संघवाद का आर्थिक दृष्टिकोण–सम्पूर्ण संघ के लिए आर्थिक दृष्टिकोण से रूसी संघ में अत्यधिक केन्द्रीयकरण है। आर्थिक योजनाओं का निर्माण भी केंद्र सरकार द्वारा किया जाता है। रूस की अपेक्षा अमेरिका में राज्य की सरकारें अधिक स्वतंत्र हैं। भारत राज्य में शिक्षा उद्योग कृषि विषयों पर राज्य सरकारों का नियंत्रण होता है। परन्तु सोवियत रूस में आर्थिक जीवन पर अधिकांश नियन्त्रण केन्द्रीय सरकार के पास ही होता है। इस प्रकार आर्थिक दृष्टि से रूसी संघीय व्यवस्था संघात्मक न होकर एकात्मक है। सोवियत संघ में समाजवादी व्यवस्था को लागू किये जाने से वहां शोषण का समापन हो गया।

सोवियत संघवाद और केन्द्रीयकरण–इसमें संघ के प्रत्येक गुण मौजूद हैं फिर भी कुछ मामले में केन्द्रीयकरण की प्रवृत्ति मौजूद है जो निम्नवत् है–आर्थिक क्षेत्र में इकाइयों की सरकारें ज्यादातर केन्द्रीय सरकार पर आश्रित रहती हैं। सम्पूर्ण राष्ट्र की अर्थव्यवस्था के संचालन की योजना केन्द्र ही निर्धारित करता है। सोवियत मन्त्रिमंडल में संघीय गणतन्त्र मन्त्रालयों की व्यवस्था की गई है। इनका एकमात्र कार्य इकाइयों के मन्त्रालयों की देखभाल करना होता है। सोवियत रूस में साम्यवादी दल ही अकेला राजनैतिक दल है। यहां सम्पूर्ण शासन पर उसी का एकमात्र नियन्त्रण रहता है। सभी नीतियों का निर्माण साम्यवादी दल के प्रमुख नेताओं द्वारा किया जाता है। संघ की इकाइयाँ भी सीधी साम्यवादी दल के नियन्त्रण में रहती हैं और उसी के आदेशों व विचारों का पालन करती हैं। इस प्रकार रूस में शासन का आधार केन्द्रीयकरण है। प्रेसीडियम गणतन्त्रों के मन्त्रालयों के निर्णय को निषेध और उसकी इच्छानुसार कार्य करती है। इसके कारण इकाइयों की सरकारें केन्द्र के अधीन रहती हैं।

अमेरिका में संघवाद

अमेरिका देश विश्व की महान शक्तियों में गिना जाता है और अमेरिका संघीय व्यवस्था में अमेरिकी संविधान सर्वोपरि है। राज्य अमेरिका दुनिया में संघीय सरकार का सबसे महान प्रयोग माना जाता है। एक संघीय व्यवस्था कैसी होनी चाहिए इस बात का भी वहां का संविधान सर्वोत्तम उदाहरण है। अन्य संघीय व्यवस्थाएँ जैसे स्विट्जरलैंड, कनाडा, ऑस्ट्रेलिया, सोवियत संघ, दक्षिण अफ्रीका तथा भारत किसी-न-किसी

रूप में अमेरिकी संघीय व्यवस्था पर ही निर्भर है।" The United States of America is considered to be the greatest experiment in Federal Government that the world has ever known. The American system is the best example of what a federal system should be. Other federal systems, e.g., of Switzerland, Canada, Australia, U.S.S.R., South Africa and India in one way or the other Fall Shoof of the ideal. अमेरिका के संविधान में संघवाद की तीनों विशेषताएँ वर्णित की गयी हैं–

(1) संविधान की सर्वोच्चता–अमेरिका में संविधान को सर्वोपरि माना गया है। वहां संविधान को देश का सर्वोच्च कानून माना जाता है। यह सरकार के सभी अंगों–राष्ट्रीय, राज्यीय तथा क्षेत्रीय से भी सर्वोच्च है। इसके विपरीत ब्रिटेन में संसद की सर्वोच्चता को मान्यता दी गई है संविधान को नहीं (British Parliament is the Sovereign body on the land)।

(2) अमेरिका का संविधान अपरिवर्तनशील संविधान है–संविधान को विशेष प्रणाली द्वारा ही संशोधित किया जा सकता है। यद्यपि यह प्रणाली सरल नहीं है परन्तु फिर भी आज तक इसमें 26 संशोधन हो चुके हैं।

(3) न्यायपालिका की सर्वोच्चता के सिद्धान्त को महत्त्व–अमेरिका में संविधान में न्यायपालिका की सर्वोच्चता के सिद्धान्त को महत्ता दी गई है। सर्वोच्च न्यायपालिका की सत्ता तथा निर्णयों की अवहेलना नहीं की जा सकती। **जेम्स बीक** ने लिखा है कि "अमेरिका का सर्वोच्च न्यायालय संविधान का सन्तुलन चक्र है।" पोलैंड के अलावा भी यूरोप के किसी भी देश में न्यायालय को इतनी सर्वोच्च सत्ता प्रदान नहीं की गई है जितनी अमेरिका में की गई है। अमेरिका में सर्वोच्च न्यायालय कांग्रेस द्वारा पारित किसी भी नियम को अवैध घोषित कर सकता है तथा उसे खत्म कर सकता है। उसे न्यायिक पुनर्निरीक्षण का अधिकार प्राप्त है।

(4) अमेरिका का संविधान लिखित संविधान है।

केन्द्रीयकरण की प्रवृत्ति और निहित शक्तियों का सिद्धान्त–वर्तमान समय में अमेरिका में भी केन्द्रीय सरकार काफी शक्तिशाली हुई है। 1913 के 16वें संशोधन ने केन्द्र की सरकार को टैक्स लगाने का अधिकार दे दिया है। इससे पहले उसे सीधा टैक्स लगाने का अधिकार नहीं मिला था।

अमेरिका के उच्चतम न्यायालय ने केन्द्रीय सरकार की शक्तियों में अपार वृद्धि की है। उदाहरण के लिए संविधान केन्द्र को ऋण लेने का अधिकार देता है। Implied powers के सिद्धान्त के अनुसार इस शक्ति के प्रयोग के लिए उसे नोट

चालू करने, वाणिज्य की व्यवस्था करने, यातायात के साधनों पर अंकुश रखने का भी अधिकार है। अन्तरहित शक्तियों के इस सिद्धान्त ने केन्द्र की शक्ति और सत्ता को बहुत बढ़ा दिया है।

(5) शक्तियों का पृथक्करण–अमेरिकी संविधान में शक्तियों का स्पष्ट विभाजन किया गया है और यह शक्तियों का दुहरा विभाजन करता है। पहला यह सरकार को तीनों विभागों व्यवस्थापिका, कार्यपालिका तथा न्यायपालिका में विभक्त करता है। दूसरे, यह शक्तियों को संघ सरकार और राज्य सरकारों में विभाजित करता है। अवशिष्ट अधिकार राज्य के पास ही होता हैं। केन्द्र की सरकार केवल उन विषयों पर कानून बना सकती है जो उन्हें स्पष्ट रूप से प्रदान किए गए हों। राज्यों के अधिकार मौलिक हैं। अमेरिकन राज्यों में कानून में कोई एकता नहीं पाई जाती। संविधान में ऐसे विषयों की एक लंबी कड़ी है जिस पर केंद्र राज्य सरकारों का बराबर उत्तरदायित्व होता है।

उपरोक्त संघवादी लक्षणों के अलावा अमेरिका में **अध्यक्षात्मक प्रणाली** को भी अपनाया गया है। समस्त शासन शक्ति पृथक्करण के सिद्धान्त पर निर्भर करती है। सन्तुलन और नियन्त्रण के सिद्धान्त से व्यक्ति की स्वतन्त्रता की पूर्ण रक्षा की गई है। अमेरिका संघात्मक शासन व्यवस्था का सर्वोत्तम स्वरूप प्रस्तुत करता है।

अमेरिका तथा सोवियत संघ के संघवाद का तुलनात्मक विश्लेषण

रूस की न्यायिक व्यवस्था से अमेरिका ही न्यायपालिका सर्वोच्चता के सिद्धांत का मान्यता देती है। परंतु रूस में सर्वोच्च न्यायालय के इस अधिकार से वंचित रखा गया है। अन्त में हम इस निष्कर्ष पर पहुँचते हैं कि रूस की अपेक्षा अमेरिका का संघवाद अधिक वास्तविक है। रूस में शक्तियों का दिखावा अधिक है। लेकिन उन शक्तियों का इस्तेमाल उन्मुक्ततापूर्वक नहीं कर सकता। दोनों में संविधान संशोधन प्रक्रिया जटिल है लेकिन साथ ही साथ अन्तर भी बहुत है। अमेरिका में संशोधन की स्वीकृति के लिए राज्यों की व्यवस्थापिकाओं की मजबूरी आवश्यक है परन्तु रूस में ऐसा नहीं है। वहाँ पर सर्वोच्च सोवियत के दोनों सदनों के अलग-अलग 2/3 बहुमत से ही संविधान में संशोधन हो जाता है।

विश्व में सोवियत रूस एवं अमेरिका दोनों राष्ट्रों की अपनी विशिष्टता है। दोनों देशों का संविधान लिखित तथा अपरिवर्तनशील हैं। दोनों देशों के संविधानों में केन्द्रीय सरकार की शक्तियों का स्पष्ट रूप से वर्णन किया गया है। अवशिष्ट

अधिकार दोनों देशों के राज्यों की सरकारों के पास हैं लेकिन शक्ति विभाजन को देखने से पता चलता है कि रूस में लगभग सभी महत्त्वपूर्ण अधिकार केन्द्रीय सरकार के पास हैं। केन्द्र की सरकार को समस्त देश के लिए सामान्य नीति निर्धारित करने का अधिकार है। जबकि अमेरिका में केन्द्रीय सरकार शक्तिशाली अवश्य है लेकिन रूस की अपेक्षा वहाँ पर राज्यों को अधिक स्वतन्त्रता प्राप्त होती है। दोनों ही देशों में एक शक्तिशाली केन्द्र स्थापित करने का प्रयत्न किया गया है। सोवियत रूस में गणतन्त्र राज्यों को अपनी सेनाएँ रखने का अधिकार है परन्तु जहाँ तक उनके संगठन का प्रश्न है, केन्द्र की सरकार ही उनके लिए कानूनों का निर्माण करती है। सोवियत रूस में इकाई राज्यों को संघ से अलग होने का अधिकार दिया गया है परन्तु अमेरिका में राज्यों को यह स्वतन्त्रता नहीं प्राप्त है। सोवियत संघ में कुछ गणतन्त्रों को स्वतन्त्र व्यक्तित्त्व प्रदान किए गए हैं। वे अन्तर्राष्ट्रीय क्षेत्र में अन्य देशों से स्वतन्त्र संबंध स्थापित कर सकते हैं। संघ सरकार उन्हें U.N.O. में अपने प्रतिनिधि भेजने का अधिकार भी देती है परन्तु अमेरिका में किसी राज्य को यह अधिकार प्राप्त नहीं है। अमेरिका में सिद्धान्त तथा व्यवहार में इतना अधिक अन्तर नहीं पाया जाता जितना रूस के संविधान में पाया जाता है। अमेरिका में इकाई राज्यों के अधिकारों में मौलिकता है परन्तु रूस में केवल दिखावा मात्र ही है। **ऑग** (Ogg) ने इस सम्बन्ध में लिखा है कि–"In spite of the forms of federalism centralisation of authority in the U.S.S.R. is equalled but hardly exceeded anywhere else in the world. In point of fact, the system is not federal in any ultimate sense at all."

वास्तव में यदि देखा जाए तो रूस में वहाँ के इकाई गणतन्त्र राज्यों को सांस्कृतिक स्वतन्त्रता के अलावा और कोई भी स्वतन्त्रता प्राप्त नहीं है। रूसी विद्वान भी इस बात को मानते हैं कि उनकी शासन व्यवस्था लोकतन्त्रात्मक केन्द्रीयकरण सिद्धान्त पर आधारित है, वहां शासन को केन्द्र के अधीन कार्य करने पड़ते हैं।

भारतीय संविधान के संघात्मक रूप को निम्नलिखित रूप में समझ सकते हैं–

(1) सर्वोच्च न्यायालय की स्थापना–केन्द्र और राज्यों के बीच अपने विवादों का निपटारा करने के लिये सर्वोच्च न्यायालय का स्वतंत्र और शक्तिशाली होना अत्यंत आवश्यक है। भारत में भी सर्वोच्च न्यायालय है जो संविधान की रक्षा करता है और यदि कोई कानून संविधान के विरुद्ध बना दिया जाता है तो सर्वोच्च न्यायालय उसे रद्द कर सकता है। संसद में केन्द्र या राज्य सरकार अपनी मनमानी नहीं कर सकती। सर्वोच्च न्यायालय को इसलिए संविधान का रक्षक कहा जाता है। संविधान

की व्याख्या करना भी इसी का ही कार्य है। अमेरिका में सर्वोच्च न्यायालय ने वहाँ के संविधान की व्याख्या करके उसे बहुत विस्तारपूर्वक बना दिया है।

(2) संविधान की सर्वोच्चता—संघ और राज्य दोनों में ही संविधान को सर्वोच्च माना गया है तथा संविधान के नियमों का पालन करना प्रत्येक संस्था के लिए जरूरी है।

(3) शक्ति का विभाजन—भारत में केन्द्र व राज्यों के बीच शक्ति का बंटवारा किया गया है। इसके लिए तीन सूचियाँ बनाई गई हैं—(1) संघ सूची, (2) समवर्ती सूची (3) राज्य सूची। संघ सूची पर केवल संसद ही कानून बना सकती है, समवर्ती सूची पर संसद तथा राज्यों के विधानमंडल दोनों कानून बना सकते हैं तथा राज्य सूची पर प्रायः राज्य का विधानमंडल कानून बना सकता है।

(4) लिखित तथा कठोर संविधान—संघ राज्यों में संविधान लिखित और कठोर रूप में पाया जाता है तथा संविधान में सभी अधिकारों का वर्णन होता है।

उपरोक्त बिन्दुओं का अवलोकन करने से यह ज्ञात होता है कि भारतीय संविधान में संघ विधानों में पाए जाने वाले लगभग सभी तत्त्व पाए जाते हैं अतः यह संविधान संघात्मक है। परन्तु इसमें कुछ तत्त्व ऐसे भी विद्यमान हैं जो इस बात की पुष्टि करते हैं कि संविधान की आत्मा वास्तविक रूप में एकात्मक रूप धारण किए हुए है।

भारतीय संविधान में एकात्मक तत्त्व—भारतीय संविधान का एकात्मक तत्त्व निम्नवत् है—

(1) भारतीय संविधान में शक्तिशाली केन्द्र की स्थापना की गई है—संघात्मक राज्यों में केन्द्र को बहुत कम शक्तियाँ प्रदान की गई हैं परन्तु भारतवर्ष में इसका उलटा है। केन्द्र सूची में 97 विषय हैं और इसके अतिरिक्त समवर्ती सूची में भी 47 विषय हैं जिनमें केन्द्र द्वारा निर्मित कानूनों को मान्यता दी जाती है। राज्य सूची के 66 विषयों में से उस विषय पर भी केन्द्र कानून बना सकता है जिसे इन विषयों पर राज्यसभा 2/3 बहुमत से राष्ट्रीय महत्त्व का घोषित कर दे। इस प्रकार केन्द्र को कानून बनाने में प्रमुख स्थान व प्रभाव प्राप्त हो जाता है। दूसरे, अवशिष्ट अधिकार (Residuary Powers) हमारे संविधान में केन्द्र को दिए गए हैं, जबकि अमेरिका तथा रूस में ये अधिकार राज्यों के पास हैं।

(2) राष्ट्रपति राज्यपालों को नियुक्त करता है—प्रत्येक राज्य का राज्यपाल राष्ट्रपति के प्रतिनिधि के रूप में शासन करता है। उनसे आशा की जाती है कि वे राज्यों की सारी स्थितियों के बारे में राष्ट्रपति को समय-समय पर सूचना प्रदान करें।

इस प्रकार राज्यपालों द्वारा राज्यों पर केन्द्र का पूर्ण नियन्त्रण व अंकुश रहता है। संकटकाल की घोषणा के बाद वे राष्ट्रपति के आदेशों का पालन करते हैं। ये नियन्त्रण संघवाद के खिलाफ हैं। यहाँ पर हमने अमेरिका को छोड़कर कनाडा की संसदीय पद्धति को अपनाया है।

(३) देश में संकटकालीन घोषणा के पश्चात समस्त शक्तियाँ केन्द्र में चली जाती हैं—राष्ट्रपति तीन अवस्थाओं में संकटकालीन घोषणाएँ कर सकता है—

(क) राज्यपाल की रिपोर्ट पर उस राज्य में संकटकालीन घोषणा।

(ख) भारत में विदेशी आक्रमण या आन्तरिक अव्यवस्था उत्पन्न होने के कारण।

(ग) वित्तीय संकट के समय घोषणा।

(4) संविधान द्वारा शासन में एकरूपता स्थापित की गई है—

(क) सारे देश में एक ही प्रकार की न्यायपालिका की व्यवस्था की गई है।

(ख) समस्त देश के लिए एक समान दीवानी तथा फौजदारी कानूनों को बनाया गया है।

(ग) सारे देश के लिए एक ही चुनाव आयोग की व्यवस्था की गई है।

(घ) सारे देश में वित्तीय मामलों में एकरूपता बनाए रखने के लिए एक नियन्त्रक महालेखा परीक्षक की व्यवस्था की गई है। इसका काम केन्द्रीय सरकार तथा राज्यों की सरकारों के वित्त पर पूर्ण नियन्त्रण रखना होता है।

(ड) संविधान द्वारा अखिल भारतीय प्रशासनिक सेवाओं का उल्लेख किया गया है।

(5) संघ को राज्यों की सीमाओं में परिवर्तन करने तथा नए राज्य उत्पन्न करने का अधिकार है—भारतीय संसद किसी राज्य का क्षेत्रफल घटा या बढ़ा सकती है। वह दो या अधिक राज्यों को मिलाकर या उनमें से कोई प्रदेश निकालकर नए राज्यों को जन्म दे सकती है। लेकिन केंद्र सरकार राज्यों की बिना अनुमति के कोई कार्य नहीं कर सकती है।

(6) राज्यों को अपना पृथक् संविधान बनाने तथा संघ से पृथक् होने का अधिकार नहीं है—रूस, अमेरिका तथा स्विट्ज़रलैंड के संविधानों में इकाई राज्यों को अपना-अपना अलग संविधान बनाने का अधिकार दिया गया है। यदि वे चाहें तो संघ से अलग हो सकते हैं और अपने संविधान के अनुसार अपने राज्य को चला सकते हैं। परन्तु भारतीय संविधान में इन दोनों बातों का अभाव है। भारतीय संविधान संघ और राज्य सभी में समान रूप से मान्य हैं। संविधान की व्यवस्था के अन्तर्गत

कोई राज्य संघ से पृथक् नहीं हो सकता। वह अपना अलग संविधान नहीं बना सकता।

(7) भारत में इकहरी नागरिकता प्रदान की गई है—अमेरिका में नागरिकों को केन्द्र तथा राज्य की नागरिकता अलग-अलग से प्राप्त होती है। अर्थात् वहां के नागरिक को दोहरी नागरिकता प्राप्त है। जबकि भारत में इकहरी नागरिकता ही प्रदान की गई है। सब नागरिक भारतीय हैं। तथा सभी भारतीयों को समान समझा जाता है।

(8) राज्यों को राज्यसभा में समान प्रतिनिधित्व नहीं दिया गया है—अमेरिका, स्विट्जरलैंड तथा आस्ट्रेलिया में सब राज्यों को उच्च सदन में समान प्रतिनिधित्व प्रदान किया गया है जबकि भारत में राज्यों को राज्यसभा में जनसंख्या के आधार पर प्रतिनिधित्व दिया गया है। उनके अपने विशेष अधिकार हैं जो केन्द्र सरकार से भिन्न हैं।

उपरोक्त बिन्दुओं का अवलोकन करने से ज्ञात होता है कि हमारे देश में संघवाद के दोषों को दूर करके एकरूपता स्थापित करने का प्रयत्न किया गया है। उपरोक्त घोषणाओं के होने पर संविधान में संशोधन किए बिना सरकार एकात्मक रूप धारण कर लेती है। वह राज्यों पर पूर्ण अधिकार प्राप्त कर लेती है।

निष्कर्ष—संविधान निर्माताओं ने संविधान का निर्माण करते समय काफी सूझ-बूझ का परिचय दिया है। भारतीय संविधान का निर्माण मध्यमार्गीय व्यवस्था के तहत किया गया है इसलिए इसमें संघवाद के दोषों को दूर करने का प्रयत्न किया गया है। भारतीय संविधान में पूर्ण संघात्मक राज्य को शामिल नहीं किया जा सकता। कुछ विद्वानों ने भारतीय संविधान को अर्द्धसंघात्मक का नाम भी दिया है। अतः भारतीय संविधान को पूर्णतया एकात्मक कहना भी अलग पहचान व विशेषता है।

3

व्यवस्थापिका : तुलनात्मक अध्ययन

व्यवस्थापिका

प्रत्येक देश की सरकार जनता को अनुशासित रखने के लिए कुछ अपने नियम व कानून बनाती है और उन नियमों को वहां की जनता व संस्थाओं को पालन करना पड़ता है तभी स्वच्छ सरकार की स्थापना होती है और तभी अंकुश रखने के लिए प्रशासन की व्यवस्था हो सकती है। सरकार राज्य का एक जरूरी तत्व है। सरकार के द्वारा राज्य के प्रशासन को कार्य रूप दिया जाता है। व्यवस्थापिका का अध्ययन करते समय कई व्यक्ति राज्य और सरकार को एक मान लेते हैं जबकि इन दोनों में काफी अन्तर है। जैसा कि **मैकाइवर** ने कहा है कि "राज्य एक अमूर्त, अदृश्य और अपरिवर्तनशील व्यक्ति है जबकि सरकार उसकी एजेंन्ट है। सरकार बदलती रहती है जबकि राज्य स्थायी रहते हैं।" इस प्रकार सरकार का मतलब **गार्नर** के शब्दों में यह है कि **"जिस संस्था द्वारा राज्य की इच्छा का निर्माण तथा उसकी अभिव्यक्ति लागू होती है उसे सरकार कहते हैं।"** यह एक अत्यन्त महत्वपूर्ण संस्था है।

सरकार के मुख्य अंग

आधुनिक युग में हर देश की सरकार के तीन प्रमुख अंग साथ मिलकर कार्य करते हैं—व्यवस्थापिका, कार्यपालिका तथा न्यायपालिका। **विधायिका** के द्वारा राज्य की इच्छा व्यक्त की जाती है तथा उसका पालन किया जाता है अर्थात् कानूनों का निर्माण किया जाता है। **कार्यपालिका** द्वारा इन कानूनों का पालन कराया जाना है।

कानून बनाने में भी कार्यपालिका अप्रत्यक्ष रूप से भाग लेता है। **न्यायपालिका** का कार्य कानून भंग करने वाले व्यक्तियों को दंड देना है तथा सरकार द्वारा व्यक्तियों के अधिकारों की रक्षा करना भी न्यायपालिका का ही कार्य होता है।

कार्यपालिका (मन्त्रिपरिषद) व्यवस्थापिका के लिए उत्तरदायी होती है। व्यवस्थापिका (संसद) कार्यपालिका को अविश्वास प्रस्ताव पास करके हटा सकती है। लेकिन यहाँ यह बात ध्यान रखने योग्य है कि कार्यपालिका के अध्यक्ष (प्रधानमन्त्री) द्वारा राष्ट्रपति से सिफारिश करके व्यवस्थापिका को भंग कराया जा सकता है। जैसा कि भारत में 1971, 1977 तथा 1980 में हुआ तथा अनेक राज्यों में भी देखने को मिल रहा है। न्यायपालिका को स्वतन्त्र रूप दिया गया है, जबकि व्यवस्थापिका तथा कार्यपालिका में गहरा सम्बन्ध है।

विधायिका का महत्व

इस प्रकार सरकार के तीन विभाग होते हैं—व्यवस्थापिका, कार्यपालिका तथा न्यायपालिका। जिस विभाग के द्वारा राज्य की इच्छा व्यक्त की जाती है तथा उसका पालन किया जाता है, उसे व्यवस्थापिका के नाम से पुकारते हैं। यही भाग वित्त पर नियन्त्रण रखता है। राज्य की संसद तथा विधानमंडल इसी श्रेणी में आते हैं। **गिलक्राइस्ट** ने व्यवस्थापिका को सरकार के अन्य दोनों भागों से महत्वपूर्ण माना है। न्यायपालिका को वह दूसरा तथा कार्यपालिका को तीसरा स्थान मानते हैं। व्यवस्थापिका का संगठन हरेक देश में एक-सा नहीं होता। कहीं व्यवस्थापिका के दो सदन होते हैं तो कहीं एक। भारत में दो सदन हैं। पाकिस्तान में एक सदन है। व्यवस्थापिका का कार्यकाल भी विभिन्न देशों में राज्य सभा व लोक सभा का भिन्न-भिन्न है। भारत में इसकी अवधि पाँच वर्ष है।

व्यवस्थापिका के कार्यों का सम्बन्ध वहाँ की सरकार के स्वरूप पर आधारित होता है। तानाशाही सरकार में व्यवस्थापिका केवल सलाह देती है। संसदीय पद्धति वाले राष्ट्रों में विधायिका या व्यवस्थापिका ही राष्ट्र का सबसे शक्तिशाली अंग माना जाता है। कार्यपालिका भी व्यवस्था के प्रति पूर्ण रूप से उत्तरदायी है तथा शासन पर व्यवस्थापिका द्वारा पूर्ण नियन्त्रण होता है। अध्यक्षात्मक सरकार में कानूनी क्षेत्र में पूर्ण स्वामी होती है, जैसे अमेरिका में है।

व्यवस्थापिका के प्रमुख कार्य

(1) शासन पर नियन्त्रण—व्यवस्थापिका शासन पर नियन्त्रण रखती है।

उदाहरण के रूप में भारत व ब्रिटेन को ले सकते हैं। कार्यपालिका को अविश्वास का प्रस्ताव पास करके उसके पद से हटाया जा सकता है। इस तरह कार्यपालिका हर कार्य के लिए व्यवस्थापिका के प्रति उत्तरदायी होती है। परन्तु व्यावहारिक रूप में जब तक कार्यपालिका के सदस्यों का व्यवस्थापिका में बहुमत होता है वह व्यवस्थापिका पर पूर्ण अधिकार रखती है। अध्यक्षात्मक सरकार में व्यवस्थापिका कुछ कार्यपालिका सम्बन्धी कार्य भी करती है, जैसे–अमेरिका में सीनेट (Sente) राष्ट्रपति द्वारा की गई नियुक्तियों ओर सन्धियों की पुष्टि करती है।

(2) कानूनों का निर्माण करना–रिंकाऊ के अनुसार, "आधुनिक संसद एक प्रकार से वे कारखाने हैं जिनका कार्य कानून बनाना है, जहाँ जनमत नाम के कच्चे माल को प्रस्तावों, नीतियों और कानूनों में बदल दिया जाता है।" इस प्रकार व्यवस्थापिका का वास्तविक कार्य कानूनों का निर्माण करना, उनमें संशोधन करना तथा उनको रद्द करना है। **टाईलर** के शब्दों में–"संसद की शक्ति का सार ही विधियों का निर्माण है।" संसद ही देश में उत्पन्न समस्याओं पर विचार-विमर्श करती है तथा देश की नीति का निर्धारण करती है।

(3) न्याय सम्बन्धी कार्य–कुछ देशों में व्यवस्थापिका को न्याय संबंधी कार्य करने पड़ते हैं जैसे ब्रिटेन में लार्ड सभा न्याय संबंधी मामले सुनती है और वे न्याय सुनने का अंतिम न्यायालय है। अमेरिका में सीनेट एवं भारत में संसद ही राष्ट्रपति, मुख्य निर्वाचन आयुक्त और अन्य आयुक्तों पर, सर्वोच्च न्यायालय और उच्च न्यायालय के न्यायधीशों एवं उच्च पदाधिकारियों पर महाभियोग लाकर, उसे दो तिहाई बहुमत से पारित कर संबंधित अधिकारी को पद से हटा सकती है। पाकिस्तान की संसद के पास इतनी शक्ति नहीं होती कि वह राष्ट्रपति को हटा सकती है।

(4) वित्त पर नियन्त्रण रखना–**मैडीसन** ने ठीक ही लिखा है कि "जिसके पास वित्तीय शक्ति है उसके पास वास्तविक शक्तियाँ होती हैं।" आज संसार के सभी देशों में व्यवस्थापिका का राष्ट्रीय कोष पर पूर्ण नियन्त्रण होता है। आय तथा व्यय का ब्यौरा बजट के रूप में उसके सामने पेश किया जाता है। वही नए कर लगाती है तथा राज्य में कोई भी खर्च बिना उसकी इजाजत के नहीं किया जा सकता।

(5) लोकमत तैयार करना तथा व्यक्त करना–इन कार्यों के अलावा व्यवस्थापिका में लोक महत्व के अनेक मामलों पर वाद-विवाद और चर्चा से प्रकाश डाला जाता है और रेडियो द्वारा जनता को सूचित किया जाता है। इस प्रकार व्यवस्थापिका सभा एक ओर तो लोकमत (Public Opinion) को व्यक्त करने का साधन है और दूसरी ओर लोकमत का निर्माण भी करती है।

(6) निर्वाचन सम्बन्धी कार्य—अनेक राज्यों में व्यवस्थापिका निर्वाचन सम्बन्धी कार्य भी करती है। भारतवर्ष में संसद उपराष्ट्रपति का निर्वाचन करती है और राष्ट्रपति के निर्वाचन में भाग लेती है। स्विट्ज़रलैंड में व्यवस्थापिका ही कार्यपालिका समिति, न्यायाधीशों, प्रधानमन्त्री तथा सेना के जनरल का चुनाव करती है। वहाँ सर्वोच्च जन अदालत भी निर्वाचित होती है।

(7) संविधान का संशोधन करना—विश्व के अलग-अलग राष्ट्रों में विधायिका को संविधान में आवश्यक बदलाव करने या संशोधन करने का अधिकार प्राप्त होता है। भारतवर्ष में संसद संविधान का संशोधन कर सकती है। अमेरिका में वहाँ की कांग्रेस संविधान में संशोधन का प्रस्ताव रख सकती है। ब्रिटेन की संसद खुद ही संविधान में संशोधन कर सकती है। वहाँ साधारण नियम और संवैधानिक नियमों में अन्तर नहीं है।

द्विसदनात्मक व्यवस्था के गुण एवं दोष

वर्तमान समय में विधायिका एक ही सदन वाली हो या दो सदनों वाली, यह प्रश्न काफी मायने रखता है। यदि द्वितीय सदन जरूरी है तो इसका क्या महत्व है? दोनों सदनों के संगठन का प्रश्न भी उठता है। **तीसरा प्रश्न** यह है कि उनका अधिकार क्षेत्र क्या होना चाहिए? **लीकॉक** के विचार में "उत्तम और विचारशील कानून के निर्माण के लिए द्वितीय सदन जरूरी है।" जबकि **प्रो. लास्की** का कथन भी झूठ नहीं है कि "यदि द्वितीय सदन प्रथम सदन का विरोध करता है तो वह कार्य में बाधक है, दोनों विद्वानों के कथनों का अध्ययन जरूरी है। उसके बाद ही किसी निष्कर्ष पर पहुँचा जा सकता है।

आधुनिक राज्यों में अधिकतर द्विसदनीय प्रणाली को अपनाया गया है। वहाँ की व्यवस्थापिकाओं को द्विसदनीय (Bicameral) व्यवस्थापिका कहते हैं। इंग्लैंड, अमेरिका, भारतवर्ष, स्विट्ज़रलैंड आदि देशों में भी वहाँ की व्यवस्थापिकाओं में दो सदन हैं। जिन देशों की व्यवस्थापिकाओं में केवल एक ही सदन होता है उन्हें एक सदनीय व्यवस्थापिका कहते हैं जैसेः— चीन तथा पाकिस्तान। कुछ विद्वानों का विचार है कि संघ व्यवस्था के लिए द्विसदनीय व्यवस्था का होना जरूरी है क्योंकि दूसरे सदन में इकाई राज्यों को समान प्रतिनिधित्व मिल जाता है। द्विसदनीय प्रणाली में जो सदन प्रत्यक्ष रूप से चुना जाता है उसे निचला सदन (Lower House) कहते हैं जैसे इंग्लैंड में कामन सभा (House of Commons), अमेरिका में प्रतिनिधि सभा (House of Representatives), भारत में लोक सभा (House of Peoples)

है। द्वितीय सदन का गठन अधिकतर अप्रत्यक्ष निर्वाचन द्वारा होता है। भारत में राज्यसभा, इंग्लैंड में लार्डसभा और अमेरिका में सीनेट द्वितीय सदन है।

द्विसदनीय प्रणाली के गुण तथा एकसदनीय प्रणाली के दोष

द्विसदनीय प्रणाली के गुण तथा एक सदनीय प्रणाली के दोषों को निम्नलिखित बिंदुओं के द्वारा स्पष्ट कर सकते हैं।

(1) समय अभाव की पूर्ति—आधुनिक राज्यों में कार्य-क्षेत्र इतना बढ़ गया है कि निचला सदन हर कानून को पर्याप्त समय नहीं दे सकता। अतः दूसरे सदन में उन पर दोबारा विचार करने तथा प्रत्येक दृष्टिकोण से वाद-विवाद करने का समय प्राप्त हो जाता है। इसके अलावा कम महत्व के विधेयक भी इस सदन में प्रस्तावित किए जा सकते हैं।

(2) स्पष्ट जनमत की प्राप्ति—दूसरा सदन निचले सदन की योजनाओं में कमी होने पर सुधार भी कर सकता है। उसकी आलोचना से लाभ भी पहुँचता है। इसके अतिरिक्त दूसरे सदन में वाद-विवाद होने के समय तक जो समय मिलता है उसमें इस विषय पर स्पष्ट जनमत प्राप्त हो जाता है। इससे विधान में संशोधन भी हो सकता है और निचला सदन अपनी त्रुटियों को ठीक कर सकता है।

(3) विद्वानों की प्रतिभा से लाभ—कतिपय देशों में वहां के शासन प्रमुख को द्वितीय सदन या उच्च सदन में साहित्य, कला, विज्ञान, समाजसेवा, दर्शन-विचार तथा प्रशासनिक क्षेत्र में उच्च कोटि का काम करने वाले नागरिकों को मनोनीत करने का अधिकार होता था। इसका मूल कारण उनकी योग्यता तथा प्रतिभा से कानून निर्माण में लाभ उठाना होता है। भारतवर्ष में राष्ट्रपति राज्य सभा में 12 सदस्यों को मनोनीत करता है। परन्तु इस विषय के बारे में यह आपत्ति उठाई जा सकती है कि यह मनोनीत करने का काम निचले सदन में भी हो सकता है और यदि इसे जनतन्त्र विरोधी मान लिया तो द्वितीय सदन में ही इसे जनतन्त्रीय कैसे माना जा सकता है?

(4) संघ शासन के लिए आवश्यक—संघात्मक शासन व्यवस्था के लिए दो सदनों का होना जरूरी है। एक में जनसाधारण का प्रतिनिधित्व हो जाता है तथा दूसरे में इकाई राज्यों का समानता के आधार पर। अमेरिका में इसी आधार पर दोनों सदनों का संगठन किया जाता है।

(5) ऐतिहासिक दृष्टि से महत्वपूर्ण—अधिकांश देश के राजनीतिक नेताओं का मानना था कि इतिहास ही दूसरे सदन की उपयोगिता का एक प्रमुख प्रभाव है। इसलिये अधिकतर देशों ने इस प्रणाली को अपनाया है।

(6) अनुभवी तथा कुशल व्यक्तियों का सहयोग—हमारे सदन में अनुभवी तथा कुशल व्यक्तियों का सहयोग भी मिल जाता है क्योंकि इस सदन में अधिक आयु के व्यक्ति या तो अप्रत्यक्ष रूप से निर्वाचित होते हैं या मनोनीत किए जाते हैं। परन्तु प्रत्येक द्वितीय सदन के बारे में यह बात नहीं कही जा सकती। रूस के दोनों सदनों में इस बात से कोई अन्तर नहीं पड़ता।

(7) द्वितीय सदन निम्न सदन की निरंकुशता रोक सकता है—जे.एस. मिल के विचार में दूसरे सदन के अभाव में अकेला सदन निरंकुश और स्वेच्छाचारी हो जाता है। दूसरा सदन निचले और लोकप्रिय सदन की जल्दबाजी, असतर्कता और तीव्र भावुकता के ऊपर रोक लगाता है इसलिए इसका होना भावुकताहीन कानून के निर्माण के लिए जरूरी है। **गार्नर** ने फ्रांस में एक सदनीय व्यवस्थापिका (1849) के अनुभव की कटु आलोचना करते हुए लिखा है कि—''उसमें हिंसा, अस्थिरता, निकृष्टतम कुचेष्टाओं की भरमार थी।'' 19वीं शताब्दी के शुरू में यह व्यवस्था अधिक लोकप्रिय थी। किन्तु शनैः-शनैः इसका अन्त हो गया और द्विसदनीय प्रणाली को अपनाया गया था।

लार्ड एक्टन के विचार में—''द्वितीय सदन नागरिकों की स्वतन्त्रता के लिए जरूरी है।'' **लीकॉक** ने एक-सदन प्रणाली की आलोचना करते हुए लिखा है कि—''एक सदनीय व्यवस्थापिका स्वेच्छाचारी एवं गैर-जिम्मेदारी के साथ कार्य करने की प्रवृत्ति दिखलाती है। इस प्रकार **लेकी** के अनुसार, ''प्रथम सदन पर नियन्त्रण, संशोधन एवं अवरोधक की दृष्टि से द्वितीय सदन की आवश्यकता स्वयंसिद्ध है।''

द्वितीय सदन प्रणाली के दोष

विश्व में जहां द्वितीय सदन के अनेक समर्थक हैं वहाँ इसके आलोचकों की भी कमी नहीं है। प्रमुख आलोचकों ने इसमें निम्नलिखित दोष देखे हैं जिनको निम्नलिखित बिंदुओं द्वारा स्पष्ट किया जा सकता है।

(1) शक्तिहीन सदन—अमेरिका की सीनेट को छोड़कर लगभग सभी द्वितीय सदन शक्तिहीन हैं। लार्ड सभा को इंग्लैंड में दिखावा बताया जाता है। अर्थ विधेयक सभी देशों में निचले सदन में ही पेश किए जाते हैं।

(2) दूसरे सदन के संगठन की समस्या—द्वितीय सदन के संगठन तथा शक्तियों के बारे में एक निश्चित प्रणाली नहीं है। यद्यपि दोनों का निर्वाचन किया जाता है तो दोनों को जनता से शक्ति भी प्राप्त होती है। क्योंकि दोनों ही जनता का प्रतिनिधित्व करते हैं अतः दोनों में संघर्ष होना भी स्वाभाविक है। इस संघर्ष के

अतिरिक्त यदि देखा जाए तो इस प्रकार दोनों सदनों का रूप एक सदन की दो उपसमितियों के समान हो जाएगा। यदि इसमें कुछ वर्गों को मनोनीत किया जाता है तो वह लोकतन्त्र के खिलाफ ही होगा।

(3) द्वितीय सदन संघ राज्यों के लिए आवश्यक नहीं है—संघात्मक राज्यों के लिए भी दूसरे सदन का कोई महत्व नहीं है क्योंकि द्वितीय सदन के प्रतिनिधि अपनी इकाइयों के आधार पर मतदान नहीं करते बल्कि दलबन्दी के आधार पर ही मतदान करते हैं।

(4) दूसरा सदन लोकमत का विरोध करता है—फ्रांसीसी विद्वान् **ऐब्सीसीईज** का कहना है कि—"कानून जनता की इच्छा होती है। जनता एक विषय पर एक समय में एक से अधिक इच्छा नहीं रख सकती। इसलिए जनता की प्रतिनिधित्व करने वाली व्यवस्थापिका भी जरूरत के आधार पर एक सदन वाली ही होनी चाहिए।" इस प्रकार द्विसदनीय प्रणाली लोकमत का विरोध करती है क्योंकि इसमें व्यवस्थापिका के संगठन की एकता बनी नहीं रहती। जनता एक समय में केवल एक ही इच्छा रख सकती है इसलिए इसका प्रतिनिधित्व एक सदन द्वारा ही हो सकता है।

(5) द्वितीय सदन सिद्धान्त हानिकारक है—यदि द्वितीय सदन निचले सदन के साथ सहमत होता है तो उसका अस्तित्व बेकार जाता है। और यदि वह इसके साथ असहमत होता है तो सर्वथा हानिकारक है।" **लार्ड ब्राइस** के अनुसार, "यदि दूसरा सदन पहले सदन का समर्थन करे तो दूसरे सदन का कोई महत्व नहीं रह जाता है, यदि वह पहले सदन का विरोध करे तो हानिकारक होता है।" ये दोनों कथन **खलील उमर** के उन शब्दों का भी समर्थन करते हैं जो उसने सिकन्दरिया के पुस्तकालय के सामने कहे थे—"यदि पुस्तकालय के ग्रन्थ, कुरान के अनुसार हैं तो इनकी कोई आवश्यकता नहीं और यदि ये कुरान के खिलाफ हैं तो इनको अवश्य ही नष्ट कर दिया जाना चाहिए।" **बेन्जामिन फ्रैंकलिन** ने द्विसदनीय व्यवस्थापिका की समानता उस गाड़ी से की है जिसके आगे-पीछे दो घोड़े विपरीत दिशाओं में जोते गए हों।

(6) उत्तरदायित्व की अवहेलना—द्विसदनीय व्यवस्था में उत्तरदायित्व की भावना को भी किसी हद तक ठेस पहुँचती है क्योंकि वहाँ कानून की अवहेलना होगी वहाँ प्रत्येक सदन दूसरे सदन को दोषी ठहराएगा।

(7) कानून निर्माण के लिए एक सदन पर्याप्त है—द्वितीय सदन के पक्ष में कहा जाता है कि यह कानूनों को दोहराता है और सदन की जल्दबाजी में किए गए

फैसलों पर रोक लगाता है। इस तर्क को उचित नहीं ठहराया जा सकता, क्योंकि आजकल कानून निर्माण व्यवस्था में वाद-विवाद के लिए पर्याप्त समय मिलता है और उनको प्रवर समितियों के सुपुर्द करके पूरी-पूरी छानबीन की जाती है। जनमत व्यक्त होने के लिए समय मिल जाता है। अतः दूसरे सदन में पहले सदन के तर्क-वितर्क दोहराए जाने पर व्यर्थ में ही समय नष्ट किया जाता है।

तार्किक दृष्टिकोण से दूसरे सदन की विशेष जरूरत प्रतीत नहीं होती। परन्तु ऐतिहासिक अनुभव से यह भी ज्ञात होता है कि एक सदनीय पद्धति भी लोकप्रिय नहीं हो सकती। यद्यपि पाकिस्तान तथा चीन में एक-एक सदनीय पद्धति को ही अपनाया गया है और इसके विपरीत भारत में द्विसदनात्मक पद्धति को ही श्रेय दिया है तथा यहां दो सदनीय प्रणाली अपनाई गई है। **ब्लंशली** का मत दूसरे सदन के पक्ष में है। यह कि—"इसमें सन्देह नहीं कि दो आँखों से चार आँखें अच्छी होती हैं।" यही कारण है कि विश्व की सभी व्यवस्थापिकाएँ द्विसदनात्मक व्यवस्था को अधिक मान्यता प्रदान करती हैं। **लैकी** ने स्पष्ट लिखा है कि—"सरकार के सभी रूपों में जो कि मानव जाति में सम्भव हो सकते हैं, कोई ऐसा नहीं है, जो कि एक सर्वशक्तिसम्पन्न लोकतन्त्रात्मक सदन से बुरा है।" इस विवेचन के आधार पर कहा जा सकता है कि इच्छा एक सदनीय प्रणाली है। वहां का शासक निरकुंश हो सकता है लेकिन जहां द्विसदनीय प्रणाली अपनाई गई है वहां दो सदनों पर एक-दूसरे का थोड़ा बहुत अंकुश रहता है।

भिन्न-भिन्न देशों में विधायिकाएँ

द्वितीय सदन के गठन सम्बन्धी सिद्धान्त

भिन्न-भिन्न देशों में भिन्न-भिन्न तरह की व्यवस्थापिकाएँ होती हैं। कई प्राचीन देशों में तो अभी भी पैतृक सिद्धान्त की प्रवृत्ति अपनाई गयी है, जैसे—इंग्लैड तथा कई देशों में लोकतन्त्रात्मक प्रणाली अपनाई जाती है। इसलिए अलग-अलग देशों में यह विभिन्नताएँ देखने को मिलती हैं। यदि हम संसार के उच्च सदनों का समीक्षात्मक अध्ययन करें तो हम इस निष्कर्ष पर पहुँचेंगे कि उच्च सदन के संगठन के प्रमुख रूप से निम्नलिखित सात सिद्धान्त हैं—

(1) मन्त्रिमंडल द्वारा मनोनीत—इटली तथा कनाडा के द्वितीय सदन के सदस्यों को मन्त्रिपरिषद द्वारा मनोनीत किया जाता है। इन देशों में संघात्मक शासन प्रणाली है।

(2) समान संगठन आधार—कुछ देशों में उच्च सदन तथा निचले सदन दोनों का संगठन आधार एक-सा ही होता है। जापान में दोनों सदनों के सदस्यों का निर्वाचन जनता द्वारा होता है।

(3) अप्रत्यक्ष निर्वाचन द्वारा—कतिपय राष्ट्रों में द्वितीय सदन या उच्च सदन का निर्माण प्रत्यक्ष तरीके से नहीं होता है। भारत में राज्य सभा के सदस्यों का निर्वाचन राज्यों की विधायिका द्वारा किया जाता है।

(4) मिश्रित व्यापार—कुछ देशों में ऐसा भी पाया जाता है जहाँ कुछ सदस्यों को कार्यकारिणी अध्यक्ष मनोनीत करता है तथा शेष सदस्यों को निर्वाचित किया जाता है, जैसे—भारतवर्ष में राष्ट्रपति 12 सदस्यों को मनोनीत करता है तथा शेष का निर्वाचन होता है। आयरलैंड में 60 सदस्यों में से 11 सदस्यों को मनोनीत किया जाता है तथा शेष निर्वाचित होते हैं।

(5) प्रत्यक्ष निर्वाचन द्वारा—अमेरिका तथा आस्ट्रेलिया में सीनेट के सदस्यों को प्रत्यक्ष निर्वाचन द्वारा चुना जाता है।

(6) पैतृक सिद्धान्त—इंग्लैंड की लार्ड सभा इसका एकमात्र उदाहरण है। इसके सदस्यों को पैतृक आधार पर सदस्यता प्राप्त हो जाती है।

(7) स्थानीय सभाओं या समितियों द्वारा निर्वाचन—नीदरलैंड्स, पुर्तगाल, दक्षिणी अफ्रीका संघ तथा भारतवर्ष में राज्यों की विधान परिषद के कुछ सदस्यों का चुनाव स्थानीय समितियों द्वारा किया जाता है।

उपरोक्त सिद्धान्तों में कोई भी सिद्धान्त अपने आप में पूर्ण नहीं है। पैतृक सिद्धान्त रूढ़िपन्थी तथा अप्रगतिशीलता का सूचक है। इसमें योग्यता के सिद्धान्त का कोई स्थान नहीं है। मनोनीत सदस्य कभी भी स्वतन्त्र नहीं हो सकते क्योंकि उन्हें सत्तारूढ़ दल मनोनीत करता है। इसलिए उसे उनकी हाँ में हाँ मिलानी पड़ती है। **दूसरे,** मनोनीत सदस्यों का उद्देश्य उच्च सदन में मन्त्रिमंडल का बहुमत बनाए रखने के अलावा दूसरा नहीं हो सकता। यह सिद्धान्त अप्रजातन्त्रीय है। प्रत्यक्ष निर्वाचन पर आधारित द्विसदनीय सदन लोकप्रिय तो जरूर होगा किन्तु उसमें योग्य व्यक्तियों की कमी रहेगी और राजनीतिज्ञ के स्थान पर चतुर नेता चुने जाएँगे। इसके अतिरिक्त यदि दोनों सदनों का प्रत्यक्ष निर्वाचन होता है तथा उनका कार्यकाल भी एक ही है तो व्यवहार में वे एक ही सभा की दो समितियों के समान होंगे। इसके अतिरिक्त दोनों सदनों की शक्तियाँ भी अच्छी हो जाएंगी और इस प्रकार द्विसदनात्मक पद्धति के सारे लाभ समाप्त हो जाएंगे। उन दोनों सदनों में सर्वोच्चता के लिए स्पर्धा बनी

रहेगी तथा इनमें गतिरोध और तनाव का वातावरण भी बन जाए। अप्रत्यक्ष निर्वाचन का दोष यह है कि इससे राज्यों की विधायी सभाओं में भ्रष्टाचार फैलेगा। यदि इसका विचार निचले सदन से सहमत नहीं है तो उस पर यह दोष भी लगाया जा सकता है कि यह जनता का प्रतिनिधित्व नहीं करता और यदि सहमति होती है तो निरर्थक हो जाती है।

अन्त में हम इस निष्कर्ष पर पहुँचते हैं कि द्वितीय सदन का निर्माण किसी भी सन्तोषजनक आधार पर नहीं हो सकता। कोई भी द्वितीय सदन को उचित नहीं ठहराता।

उच्च सदनों में प्रतिनिधित्व

उच्च सदनों में प्रतिनिधित्व का निश्चित व्यवहार दो सिद्धान्तों पर सिमट कर रह गया है और ये सिद्धांत हैं–

(1) प्रतिनिधित्व में समानता का सिद्धान्त–यह सिद्धान्त अमेरिका में लागू किया गया है। अमेरिका की सीनेट में प्रत्येक राज्य को समानता प्रदान की गई है। प्रत्येक राज्य दो सदस्यों को सीनेट के लिए निर्वाचित करता है। इसी प्रकार ब्राजील में तीन तथा आस्ट्रेलिया में 6 सदस्यों का निर्वाचन होता है। इस सिद्धान्त में त्रुटि यह है कि इसमें छोटी तथा बड़ी संख्या वाले दोनों राज्यों को ही समान प्रतिनिधित्व दिया जाता है।

(2) जनसंख्या के आधार पर प्रतिनिधित्व–कुछ देशों में जनसंख्या के आधार पर राज्यों को उच्च सदन में स्थान प्रदान किए जाते हैं। इस पद्धति का प्रयोग बेल्जियम, कनाडा तथा भारतवर्ष में होता है।

द्वितीय सदन के अधिकार

ब्राइस ने इस सम्बन्ध में अपने विचार इस प्रकार व्यक्त किए हैं कि–

निचले सदन में पारित विधेयकों पर पुनर्विचार करना तथा उनमें संशोधन करना। ऐसे विधायकों को पेश करना जिनके विषय में कोई मतभेद नहीं होता। किसी विधेयक को इतने समय के लिए रोके जब तक इसका प्रभाव ज्ञात न हो जाय। द्वितीय सदन को यह अधिकार भी प्राप्त है कि वह विधेयकों पर विस्तारपूर्वक तथा स्वतन्त्रतापूर्वक विचार एवं वाद-विवाद करवाये।

इंग्लैंड में लार्ड सभा को न्याय सम्बन्धी अधिकार भी दिए गए हैं। अमेरिका में सीनेट महाभियोग न्यायालय के रूप में काम करती है। इन अधिकारों के अलावा

अमेरिका में सीनेट को प्रशासकीय अधिकार भी मिला हुआ है। उदाहरणार्थ—अमेरिका में राष्ट्रपति द्वारा संघीय अधिकारियों की गई नियुक्तियाँ तथा विदेशों से की गई सन्धियाँ बिना सीनेट के अनुमोदन के पारित नहीं हो सकती हैं लेकिन यह कथन सत्य है कि अमेरिका के अलावा वस्तुतः अन्य सभी देशों में ऊपरी सदन एक गौण सदन है। मंत्रिमंडल समिति के विकास ने द्वितीय सदन या उच्च सदन की शक्ति और महत्व को न के बराबर कर दिया है। भारत में राज्य सभा को अनुच्छेद 249 और 312 में वर्णित उपबन्धों के अलावा अन्य अधिकार नहीं है।

दोनों सदनों में शक्ति का विभाजन

प्रायः संसार के सभी देशों में द्विसदनीय विधानमंडल है। इन विधानमंडलों की बनावट तथा कार्यों के विभाजन में काफी मुश्किल पैदा हो गई है।

शक्तियों का आधार

सदन का संगठन तथा शक्तियों का विभाजन—सदन की बनावट एवं जिन परिस्थितियों में यह बनाया गया है, उन सभी का सदन की शक्तियों के विभाजन पर गहरा असर पड़ता है। जनता द्वारा चुने गए सदन से यह आशा नहीं की जा सकती कि वह अधीनस्थ पद स्वीकार करेगा या नहीं। इसी प्रकार राज्य के अध्यक्ष द्वारा नामजद सदस्यों से बनाया गया सदन विश्वास और साहस से अधिकाधिक शक्तियाँ नहीं माँग सकता। उदाहरणार्थ—इंग्लैंड में हाऊस ऑफ लार्ड्स तथा अमेरिका की सीनेट को प्रस्तुत किया जा सकता है। प्रथम, केवल छाया मात्र है और इसकी न कोई उपयोगी शक्तियाँ हैं और न ही सत्ता है। दूसरी ओर अमेरिकन सीनेट राज्य का प्रतिनिधित्व करने का दावा करती है, क्योंकि इसमें संघ की इकाइयों का सीधा प्रतिनिधित्व होता है। अतः यह अधिक शक्तिशाली है। वास्तव में इसको प्रतिनिधि सदन (House of Representative) की अपेक्षाकृत अधिक शक्तियाँ मिली हुई हैं। अतएव शक्ति के पृथक्करण का आधार भिन्न-भिन्न है।

दोनों सदनों की शक्तियों में असमानता—व्यवहार में समानता के आदर्श का अच्छी तरह पालन नहीं होता है इसलिए सिद्धान्त रूप से दोनों सदनों की समानता कही जाती है। परन्तु व्यवहार में निश्चित रूप से इनमें असमानता है। भारत तथा इंग्लैंड में जिस तरह राष्ट्रपति और सम्राट-सम्राज्ञी नाममात्र के प्रधान होते हैं और वास्तविक शक्ति प्रधानमंत्री के नेतृत्व वाले मंत्रिमंडल के पास रहती

है, उसी तरह ऊपरी सदन नाममात्र का श्रेष्ठ होता है। विशेषकर आर्थिक मामलों के सम्बन्ध में तो उच्च सदन अपने को निचले सदन से छोटा ही मानता है। वैसे—साधारण कानून बनाने में तो उच्च सदन देरी कर सकता है परन्तु बिलों को समाप्त नहीं कर सकता। विरोध होने की दशा में प्रायः उच्च सदन को ही हार स्वीकार करनी पड़ती है, किन्तु अमेरिका में ऐसा नहीं है। वहाँ सीनेट जो कांग्रेस का उच्च सदन है निचले सदन की अपेक्षा अधिक श्रेष्ठ है। इसीलिए समानता का सिद्धान्त वहाँ भी लागू नहीं होता।

शक्ति विभाजन का आधार क्या होना चाहिए? सदन में शक्तियों का विभाजन किस आधार पर हो इस सवाल का उत्तर देना थोड़ा मुश्किल है। प्रायः उच्च सदन में अप्रत्यक्ष ढंग से निर्धारित प्रतिनिधि तथा कुछ नामजद सदस्य होते हैं तथा इस पद का जनता से सीधा संपर्क नहीं होता है। इसलिए ऐसा सदन लोकमत को उतनी सक्रियता से नहीं जान सकता जितना कि निचला सदन। जिसके सदस्य लोगों द्वारा प्रत्यक्ष रूप से चुने जाते हैं। अतः निचला सदन निर्वाचक मंडल के प्रति उत्तरदायी है जिसका इसको नियमित समय के बाद सामना करना पड़ता है। इसलिए वित्त, रक्षा तथा सामाजिक प्रथाओं और परम्पराओं आदि से सम्बन्धित कार्य निचले सदन द्वारा ही परे किए जाने चाहिएँ और इनकी तुलना में कम महत्वपूर्ण कार्य भी उच्च सदन द्वारा निपटाने चाहिएँ। उच्च सदन को कुछ ऐसे अधिकार दिए जाने चाहिएँ। उसको केवल नमूने मात्र के लिए तथा सजावट का सदन नहीं होना चाहिए लेकिन उससे राष्ट्र को कुछ लाभ भी होना चाहिए। यह उम्मीद की जाती है कि वह एक आदर्श सदन होगा जो किसी व्यक्ति या संस्था की सत्ता तथा प्रतिष्ठा पर हस्तक्षेप किए बिना ही शक्तियों के प्रयोग की अच्छी व्यवस्था भी कर सकेगा।

ऊपरी सदन की समस्याएँ

निश्चित रूप से उच्च सदन की रचना एक समस्या है। यह सदन निश्चित उद्देश्य को पूरा करता है इसलिए इसकी उपयोगिता को कम नहीं किया जा सकता। उदाहरण के लिए—ये समस्याओं को बड़े शान्त और भावावेश से रहित वातावरण में छानबीन करते हैं और निचले सदन के बहुत-से समय की बचत करते हैं। ऊपरी सदन की निम्नलिखित समस्याएँ हैंः—

(1) शक्ति विभाजन सम्बन्धी समस्या—किस सदन को किस सदन से कितनी शक्तियाँ दी जायें यह एक समस्या बनी हुयी है। उच्च सदन को निचले सदन की अपेक्षा कमजोर होना चाहिए या निचले सदन के कार्यों पर अंकुश रखने

के लिए उच्च सदन में किसी प्रकार की सत्ता या शक्ति निहित की जानी चाहिए, आदि-आदि शक्तियों का विभाजन अभी एक समस्या बनी हुई है तथा अभी तक कोई आधार निश्चित नहीं हो पाया है।

(2) ढाँचागत समस्याएँ—अभी तक यह एकमत से फैसला नहीं हो पाया कि उच्च सदन का किस प्रकार से संगठन होना चाहिए। क्या उच्च सदन में प्रत्यक्ष रूप से निर्वाचित सदस्य होने चाहिएँ? या सदन में कुछ निर्वाचित तथा कुछ नामजद व्यक्ति होने चाहिएँ? या संघ वंशानुगत सिद्धान्त के आधार पर निर्मित सदन एक आदर्श सदन होगा? अथवा संघ में प्रत्येक राज्य के समानता के आधार पर भेजे गए प्रतिनिधियों से बना सदन एक अच्छा सदन होगा? समस्या अब भी बनी हुई है। इस शक्ति विभाजन सम्बन्धी समस्या सबसे बड़ी यही है कि—

(3) रूढ़िवादी समस्या—यह एक समस्या है कि उच्च सदन को रूढ़िवादिता से कैसे बचाया जाए? ऐसे लोग जरूर होते हैं जिनकी आदतें, विचारधारा रूढ़िवादी होती हैं तथा उनमें बदलाव लाना कठिन होता है। इसके अलावा वे समाज के एक अनुभाग का प्रतिनिधित्व नहीं करते। कोई भी समाज की उन्नति में बाधक नहीं होना चाहिए परन्तु रूढ़िवादिता उच्च सदन का आन्तरिक गुण है। इसलिए वह अवश्य साथ रहेगा। अतएव अगर उच्च सदन को यथावत् रखना है तो उसकी रूढ़िवादिता को समाप्त करना होगा जो अब तक बरकरार है।

(4) कार्यकारिणी का उत्तरदायित्व—यह एक समस्या विचारणीय है कि कार्यकारिणी अध्यक्ष अर्थात् मन्त्रियों को कहाँ तक अपने विभागों के कार्यों के लिए उच्च सदन के प्रति आश्रित या निर्भर होना चाहिए? क्या मन्त्रियों को उसी समय त्यागपत्र दे देना चाहिए जैसे ही उच्च सदन में उनके विभागों, कार्यों के प्रति अविश्वास प्रकट होता है? अथवा उनको ऐसी कार्यवाही पर ध्यान नहीं देना चाहिए? वर्तमान समय के अनुसार मन्त्रिपरिषद त्यागपत्र देने की ओर ध्यान नहीं देते चाहे उनके प्रति अविश्वास का प्रस्ताव क्यों नहीं हो। परन्तु क्या स्थिति पर फिर से विचार की जरूरत है? क्यों न उच्च सदन को उतना ही सम्मान तथा शक्ति दी जाए जितनी निचले सदन के कम आयु के व्यक्तियों को दी जाती है। यह एक समस्या है जिसका सामना करना पड़ रहा है।

ब्रिटिश संसद

आज यद्यपि इंग्लैंड एक महानतम शक्ति नहीं है लेकिन कछ वर्षों पहले इंग्लैंड ने अपनी पद्धतियों के द्वारा विभिन्न देशों पर अपना शासन कायम कर रखा था।

भारत में भी इंग्लैंड के कानून व नियम लागू किए जाते थे। आज भी इंग्लैंड से शासनीय पद्धति अपनाई जाती है लेकिन आज वहां मंत्रिमण्डल आर्थिक रूप से शक्तिशाली शक्ति है। ऐतिहासिक दृष्टि से लार्ड सभा दोनों सदनों में सबसे पुरानी है। इसका अस्तित्व क्रामवेल के शासन के समय को छोड़कर लगभग एक हजार वर्षों से है। वह नार्मन ऐविजन काल की महती सभा की उत्तराधिकारिणी है। थोड़े समय पहले लार्ड सभा की शक्ति कॉमन सभा से अधिक ही थी लेकिन 1832, 1811 तथा 1949 के अधिनियमों द्वारा इसकी शक्तियों में काफी कटौती कर दी गई जिसके कारण यह केवल द्वितीय सदन मात्र रह गया है। ब्रिटेन में अनेक बार यह प्रश्न उठा है कि लार्ड सभा जो एक प्रक्रियावादी, शक्तिहीन तथा अलोकतन्त्रीय संस्था है, खत्म क्यों नहीं कर दिया जाता? कुछ दूसरे मत वाले व्यक्ति भी हैं जो रूढ़िवादी हैं। वे लार्ड सभा पर गर्व करते हैं। उनका कहना है कि लार्डसभा राष्ट्रीय परम्परा का प्रतीक है।

लार्ड सभा का संगठन

लार्ड सभा के सदस्यों की संख्या घटती और बढ़ती रहती है और लार्ड सभा के सदस्यों की संख्या निश्चित नहीं है। इसके सदस्यों को पियर्स के नाम से जाना जाता हैं इन पियर्स को छः भागों में बांटा गया है।

(1) वंशगत पियर्स—इनकी संख्या सदन का लगभग 9/10 भाग होती है।

(2) आयरलैंड के प्रतिनिधि पियर्स—1800 के आयरलैंड संयोग अधिनियम द्वारा 28 पियरों को लार्ड सभा में आजन्म प्रतिनिधान करने का अधिकार दिया गया।

(3) स्काटलैंड के प्रतिनिधि पियर्स—स्काटलैंड के पियर्स वर्ग द्वारा 16 प्रतिनिधियों को पाँच वर्ष के लिए लार्ड सभा में भेजा जाता है।

(4) कानूनी लार्ड—इनकी संख्या 9 है। ये कानून के विशेषज्ञ होते हैं और आजीवन इसके सदस्य बने रहते हैं।

(5) धार्मिक पियर्स—इनकी संख्या 23 निश्चित की गई है। इनकी नियुक्ति वरिष्ठता के आधार पर ही की जाती है।

(6) राजवंश के सदस्य—राजवंश के सदस्य इस सदन के सदस्य होते हैं।

लार्ड सभा की अध्यक्षता लार्ड चान्सलर द्वारा की जाती है।

पियर्स के विशेषाधिकार—पियर्स को निम्नलिखित कुछ विशेष प्रकार के अधिकार मिले हैं—

(1) ये अधिवेशन के बाद भी अपने विशेषाधिकारों का प्रयोग कर सकते हैं।

(2) ये सम्राट से निजी रूप से मिल सकते हैं।

(3) ये कामन सभा द्वारा लगाए गए अभियोगों का परीक्षण कर सकते हैं।

(4) केवल गम्भीर अपराधों में ही उन पर साधारण न्यायालयों में मुकदमा चल सकता है।

लार्ड सभा की आलोचना

लेबर पार्टी का विचार है कि "लार्ड सभा एक ऐसी संस्था है जिसको किसी भी तरह से सुधारा नहीं जा सकता, उसे खत्म ही कर दिया जाना चाहिए।"

ये लोग अपने मत के पक्ष में निम्नलिखित तर्क पेश करते हैं–

(1) धनिक वर्गों का गढ़ है–रेम्जेम्योर ने इसे धनिक वर्ग का सामूहिक गढ़ बताया है। कार्टर ने तो यहाँ तक लिखा है कि "यह सभा केवल धनिक वर्ग और विशेषाधिकारों का ही प्रतिनिधित्व नहीं करती अपितु वह स्वयं धनी और विशेषाधिकार सम्पन्न होती है।" यह हमेशा पूँजीवादी व्यवस्था को स्थिर रखने का प्रयत्न करती है। इसमें 1931 में 423 जमींदार, 67 बैंकों के डायरेक्टर, 49 इंजीनियरिंग कम्पनियों के डायरेक्टर थे।

(2) अनुदार दल की प्रभुता–लार्ड सभा में अनुदार दल का बहुमत होने के कारण यह पक्षपातपूर्ण व्यवहार करती है। **मेरियट** के शब्दों में, "जब रूढ़िवादी दल की सरकार होती है, तो लार्ड सभा गूँगे कुत्ते की तरह व्यवहार करती है और अन्य अवसरों पर खूँखार भेड़िए की तरह व्यवहार करती है। जेनिंग्स के अनुसार–"पिछले पचास वर्षों में सरकार के तीव्र विरोध के होते हुए भी लार्ड सभा ने किसी भी अनुदार दल के बिल में संशोधन नहीं किया।" लास्की ने लिखा है कि–"किसी मजदूर सरकार के विरुद्ध कार्य करने की उसमें अब भी पूर्ण शक्ति है।"

(3) कुछ विचारकों का मानना है कि अब इस सभा की शक्तियाँ बहुत कम रह गई हैं, इसलिए इसे समाप्त कर देना चाहिए। कुछ विद्वानों के विचार में इस जैसी अनुपयोगी संस्था पर बेकार का व्यय किया जाता है जो बजट पर भार के सिवा कुछ भी नहीं है। अतः इसका अन्त होना चाहिए और जितनी जल्दी हो इसे खत्म कर दिया जाए उतना ही अच्छा होगा।

(4) लार्ड सभा के सदस्यों की उदासीनता–इस सभा के सदस्य सभा की कार्यवाही में दिलचस्पी नहीं लेते। यह सदन की मीटिंग्स में लार्ड सभा के सदस्यों की उपस्थिति से सिद्ध होता है। यद्यपि 1974 में इनकी सदस्य संख्या 1059 थी परन्तु उसका कोरम केवल 30 रखा गया है। ज्यादातर इसकी उपस्थिति 30-40 के

बीच में ही रहती है। 1938 में की गई एक गणना के अनुसार लार्ड सभा के 729 सदस्यों में 371 सदस्य ऐसे निकले जिन्होंने 1919 से 1931 ई. तक कभी भी किसी भी वाद-विवाद में भाग नहीं लिया था। 111 सदस्य ऐसे रहे जिन्होंने कभी भी अपने मत का इससे मिलान नहीं किया था तथा केवल 83 सदस्य ऐसे थे जिन्होंने सदन की कार्यवाही में भाग लिया था। लार्ड सेमुअल ने कहा है कि–"यह ऐसा सदन है जिसकी कार्यक्षमता इसके सदस्यों की अनुपस्थिति के कारण स्थिर रहती है।" एक व्यक्ति ने एक बार कहा था–"Thank God, that I am not the first son of my father." यह इस बात का घोतक है कि वहाँ की जनता इस सदन की सदस्यता पसन्द नहीं करती।

(5) लार्ड सभा देश की प्रगति में बाधक है–लार्ड सभा समाजवाद की मुखालफत करती है एवं राष्ट्रीय उन्नति में बाधा डालती है। लास्की के विचार में यह राजनैतिक काल गणना का भ्रम है। समय के साथ-साथ उसमें बदलाव भी नहीं हुआ।

(6) अलोकतन्त्रीयता का प्रतीक–लार्ड सभा मुख्यतः पैतृक आधार पर बनी हुई है जबकि लोकतन्त्र में चुनावों को ही प्रमुखता दी जाती है। अबेसईज (Abbesieys) के अनुसार–"यदि द्वितीय सदन प्रथम सदन से सहमत नहीं है तो वह शरारती है और यदि सहमत है तो बेकार है।" अबेसईज का यह कथन लार्ड सभा पर लागू होता है क्योंकि जब अनुदार दल सत्तारूढ़ होता है तो यह सदैव उससे सहमत होता है इसलिए यह बेकार है, जब मजदूर दल सत्तारूढ़ होता है तो यह खुद ही उसका विरोध करती है चाहे कानून कितना ही प्रगतिशील क्यों न हो। इसलिए वह शरारती है। लार्ड सभा की सदस्यता वंशक्रमानुगत है। अतएव यह लोकतन्त्रीय प्रणाली के विपरीत है। लार्ड सभा में समाज के सभी वर्गों का प्रतिनिधित्व होता है। यह केवल धनी तथा उच्च वर्ग का प्रतिनिधित्व करती है। अगस्टाइन का कहना है कि–"लार्ड सभा अपने अलावा किसी का भी प्रतिनिधित्व नहीं करती और इसे केवल अपना ही पूर्ण विश्वास प्राप्त है।"

(7) अनुत्तरदायी सभा–लार्ड सभा की सदस्यता स्थायी होती है। उनके स्थान भी सुरक्षित होते हैं। इसलिए उन्हें जनता की चिन्ता नहीं रहती। 1911 तथा 1949 के अधिनियम इसके प्रमाण हैं।

लार्ड सभा की उपादेयता

लार्ड सभा का इतने लम्बे समय से अब तक बना रहना इस तथ्य को साबित

करता है कि कहीं न कहीं यह लाभदायी अवश्य है। इसकी उपयोगिता निम्नलिखित बातों से सिद्ध होती है–

(1) लार्ड सभा कामन सभा की उग्रता को रोकने के लिए जरूरी है। यह कामन सभा पर एक नियन्त्रण के समान है।

(2) लार्ड सभा विधेयक पुनरावृत्ति के लिए बहुत उपयोगी है। उसमें विचार-विमर्श कर स्तर ऊँचा रहता है।

(3) देश में अपील की सर्वोच्च न्यायालय की दृष्टि से लार्ड सभा की महत्ता बहुत अधिक है।

(4) लार्ड सभा के सदस्य अधिक योग्य, बुद्धिमान एवं प्रभावशाली होते हैं। उनके अनुभव से कमी कर लाभ पहुँचता है।

(5) जनमत के निर्माण के लिए देरी जरूरी है। वह लार्ड सभा द्वारा सम्पन्न किया जाता है।

(6) कामन सभा में कार्यभार अधिक होता है। लार्ड सभा उसके कार्यभार को हल्का करने में सहायता करती है।

(7) लार्ड सभा अंग्रेज जाति की रूढ़िवादिता की पोषक है। इसलिए वे इसे खत्म करना नहीं चाहते बल्कि इसमें सुधार के ही पक्षपाती हैं।

(8) जनतन्त्र शासन में दो सदनों का होना जरूरी होता है। लार्ड सभा ब्रिटेन में द्वितीय सदन के रूप में कार्य करती है। एक विद्वान के अनुसार, "यदि जनतन्त्रीय राज्य में दूसरा सदन रखना हो, तो लार्ड सभा संसार में सबसे अच्छा दूसरा सदन है।"

लार्ड सभा में सुधारात्मक परामर्श

लार्ड सभा के सुधार के प्रश्न पर अनेक बार कई समितियाँ नियुक्त की जा चुकी हैं। जिनमें से रोजबरी समिति, लायड जार्ज आयोग तथा ब्राइस आयोग मुख्य हैं। इससे संबंधित सुझाव निम्नलिखित हैं–

(1) लार्ड सभा के सदस्यों की अनुपस्थिति तथा उदासीनता को खत्म करने के लिए यह जरूरी है कि उन्हें कुछ निश्चित रूप से पारिश्रमिक दिया जाए।

(2) लार्ड सभा के सदस्यों को लोक सभा की सदस्यता ग्रहण करने का मौका मिलना चाहिए। उन्हें छूट होनी चाहिए कि वे लार्ड सभा से त्यागपत्र दे सके तथा कामन सभा का सदस्य बन सकें।

(3) वंश परम्परा के अनुसार पियर्स बनाए जाने की प्रथा खत्म कर दी जानी चाहिए। इसके स्थान पर योग्य व्यक्तियों की आजीवन लार्ड सभा का सदस्य नियुक्त किया जाना चाहिए।

(4) वर्तमान पियर्स अपने में से कुछ को निश्चित संख्या में लार्ड सभा का प्रतिनिधि चुन लें जिससे धीरे-धीरे उनका प्रतिनिधित्व खत्म हो जाए और वंशानुक्रम-पियर खत्म हो जाएँ।

निष्कर्ष—लार्ड सभा में सुधार किया जाए, इस बात को तो ब्रिटेन की सारी जनता स्वीकार करती है, किन्तु जब सुधार का प्रश्न पैदा होता है तो मतभेद उत्पन्न हो जाता है। वास्तविकता यह है कि रूढ़िवादी इसकी शक्तियों को जो 1661 में छीन ली गई थीं, उन्हें वापस दिलाना चाहते हैं, जबकि उग्रवादी इसे पूरी तरह खत्म कर देना चाहते हैं क्योंकि उनकी दृष्टि में यह प्रतिक्रियावादियों का सदन होने के कारण उन्नति की राह में बाधा है।

ब्रिटेन में निम्न सदन : कॉमन्स सभा

ऑग एवं **जिंक** ने लिखा है कि "संसद वास्तव में एक विशाल एवं विविध कार्य करने वाली मशीन है। निश्चित प्रक्रिया के अन्दर यह कानून बनाती, टैक्स लगाती, विभिन्न विभागों में धन का वितरण करती, मन्त्रियों से सवाल करती तथा नीति पर निर्णय देती है। यहाँ तक कि इसके नियम ऋतुओं की भाँति संक्षिप्त और निश्चित होते हैं।" कामन्स सभा विश्व की सर्वाधिक प्राचीन और प्रमुख सार्वजनिक सभा है। **मेरियट** ने इसके महत्व का वर्णन करते हुए लिखा है कि "चाहे किसी दृष्टिकोण से ब्रिटिश संसद को देखा जाए वह संसार में प्राचीनता में अतुलनीय, कार्यक्षेत्र में अत्यधिक व्यापक और शक्ति में असीमित है। एक चौथाई मानवता के लिए कानून बनाने वाली सदा से ही कुशल ब्रिटिश संसद या राजा सहित संसद आन्तरिक मामलों में अपने से श्रेष्ठ किसी भी शक्ति को स्वीकार नहीं करती। संक्षेप में प्रत्येक विषय पर इसकी प्रभुसत्ता है चाहे वह सम्राट के राज्यों के धार्मिक या राज्य सम्बन्धी कार्य हों।" यह केवल एक वृहद् शक्तिशाली सदन ही नहीं अपने आप में एक रोचक लोकप्रिय संस्था है जिसे संसदों की जननी भी कहा जाता है। ब्रिटेन की अन्य राजनैतिक संस्थाओं के समान इसका भी धीरे-धीरे विकास हुआ है। प्राच्य काल के आवेदनकर्त्ताओं की संस्था से विकसित होकर आज यह विश्व की सर्वशक्तिमान संस्था बन गई है।

कामन सभा का संगठन—लगभग साठ हजार मतदाताओं पर एक प्रतिनिधि चुना जाता है। कामन सभा की सदस्य संख्या 630 है। कॉमन सभा के लिये कोइ भी व्यक्ति किसी भी निर्वाचन क्षेत्र से खड़ा हो सकता है। विदेशी, अवयस्क, पागल, दिवालिया, पागल तथा दिवालिया राजकीय कर्मचारियों को छोड़कर प्रत्येक वयस्क व्यक्ति जिसने 21 वर्ष की आयु पूर्ण कर दी हो भाग ले सकता है। उनका निर्वाचन बहुमत प्रणाली द्वारा होता है।

कार्यकाल—सन् 1911 के संसद अधिनियम के द्वारा कामन्स सभा का कार्यकाल 5 वर्ष कर दिया गया है। किन्तु प्रधानमन्त्री की प्रार्थना पर राजा के द्वारा इसे अवधि के पहले भी विघटित किया जा सकता है। इसी प्रकार संसद खुद अधिनियम द्वारा अपनी अवधि को घटा बढ़ा सकती है। कामन सभा के सदस्यों को अनेक विशेषाधिकार प्राप्त होते हैं। उन्हें भाषण देने की स्वतन्त्रता है तथा अधिवेशन से 40 दिन पूर्व और बाद में उन्हें कैद नहीं किया जा सकता।

कामन सभा का अधिवेशन तथा कार्य-प्रणाली—इलबर्ट के अनुसार, "वेस्टमिन्सटर की संसद केवल एक व्यस्त उद्योगशाला ही नहीं अपने प्राचीन वस्तुओं का संग्रहालय है।" सामान्य निर्वाचन के बाद संसद के दोनों सदनों का सत्र आरम्भ होता है जिसके दो भाग किए जाते हैं। प्रथम जनवरी के अन्त या फरवरी के प्रथम सप्ताह से शुरू होकर जुलाई के अन्त या अगस्त के प्रारम्भ तक चलता है। दूसरा सत्र नवम्बर के प्रथम सप्ताह से शुरू होकर बड़े दिन से पूर्व समाप्त हो जाता है। अभिसमयों के आधार पर आज भी संसद की कार्य पद्धति अत्यन्त रोचक तथा औपचारिक होती है। यदि नई कामन सभा हो तो वह पहले कामन सभा को अपना स्पीकर चुनने के लिए कहता है। कामन सभा के सदस्य कामन सभा में आकर अपने स्पीकर का चुनाव करते हैं। दूसरे दिन वे स्पीकर के साथ दोबारा उच्च सदन में जाते हैं जहाँ कामन सभा के अधिकार विशेषाधिकार तथा स्पीकर के निर्वाचन की आज्ञा प्राप्त करते हैं। तीसरे दिन उच्च सदन में दोनों सदनों के सदस्य राजा का भाषण सुनते हैं, जिसमें सरकार की नीति स्पष्ट की जाती है। इसके बाद वे कामन सभा में आ जाते हैं जहाँ उस भाषण पर वाद-विवाद होता है तथा विरोधी दल के नेता का भाषण अनिवार्य रूप से होता है।

कामन सभा की बैठकें सोमवार, मंगलवार, बुधवार तथा बृहस्पतिवार को दोपहर ढाई बजे से रात्रि दस बजे तक तथा शुक्रवार को प्रातः 11 बजे से सायं साढ़े चार बजे तक होती हैं। शुक्रवार को व्यक्तिगत विधेयक, प्रार्थनापत्र तथा नोटिस सम्बन्धी कार्य होते हैं।

संसदीय सत्र के जारी रहने पर प्रत्येक दिन सत्र का प्रथम घंटा संसद सदस्यों के सवाल पूछने के लिए निर्धारित होता है जिसमें सम्बन्धित मन्त्रियों को उत्तर देना पड़ता है। मन्त्रियों से पूरक प्रश्न भी पूछे जा सकते हैं किन्तु एक सदस्य एक बैठक में चार से अधिक प्रश्न पूछने का अधिकार नहीं रखता है। प्रश्नों के समाप्त होने के बाद विधेयकों पर विचार-विनियम शुरू होता है। रात को सत्र खत्म होने पर सदन के नौकर एक अन्य रूढ़ि के अनुसार सदस्यों से यह पूछते हैं "कौन घर जाता है।" यह उस प्राचीन प्रथा की याद दिलाता है जब सदस्यों का रात्रि बेला में जाना भयपूर्ण होता था। सामान्यतः कामन्स सभा के सदस्य एक रूढ़ि के अनुसार अपने पद से त्यागपत्र नहीं देते थे किन्तु यदि वर्तमान समय में कोई सदस्य सदन की सदस्यता से त्यागपत्र देना चाहता है तो उसे एक अप्रत्यक्ष पद्धति को अपनानी पड़ता है जिसके अनुसार वह राजपद से अवैतनिक सरकारी पद की माँग करता है। उसके इस प्रार्थनापत्र पर एक रूढ़ि के अनुसार उसे चिलटर्न हंड्रेड्स (Chiltern Hundreds) का बेलिफ अथवा नोर्थस्टेड के मेनर (Manor of Northsted) का स्टीवार्ड नियुक्त कर दिया जाता है। ऐसा होने पर नियमों के अनुसार वह सदन का सदस्य नहीं रह सकता। इसलिए उसका स्थान खाली हो जाता है। प्रायः सदस्यों की इस प्रार्थना को ठुकराया नहीं जाता। संसद का समय बचाने के लिए निम्न उपायों का प्रयोग किया जाता है—

(i) **समापन**—इस प्रणाली का प्रारम्भ 1907 में हुआ था यदि सदन में किसी विषय पर विवाद अधिक बढ़ जाये तो कोई भी सदस्य उस प्रश्न पर मत लेने की मांग कर सकता है। लेकिन इसका समर्थन कम से कम 100 सदस्य करें। स्पीकर यदि यह समझता है कि उस प्रश्न पर पूरी तरह विचार हो चुका है तथा अल्पसंख्यक वर्गों को भी पूरी समय मिल चुका है तो वह उस प्रश्न पर मत लेने का निर्णय दे देता है और इस प्रकार विवाद खत्म कर दिया जाता है।

(ii) **कंगारू समापन**—यह प्रथा सन् 1934 से प्रचलित है। इस प्रथा के अनुसार अध्यक्ष तथा सम्पूर्ण सदन के उपाय और साधन समिति के सभापति को यह अधिकार मिलता है कि जितने भी संशोधनों के प्रस्ताव पर विचार करना उनमें से महत्वपूर्ण संशोधन छाँट लें जो उसको उचित लगे इससे समय की बचत होती है।

(iii) **कक्ष समापन**— इसके अनुसार किसी विधेयक की कई धाराओं के लिए एक ही बीच के द्वारा समापन का प्रस्ताव सदस्यों द्वारा रखा जा सकता है।

निर्धारित समय के अन्तर्गत विचार के बाद उन पर मत ले लिया जाता है।

(iv) मुखबन्ध प्रयोग—इसके अनुसार विधेयक की अनेक धाराओं का काल निश्चित कर दिया जाता है तथा निश्चित समय के खत्म होने पर सदस्यों का मत ले लिया जाता है चाहे उसके किसी भी भाग पर विचार हुआ हो या नहीं। इस प्रणाली के अन्तर्गत सदन का काम आवश्यक ही नहीं होता बल्कि इसके माध्यम के बगैर विधेयकों के पारित होने का डर नहीं होता।

कामन सभा के कार्य और शक्तियाँ

वर्क के अनुसार, "कामन सभा की सामर्थ्य, भावना और सार यह है कि वह राष्ट्र की वास्तविक आवाज है।" देश का शासन कामन सभा की इच्छा के द्वारा ही चलाया जाता है। मन्त्रिमंडल भी कामन सभा के निर्णयों का उल्लंघन नहीं कर सकता। कामन सभा की शक्तियाँ एवं कार्य मुख्य रूप से निम्नलिखित हैं—

(1) राजनीतिक शिक्षा—बेजहाट ने कामन सभा के इस कार्य को बहुत महत्वपूर्ण बताया है। कामन सभा के वाद-विवाद राज्य की जनता को राजनैतिक शिक्षा प्रदान करते हैं। उनके भाषणों का व्यापक प्रचार पुराना रेडियो तथा समाचार-पत्रों द्वारा किया जाता है जिससे साधारण व्यक्ति, राष्ट्रीय महत्व की विविध समस्याओं को अच्छी तरह समझ सकता है। न्यूमैन ने लिखा है कि संसद शासक और शासित की अन्तःक्रिया का स्थान है जिसमें दोनों एक-दूसरे को मोड़ते तथा प्रभावित करते रहते हैं।"

(2) प्रवरणशील कार्य—लास्की ने कामन सभा का प्रवरण करने का काम एक महत्वपूर्ण काम बताया है। कामन सभा ही ऐसी एकता जगह है जहाँ भविष्य के नेता एवं मन्त्री दिखाई देते होते हैं। कामन सभा में सदस्यों की प्रतिष्ठा असानी से नहीं बनती। अकर्मण्य व्यक्तियों के लिए वहाँ कोई स्थान नहीं है। जो व्यक्ति परिश्रमी, ईमानदार और बुद्धिमान हैं वे अपना प्रभाव तुरन्त ही जमा लेते हैं। न्यूमैन का कथन है कि, "अमेरिका में राजनैतिक नेता बनने के लिए अनेक रास्ते हैं किन्तु ब्रिटेन में केवल एक कामन्स सभा ही राजनैतिक नेता बनाने के लिए पर्याप्त है।"

(3) कानूनों का निर्माण—कामन सभा ब्रिटेन के कानून बनाने का सर्वोच्च निकाय है। वैसे तो साधारण कानून संसद के किसी भी सदन में पेश किये जा सकते हैं और इस पर लार्ड सभा का अधिकार बिल्कुल भी नहीं है। वह केवल एक वर्ष के

लिए रोक सकती है। धन विधेयक केवल कामन सभा में ही पेश किए जा सकते हैं। लार्ड सभा उन्हें केवल एक महीना रोक सकती है। इस तरह विधि निर्माण की प्रक्रिया में कामन सभा कोलार्ड सभा की ही भांति समान अधिकार प्राप्त है।

(4) वित्त पर नियन्त्रण—बिल विधेयक कॉमन सभा में पेश होते हैं तथा कॉमन सभा ही वित्त पर पूरा अंकुश भी रखती है। संसद की पूर्ण समिति ही उस पर विचार करती है। संसद की अनुमति के बगैर कोई भी नया कर आरोपित नहीं किया जा सकता। सामान्य नियन्त्रण की नियुक्ति कामन सभा के द्वारा ही की जाती है और उसकी सम्मति के बिना संचित धन में से कोई व्यय नहीं किया जा सकता। कामन सभा को यह भी अधिकार है कि वह देखभाल रखे कि व्यय उसकी इच्छा के अनुसार ही हो रहा है। व्यय की अनियमितताओं को आडीटर जनरल कामन सभा के सामने पेश करता है।

(5) कैबिनेट पर नियन्त्रण—सदस्य प्रश्नों, स्थगन प्रस्तावों, वाद-विवाद तथा अविश्वास के प्रस्तावों के द्वारा सरकार पर नियन्त्रण करते हैं। अनेक प्रश्न सूचना प्राप्त करने के लिए या आलोचना की दृष्टि से मन्त्रियों से पूछे जाते हैं जिनका उन्हें उत्तर देना पड़ता है। असन्तोषजनक उत्तर मिलने पर उनकी कड़ी आलोचना की जाती है जिसकी वजह से उन्हें सतर्क रहना पड़ता है। कामन्स सभा कार्यपालिका पर अंकुश रखती है। मन्त्रिमंडल केवल उस समय तक के लिए ही अपने पद पर रह सकता है जब तक उसे कामन सभा का विश्वास प्राप्त हो। कामन सभा का विश्वास समाप्त होते ही या तो मन्त्रिमंडल को त्यागपत्र देना पड़ता है या दुबारा निर्वाचन द्वारा जनता का विश्वास प्राप्त करना पड़ता है। यही कारण है कि मन्त्री कामन सभा में अपनी मनमानी कर सकते हैं। मन्त्रियों के वेतन में कटौती करके, बजट को अस्वीकृत करके, मन्त्रिमंडल के सदस्यों द्वारा पेश विधेयकों को पारित न करके या ऐसे व्यक्तिगत विधेयकों को जिसका मन्त्रिमंडल ने विरोध किया है पारित करके और प्रत्यक्ष रूप से अविश्वास का प्रस्ताव स्वीकृत करके मन्त्रिमंडल को भंग किया जा सकता है किन्तु इसके लिए कामन सभा को खुद भी विघटन के लिए तैयार रहना पड़ता है।

(6) प्रशासकीय विभागों पर नियन्त्रण—कामन सभा की गतिविधियों से सरकार की पूर्ण नीति का पता चलता रहता है। यह कार्य विशेषकर सदन में विरोधी दल के द्वारा होता है। ब्रिटिश संविधान का यह एक जरूरी और अपरिहार्य अंग है। विरोधी दल का नेता खुद ही शासन के कार्यों की छानबीन करता रहता है और उसकी गलतियों का खुलासा करता है। जनता पर इसका अत्यधिक प्रभाव पड़ता है। कार्टर

ने लिखा है कि "ब्रिटेन में निर्वाचन का प्रचार लगातार होता रहता है। इसी आलोचना के कारण सरकार जनमत की अवहेलना नहीं कर पाती तथा उत्तरदायी शासन के रूप में काम करती है।"

(7) संवैधानिक संशोधन–इंग्लैंड के संविधान में संसद की प्रभुसत्ता है। संसद को सामान्य कानूनों को, कुछ संवैधानिक कानूनों को साधारण बहुमत से पास करने का अधिकार है। इस तरह की शक्ति दुनिया के किसी भी निम्न सदन को हासिल नहीं है।

कॉमन सभा का अध्यक्ष

इंग्लैंड के लोक सदन के अध्यक्ष का अस्तित्व 1936 से चला आ रहा है। थोमस हंगर फोर्ड देश के सबसे पहले स्पीकर थे। शुरू में स्पीकर का कार्य लोक सदन के प्रार्थना पत्रों को राजा के सामने रखता तथा उसकी ओर से राजा के सामने बोलना था। यही कारण था कि वह व्यक्ति स्पीकर कहलाया। अब वह ऐसी संस्था का अध्यक्ष है जो लोक प्रभुता का सूचक है। उसका पद कौंसिल के लार्ड प्रेसीडेंट के बाद आता है। वह वेस्टमिंस्टर भवन में रहता है और पदमुक्त होने के बाद उसे पियर बनाया जा सकता है। इर्सकिन के शब्दों में, "लोक सदन का अध्यक्ष सदन की शक्ति, उसकी कार्यवाही व उसकी शान के सम्बन्ध में सदन का प्रतिनिधि माना जाता है। वह सदन का एक अत्यन्त प्रमुख व्यक्ति होता है।"

डिजराइली के अनुसार, "अध्यक्ष के वस्त्रों की खड़खड़ाहट ही सदन में गड़बड़ को शान्त करने के लिए काफी है।

"वह दलगत विभेदों से दूर हट जाता है तथा दलबन्दी से भी घृणा करने लगता है।"

अध्यक्ष का चुनाव और वेतन

अध्यक्ष पद का चुनाव सबकी सहमति से होता है। एक बार अध्यक्ष निर्वाचित होने के बाद वो तब तक उस पद पर बना रहता है जब तक उसमें कार्य करने की शक्ति होती है। सरकारें बदल जाती हैं पर अध्यक्ष प्रायः नहीं बदलता और प्रधानमंत्री और विपक्षी दलों की जिस व्यक्ति पर सहमति हो जाती है उसी को अध्यक्ष पद हेतु चुनाव लड़वाते हैं।

अध्यक्ष को कर रहित 11000 पौंड वेतन मिलता है, रहने के लिए निःशुल्क सरकारी आवास स्थान मिलता है, और जब वो अपनी सेवा से मुक्त हो जाता है तो

उसे 4000 पौंड वार्षिक पेंशन दी जाती है और लार्ड सभा का सदस्य भी बना दिया जाता है।

अध्यक्ष की शक्तियाँ और कार्य

(1) लोक सदन व लार्ड सभा की मध्यस्थता—लोक सदन व लार्ड सभा के आपसी सम्बन्धों व उनके पारस्परिक व्यवहार में भी अध्यक्ष लोक सदन का प्रतिनिधित्व करता है। यह लार्ड सभा द्वारा वित्त विधेयकों द्वारा की गई प्रतिक्रिया के बारे में निर्णायक होता है और लोक सदन व लार्ड सभा की सम्मिलित बैठक के लिए जब लोक सदन के सदस्य जाते हैं तो उसका नेतृत्व अध्यक्ष ही करता है।

(2) संसदीय प्रतिनिधि-मंडलों का नेतृत्व—अध्यक्ष बाह्य जगत व लोक सदन के बीच की कड़ी के रूप में कार्य करने वाला व्यक्ति होता है। अन्य देशों को जाने वाले संसदीय प्रतिनिधिमंडलों का नेतृत्व अधिकतर वही करता है। उसी के माध्यम से लोक सदन को वे सूचनाएँ या प्रार्थनाएँ व याचिकाएँ मिलती हैं जो बाहर से उनके लिए भेजी जाती हैं।

(3) लोक सदन व राजा की मध्यस्थता—लोक सदन के अध्यक्ष के रूप में यह सदन से बाहर सदन का प्रतिनिधित्व करता है। वह सदन व राजा का मध्यस्थ होता है। वह विशेष अवसरों व उत्सवों पर सदन के सन्देश राजा तक पहुँचाता है तथा वित्त विधेयकों को राजा के सामने उसकी स्वीकृति के लिए पेश करता है।

सदन के अध्यक्ष के रूप में उसके अधिकार एवं कार्य

जेनिंग्स ने कहा है कि "परिपाटियों तथा व्यावहारिक नियमों ने इस पद पर स्थित व्यक्ति को इतनी शक्तियाँ प्रदान की हैं कि उनका अतिक्रमण सम्भव नहीं।" उसके अधिकार एवं कर्तव्य निम्नलिखित हैं—

(1) 'काम रोको प्रस्ताव' के निर्णय करने के अधिकार—यह अधिकार सिर्फ अध्यक्ष को ही मिला हुआ है।

(2) वह सदन की अध्यक्षता करता है—कामन सभा के अधिवेशन में वह सभापति का पद ग्रहण करता है और मतदान आदि कराने का अधिकार उसे मिला हुआ है।

(3) निर्णायक मत देने का अधिकार—यद्यपि अध्यक्ष का कोई मत नहीं होता परन्तु यदि किसी विधेयक पर समान मत पड़े तो निर्णायक मत देने का उसे अधिकार है।

अमेरिकी कांग्रेस

निम्न सदन : अमेरिकन प्रतिनिधि सभा

आज विश्व में अमेरिका सवश्रेष्ठ व सर्वशक्तिमान शक्ति के रूप में उभर कर सामने आया है। यह सब वहां की नैतिकता व संसदीय प्रणाली के कारण है।

प्रतिनिधि-सभा प्रतिनिधि सभा अमेरिकन कांग्रेस का प्रथम सदन है और यह सदन प्रत्यक्ष रूप से जनता का प्रतिनिधित्व करता है। इसके अधिकार और सदस्य अनुभवहीन होते हैं और वे दलबन्दी के आधार पर कार्य करते हैं। हर्टर के अनुसार, "यद्यपि प्रतिनिधि सदन में ऐसे ऐतिहासिक वाद-विवाद नहीं होते जिनके लिए कामन्स सभा और संयुक्त राष्ट्र की सीनेट प्रसिद्ध हैं। तब भी यह एक ऐसी प्रमुख उद्योगशाला है जिसके द्वारा अमेरिका की जनता की इच्छा बदल दी जाती है।" पेटर्सन के अनुसार, "प्रतिनिधि सदन अमेरिकन राष्ट्र का सबसे सूक्ष्म रूप है। इसमें अमेरिकन जीवन की ऐसी सुन्दर चित्रकारी है जिसमें वहाँ की सामाजिक, राजनैतिक, धार्मिक और स्वभाव सम्बन्धी विभिन्नताओं, चरित्र की दुर्बलताओं, प्रवेगों आदि का सम्पूर्ण चित्रण है। जनसंख्या के आधार पर विभिन्न राज्यों से निर्वाचित होने तथा सदस्यों की प्रान्तीयता की भावना के कारण यह अमेरिकन जीवन की विभिन्नताओं का प्रतिबिम्ब है। प्रकृति में यह पूणतः अमेरिकन है। वर्षों तक यह अपने अध्यक्ष के पूर्ण नियन्त्रण में रहेगा तथा सीनेट एवं राष्ट्रपति का आज्ञाकारी बना रहेगा परन्तु अकस्मात् ही यह एक उग्र रूप धारण कर लेगा। सम्पूर्ण सदन की समिति के रूप में यह उन प्रस्तावों को स्वीकृत कर लेगा जिन्हें वह सदन की समिति के रूप में ठुकरा चुका है। समिति के रूप में यह असैनिक सेवा का विरोध करेगा तथा शीघ्र ही प्रतिनिधि सदन के रूप में सिविल सर्विस कमीशन की शक्तियाँ बढ़ाने के लिए राजस्व विधेयक प्रस्तावित कर देगा।"

प्रतिनिधि सदन की सदस्य संख्या—प्रतिनिधि सदन की सदस्यों की संख्या 435 है और यह 4,45,000 मतदाताओं पर एक प्रतिनिधि चुनने की व्यवस्था है। लेकिन प्रत्येक राज्य से कम-से-कम एक सदस्य का निर्वाचन जरूरी है।

सदस्यों की योग्यताएँ—प्रतिनिधि सदन का सदस्य निर्वाचित किए जाने हेतु निम्नांकित योग्यताएँ जरूरी हैं—

1. जिस राज्य में निर्वाचन होना है वहाँ का भी नागरिक हो लेकिन अब परम्परा के अनुसार उसे उस क्षेत्र का निवासी होना जरूरी है जहाँ से वह चुनाव लड़ रहा है।

2. उसकी आयु कम-से-कम 25 वर्ष हो।
3. किसी नागरिक या सैनिक पद पर न हो।
4. सात वर्षों से अमेरिका का नागरिक रहा हो।
5. किसी ऐसे नवीन सार्वजनिक पद पर नियुक्त नहीं हो सकता जो उसके सदस्यता काल में बनाया गया हो।

निर्वाचन—प्रतिनिधि सदन का निर्वाचन नियमित रूप से हरेक द्वितीय वर्ष नवम्बर में पहले सोमवार के बाद मंगलवार को होता है। सामान्यतः 21 वर्ष के नागरिकों को मत देने का अधिकार है किन्तु राज्य में 18 वर्ष की आयु के व्यक्ति भी मतदान कर सकते हैं। इसी प्रकार निवास का नियम भी विभिन्न राज्यों में 6 माह से 2 वर्ष तक है। सैनिकों को भी मतदान का अधिकार प्रदान किया गया है। यदि मतदाता निर्वाचन के दिन उपस्थित नहीं है तो वह अपना मत डाक द्वारा भी भेज सकता है।

कार्यकाल—प्रतिनिधि सदन का कार्यकाल केवल दो वर्ष है। इसे न तो घटाया जा सकता है और न ही बढ़ाया जा सकता है। इसका विघटन भी नहीं हो सकता। इसका कार्यकाल प्रत्येक दो वर्ष के बाद 3 जनवरी से शुरू होता है।

वेतन तथा भत्ते—प्रत्येक सदस्य को 30,000 डालर वार्षिक वेतन मिलता है। इसमें 3,000 डालर भी सम्मिलित हैं जो विशेष खर्चों के लिए प्राप्त होते हैं और जिस पर आयकर नहीं लगता। अलावा इसके दूसरे प्रकार के भत्ते भी प्राप्त होते हैं।

अधिवेशन—संविधान के 20वें संशोधन के अनुसार, वर्ष में एक अधिवेशन जरूर होगा जिसकी बैठक 3 जनवरी को दोपहर को शुरू होगी। दोनों सदनों का अधिवेशन एक साथ खत्म होता है। राष्ट्रपति द्वारा किसी विशेष उद्देश्य को पूरा करने के लिए दोनों सदनों का या किसी एक सदन का अधिवेशन बुलाया जा सकता है।

गणपूर्ति—सदन की बैठक की वैधता के लिए कुछ सदन के सदस्यों के बहुमत का उपस्थित होना जरूरी है।

प्रतिनिधि सदन के कार्य एवं शक्तियाँ

प्रतिनिधि सदन की कार्य एवं शक्तियों को निम्नलिखित बिंदुओं के द्वारा स्पष्ट किया गया है—

(1) महाभियोग में भाग लेना—राष्ट्रपति, उपराष्ट्रपति या अन्य नागरिक अधिकारी के विरुद्ध महाभियोग का दोषारोपण केवल प्रतिनिधि सदन ही करता है। सीनेट तो उस पर विचार और निर्णय करती है।

(2) कानून निर्माण–प्रतिनिधि सदन को संघीय सरकार के अधिकार क्षेत्र के अन्दर समस्त विषयों पर सीनेट के साथ कानून निर्माण का अधिकार है। साधारण विधेयक किसी सदन में ही पेश किया जा सकता है।

(3) स्पीकर का चुनाव–प्रतिनिधि सदन को अपना अध्यक्ष खुद चुनने का अधिकार मिला हुआ है और वह ही इसकी बैठकों की अध्यक्षता करता है।

(4) नियम निर्धारण करना–प्रतिनिधि सदन अपने सदस्यों के निर्वाचन तथा सदस्यों की योग्यता सम्बन्धी नियम निर्धारित करता है।

(5) राष्ट्रपति का चुनाव–कभी-कभी यदि राष्ट्रपति के निर्वाचन में किसी उम्मीदवार को स्पष्ट बहुमत प्राप्त नहीं होता है तो ऐसी स्थिति में प्रतिनिधि सभा प्रथम तीन उम्मीदवारों में से किसी एक उम्मीदवार का चुनाव कर सकता है।

(6) जाँच करने का अधिकार–इस सदन को संघीय सरकार के प्रशासन एवं संघीय न्यायपालिकाओं के कार्यों की जाँच करने का अधिकार मिला है।

(7) युद्ध की घोषणा–संकट के समय यदि कुछ करने की नौबत आ जाये तो यह सदन सीनेट के साथ मिलकर युद्ध की घोषणा कर सकता है।

किन्तु यह स्पष्ट है कि अमेरिकन व्यवस्था में प्रतिनिधि सदन सीनेट की अपेक्षा निर्बल एवं महत्वहीन सदन है। इसका प्रमुख कारण इसके सदस्यों का बहुत कम कार्यकाल है। संविधान में भी सीनेट को ही अधिक अधिकार प्रदान किए गए हैं। इसीलिए वहाँ का राजनीतिज्ञ सीनेट का सदस्य होने की कोशिश करता है। किन्तु प्रतिनिधि सदन का सदस्य वह तभी तक रहना चाहता है जब तक कि उसके लिए जरूरी हो।

प्रतिनिधि सदन का अध्यक्ष–अमेरिकी संविधान में प्रतिनिधि सदन के अध्यक्ष के विषय में कोई विवरण प्राप्त नहीं है। उसके पद का विकास ब्रिटेन की भाँति ही हुआ है। उसका पद प्राचीन एवं सम्माननीय होता है। अमेरिका में प्रतिनिधि सदन के अध्यक्ष का चुनाव दलगत आधार पर होता है। उसके पद को देखते हुए मुनरो ने उसे केन्द्रीय मूर्ति (Central Figure) कहा है। ब्राइस उसे दूसरी राजनीतिक मूर्ति (Second Political Figure) कहता है जबकि बीयर्ड के अनुसार "स्पीकर प्रभाव के क्षेत्र में एक वृत्तखंड संभालता है।" ब्रिटेन में कामन सभा का अध्यक्ष निष्पक्ष होता है जबकि अमेरिका में प्रतिनिधि सदन के अध्यक्ष का व्यवहार खुले रूप से पक्षपातपूर्ण होता है। वास्तव में 'उसको प्रतिनिधिसदन में दल का नेतृत्व जबरदस्ती दिया गया है।

मुनरो के अनुसार, "धीरे-धीरे अध्यक्ष बहुमत दल का मान्यता प्राप्त नेता बन गया। वह एक ऐसा व्यक्ति हो गया जो बहुमत कानूनों की जटिलताओं से सुरक्षित प्रस्तावों पर निर्भर रहने लगा तथा दिन-प्रतिदिन उसके अधिकार इतने विस्तृत होने लगे कि वह एक तानाशाह की स्थिति में पहुँच गया।"

परन्तु अध्यक्ष की तानाशाही अधिक दिनों तक नहीं चल सकी। 1910 में उसे नियम समिति से हटा दिया गया तथा 1911 में समिति के सदस्यों एवं अध्यक्षों की नियुक्ति सम्बन्धी शक्ति भी छीन ली गई। उसे अब केवल विशेष एवं कांफ्रेंस समितियों के सदस्यों की नियुक्ति का ही अधिकार रह गया है।

उच्च सदन : अमेरिका की सीनेट

अमेरिका के संविधान में प्रतिनिधि सभा प्रथम सदन है और सीनेट द्वितीय सदन है। इसकी सदस्य संख्या अब हवाई और अलास्का दो राज्यों के निर्माण के कारण ICO हो गई है। प्रत्येक राज्य को समान प्रतिनिधित्व दिया गया है। इस प्रकार अमेरिका में 50 राज्यों से हरेक से दो एक समान सीनेट के सदस्य सदस्य चुने जाते हैं। फैडरलिस्ट के अनुसार, "प्रत्येक राज्य को समान मताधिकार देने का अर्थ पृथक् राज्यों की प्रभुता की रक्षा करना और अवशिष्ट शक्तियों (Residuary powers) को स्थिर रखने के साधन को सवैधानिक मान्यता देना है।" इनके सदस्यों का चुनाव 6 वर्ष के लिए होता है। एक तिहाई सदस्य प्रत्येक दो वर्ष बाद अवकाश प्राप्त करते रहते हैं। अमेरिका का उप-राष्ट्रपति ही इसका अध्यक्ष होता है। इसका कोरम 51 है।

अमेरिकी संविधान में सीनेट को फ्रांस, ब्रिटेन और भारत के द्वितीय सदन की भांति गौण अधिकार नहीं दान कर व्यापक अधिकार दिए गए हैं। यह फ्रांस तथा ब्रिटेन के द्वितीय सदन के समान शक्तिहीन नहीं है और उसके सम्बन्ध में यह कहा जाता है कि जहाँ इन दोनों देशों के द्वितीय सदनों के अधिकार तथा प्रभाव में कमी आ गई है वहाँ संयुक्त राज्य अमेरिका की सीनेट को संविधान द्वारा दिए गए अधिकार न केवल स्थायी ही रहे हैं वरन् सीनेट देश के राष्ट्रीय जीवन में प्रतिनिधि सभा से कहीं अधिक शक्तिशाली और प्रभावशाली हो गई है। इसी कारण से संयुक्त राज्य अमेरिका की सीनेट को विश्व का सबसे अधिक शक्तिशाली द्वितीय सदन कहा जाता है। ग्लेडस्टन के शब्दों में, "सीनेट आधुनिक राजनीति के आविष्कारों में सबसे अधिक विलक्षण है।" फाइनर ने लिखा है कि "यदि सीनेट को अपने कार्यों सहित

व्यवस्थापिका से हटा दिया जाए तो न केवल प्रतिनिधि सभा को ही समस्त शक्तियाँ देनी पड़ेंगी बल्कि राष्ट्रपति तथा शासन के मुख्य अंग नष्ट हो जाएँगे। सीनेट को हटाने का मतलब केन्द्रीय शासन का अन्त होगा।" सर हेनरी मेन के अनुसार, "सीनेट एक पूर्णतः सफल संस्था है, जिसकी स्थापना जबसे हुई तबसे आधुनिक प्रजातन्त्र की लहरें दौड़ने लगी हैं।" लार्ड ब्राइस के अनुसार–"सीनेट प्रतिनिधि सभा की जनतन्त्रीय लापरवाही तथा राष्ट्रपति की राजा के समान बनने की इच्छा को रोकने में सफल हुई है, क्योंकि इसकी इच्छा के बिना प्रतिनिधि सभा कोई कार्य नहीं कर सकती और इसके अवरोध से राष्ट्रपति मात खाता है।"

सीनेट की शक्तियाँ

सीनेट की शक्तियों का निम्नलिखित रूपों में स्पष्ट कर सकते हैंः–

(1) विधायी शक्तियाँ–

(i) सीनेट को भी कानून बनाने के क्षेत्र में प्रतिनिधि सभा के समान ही अधिकार प्राप्त हैं। प्रत्येक विधेयक को जब तक मंजूरी नही मिल सकती जब तक उसे सीनेट की सहमति न मिल जाये। दोनों सदनों में मतभेद होने पर यदि संयुक्त अधिवेशन भी किसी निराकरण पर नहीं पहुँच पाता तो वह विधेयक वहीं खत्म हो जाता है। दूसरे देशों में ऐसा नहीं होता है। वहाँ पर निचले सदन की सम्भवतः बात मानी जाती है। ब्रिटेन में लार्ड सभा इस मामले में पूर्ण शक्तिहीन है और कामन सभा द्वारा पास किए विधेयकों को लार्ड सभा की स्वीकृति सीनेट की तरह जरूरी नहीं है।

(ii) सीनेट में आर्थिक विधेयक शुरू नहीं किए जा सकते परन्तु उनमें संशोधन करने का उसे पूरा अधिकार प्राप्त है और संशोधन के द्वारा वह नए प्रस्ताव को रख सकती है जबकि अन्य देशों में उच्च सदन को आर्थिक विधेयकों में संशोधन करने का अधिकार प्राप्त नहीं होता। ब्रिटेन में लार्ड सभा की शक्तियाँ इस सम्बन्ध में सर्वथा नहीं के बराबर है। 1921 से प्रतिनिधि सभा द्वारा रखे गए कर सम्बन्धी विधेयकों में सीनेट ने 833 संशोधन पेश किए जिनमें से 700 संशोधनों में उसे सफलता प्राप्त हुई। इससे स्पष्ट हो जाता है कि वित्तीय क्षेत्र में सीनेट एक प्रभावशाली तथा शक्तिशाली सदन है।

(2) कार्यपालिका शक्तियाँ–

(i) राष्ट्रपति द्वारा की गई नियुक्ति के लिए सीनेट की अपनी अरूरत है।

(ii) मन्त्रियों की नियुक्ति करते समय राष्ट्रपति को सीनेट की आज्ञा लेनी पड़ती है। ऐसा कहा जाता है कि यदि ब्रिटेन, फ्रांस तथा कनाडा के द्वितीय सदन को खत्म कर दिया जाए तो वहाँ की शासन व्यवस्था में कोई अन्तर नहीं पड़ेगा किन्तु यदि अमेरिका की सीनेट को खत्म कर दिया जाए तो वहाँ का शासन चलाना सम्भव नहीं हो पाएगा।

(iii) राज्यों में नियुक्ति करते समय राष्ट्रपति उस राज्य के सीनेट के सदस्यों से सलाह लेता है। यद्यपि सीनेट राष्ट्रपति द्वारा की गई नियुक्तियों को स्वीकार कर लेती है, परन्तु उसे उन्हें अस्वीकृत करने का अधिकार जरूर मिला है। सीनेट ने इस अधिकार का प्रयोग किया है। 1789 से 1938 तक 150 वर्षों में सीनेट ने 21 बार इस अधिकार का प्रयोग किया है।

(iv) राष्ट्रपति द्वारा नीति में बदलाव हेतु सीनेट की स्वीकृति जरूरी है। प्रभावशाली राष्ट्रपतियों को भी उसके सामने झुकना पड़ता है। राष्ट्रपति विल्सन द्वारा की गई वर्साय सन्धि को सीनेट ने मान्य नहीं किया। राष्ट्रपति कूलरिज अपनी इच्छानुसार एटर्नी जनरल की नियुक्ति नहीं कर सके। प्रो. लास्की के शब्दों में–"सीनेट केवल विचार-विमर्श ही नहीं करती बल्कि प्रशासन में सक्रिय भाग लेती है।" प्रशासन के अलग-अलग भागों में कार्य की देख-रेख करने के लिए वह विभिन्न आयोगों की नियुक्ति भी करती है। अपनी विवेकशीलता, स्थायित्व तथा शक्ति के कारण आज सीनेट अमेरिका की आँख का तारा बनी हुई है तथा संसार के द्वितीय सदन उसे ईर्ष्या की दृष्टि से देखते हैं।

(3) वैदेशिक अधिकार–

(i) सीनेट राष्ट्रपति द्वारा की गई विदेशों में राजदूतों की नियुक्ति खत्म कर सकती है।

(ii) सीनेट की विदेश समिति विदेशी मामलों में पूरा-पूरा अधिकार रखती है। इस सम्बन्ध में जितने विस्तृत अधिकार सीनेट को मिले हुए हैं उतने विश्व में किसी भी द्वितीय सदन को प्राप्त नहीं हैं।

(iii) सीनेट को युद्ध घोषणा करने का अधिकार है।

(iv) जहाँ तक विदेशों से सन्धि का सम्बन्ध है उन्हें राष्ट्रपति करता है परन्तु उन्हें तब तक पूर्ण नहीं माना जाता जब तक कि सीनेट उनको मान न ले।

(4) न्यायिक अधिकार–

(i) संविधान द्वारा सीनेट को महाभियोग का निर्णय करने का अधिकार फैसला है। वह प्रस्ताव प्रतिनिधि सभा में प्रस्तावित किया जाता है, परन्तु सीनेट उसका फैसला करती है।

(ii) महाभियोग की सुनवाई के समय सीनेट का अध्यक्ष ही सर्वोच्च न्यायालय का मुख्य न्यायाधीश होता है। अब तक 12 व्यक्तियों पर महाभियोग लगाया गया है जिनमें सर्वोच्च न्यायालय के न्यायाधीश तथा एक राष्ट्रपति जॉनसन भी थे। इनमें से केवल चार पर महाभियोग साबित हुआ।

(5) संवैधानिक शक्तियाँ–यदि संविधान में संशोधन की स्थिति आ जाये तो उसका प्रस्ताव सीनेट भी रख सकती है इस तरह उसे संविधान संशोधन शक्ति या अधिकार भी प्राप्त है।

(6) निर्वाचन सम्बन्धी अधिकार–सीनेट को निर्वाचन संबंधी अधिकार भी मिल सकते हैं। यदि अमेरिका के उपराष्ट्रपति को निर्वाचन में आवश्यक बहुमत नहीं मिलता है, तो सीनेट अधिक मत पाने वाले उम्मीदवारों में से किसी एक व्यक्ति को उपराष्ट्रपति घोषित कर देती है।

सीनेट के शक्तिशाली होने के कारण

सीनेट के शक्तिशाली होने के निम्न कारण हैं:–

(1) प्रतिष्ठित सदन–सीनेट एक प्रतिष्ठित सदन है क्योंकि इसमें राज्यों का प्रतिनिधित्व होता है। इसे प्रतिष्ठा की नजर ही से देखा जाता है। उसका निर्वाचन भी प्रत्यक्ष रूप से होता है और केवल एक राज्य से दो व्यक्ति चुने जाते हैं।

(2) विदेशी सम्बन्धों पर प्रभाव–राष्ट्रपति की विदेश नीति पर सीनेट का पूरी तरह प्रभाव रहता है। जॉन हे ने लिखा है कि "सन्धि का सीनेट में जाना एक बैल को अखाड़े में उतारने के समान है, अर्थात् उसका मुकाबला मुश्किल हो जाता है। कोई नहीं कह सकता कि अन्तिम प्रहार कैसा और कब होगा? लेकिन एक बात निश्चित रहती है वह अखाड़े से जीवित नहीं आएगा।"

(3) वाद-विवाद का उच्च स्तर—इस सदन में भाषण की स्वतन्त्रता के कारण समय की कोई पाबन्दी नहीं होती है। व्रोगन के शब्दों में—"यदि संसार में प्रतिनिधि सभा सबसे कम बोलने वाला सदन है तो सीनेट सबसे अधिक बोलने वाला।

(4) संविधानों के निर्माताओं की इच्छा—संविधान निर्माताओं ने सीनेट को संघात्मक व्यवस्था में रीढ़ की हड्डी का स्थान देने की कोशिश की है, इसलिए उसे अधिक शक्तियाँ दी गई हैं और संविधान में उसका नाम भी प्रथम स्थान पर रखा गया है।

(5) राष्ट्रपति पर नियन्त्रण कार्य—सीनेट का अमेरिका के राष्ट्रपति पर पूर्ण अधिकार है और वो राष्ट्रपति को मनमानी करने से रोकती है इसलिए सीनेट को आदर की दृष्टि से देखा जाता है।

(6) स्थायित्व तथा स्थिरता—इसके सदस्यों का कार्यकाल छः वर्ष होता है उन्हें प्रशासन का अनुभव होता है। इसके साथ यह एक स्थायी सदन है, क्योंकि इसके 1/3 सदस्य प्रत्येक दो वर्ष के बाद अवकाश प्राप्त करते रहते हैं।

अन्त में प्रो. लास्की के शब्दों में—"अमेरिका में सीनेट राजनीतिक लोकतन्त्र को ऐसी वास्तविकता व एकरूपता प्रदान करती है ऐसे अन्य किसी देश कोई और संस्था नहीं कर पाती। वास्तव में यह संघात्मक व्यवस्था को सच्चा रूप प्रदान करती है। अमेरिका में सीनेट ही सबसे शक्तिशाली होता है। राष्ट्रपति पर नियन्त्रण, प्रतिष्ठित कदम होने के कारण सीनेट विदेशी सम्बन्धों पर भी अपना प्रभाव डालता है।

सोवियत रूस की प्रणाली : सर्वोच्च सोवियत

सर्वोच्च सोवियत का संगठन

सर्वोच्च सोवियत रूस के संविधान की सर्वोच्च शक्ति है। यह रूस की व्यवस्थापिका है। इसमें दो सदन हैं। उच्च सदन को राष्ट्रीयताओं की सोवियत तथा निम्न सदन को संघीय सोवियत कहते हैं। सर्वोच्च सोवियत के दोनों सदनों की सदस्य संख्या, समान शक्तियाँ एवं समान कार्यकाल प्राप्त हैं। अन्य देशों की संसदों के विपरीत इसमें दोनों सदन समान हैं। इसका कार्यकाल 5 वर्ष है। धारा 110 के अनुसार संघीय सोवियत (निम्न सदन) के सदस्यों का चुनाव प्रत्यक्ष रूप में समान जनसंख्या के आधार पर निर्वाचन क्षेत्र से किया जाएगा। यहां प्रत्येक आटोनोमस गणतन्त्र से 11 प्रदेश व 11 क्षेत्र से, 11 डिप्टी का चुनाव किया जाता है। सर्वोच्च

सोवियत का हर सदन अपना एक अध्यक्ष तथा चार उपाध्यक्ष चुनता है। प्रत्येक सदन का अध्यक्ष अपने-अपने सदन की कार्यवाही एवं व्यवस्था संबंधी मामलों का नियमन करता है। संयुक्त अधिवेशन की स्थिति में दोनों सदनों के अध्यक्ष बारी-बारी से संयुक्त अधिवेशन की अध्यक्षता करते हैं।

सर्वोच्च सोवियत के अधिवेशन

(i) प्रेसीडियम द्वारा वर्ष में दो अधिवेशन बुलाए जाते हैं।
(ii) प्रेसीडियम विशेष अधिवेशन भी बुला सकता है।
(iii) अधिवेशन केवल एक सप्ताह या दस दिन चलते हैं। अब तक के सत्र में दीर्घकालीन अधिवेशन बारह दिन तक चला था।
(iv) विधेयक किसी भी सदन में रखा जा सकता है। दोनों सदनों की शक्तियाँ समान हैं।
(v) अधिवेशन में प्रेसीडियम द्वारा प्रस्ताव रखे जाते हैं, विरोध बिल्कुल नहीं होता।
(vi) प्रेसीडियम को दोनों सदनों को भंग करने का अधिकार भी प्राप्त होता है।
(vii) दोनों सदनों की स्वीकृति जरूरी है। मतभेद को समझौता समिति द्वारा दूर करने का प्रयत्न किया जाता है।

सर्वोच्च सोवियत के कार्य एवं शक्तियाँ

(1) संविधान की सुरक्षा करना,
(2) आर्थिक योजनाओं का निर्माण करना,
(3) दोनों सदन मिलकर मन्त्रिपरिषद तथा प्रेसीडियम के सदस्यों का निर्वाचन करते हैं तथा विभिन्न आयोगों की रिपोर्ट पर विचार करते हैं,
(4) मजदूरों की उन्नति हेतु श्रम-कानूनों का निर्माण करना,
(5) मुद्रा और साख का संचालन करना,
(6) अपराधियों को क्षमा करना।
(7) संविधान में संशोधन करने का अधिकार,
(8) कानून बनाने का अधिकार,
(9) नए राज्यों के निर्माण तथा उनकी सीमाएँ निर्धारित करने का अधिकार,
(10) वार्षिक बजट को सहमति प्रदान करना और नए करों के लगाने का अधिकार,

(11) नई इकाइयों को संघ में मिलाने करने का अधिकार,
(12) देश की सुरक्षा के लिए नीति निर्माण करना,
(13) विदेशी सम्बन्धों को निश्चित करना,
(14) कार्यपालिका पर नियन्त्रण रखना, तथा
(15) सर्वोच्च न्यायालयों, न्यायाधीशों तथा प्रोक्यूरेटर को नियुक्त करने का अधिकार

सर्वोच्च सोवियत उसकी वास्तविक स्थिति

संविधान कहता है कि सर्वोच्च सोवियत ही राज्य की एकमात्र व्यवस्थापिका सत्ता का अंग है किंतु रूस के शासन में सिद्धांत और व्यवहार में बहुत अधिक अंतर देखने को मिलता है। सिद्धान्त में सर्वोच्च सोवियत ब्रिटेन की संसद की तरह प्रभुसत्ताधारी निकाय प्रतीत होती है एवं व्यवहार में भी यह ब्रिटिश संसद के समान कार्यपालिका का नियन्त्रण केवल सिद्धान्त की बात है। आज तक कभी ऐसा नहीं हुआ जबकि सर्वोच्च सोवियत ने मन्त्रिपरिषद के विरुद्ध अविश्वास का प्रस्ताव पास किया हो। सोवियत यूनियन में भी मन्त्रिमंडलीय अधिनायक अर्थात् प्रमुख उतना ही प्रभावपूर्ण है जितना कि ग्रेट-ब्रिटेन में। कानूनों को प्रेसीडियम या मन्त्रिपरिषद के द्वारा पैदा किया जाता है और उन्हें हमेशा स्वीकार कर लिया जाता है। वास्तव में सर्वोच्च सोवियत का मुख्य कार्य प्रेसीडियम द्वारा निकाली गई आज्ञप्तियों को तथा मन्त्रिपरिषद द्वारा निकाले गए व प्रेसीडियम द्वारा स्वीकार किए गए आदेशों की पुष्टि करना होता है।

सोवियत परिषद इस प्रकार केवल उन्हीं प्रतिवेदनों पर विचार करती है जिन्हें या तो प्रेसीडियम या मन्त्रिपरिषद या विभिन्न आयोग पेश करते हैं। इसका मुख्य कारण यह है कि सर्वोच्च सोवियत के सत्र वर्ष में औसतन 12 या 14 दिन होते हैं। इसके विपरीत इंग्लैंड और अमेरिका में विधानमंडल प्रायः 200 दिन के लगभग होता है। दूसरे, रूस में नागरिकों के जीवन पर राज्य का पूर्ण आधिपत्य होता है। तीसरे, साम्यवादी दल का सर्वोच्च सोवियत पर पूर्ण नियन्त्रण होता है।

प्रेसीडियम या मन्त्रिपरिषद के सदस्य सभी साम्यवादी दल के प्रमुख नेता होते हैं। रूस में विरोधी दल का पूर्ण अभाव होता है। शासन की नीति यथार्थ में साम्यवादी दल द्वारा ही निर्धारित की जाती है और अन्य अंग केवल उसका पूरी तरह पालन करते हैं। इस प्रकार रूस में साम्यवादी दल का अधिनायकवाद है। **टाउस्टर** के शब्दों में—"अभी तक सर्वोच्च सोवियत की भूमिका यह रही है कि

यह पूर्व निर्णयों का अनुसमर्थन करती रही है या प्रचार का कारण बनती रही है। संक्षेप में, सर्वोच्च सोवियत पर प्रेसीडियम एवं मन्त्रिपरिषद का तथा अन्तिम विश्लेषण में साम्यवादी दल का पूर्ण नियन्त्रण रहता है। यद्यपि **चर्चवार्ड** के शब्दों में, "सर्वोच्च सोवियत का यह परम्परागत पश्चिमी मूल्यांकन साम्यवादी दल के अन्दर तैयार किए हुए व्यवस्थापन के लिए एक स्वचालित रबर की मुहर है, पूरी तरह से सही नहीं है।" परन्तु **फाइनर** के शब्दों में, "वास्तव में यह सत्य है कि सर्वोच्च सोवियत का कार्य केवल प्रेसीडियम तथा मन्त्रिपरिषद के कार्यों की सहमति से स्वीकृति देना, उनके वक्ताओं के भाषण सुनना, विधेयक के बारे में लापरवाही से कुछ कह देना और अन्त में तालियों की गड़गड़ाहट से स्वागत करना है"। **न्यूमैन** ने लिखा है, "यह संस्था जो नीति का निर्माण नहीं करती और नीति-निर्धारण में जिसका कोई हाथ नहीं होता है, उसके सम्बन्ध में आसानी से यह नहीं कहा जा सकता कि वह सत्ताधारी है।

यह भी एक सच्चाई है कि पास किए जाने वाले कानूनों की अधिकतम संख्या का आरम्भ सुप्रीम सोवियत नहीं करती है बल्कि वे प्रेजीडियम की ओर से राजाज्ञाओं (Decrees) या निर्णयों और अध्यादेशों के रूप में सरकार की ओर से प्रस्तुत किए जाते हैं। सुप्रीम सोवियत एक प्रभुत्वसम्पन्न संस्था न होकर भी रूसी जीवन को अवश्य प्रभावित करती है। **ऑग तथा जिंक** ने इसका सही मूल्यांकन करते हुए लिखा है, "पश्चिमी विचारों में सोवियत संघ की सुप्रीम सोवियत यद्यपि एक वास्तविक वाद-विवाद संस्था न हो, किन्तु हमें यह अनुमान नहीं लगा लेना चाहिए कि सोवियत संघ के सार्वजनिक मामलों पर कम-से-कम उचित मात्रा में भी असर नहीं डालती।"

फ्रैंच व्यवस्थापिका : संसद

संविधान की धारा 25 स्पष्ट रूप से कहती है कि संसद में दोनों सदनों के सदस्यों की संख्या, उनका वेतन तथा योग्यता आदि के बारे में निर्णय करने का अधिकार एक सावयविक नियम के आधार पर किया जाएगा। 13 अक्टूबर के सावयविक नियम के आधार पर ही फ्रांस में चुनाव पूरे हुए और प्रत्येक शक्ति को एक सदस्य के चुनाव के लिए दो वोट प्राप्त हैं। वर्तमान पद्धति Single Member with two ballots कहलाती है। इस तरह एक ही स्थान हेतु दो उम्मीदवार निर्वाचित होते हैं। एक उम्मीदवार दूसरे उम्मीदवार का स्थानापन्न होता है। सीट रिक्त होने पर पुनर्निर्वाचन नहीं होता अपितु यही दूसरा निर्वाचित सदस्य पहले

निर्वाचित सदस्य का स्थान ग्रहण कर लेता है इससे अनावश्यक व्यय होने से बच जाता है। पहले बजट में जो व्यक्ति पूर्ण बहुमत (Absolute majority) प्राप्त करता या चुना जाता है, दूसरे बैलट में साधारण (Single majority) रूप से निर्णय किया जाता है। उस दूसरे निर्वाचन सदस्य को 'छाया प्रतिनिधि' भी कहते हैं। यदि पहले बैलट में किसी सदस्य को पूर्ण बहुमत प्राप्त नहीं होता है तो दूसरे बैलट में अन्य पार्टियाँ मिल जाती हैं। इस प्रकार इस प्रणाली से कम्युनिस्ट पार्टी को हराने में बहुत मदद मिली है।

संसद का अधिवेशन

संविधान की धारा 28 के अनुसार वर्ष में संसद में दो अधिवेशन होंगे। प्रथम, अक्टूबर के प्रथम मंगलवार को शुरू होकर दिसंबर के तीसरे शुक्रवार तक चलेगा। दूसरा अधिवेशन अप्रैल के अंतिम मंगलवार को शुरू होकर किसी भी परिस्थिति में 3 माह से अधिक नहीं चल सकेगा। विशेष अधिवेशन 29वीं धारा के अनुसार या तो प्रधानमन्त्री की इच्छा पर या राष्ट्रीय विधान सभा (National Assembly) के सदस्यों के बहुमत की इच्छा पर बुलाए जा सकते हैं। ये अधिवेशन अपना विशेष कार्य, जिसके लिए बुलाए जाते हैं, समाप्त होने पर अपने आप समाप्त हो जाते हैं।

विशेष अधिवेशन का 12 दिन के अन्दर अन्त होना जरूरी है। प्रधानमन्त्री संसद के अधिवेशन के अन्त में अगले अधिवेशन की तिथियों को निश्चित करने के लिए निवेदन कर सकता है। संविधान की धारा 30 में स्पष्ट लिखा गया है कि संसद के विशेष अधिवेशन राष्ट्रपति की आज्ञा से ही शुरू होंगे तथा समाप्त होंगे। संविधान की धारा 30 के अनुसार दोनों सदनों की कार्यवाही में मन्त्रिपरिषद के सदस्य भाग ले सकते हैं, वे उनमें भाषण दे सकते हैं किन्तु वे मतदान में भाग नहीं ले सकते क्योंकि वे संसद के सदस्य नहीं होते।

नेशनल एसेम्बली का अध्यक्ष उसकी पूरी अवधि के लिए चुना जाता है किन्तु सीनेट के अध्यक्ष का चुनाव प्रति 3 वर्ष बाद होता है (धारा 32)। दोनों अध्यक्षों को संवैधानिक परिषद के तीन-तीन सदस्यों को निकालने का अधिकार होता है। आपातकालीन घोषणा करने से पहले राष्ट्रपति दोनों अध्यक्षों से विचार-विमर्श करता है।

संसद का विघटन

राष्ट्रपति को संसद का सत्र समाप्त करने का अधिकार है। संविधान के

अनुसार विघटन के कम-से-कम 20 दिन तथा अधिक-से-अधिक 40 दिन बाद ही नए चुनाव हो सकते हैं। इस चुनाव के एक साल बाद एक संसद का विघटन नहीं होगा।

संसद का कार्य

संसद को संवैधानिक अधिनियमों के अनुसार कानून बनाने का अधिकार प्राप्त है। उसे युद्ध की घोषणा करने तथा शान्ति सन्धि करने का भी अधिकार मिला हुआ है। वह मार्शल लॉ को 12 दिन से अधिक समय के लिए आज्ञा दे सकती है।

संविधान की धारा 34 में संसद के विधायी-क्षेत्र का विस्तार से वर्णन किया गया है। इसके अनुसार कानूनों में दो स्पष्ट भेद किए गए हैं–

(1) मूलभूत सिद्धान्त निर्धारित करने वाले कानून।

(2) नियम निर्धारित करने वाले कानून।

(1) मूलभूत सिद्धान्त निर्धारित करने वाले कानून–इसके आधार पर कार्यपालिका को नियम बनाने का अधिकार है। ये कानून निम्नलिखित हैं–

(i) श्रमिक तथा उनके संगठन एवं सामाजिक सुरक्षा।

(ii) स्थानीय निकायों का स्वतन्त्र प्रशासन।

(iii) राष्ट्रीय प्रतिरक्षा का संगठन।

(iv) शिक्षा।

(v) सम्पत्ति का अधिकार एवं व्यवस्था।

(2) नियम निर्धारित करने वाले कानून निम्नलिखित हैं–

(i) उद्योगों के राष्ट्रीयकरण सम्बन्धी कानून।

(ii) सभी प्रकार के करों से सम्बन्धित कानून।

(iii) नागरिक सेवकों (civil servants) तथा सेना के सदस्यों को प्रदान की गई मूल गारंटियाँ।

(iv) सार्वजनिक नियमों की रचना सम्बन्धी कानून।

(v) उद्योगों के राष्ट्रीयकरण सम्बन्धी कानून।

(v) सभी प्रकार के करों से सम्बन्धित कानून।

(vi) नागरिक सेवकों (civil servants) तथा सेना के सदस्यों को प्रदान की गई मूल गारंटियाँ।

(vii) सार्वजनिक नियमों की रचना सम्बन्धी कानून।

(viii) नागरिक अधिकार एवं सार्वजनिक स्वतन्त्रताएँ।

(ix) राष्ट्रीयता, विवाह, कानून, उत्तराधिकार कानून आदि।

(x) अपराध तथा दंड से सम्बन्धित कानून।

(xi) निर्वाचन पद्धति से सम्बन्धित कानून।

संविधान की धारा 34 के अनुसार ही वित्तीय कानून राज्य के साधनों तथा दायित्वों का निर्माण करेंगे। राष्ट्रीय नियोजन से सम्बन्धित कानून राज्य के आर्थिक तथा सामाजिक उद्देश्यों को निधारित करेंगे। आंगिक नियम की सहायता से इन्हें सीमित या विकसित किया जायेगा।

संविधान की धारा 47 के अन्तर्गत संसद को बजट पास करने का अधिकार है। परन्तु इसकी भी दो सीमाएँ होती हैं–

(1) बजट के पेश किए जाने के बाद 70 दिन के भीतर संसद उसे पास कर देगी, वरना राष्ट्रपति के अध्यादेशों के द्वारा कार्यान्वित किया जा सकता है।

(2) संसद सदस्य केवल बजट के खर्चों में कमी, आय में वृद्धि एवं सार्वजनिक व्यय पर नियत्रण रखने सम्बन्धी संशोधन प्रस्ताव रख सकते हैं।

धारा 53 के अनुसार निम्नलिखित सन्धियों के लिए संसद की स्वीकृति जरूरी की गयी, ये निम्नलिखित हैं:–

(i) अन्तर्राष्ट्रीय संगठनों से सम्बन्धित सन्धियाँ या समझौते।

(ii) शान्ति तथा वाणिज्य सम्बन्धी सन्धियाँ।

(iii) कानून का संशोधन करने वाली सन्धियाँ।

(iv) वे सन्धियाँ जिनका परिणाम विनिमय, प्रदेश का छोड़ना या जुड़ना हो।

(v) राष्ट्रीय वित्त से सम्बन्धित सन्धियाँ।

नेशनल एसेम्बली तथा सीनेट के सम्बन्ध

दोनों सदनों को कानूनों के निर्माण में लगभग बराबर अधिकार मिले हुए हैं। साधारण बिल किसी भी सदन में पेश किए जा सकते हैं। किन्तु वित्त सम्बन्धी कानून सबसे पहले नेशनल असेम्बली में ही रखे जा सकते हैं। बिलों को अधिकतर सरकार के मन्त्री पेश करते हैं किन्तु संसद सदस्य भी उन्हें रख सकते हैं।

बिल के पास होने के लिए दोनों सदनों का निषेध करना जरूरी है। सीनेट को एसेम्बली द्वारा पारित विधेयकों की प्राप्त का अधिकार है। सभी विधेयकों पर अंतिम निर्णय करने का अधिकार अब असेम्बली को प्राप्त नहीं है। वर्तमान संविधान

में दोनों सदनों की स्वीकृति जरूरी है। मतभेद होने पर यदि राष्ट्रपति लोक निर्णय नहीं कर पाता तो अन्तिम निर्णय दोनों सदनों की कांग्रेस करती है जिसके लिए उनका 3/5 बहुमत जरूरी होता है।

यद्यपि सीनेट की शक्तियों में वृद्धि हुई है किन्तु फिर भी तीसरे गणतन्त्र में जो शक्तियाँ उसे मिली हैं, वे अब उसके पास नहीं हैं। उसे अब किसी सरकार को गिराने का अधिकार नहीं है। सीनेट राष्ट्रपति के महाभियोग में भाग लेती है। उसे सर्वशक्तिशाली संवैधानिक परिषद में 3 सदस्यों को नियुक्त करने का अधिकार मिला होता है। सीनेट के सदस्यों को अन्य सुविधाएँ राष्ट्रीय एसेम्बली के सदस्यों के समान प्राप्त हैं। किन्तु सीनेट एक स्थायी सदन है। यह कभी समाप्त नहीं होती है, इसका विघटन नहीं होता। सीनेट के प्रधान का दर्जा राष्ट्रपति तथा नेशनल एसेम्बली के अध्यक्ष के बाद तीसरे स्थान पर होता है।

अमेरिका में सीनेट को व्यापक अधिकार प्राप्त हैं। फ्रांसीसी सीनेट और अमेरिकी सीनेट में तुलनात्मक दृष्टि से फ्रांसीसी सीनेट अमेरिकी सीनेट की तुलना में काफी कमतर नहीं है। लेकिन सम्मान और अधिकारों की दृष्टि से भारतीय राज्य सभा से भी कम शक्तिशाली नहीं है।

स्विट्जरलैंड में विधायिका

संघीय विधानमंडल

स्विट्जरलैंड के संघीय विधानमंडल को फेडरल एसेम्बली के नाम से जाना जाता है और संविधान की धारा 71 में इसका उल्लेख किया गया है और इसे सर्वोच्च सत्ता दी गई है। **ह्यूज** ने लिखा है कि "संकटकाल में संघीय सभा का संघीय परिषद को 'सर्व अधिकार' दे देना इस बात का प्रतीक है कि संघीय सभा जो स्वयं इन अधिकारों को प्रदान करती है उनकी अधिकारिणी है।" इसके अलावा कैन्टन के कानून एवं संघ के कानूनों में संघर्ष होने पर संघीय कानून को ही मान्यता प्रदान की जाती है।

संघीय विधानमंडल के दो सदन हैं पहला अर्थात् **निम्न सदन को 'राष्ट्रीय परिषद'** तथा दूसरा **उच्च्व सदन 'राज्य परिषद'** कहलाता है।

निम्न सदनः राष्ट्रीय परिषद

निर्वाचन—इस सदन के सदस्य 1918 में बने संविधान उपक्रम द्वारा निर्मित

नियम के अनुसार समानुपातिक प्रतिनिधित्व प्रणाली के आधार पर गुप्त मतदान प्रणाली द्वारा चुने जाते हैं। इसमें प्रत्येक कैन्टन या अर्द्ध कैन्टन को एक निर्वाचन क्षेत्र स्वीकार कर लिया जाता है। सूची पद्धति को मान्यता दी गई है परन्तु तीन से अधिक सदस्य भेजने वाली कैन्टनों में ही इसका उपयोग होता है। इस कारण 4 पूर्ण तथा अर्द्ध कैन्टनों में इस पद्धति का प्रयोग नहीं होता। वास्तव में विभिन्न राजनैतिक दल ही अपने क्षेत्र के मतदाताओं को अपने प्रत्याशियों की सूची भेजते हैं तथा शासन की ओर से भी मतदाताओं को एक कोरी सूची भेजी जाती है। प्रत्याशियों के किन्हीं नामों को भरने की मतदाताओं को पूरी स्वतन्त्रता है। इसके अतिरिक्त यहाँ पर 'मत संचय सूची' (Accumulation System) तथा 'सम्बन्धित सूची पद्धति' (Connected List System) की भी व्यवस्था है। इस पद्धति के अनुसार एक राजनीतिक दल जिस प्रत्याशी को विशेष रूप से निर्वाचित करना चाहता है तो उसका नाम सूची में दो बार लिखकर उसे लाभ प्रदान कर सकता है। सम्बन्धित सूची पद्धति के अनुसार हर दल को यह अधिकार है कि अपने शेष मतों को दूसरे दल को हस्तान्तरित करके उसके प्रत्याशी को भी सफल बना सकता है।

20 वर्ष से अधिक आयु वाले स्त्री-पुरुष को, यदि वे अपने कैन्टन की विधि से क्रियाशील नागरिकता से वंचित नहीं कर दिए गए हैं, मतदान में भाग लेने का अधिकार है। न्यायालयों के द्वारा नागरिक अधिकारों से वंचित होने पर तथा फौजदारी अपराध में दंडित होने पर उसे मत देने का अधिकार नहीं होता। कुछ कैन्टनों जैसे टिचोना, सेंटगाल आदि में मतदान जरूरी है और इस नियम का उल्लंघन होने पर दंड की व्यवस्था भी है। प्रत्येक दस वर्ष के बाद जनगणना के अनुसार प्रतिनिधित्व का आधार निर्धारित किया जाता है। प्रतिनिधित्व का आधार यह है कि प्रति 24,000 निवासियों पर एक प्रतिनिधि होता है।

कार्यकाल—राष्ट्र परिषद का कार्यकाल 4 वर्ष होता है। 1951 के चुनाव के अनुसार राष्ट्र परिषद की सदस्य संख्या 196 थी। प्रत्येक कैन्टन में कम-से-कम एक प्रतिनिधि जरूर चुना जाता है चाहे उसकी जनगणना 24,000 से कम ही क्यों न हो। शायद यह सभी कैन्टनों के निवासियों के हितों का संरक्षण करने के लिए किया गया।

सदस्यों की योग्यता एवं वेतन—पादरियों को छोड़कर कोई भी मतदाता सदस्य निर्वाचित हो सकता है किन्तु प्रोटेस्टेंट पादरी अपने पद से त्यागपत्र देकर प्रत्याशी बन सकते हैं। एक ही व्यक्ति एक साथ दोनों सदनों का सदस्य नहीं रह सकता। प्रत्येक सदस्य को सामान्य मार्ग व्यय के अलावा 40 फ्रेंक प्रतिदिन के

हिसाब से भत्ता मिलता है। यह भत्ता उसकी जीविका के लिए बहुत कम है। इस कारण उन्हें अपने राजनैतिक दल के सचिव, या अन्य किसी राजनीतिक वैतनिक पद पर कार्य करने की भी छूट होती है। वह अपनी जीविका के लिए ही ऐसा करता है।

ऐसा इसलिए किया गया है, क्योंकि यह चुनाव जनसंख्या के आधार पर ही होता है। इस कारण छोटी-छोटी चार कैन्टनों—उरी, ओबवाल्डन निडवाल्टन तथा अपेंजल ईनर रोड्स—केवल एक-एक सदस्य ही भेजते हैं तथा बड़े-बड़े कैन्टन जैसे बर्न और ज्यूरिश क्रमशः 33 और 32 सदस्य भेजते हैं। राष्ट्रीय परिषद की सदस्यता प्रायः निश्चित होती है तथा अधिकांश सदस्य दोबारा निर्वाचित होते रहते हैं। रिक्त स्थानों की पूर्ति के लिए उसी दल की सूची के प्रत्याशियों में से सर्वाधिक मत पाने वाले को निर्वाचित घोषित कर दिया जाता है। राष्ट्रीय परिषद का अपने कार्यकाल में विघटन नहीं होता। संघीय परिषद इसके प्रति उत्तरदायी होता है तथा वह इसे भंग करने का अधिकार भी नहीं रखती।

सभापति तथा उपसभापति—राष्ट्रपति परिषद स्वयं ही अपना सभापति तथा उपसभापति चुनती है। यह केवल एक अधिवेशन के लिए चुने जाते हैं और दूसरे अधिवेशन में इन्हें दोबारा नहीं चुना जा सकता। एक वर्ष में जितनी बैठकें होती हैं उन सबको अधिवेशन माना जाता है। उनके चुनाव का यह प्रतिबन्ध शायद इस कारण है कि किसी एक व्यक्ति, राजनीतिक दल, कैन्टन या धार्मिक समुदाय का यह एकाधिकार न हो जाए। किसी भी विषय में समान मत होने की स्थिति में सभापति को निर्णायक मत (Casting vote) देने का अधिकार प्राप्त होता है। इस प्रकार साधारण प्रश्नों पर वह दो मत दे सकता है परन्तु समितियों के सदस्यों के निर्वाचन में वह अन्य सदस्यों के समान भी मत हो सकता है। **ह्यूज** के अनुसार, ''राष्ट्रीय परिषद के सभापति की तुलना सम्पूर्ण प्रभुत्वसम्पन्न कांग्रेस सभा के अध्यक्ष से न करके एक काउंटी काउंसिल व उसके सभापति से करनी चाहिए।'' इंग्लैंड की कामन सभा के अध्यक्ष के समान वह बार-बार निर्वाचित नहीं होता। इस देश के राष्ट्रीय परिषद के सभापति एवं उपसभापति इंग्लैंड की कॉमन सभा के अध्यक्ष की तरह वह बार-बार निर्वाचित नहीं होता है। इस अधिवेशन के सभापति एवं उपसभापति को अध्यक्ष कॉमन सभा के समान न तो वेतन मिलता है और न ही रहने के लिए निवास फिर भी राज्य के महान नेता तथा अनुभवी सदस्य इस पद को प्राप्त करने की इच्छा रखते हैं।

बैठकों का कार्यकाल—इस सदन की वर्ष में चार बैठकें होती हैं जो नियमित

रूप से मार्च, जून, सितम्बर तथा दिसम्बर में होती हैं। इसका निर्वाचन प्रत्येक 4 वर्ष बाद अक्टूबर मास के आखिरी रविवार को होता है तथा नवनिर्मित राष्ट्रीय परिषद का उसी वर्ष दिसम्बर में अधिवेशन होता है। **हैंस ह्यूबर** के अनुसार–**"परिषद की कार्यवाही अधिकतर बड़ी शान्तिपूर्वक होती है। स्विस नागरिक अपने प्रशंसात्मक अथवा असन्तोषजनक भावों को सहज ही प्रकट नहीं करते। सम्पूर्ण कार्यवाही में प्रतिष्ठा, सौजन्यता तथा अनुशासन और राज्य परिषद में सहयोग की भावना उपस्थित रहती है।"**

उच्च सदन–राज्य परिषद

यह संघीय विधानमंडल का उच्च सदन है जो उपराज्यों की समानता का प्रतीक है। यह कैन्टनों तथा अर्द्ध कैन्टनों का प्रतिनिधित्व करता है। कैन्टनों का आकार तथा जनसंख्या चाहे कुछ भी क्यों न हो, इसमें प्रत्येक कैन्टन से दो और अर्द्ध कैन्टन से एक सदस्य लिया जाता है। इस प्रकार इसके कुल सदस्यों की संख्या 44 होती है। संविधान में इन सदस्यों की चुनाव पद्धति के विषय में कोई नियम नहीं है। इसलिए प्रत्येक कैन्टन अपने प्रतिनिधियों का निर्वाचन करने, निर्वाचन पद्धति निर्धारित करने तथा उनका कार्यकाल निश्चित करने के लिए भी पूरी तरह स्वतन्त्र होता है।

इन प्रतिनिधियों को विभिन्न कैन्टनों द्वारा एक से चार वर्ष तक के लिए चुना जाता है। इसमें 15 कैन्टन तथा 5 अर्ध कैन्टन 4 वर्ष के लिए, 2 कैन्टन तथा 1 अर्द्ध कैन्टन 3 वर्ष के लिए, तथा शेष 1 कैन्टन 2 वर्ष के लिए अपने-अपने प्रतिनिधि चुनते हैं। अर्थात् कुल 35 सदस्य 4 वर्ष हेतु 5 सदस्य 3 वर्ष हेतु तथा 4 सदस्य केवल 1 वर्ष के लिए ही चुने जाते हैं। चार कैन्टनों को छोड़कर जो अपने प्रतिनिधियों को जनसभा (Landsgemeinde) से चुनती हैं, शेष 21 कैन्टनों के प्रतिनिधि जनता के द्वारा प्रत्यक्ष रूप से या परोक्ष रूप से उनकी प्रारम्भिक सभाओं द्वारा चुने जाते हैं। इस प्रकार इसके सभी सदस्यों का कार्यकाल समान नहीं होता है। कुछ कैन्टनों के सदस्यों का कार्यकाल 4 वर्ष, कुछ का 3 वर्ष, कुछ का 1 वर्ष है। उन कैन्टनों में जहाँ के प्रतिनिधि सभाओं के द्वारा चुने जाते हैं, का कार्यकाल थोड़ा होता है। सदस्यों का इसलिए बार-बार पुनः निर्वाचन होता रहता है। यह तथ्य विशेष रूप से वर्णनीय है कि कैन्टनों के अधिकारियों को संघीय संसद का सदस्य निर्वाचित होने का अधिकार है। मुनरो के अनुसार, सदस्यों में 20% से अधिक कैन्टनों के शासन के अधिकारी होते हैं।

सदस्यों की योग्यता एवं वेतन–सदस्यों की योग्यता के विषय में कोई

वैधानिक संविधान द्वारा निश्चित नियम नहीं है। कैन्टन इस विषय में भी आजाद है। सदस्यों को वेतन और भत्ते उनकी कैन्टनों से ही मिलते हैं। ज्यादातर यह वेतन एवं भत्ते निम्न सदन के सदस्यों के समान ही होते हैं। कैन्टनों को अपने प्रतिनिधियों को वापिस बुलाने तथा उनके स्थान पर नए सदस्य भेजने का पूर्ण अधिकार होता है। विधान के 41वें परिच्छेद के अनुसार सदस्यों को अपना मत देने के सम्बन्ध में कोई आदेश नहीं दिया जा सकता, वह उसके लिए पूर्ण स्वतन्त्र होता है। अमेरिकन सीनेट की तरह इस सदन को किसी प्रकार के विशेष अधिकार नहीं मिले हैं। सदस्यों की संख्या कम होने के कारण राज्य परिषद की कार्यवाही अत्यन्त उदार, व्यापक तथा अधिक शान्तिपूर्ण, अनुत्तेजनापूर्ण एवं विस्तृत होती है। उसमें कोई व्यवधान पैदा नहीं होता है। राज्य परिषद व्यवहार में सदैव राष्ट्रीय हित को सामने रखकर ही हर प्रश्न पर निर्णय देती है।

सभापति एवं उपसभापति—इसके सभापति एवं उपसभापति का चुनाव निम्न सदन की तरह सदस्यों के द्वारा होता है। दोनों सदनों पर एक अधिवेशन के लिए एक कैन्टन के दोनों सदस्य नहीं चुने जा सकते। एक परंपरा के अनुसार एक वर्ष का उपसभापति अगले ही वर्ष सभापति चुन लिया जाता है और वह लगातार दो वर्षों तक किसी कैन्टन के प्रतिनिधियों में से उपाध्यक्ष नहीं चुना जा सकता है। इस सदन के सभापति को भी निर्णायक मत देने का अधिकार होता है। उसे राष्ट्रीय परिषद् के सभापति के समान सदन में व्यवस्था रखने, नियम लागू करने आदि का अधिकार प्राप्त है।

संघीय विधान मंडल की शक्तियाँ

स्विस संविधान के अंतर्गत शक्ति विभाजन सिद्धान्त की अवहेलना की गई है और संघीय सभा को प्रशासकीय, विधायी, वित्तीय एवं न्यायिक शक्तियाँ प्रदान की गई हैं और विश्व के बहुत कम विधानमंडल ऐसे हैं जो इतने विस्तृत रूप में कार्य करते हैं। संविधान के अनुसार स्विट्ज़रलैंड की संघ सभा के दोनों सदनों की शक्तियों एवं अधिकारों में कोई भेद नहीं होता है, किन्तु व्यवहार में निम्न सदन की ही प्रधानता प्राप्त है। परन्तु इसे कार्यपालिका को अपदस्थ करने का अधिकार नहीं है। इसके अलावा विधान सभा की अवधि के खत्म होने पर एक अधिवेशन के मुख्य कार्य रद्द नहीं होते वरन् नव निर्वाचित परिषदों के अधिवेशनों के हाथों में दिए जाते हैं जो देश के राजनीतिक वातावरण की सुस्थिरता का परिचायक हैं।

दोनों सदनों में प्रायः मतभेद बहुत कम होता है। जनता और कैन्टनों में

सुरक्षित अधिकारों को छोड़कर व्यवस्थापिका सर्वशक्तिमान होती है तथा संविधान द्वारा दिए गए विषयों पर विधि निर्माण भी कर सकती है। किन्तु विधान के अनुसार जनता को प्रस्ताव रखने तथा लोक निर्णय करने का अधिकार है। इस प्रकार स्विस शासन पद्धति में सार्वजनिक सम्प्रभुता को प्रधानता दी गई है। विधायिका को स्वयं संविधान में संशोधन करने का अधिकार प्राप्त नहीं है। विधायिका की मुख्य शक्तियाँ निम्नवत् हैं—

(1) विधायी शक्तियाँ—यह सभी संघीय तथा समवर्ती सूची में दिए गए विषयों पर विधेयक पारित करती है। यद्यपि संघीय परिषद के सदस्य भी विधेयक पेश कर सकते हैं, किन्तु साधारणतः विधानमंडल के सदस्य ही उन्हें प्रस्तावित करते हैं। इसका विरोध समय-समय पर जनता द्वारा किया जा सकता है।

(2) वित्तीय शक्तियाँ—संघीय परिषद विधानमंडल में उनके सामने आय तथा व्यय का ब्यौरा रखती है, जिस पर उसका पूर्ण नियन्त्रण होता है। यह संघीय सरकार को ऋण लेने की स्वीकृति भी प्रदान कर सकता है।

(3) न्यायिक शक्तियाँ—यह संघीय न्यायमंडल के कार्यों की देखभाल करती है और प्रशासकीय झगड़ों में अन्तिम न्यायालय के रूप में भी कार्य करती है। इसे क्षमादान, मुक्ति तथा दंडादेश कम करने अथवा स्थगित करने का भी अधिकार प्राप्त होता है।

(4) प्रशासकीय शक्तियाँ—यद्यपि राज्य की प्रशासकीय शक्तियाँ संघीय परिषद में शामिल होती हैं, किन्तु संघीय सभा भी इन कार्यों में सहयोग देती है। इन्हें संघीय परिषद व न्यायपालिका के सदस्यों, प्रधान सेनापति, जनअभियोजक (Public Prosecutor) और अन्य शासनकारियों को निर्वाचित करने का अधिकार प्राप्त है। यह कैन्टनों के आन्तरिक मामलों में भी हस्तक्षेप कर सकती है।

उपर्युक्त अधिकारों के सम्यक् विश्लेषण से यह प्रत्यक्ष हो जाता है कि उसे कई तरह की व्यापक शक्तियाँ सिर्फ हासिल ही नहीं है बल्कि वह उनको इस्तेमाल में भी लाती हैं। संघीय परिषद केवल उसके प्रति उत्तरदायी ही नहीं है बल्कि वह उसकी इच्छाओं को कार्यान्वित भी करती है। यहाँ सर्वोच्च न्यायालय भी सम्पूर्ण सत्ताधारी नहीं होता बल्कि उसकी शक्तियाँ भी संघीय विधानमंडल में ही शामिल होती हैं।

विधि निर्माण प्रक्रिया—यद्यपि व्यवस्थापिका के सदस्य भी किसी प्रस्ताव की सूचना दे सकते हैं किन्तु संघीय परिषद के सदस्य ही इन प्रस्तावों पर विधेयक का प्रारूप पेश करते हैं। कैन्टनों या जनता की ओर से प्रस्तावित विधेयकों की भी यही

व्यवस्था है। आय-व्यय का बजट किसी भी सदन में पेश किया जा सकता है और उसके पारित करने की प्रक्रिया भी साधारण कानूनों जैसी ही है, किन्तु वित्तीय विधेयकों पर जनमत संग्रह की माँग नहीं की जा सकती। संघीय परिषद हर संघीय सभा के सामने आय-व्यय का लेखा पेश करती है। इसे एक वर्ष राष्ट्रीय परिषद में तथा दूसरे वर्ष राज्य परिषद में सबसे पहले पेश किया जाता है। दोनों सदनों की वित्तीय समितियाँ उस पर अपनी रिपोर्ट प्रस्तुत करती हैं। ये दोनों समितियाँ तीन सदस्यों का एक संयुक्त वित्तीय मंडल चुनते हैं, जो संघ के व्यय का पूरी तरह जांच-पड़ताल व निरीक्षण करता है।

अधिवेशन के प्रारंभ होने से पहले संघीय परिषद विभिन्न विधेयकों तथा प्रस्तावों की सम्पूर्ण सूची दोनों सदनों के सभापतियों के सामने रख देती है। यह दोनों मिलकर उनका क्रम निर्धारित करते हैं तथा यह निर्णय करते हैं कि किस प्रस्ताव पर पहले किस सदन में विचार किया जाए। यदि सदन इस निर्णय को स्वीकृत नहीं कर पाता तो लाटरी द्वारा निर्णय कर लिया जाता है। स्विस संविधान की एक प्रमुख विशेषता यह मानी जाती है कि दोनों सदन इन विधेयकों और प्रस्तावों पर एक साथ तथा एक समय में विचार कर सकते हैं। एक सदन द्वारा पारित किया गया विधेयक दूसरे सदन में विचाराधीन समझा जाता है। इस प्रकार एक समय में ही विधेयकों पर दोनों सदनों द्वारा विभिन्न दृष्टियों से विचार हो सकता है तथा एक ही दिन में विधेयक दोनों से स्वीकृत अथवा अस्वीकृत हो सकता है।

यह दो तरह के प्रस्ताव पारित करती है जिन्हें 'मोशन' (Motion) व पोस्टुलेट (Postulate) कहते हैं और संघ परिषद को इन पर अपनी रिपोर्ट पेश करनी होती है। इनमें से मोशन परिषद के लिए एक आदेश होता है जिसे दोनों सदनों की स्वीकृति होती है तथा पोस्टुलेट केवल अनुरोधात्मक होता है जिसे एक सदन ही पेश कर सकता है। यदि मोशन या पोस्टुलेट के हस्ताक्षरकर्त्ता सदन में इस पर विचार न करें या दो वर्ष तक उन पर विचार न हो अथवा 4 वर्ष तक परिषद द्वारा उनका उत्तर न दिया जाए तो वे समाप्त (Lapse) माने जाते हैं। **ब्राइस** का मत है कि "व्यवस्थापिका के सदस्य हर प्रश्न पर मध्यम श्रेणी के व्यापारियों के दृष्टिकोण से विचार करते हैं। वे जर्मनों के समान अमूर्त सिद्धान्तों तथा फ्रांसीसियों के समान आडम्बरपूर्ण कहावतों की ओर कम ध्यान देते हैं। उनका ज्यादातर कार्य थोड़े समय में ही पूरा हो जाता है। वे अपने कार्य के अतिरिक्त अन्य विषयों के बारे में कम सोचते हैं।" **मुनरो** के अनुसार, "यह स्विस सदन को शान्तिपूर्ण बनाए रखता है। इसके पूरे वर्ष का कार्य सात या आठ सप्ताह में खत्म किया जा सकता है। दोनों

सदन व्यापक राष्ट्रीय हित को ध्यान में रखकर कार्य करते हैं जिससे गति अवरोधक की सम्भावना नहीं रहती।"

स्विट्ज़रलैंड के संघीय विधानमंडल के सदस्यों की एक विशेषता यह देखी गयी है कि ये अपने कैन्टनों के अनुसार बैठते थे और ीय परिषद् के सदस्य मंच पर अध्यक्ष के दोनों तरफ बैठते थे। संघ सभा का कार्य गौरव, शिष्टाचार और सभ्यतापूर्ण वातावरण में बहुत शान्ति से होता है। सारे कार्य जर्मन, फ्रेंच और इटैलियन भाषा में हो सकते हैं। सभी सदस्य कार्यविधि के नियमों का पूर्ण रूप से पालन करते हैं। अधिकांश सदस्य सुशिक्षित, धैर्यवान और चतुर होते हैं। वे उद्वेगरहित तथा विचारशील होते हैं तथा अपनी आन्तरिक भावनाओं को रोककर धैर्यपूर्वक वाद-विवाद में भाग लेते हैं। सदस्यों की योग्यता, लगन, तत्परता, निःस्वार्थ भावना आदि गुणों ने यहाँ के प्रत्यक्ष जनतन्त्र की रक्षा की है तथा यहाँ के व्यवस्थापक मंडल को आदरणीय तथा गौरवशाली बनाया है।

अधिवेशन—संघ सभा का हर वर्ष कम-से-कम एक अधिवेशन जरूर होता है। संघ परिषद, 5 कैन्टन या राष्ट्रीय परिषद के चौथाई सदस्य असाधारण अधिवेशन बुला सकते हैं किन्तु कैन्टन एवं राष्ट्रीय परिषद के सदस्य इस अधिकार का सामान्यतया इस्तेमाल नहीं करते। प्रत्येक सदन की कार्यपूरक संख्या कुल सदस्यों की आधी होती है। सदन की बैठकें खुले रूप में होती हैं, परन्तु कोई एक संघीय परिषद का सदस्य या तीस अन्य सदस्य गुप्त अधिवेशन का प्रस्ताव रख सकते हैं। बैठकें साधारण रूप से एक समय में एक माह से अधिक की नहीं होतीं और कुल मिलाकर चारों अधिवेशनों में 10 से 12 सप्ताह से अधिक का समय नहीं लगता।

दोनों सदनों में सम्बन्ध—स्विस संघीय सभा के दोनों सदनों की शक्तियों एवं अधिकारों में कोई भेद नहीं है। किन्तु व्यवहार में राष्ट्रीय परिषद् अधिक प्रभावशाली है। सम्मिलित अधिवेशनों का सम्पूर्ण कार्य राष्ट्रीय परिषद् के प्रधान की अध्यक्षता में होता है तथा इनमें राष्ट्रीय परिषद् ही अपनी अधिक सदस्य संख्या के कारण लाभ में रहती है। प्रायः उत्साही नागरिक राष्ट्रीय परिषद् की सदस्यता अधिक पसन्द करते हैं अतः राज्य परिषद् को कम प्रभावशाली नेता प्राप्त होते हैं। अ ा संघ राज्यों के समान राज्य परिषद् प्रायः राष्ट्रीय परिषद् के मार्ग में रुकावट होती है। सदस्यों के कार्यकाल में समरूपता की कमी भी राज्य परिषद् के कम प्रभावशाली होने का मुख्य कारण है। फिर भी वह इंग्लैंड की लार्ड सभा के समान प्रभावहीन नहीं है। लोकतांत्रिक प्रणाली में वैसे भी प्रथम सदन का ज्यादा शक्तिशाली और आदरपूर्ण होना आवश्यक है। फिर भी राज्य परिषद् का योगदान किसी भी प्रकार राष्ट्रीय परिषद् से कम नहीं

आंका जा सकता। ऐसे उदाहरण हैं कि राज्य परिषद् ने राष्ट्रीय परिषद् द्वारा समर्थित प्रस्तावों को अस्वीकृत कर दिया तथा जनता ने भी लोक निर्णय में उसके मत की पुष्टि की है। किन्तु सामान्यतः यह निम्न सदन का विरोध नहीं करती। दोनों सदनों के अधिवेशन अलग-अलग होते हैं तथा दोनों में से किसी को विशेषाधिकार भी प्राप्त नहीं है। यदि दोनों सदन किसी विधेयक के विषय में एकमत न हों अथवा उसे एक सदन के द्वारा स्वीकृत तथा दूसरे के द्वारा अस्वीकृत कर दिया जाए तो उनके मतभेद को दूर करने के लिए कोई वैधानिक प्रणाली भी नहीं है। अन्तिम अधिकार प्रजा का होने के कारण विधान में इस कमी का कोई महत्व नहीं है किन्तु ऐसे मतभेद बहुत कम होते हैं। मतभेद होने पर विधेयक को एक से यदि दूसरे भवन में पुनर्विचार होने के बाद भी समझौता नहीं होता है तो सदनों की संयुक्त मध्यस्थ समिति आपस में परामर्श करके उन मतभेदों को दूर करने की चेष्टा करती है। यदि वे किसी निश्चित सम्मिलित निर्णय पर नहीं पहुँचते तो वह विधेयक अस्वीकृत हो जाता है। ऐसे मतभेदों से किसी वैधानिक संकट की आशंका नहीं होती। इस विधि में बाह्य दृष्टि से गम्भीर अपूर्णता प्रतीत होती है परन्तु व्यवहार में ऐसा कुछ भी नहीं है। **हैंस ह्यूबर** के मतानुसार—"प्रायः हमेशा कोई मार्ग मिल ही जाता है और मध्यस्थता की व्यवस्था की आवश्यकता नहीं होती।" संघीय विधानमंडल में निम्न कार्यों के लिए संयुक्त अधिवेशन की भी व्यवस्था है।

संघीय परिषद् के सदस्यों, संघीय न्यायालयों के न्यायाधीशों, सेनापति आदि उच्च अधिकारियों का निर्वाचन करना, मुक्तिदान अथवा दंड कम करने का निर्णय करना। संघीय तथा अन्य अधिकारियों के अधिकार क्षेत्रों से सम्बन्धित मतभेदों को दूर करना।

उच्च और निम्न सदन से बहुमत से पारित होने के उपरान्त विधेयक को चांसलर एवं राष्ट्रपति के पास हस्ताक्षर के लिए भेजा जाता है जिसे वे नकार नहीं सकते। उनके द्वारा प्रमाणित होने पर वे अधिनियम बन जाते हैं। उपरोक्त विचारधारा के आधार पर ही स्ट्रांग ने कहा है कि **"स्विस कार्यपालिका के समान स्विस विधानमंडल भी अद्वितीय है।"**

भारत में विधायिका

उच्च सदन : राज्य सभा

भारत एक लोकतांत्रिक गणराज्य है। भारत के संविधान में जनता के लिए जनता के द्वारा तथा जनता की सहायता से ही संसद का निर्माण होता है।

भारत के संविधान के अनुसार संसद के तीन अंग होते हैं। इन तीनों अंगों के नाम (i) राष्ट्रपति, (ii) राज्य सभा तथा (iii) लोक सभा हैं। यद्यपि राष्ट्रपति संसद का सदस्य नहीं होता किन्तु उसके हस्ताक्षर हर कानून के लिए जरूरी होते हैं। यहाँ पर इंग्लैंड के संविधान का अनुकरण किया गया है।

राज्य सभा का गठन

भारत की संसद के उच्च सदन को राज्य सभा कहते हैं। संविधान के अनुसार राज्य सभा में अधिक-से-अधिक 250 सदस्य हो सकते हैं जिनमें से 12 सदस्य राष्ट्रपति द्वारा मनोनीत किए जाते हैं और 238 सदस्य जनता द्वारा निर्वाचित होते हैं। ये सदस्य विभिन्न राज्यों का प्रतिनिधित्व करते हैं। इनका चुनाव राज्यों की विधान सभाओं द्वारा **'इकहरी मत परिवर्तन प्रणाली'** (एकल संक्रमणीय मत–Single Transferable Vote) तथा **अंनुपातिक प्रतिनिधित्व पद्धति** (Proportional Representation System) के द्वारा किया जाता है। निर्वाचित सदस्यों की संख्या किसी भी दशा में 238 से अधिक नहीं हो सकती। राज्य सभा में राज्यों का बराबर संख्या में प्रतिनिधित्व का आधार नहीं रखा गया बल्कि प्रतिनिधित्व का आधार जनसंख्या है, जबकि संयुक्त राज्य अमेरिका अथवा स्विट्ज़रलैंड में राज्यों को उच्च सदन में समान प्रतिनिधित्व दिया जाता है। यहां जिस राज्य की जनसंख्या ज्यादा होती है उस राज्य की राज्य सभा में उसी के अनुसार वहां से निर्वाचित सदस्य होते हैं।

राज्य सभा के सदस्यों की योग्यताएँ

राज्यसभा का सदस्य निर्वाचित होने के लिए एक व्यक्ति में निम्नांकित योग्यताओं का समावेश होना चाहिए–

(1) वह भारत का नागरिक हो।
(2) उसकी आयु तीस वर्ष से अधिक हो।
(3) वह पागल या दिवालिया घोषित न हो।
(4) वह व्यक्ति सरकार में किसी लाभ के पद पर न हो।

राज्य सभा के सदस्यों का निर्वाचन और समयावधि

प्रत्येक राज्य की विधान सभाएँ अपने प्रतिनिधियों को आनुपातिक प्रतिनिधित्व प्रणाली से एकल संक्रमणीय मत के अनुसार चुनती हैं। राज्य सभा अन्य देशों के

उच्च सदनों के समान ही एक स्थायी सदन है। इसकी अवधि छः वर्ष होती है। इसे स्थायी सदन इसलिए कहा गया है क्योंकि राष्ट्रपति राज्य सभा को भंग नहीं कर सकता। राज्य सभा के 1/3 सदस्य हर दो वर्ष बाद अवकाश ग्रहण करते रहते हैं। उनके स्थान पर नए सदस्यों का चुनाव होता रहता है। साधारणतया हर सदस्य का चुनाव 6 वर्ष के लिए ही माना जाता है।

राज्य सभा के पदाधिकारी

भारत का उपराष्ट्रपति राज्यसभा का अध्यक्ष होता है। इसका चुनाव संसद के दोनों सदनों द्वारा किया जाता है इसके अतिरिक्त राज्यसभा का एक उपाध्यक्ष होता है यह उपाध्यक्ष राज्यसभा का सदस्य होता है अर्थात् राज्य सभा के सभापति की स्थिति लोकसभा के अध्यक्ष या स्पीकर के समान ही होती है। उसे **निर्णायक मत** देने का अधिकार होता है। सभा में अनुशासन रखना, मतदान कराना तथा **निर्णय की घोषणा** करना उसके प्रमुख कार्य हैं। उपराष्ट्रपति को राज्य सभा अपने तत्कालीन सदस्यों के बहुमत से हटा सकती है। इसके लिए लोक सभा का समर्थन आवश्यक है।

यदि राष्ट्रपति की मृत्यु हो जाए या वह त्यागपत्र दे दे या महाभियोग द्वारा उसे पद से हटा दिया जाए अथवा लम्बी बीमारी के कारण उसका स्थान स्थायी या अस्थायी रूप से खाली हो जाए तो उपराष्ट्रपति उसके स्थान पर कार्य करता है। उस काल में उसे वे सब अधिकार, वेतन, भत्ता आदि प्राप्त होते हैं जो राष्ट्रपति को मिले होते हैं। यदि राष्ट्रपति का स्थान स्थायी रूप से खाली हो जाता है तो खाली होने की तिथि से छः महीने के भीतर नए राष्ट्रपति का चुनाव भी होना जरूरी है।

राज्य सभा के सदस्यों के विशेषाधिकार एवं उन्मुक्तियाँ—राज्य सभा के सदस्यों को सदन में अपने विचार रखने की पूर्ण स्वतन्त्रता प्राप्त होती है। उनके भाषणों के कारण उन पर किसी भी न्यायालय में कोई कार्यवाही नहीं की जा सकती। अधिवेशन के दिनों में तथा उसके 40 दिन पहले या बाद में भी किसी भी दीवानी मुकदमे के कारण उन्हें गिरफ्तार नहीं किया जा सकता।

राज्य सभा में गणपूर्ति—राज्य सभा की बैठकों में समस्त संख्या का दसवाँ भाग उपस्थित होना जरूरी होता है। इसके बिना सदन की कार्यवाही नहीं चलती है।

राज्य सभा की शक्तियाँ एवं कार्य

राज्य सभा को उच्च सदन कहा जाता है और लोकसभा को निम्न सदन।

व्यावहारिक दृष्टि से देखने पर लोकसभा को व्यापक शक्तियाँ प्राप्त हैं जबकि राज्यसभा की शक्ति सीमित होती है। ये शक्तियाँ निम्नलिखित हैं–

(1) विधायी शक्तियाँ–साधारण विधेयक को दोनों में से किसी भी सदन में रखा जा सकता है। यदि दोनों सदन उस विधेयक को पास कर देते हैं तो विधेयक संसद द्वारा पारित मान लिया जाता है। दोनों सदनों में मतभेद होने पर दोनों सदनों की संयुक्त बैठक में इस पर निर्णय किया जाता है। राज्य सभा किसी विधेयक को पास होने से नहीं रोक सकती। यह इतना जरूर कर सकती है कि किसी साधारण विधेयक को पास होने में छः महीने की देर कर दे।

(2) वित्तीय शक्तियाँ–धन विधेयक केवल लोक सभा में प्रथम बार देखा जा सकता है। लोक सभा के पास कर देने के बाद वह विधेयक राज्य सभा में पेश किया जाता है। इसे राज्य सभा 14 दिन के अन्दर-अन्दर अपनी सिफारिश के साथ लोक सभा को लौटा सकती है। लोक सभा को अधिकार होता है कि वह राज्य सभा की सिफारिशों को स्वीकार ले या अस्वीकार कर दे। इस विधेयक को राज्य सभा अधिक-से-अधिक एक महीने तक रोकने का अधिकार रखती है। धन विधेयकों को पास करने में राज्य सभा को बहुत ही सीमित अधिकार दिए गए हैं।

(3) संवैधानिक शक्तियाँ–संविधान में संशोधन तभी माना जा सकता है जब वह दोनों संसदों में पारित हो जाता है। लेकिन जब वह दोनों सदनों की सदस्य संख्या के बहुमत तथा उपस्थित तथा मतदान में भाग लेने वाले सदस्यों के 2/3 बहुमत से पास हो जाए। इस सम्बन्ध में उसे अवश्य ही लोक सभा के बराबर अधिकार प्राप्त होता है। राज्यसभा की अनुमति के बगैर कोई भी संविधान संशोधन पारित नहीं हो सकता।

(4) प्रशासकीय शक्तियाँ–यद्यपि मन्त्रिपरिषद् संयुक्त रूप से लोक सभा के प्रति उत्तरदायी होती है फिर भी राज्य सभा प्रश्नों, काम रोको प्रस्तावों, वाद-विवादों आदि के द्वारा मन्त्रिपरिषद् पर उसे अपनी मनमानी नहीं करने देती है। मन्त्रिपरिषद् के सदस्यों एवं अन्य मन्त्रियों की नियुक्ति राज्य सभा में से भी हो सकती है। किन्तु राज्य सभा को मन्त्रिपरिषद् को पद से हटाने का अधिकार प्राप्त नहीं है।

(5) विविध शक्तियाँ–राज्य सभा को कुछ और भी शक्तियाँ प्राप्त हैं जो इस प्रकार हैं–

(i) राज्य सभा के निर्वाचित सदम्य राष्ट्रपति के निर्वाचन में भाग ले सकते हैं।

(ii) राष्ट्रपति पर महाभियोग लगाते समय दोनों सदनों को एक समान अधिकार प्राप्त होते हैं।

(iii) सर्वोच्च व उच्च न्यायालय के किसी न्यायाधीश को अगर उसके पद से हटाना हो तो तभी हटाया जा सकता है जबकि लोक सभा के साथ राज्य सभा भी उसका समर्थन कर दे।

(iv) राज्य सभा को राज्य सूची में दिए गए किसी विषय को 2/3 बहुमत से राष्ट्रीय महत्व का घोषित करने का अधिकार है। यह प्रस्ताव केवल एक वर्ष तक ही अपनी शक्ति रखता है।

(v) राष्ट्रपति की संकटकालीन घोषणा को दो माह से अधिक जारी रखने के लिए राज्य सभा की भी स्वीकृति जरूरी है।

भारतीय संसद का निर्माण दोनों सदन अर्थात् लोकसभा व राज्य सभा के मिलने से ही होता है। राज्यसभा और लोक सभा का अपना-अपना महत्व है। भारतीय संविधान में लोकसभा को व्यापक अधिकार प्रदान किए गए हैं परंतु इससे राज्य सभा का अस्तित्व निरर्थक साबित नहीं होगा। हमारे संविधान-निर्माताओं का राज्य सभा की स्थापना के पीछे यह उद्देश्य था कि विधेयकों की पुनरावृत्ति हो सके और उनके पारित होने में केवल उतनी ही देरी हो जिससे जनमत मालूम हो सके। अतः इस दृष्टि से राज्य सभा उपयोगी सदन है। उसको अपने प्रदेश में उतना ही महत्व है जितना लोक सभा का देश में। राज्यसभा में अपने राज्य के प्रति जा कर्तव्य होते हैं तथा अपने राज्य की उन्नति के कार्यों पर विचार विमर्श किया जाता है।

लोक सभा

लोक सभा का गठन

लोकसभा के चुनाव के लिये भारत का प्रत्येक वयस्क व्यक्ति जिसकी उम्र 18 वर्ष हो चुकी है वोट देने का अधिकार रखते हैं और जनता द्वारा चुने गये व्यक्ति कम से कम पांच लाख और ज्यादा से ज्यादा साढ़े सात लाख जनसंख्या का प्रतिनिधित्व करता है।

लोक सभा के चुनाव में 18 वर्ष की आयु वाले हर भारतीय नागरिक को मताधिकार प्राप्त है। चुनाव क्षेत्र इस तरह से बनाए जाते हैं कि प्रत्येक सदस्य कम-से-कम पाँच लाख, अधिक-से-अधिक साढ़े सात लाख जनसंख्या का प्रतिनिधित्व कर सके।

संसद के निम्न सदन को लोक सभा कहा जाता है। संविधान के 31वें संशोधन के अनुसार इसकी अधिक-से-अधिक संख्या 545 हो सकती है।

लोक सभा के सदस्यों की योग्यताएँ

लोक सभा के सदस्य होने के लिए निम्नांकित योग्यताएँ रखी गई हैं–

(1) वह भारत का नागरिक हो।

(2) ऐसी अन्य योग्यताएँ रखता हो जो संसद के किसी कानून द्वारा निश्चित की जाएँ।

(3) 25 वर्ष की आयु पूरी कर चुका हो।

इसके अलावा वह व्यक्ति लोक सभा के लिए उम्मीदवार के रूप में खड़ा नहीं हो सकता। या वह निम्नलिखित कारणों से अयोग्य घोषित कर दिया गया हो–

(1) संसद द्वारा बनाए गए किसी कानून द्वारा यह अयोग्य ठहराया गया हो, जैसे–चुनाव के सम्बन्ध में भ्रष्टाचार या गैरकानूनी कार्यवाहियों द्वारा दोषी ठहराया गया हो।

(2) भारत या राज्य सरकार के किसी लाभ के पद पर हो। (मन्त्रियों के पद लाभ के पदों में नहीं गिने जाते)।

(3) वह किसी अधिकारपूर्ण न्यायालय द्वारा पागल या दिवालिया घोषित कर दिया गया हो।

(4) वह दिवालिया न हो।

लोक सभा के चुनावों के सम्बन्ध में सब झगड़ों और याचिकाओं को चुनाव आयोग द्वारा नियुक्त हुआ एक अधिकरण सुनता है।

कार्यकाल

42वें संशोधन के अनुसार लोक सभा की अवधि 6 वर्ष कर दी गई थी। किन्तु 43वें संशोधन के द्वारा यह अवधि दोबारा पाँच वर्ष कर दी गई। निश्चित अवधि से पहले भी राष्ट्रपति प्रधानमन्त्री की प्रार्थना पर लोक सभा को भंग कर सकता है। प्रधानमन्त्री ऐसा निवेदन उस समय करता है जबकि लोक सभा उसके विरुद्ध अविश्वास प्रस्ताव पारित कर दे किन्तु सारे देश का जनमत उसके साथ हो। 42वें संशोधन के अनुसार संकटकालीन घोषणा के समय संसद अपना कार्यकाल एक बार में एक वर्ष तक बढ़ा सकती है और उस घोषणा के खत्म होने के पश्चात् एक वर्ष से अधिक नहीं बढ़ा सकती। संशोधन से पहले यह अवधि 6 मास थी। यदि

संकटकालीन घोषणा जारी है तो संसद कुल कार्यकाल 3 वर्ष तक बढ़ा भी सकती है।

गणपूर्ति

लोकसभा की कार्यवाही के दौरान कुल प्रतिनिधियों का दसवां भाग उपस्थित होना अत्यंत आवश्यक है। यदि इतनी संख्या नहीं होती तो लोक सभा की कार्यवाही अवैध मानी जाती है।

लोक सभा के सदस्यों के विशेषाधिकार

भारतीय लोक सभा के सदस्यों को कुछ विशेष अधिकार प्राप्त होते हैं। उदाहरणस्वरूप, उन्हें लोक सभा में अपने विचार प्रकट करने की पूर्ण स्वतन्त्रता है और सरकार की आलोचना के कारण उनके खिलाफ किसी न्यायालय में कोई भी कानूनी कार्यवाही नहीं की जा सकती। लोक सभा के अधिवेशन के दिनों में तथा उसके 40 दिन पहले तथा 40 दिन बाद तक किसी दीवानी अभियोग के बारे में उनको नहीं पकड़ा जा सकता। लोक सभा का अध्यक्ष सदस्यों के विशेष अधिकारों की रक्षा करता है।

लोक सभा के अध्यक्ष और उपाध्यक्ष का चयन

भारतीय संविधान में वर्णित है कि लोकसभा का एक अध्यक्ष और एक उपाध्यक्ष होगा। व्यवहार में प्रधानमन्त्री विरोधी दल के नेताओं से विचार-विमर्श करके तय करता है कि किस व्यक्ति का नाम अध्यक्ष तथा उपाध्यक्ष के लिए पेश किया जाए। अधिकतर देखा जाता है कि अध्यक्ष शासक दल से और उपाध्यक्ष विरोधी दलों से लिया जाता है।

यदि अध्यक्ष और उपाध्यक्ष लोक सभा के सदस्य न रहें तो उन्हें अपना पद छोड़ना पड़ेगा। यदि लोक सभा को भंग कर दिया गया हो, तो अध्यक्ष लोक सभा के भंग होने के बाद और नई लोक सभा की प्रथम बैठक के ठीक पूर्व तक अपने पद को रिक्त नहीं करेगा। अध्यक्ष लोक सभा की अध्यक्षता करता है और इसकी कार्यवाही को भी चलाता है।

लोक सभा के अधिवेशन—सवैधानिक प्रावधानों के अनुसार वर्ष में कम-से-कम दो बार लोकसभा अधिवेशन आहूत करना आवश्यक है। एक अधिवेशन की अन्तिम बैठक और दूसरे अधिवेशन की प्रथम बैठक में 6 माह का अन्तर होना जरूरी है।

संसद में दोनों या एक सदन को बुलाना, उसका सत्रावसान करना, लोक सभा का विघटन करना राष्ट्रपति का कार्य है। विधि निर्माण में आखिरी शक्ति उसी को प्राप्त है, जिसका वित्त पर भी पूर्ण नियन्त्रण है तथा मन्त्रिपरिषद् भी सामूहिक रूप से लोक सभा के प्रति उत्तरदायी है, अतः लोक सभा किसी बाहरी शक्ति और सत्ता के अंकुश में नहीं है।

डॉ एम.पी. शर्मा के अनुसार, "यदि संसद राज्य का सर्वोच्च अंग है तो लोक सभा संसद का सर्वोच्च अंग है इसलिए व्यावहारिक दृष्टिकोण से लोक सभा ही संसद है।"

राज्य सभा एवं लोक सभा के आपसी सम्बन्ध

लोकतन्त्रीय शासन में जनता के प्रतिनिधियों की संस्था लोक सभा उच्च सदन राज्य सभा से अधिक शक्तिशाली होता है। भारत ने संसदीय पद्धति की सरकार इंग्लैंड के आधार पर बनाई है। जैसी इंग्लैंड की संसद की उच्च सदन लार्ड सभा शक्तिहीन है, वैसे ही भारत का उच्च सदन राज्य सभा शक्तिहीन है।

(1) साधारण विधेयक और दोनों सदन—संविधान के अनुसार साधारण विधेयक चाहे वह सरकारी हो या गैर-सरकारी, किसी भी सदन में रखा जा सकता है। विधेयक को अधिनियम बनाने के लिए दोनों सदनों द्वारा पास होना जरूरी है। लोक सभा और राज्य सभा की शक्ति इनमें लगभग समान होती है।

(2) कार्यकारिणी पर नियन्त्रण करने में दोनों सदनों का सम्बन्ध—यद्यपि कार्यकारिणी में दोनों सदनों के सदस्य होते हैं, किन्तु मन्त्रिपरिषद् जो अधिकतर लोक सभा के सदस्यों द्वारा बनी होती है, लोक सभा के सामने ही उत्तरदायी होती है। अपने सदस्य से जो मन्त्रिमंडल में होते हैं, राज्य सभा उनसे प्रश्न भी पूछ सकती है। राज्य सभा में सदस्य सरकार की आलोचना तो कर सकते हैं लेकिन उनमें मंत्रिमंडल को भंग करने की शक्ति उनको नहीं दी गयी है। केवल लोक सभा ही मंत्रिमंडल को भंग करने की शक्ति रखती है।

(3) विधेयक पर मतभेद होने पर दोनों सदनों में सम्बन्ध—कभी-कभी किसी विधेयक पर दोनों सदनों में मतभेद हो जाता है। ऐसी स्थिति में राष्ट्रपति दोनों सदनों के संयुक्त अधिवेशन करने की घोषणा कर देता है। संयुक्त अधिवेशन का सभापति भी लोक सभा का ही अध्यक्ष होता है। संयुक्त अधिवेशन के वाद-विवाद तथा बहस के बाद मतदान होता है और यदि विधेयक बहुमत से पास हो जाता है तो वह दोनों सदनों से पास माना जाता है। इस संयुक्त अधिवेशन से लोक सभा

अपने दोगुने सदस्यों के कारण राज्य सभा की कुछ परवाह नहीं करती और स्वाभाविक रूप से लोक सभा विजयी होती है। इस तरह राज्य सभा तुलनात्मक दृष्टि से लोकसभा से कम शक्ति वाला सदन है।

(4) वित्त-सम्बन्धी विधेयक और दोनों सदन–(i) अर्थ सम्बन्धी वित्तीय केवल लोक सभा में ही सर्वप्रथम रखे जाते हैं। लोक सभा जब इसे पास कर देती है तो यह राज्य सभा में भेजा जाता है। राज्य सभा को केवल 14 दिन का समय मिलता है जिसमें उसे धन सम्बन्धी विधेयक (Money Bills) पर विचार करके अपनी सिफारिशों सहित उसे वापिस करना पड़ता है। लोक सभा को यह अधिकार है कि वह राज्य सभा द्वारा भेजी गई सिफारिशों को माने या न माने। यहाँ राज्य सभा की शक्ति लोक सभा के सामने बहुत कम रह जाती है। लोक सभा विधेयक को मूल रूप में राष्ट्रपति की सहमति के लिए भेज सकती है और राष्ट्रपति के हस्ताक्षर से वह विधेयक अधिनियम बन जाता है। (ii) यदि राज्य सभा किसी धन विधेयक को लोक सभा के पास होने के बाद 14 दिन में उसे वापिस नहीं करती तो धन विधेयक मूल रूप से पास ही समझा जाता है।

(5) अन्य विषयों सम्बन्धी सदनों में सम्बन्ध–(i) संविधान संशोधन के विषय में दोनों सदन बराबर की शक्ति व अधिकार रखते हैं। कोई भी संशोधन तब तक पास नहीं होगा जब तक दोनों सदन अपने विशेष बहुमत 2/3 सदस्यों से उसे पारित न कर दें।

(ii) संकटकाल की उद्घोषणा पर भी राज्य सभा को लोक सभा के समान ही अधिकार मिले हैं। राष्ट्रपति की संकटकालीन उद्घोषणा को दो महीने से अधिक बढ़ाने में राज्य सभा पर्याप्त शक्ति का परिचय देती है। यदि लोक सभा भंग हो गई है तो अकेली राज्य सभा ही उस घोषणा को बढ़ाने का अधिकार रखती है।

(iii) राष्ट्रपति तथा उपराष्ट्रपति पर महाभियोग चलाने में भी लगभग दोनों सदन समान शक्ति रखते हैं।

(iv) राज्य की सूची में से राष्ट्रीय महत्व के विषयों पर संसद तभी नियम बनाने का अधिकार रखती है जब तक राज्य सभा 2/3 बहुमत से उस विषय को राष्ट्रीय महत्व का विषय घोषित न कर दे। लोक सभा को ऐसी कोई घोषणा करने का अधिकार नहीं है।

इस तरह हम कह सकते हैं कि उच्च सदन या राज्यसभा लोकसभा से कई विषयों में निर्बल होते हुए भी सर्वथा महत्वहीन नहीं है। उसकी शक्ति इंग्लैंड की लार्ड सभा से कहीं अधिक है। स्वर्गीय प्रधानमन्त्री **पं. जवाहरलाल नेहरू** ने 6 मई, 1953

को राज्य सभा में भाषण देते हुए कहा था, ''हमारे संविधान के अन्तर्गत संसद दो सदनों से मिलकर बनती है और उसमें से प्रत्येक सदन संविधान द्वारा निर्धारित क्षेत्र के भीतर रहकर कार्य करता है। कभी-कभी हम ब्रिटेन की संसद के दोनों सदनों की प्रथाओं और परम्पराओं का वर्णन करते हैं और भूल के कारण इन्हें उच्च सदन या निम्न सदन के नामों से पुकारने लगते हैं। इनमें से किसी भी सभा को उच्च अथवा निम्न सदन के नामों से पुकारना ठीक नहीं है। कोई भी सभा अकेले संसद नहीं कहला सकती, दोनों सभाएँ मिलकर ही भारत की संसद का निर्माण करती हैं!... संविधान में वित्त सम्बन्धी कुछ मामलों को छोड़कर जिन पर लोक सभा का एकमात्र अधिकार है, अन्य सभी विषयों में दोनों सदनों को बराबर माना गया है।'' **डॉ. एम. पी. शर्मा** ने दोनों सदनों की तुलना करते हुए कहा है कि, ''लोक सभा, राज्य की अपेक्षा कानून बनाने के क्षेत्र में अधिक शक्तिशाली है और वित्त की एकमात्र स्वामी है।'' सैद्धान्तिक दृष्टि से देखा जाए तो समस्त वित्त पर अंकुश रखने के कारण लोक सभा समस्त शासन पर नियन्त्रण रखती है। राज्य सभा को शक्तिहीन बतलाते हुए **डॉ. एम.पी.** शर्मा कहते हैं कि ''हमारे देश में द्वितीय सदन का यश कभी भी अधिक नहीं रहा है और कोई आश्चर्य नहीं होगा यदि राज्य सभा भविष्य में हमारे संविधान का दिखावटी अंग बनकर रह जाए।''

लोक सभा का अध्यक्ष

अध्यक्ष का चयन

हमारे संविधान में लिखा है कि लोक सभा शीघ्रातिशीघ्र अपना एक अध्यक्ष तथा उपाध्यक्ष चुनेगी। व्यवहार में प्रधानमन्त्री लोक सभा के अध्यक्ष तथा उपाध्यक्ष के बारे में विरोधी दलों के नेताओं से विचार-विमर्श करके निश्चित कर लेता है कि प्रायः देखा गया कि लोकसभा अध्यक्ष लगभग सत्तापक्ष का ही बनता है। जबकि उपाध्यक्ष विरोधी खेमे से लिया जाता है।

वास्तविकता यह है कि लोक सभा के ये दोनों अधिकारी लोक सभा द्वारा सभी की सहमति से चुन लिए जाते हैं। यहाँ पर हमारे देश की रूढ़ि इंग्लैंड से मिलती-जुलती है और अमेरिका से बिल्कुल भिन्न है। अमेरिका में कांग्रेस के निचले सदन के अध्यक्ष पद के लिए बहुमत दल तथा अल्पसंख्यक दल अपना-अपना उम्मीदवार खड़ा करते हैं और अध्यक्ष बिना किसी विरोध के नहीं चुना जाता है। उसके लिए टकराव होता है।

अध्यक्ष का कार्यकाल

यदि अध्यक्ष और उपाध्यक्ष लोक सभा के सदस्य न रहें, तो उन्हें पद छोड़ना पड़ता है। वह लोक सभा के भंग होने के बाद और नई लोक सभा की प्रथम बैठक के ठीक पहले तक अपने पद खाली नहीं कर सकता।

अपदस्थ करने की प्रक्रिया

जब अध्यक्ष और उपाध्यक्ष में से किसी एक भी को हटाने के लिए प्रस्ताव पर विचार चल रहा होता हो तो जिस भी व्यक्ति को हटाने का प्रस्ताव चल रहा होता है, वह लोक सभा का सभापतित्व नहीं कर सकता। अध्यक्ष की अनुपस्थिति में उपाध्यक्ष सभापतित्व करेगा। यदि अध्यक्ष या उपाध्यक्ष दोनों के स्थान खाली हैं तो अध्यक्ष लोक सभा के उस व्यक्ति को चुना जाएगा जिसको राष्ट्रपति इसके लिए नियुक्त करे। भारत के संविधान में यह लिखा है कि अध्यक्ष तथा उपाध्यक्ष को वे सब वेतन तथा भत्ते मिलते हैं जिन्हें संसद निर्धारित करती है।

अध्यक्ष के कार्य एवं शक्तियाँ

अध्यक्ष के कार्य व शक्तियों को निम्नलिखित बिंदुओं द्वारा स्पष्ट किया जा सकता है–

(1) यदि सदन में अव्यवस्था इस सीमा तक पहुँच जाए कि सदन की कार्यवाही चलाना कठिन हो जाए, तो अध्यक्ष सदन की कार्यवाही को स्थगित भी कर सकता है।

(2) संसद के दोनों सदनों का जब अधिवेशन होता है, तो वही अध्यक्ष-पद ग्रहण करता है और कार्यभार संभालता है।

(3) यह अध्यक्ष ही निर्धारित करता है कि कोई विधेयक धन विधेयक है या नहीं।।

(4) वह यह निर्णय करता है कि कौनसे प्रश्न सदन में पूछे जा सकते हैं और कौनसे नहीं।

(5) वह लोक सभा के विशेष अधिकारों की रक्षा करता है।

(6) वह संसद की कार्यवाही से ऐसे शब्दों को अपने बुद्धि के अनुसार निकाल सकता है जो उसकी समझ में असंसदीय हों।

(7) वह राष्ट्रपति के सम्मुख लोक सभा का मुख्य प्रवक्ता होता है अर्थात् राष्ट्रपति के सम्मुख लोक सभा के निर्णय को रखता है।

(8) उसे यह भी निर्णय करने की शक्ति होती है कि किसी सदस्य द्वारा पेश किया हुआ 'काम रोको प्रस्ताव' नियम के अनुसार है या नहीं।

(9) लोकसभाध्यक्ष सामान्यतया सदन के अंदर मतदान की प्रक्रिया में हिस्सा नहीं लेता, किन्तु जब किसी प्रस्ताव पर पक्ष और विपक्ष के सदस्यों का मत बराबर हो जाता है उस स्थिति में लोकसभा का अध्यक्ष अपना निर्णायक मत देता है।

(10) वह दर्शकों के प्रवेश पर नियन्त्रण लगा सकता है और सदन की दीर्घाओं को खाली करा सकता है, यदि वहाँ से बहुत शोर आ रहा हो या सदन की कार्यवाही में अन्य कोई बाधा उपस्थित हो रही हो तो वह उसे भी रोक सकता है।

(11) अध्यक्ष लोक सभा की बैठकों की अध्यक्षता करता है और इसकी कार्यवाही को चलाता है।

(12) वह लोक सभा के नियमों का संसद से पालन करवाता है, मत गिनता है और परिणाम भी घोषित करता है।

(13) वह सदन में बोलने वालों का क्रम निश्चित करता है। सभी सदस्य बोलते समय अध्यक्ष को सम्बोधित करते हैं।

(14) जब कोई बिल संसद के दोनों सदनों से पास हो जाता है तो वह उस पर अपने हस्ताक्षर करता है।

(15) यदि कोई सदस्य सदन की कार्यवाही में बिना रुके बाधा उपस्थित करे और अध्यक्ष के आदेशों को न माने तो अध्यक्ष उसकी सदस्यता को खत्म भी कर सकता है।

(16) वह प्रक्रिया सम्बन्धी विवादास्पद प्रश्नों पर अपना निर्णय देता है जो अन्तिम तथा सर्वमान्य भी होता है।

(17) वह सदन में अनुशासन तथा शान्ति बनाए रखता है। वह किसी भी सदस्य की असंसदीय भाषा को रोक सकता है और यदि कोई सदस्य उसकी आज्ञा का पालन न करे तो संसद की मर्यादा के लिए उसे सदन से बाहर निकलवा सकता है।

भारत के लोकसभा अध्यक्ष की स्थिति

भारत में लोकसभा के अध्यक्ष को एक विशिष्ट पद प्राप्त है। लोक सभा के

अध्यक्ष का सर्वोच्च न्यायालय के समकक्ष दर्जा प्राप्त होता है। भारत के अध्यक्ष को इंग्लैंड के अध्यक्ष के समान ही रखा गया है। इंग्लैंड की परम्पराएँ अपनाने का प्रयत्न किया गया है। इंग्लैंड के हाऊस ऑफ कामन्स के अध्यक्ष के बारे में **ब्राइस** ने लिखा है कि, "जैसे ही कोई व्यक्ति अध्यक्ष की कुर्सी पर बैठता है, उससे यह आशा की जाती है कि वह सब दलों से अपना सम्बन्ध तोड़ देगा। जब वह अध्यक्ष की पोशाक पहन लेता है, तो उसकी अपनी कोई राजनीतिक राय नहीं रह जाती है। उसको अपने राजनीतिक मित्र तथा विरोधियों के साथ एक समान व्यवहार करना चाहिए।" यही आशा भारत के लोक सभा अध्यक्ष से की जाती है कि वह भी अपने को किसी दल विशेष से सम्बन्ध नहीं रख पाता या रख सकता। वह देश के हित की सोचता है। देश की भलाई के लिए ही व्यवहार करता है।

जिस समय बाबू पुरुषोत्तम दास टण्डन उत्तर प्रदेश की विधान सभा के अध्यक्ष थे इन्होंने स्पष्ट शब्दों में घोषणा की थी कि, "अध्यक्ष पद के सम्बन्ध में यह जरूरी नहीं है कि भारत में इंग्लैंड की प्रथा की नकल किया जाए। सदन में स्पीकर निर्दलीय व्यक्ति के समान आचरण करे किन्तु सदन से बाहर वह दलगत निष्ठाएँ रख सकता है।" **लोक सभा** के प्रथम अध्यक्ष **श्री मावलंकर** ने कहा था कि, "भारत का स्पीकर इस समय उस प्रकार राजनीति से दूर नहीं रह सकता, जिस प्रकार ब्रिटिश हाऊस ऑफ कामंस का स्पीकर राजनीति से संन्यास ले लेता है। वह अपने दल का सदस्य बना रह सकता है किन्तु दल की विभिन्न कार्यवाहियों से उसे हाथ खींच लेना चाहिए।"

भारत में लोकसभा के अध्यक्ष का अधिकार एवं कर्तव्य इंग्लैण्ड की तरह नहीं है। वास्तव में भारत के अध्यक्ष की स्थिति अमेरिका तथा इंग्लैंड के अध्यक्षों के बीच की स्थिति है। इसका कारण यह है कि न तो भारत का अध्यक्ष इंग्लैंड के अध्यक्ष की तरह राजनीति से संन्यास लेता है। वह अध्यक्ष चुने जाने के बाद अपने दल का सदस्य बना रहता है किन्तु सक्रिय राजनीति में भाग नहीं लेता और न ही कोई राजनैतिक सम्बन्धी कोई बयान देता है। वह सदन में भी निष्पक्ष रूप से कार्य करता है और सब दलों को सदन में बोलने का समान अधिकार प्रदान करता है। केवल अपने दल के सदस्यों को बोलने दे ऐसा भेदभाव वह नहीं कर सकता। नेहरू जी ने स्पीकर के बारे में कहा था कि **"वह सदन की शान है क्योंकि सदन राष्ट्र का प्रतिनिधित्व करता है, इसलिए अध्यक्ष राष्ट्र की स्वतन्त्रता का प्रतीक होता है और इस पद पर अत्यन्त योग्य तथा निष्पक्ष व्यक्ति आरूढ़ होने चाहिएँ।"**

भारतीय लोक सभा के भूतपूर्व सचिव **श्री एम.एम. कोल** के शब्दों में, "यद्यपि साधारणतया अध्यक्ष संसद सभा की अध्यक्षता ही करता है, विवादों को नियन्त्रित करता है, लेकिन इसकी स्थिति उसमें महत्वपूर्ण है कि किसी भी संकट के समय में उसकी शक्तियाँ राजनैतिक दृष्टि से बहुत अधिक गहत्वपूर्ण हो सकती हैं। प्रश्नों, साधनों आदि के प्रस्तावों को स्वीकृति देना तथा कार्यविधि के नियमों को कड़ाई से लागू करना आदि उसका कार्य होता है।

भारतीय संसद के कार्य और शक्तियाँ

भारतीय संविधान में संसद को दो सदनों में बांटा गया है। जनता द्वारा निर्वाचित प्रतिनिधि संसद के माध्यम से देश पर शासन करते हैं। भारतीय संसद की शक्तियां व कार्य प्रणाली का भारतीय संविधान में विस्तार से वर्णन किया गया है। यद्यपि भारतीय संसद इंग्लैंड की संसद के समान शक्तिशाली नहीं है, फिर भी संविधान की रचना करने वालों ने इसे बहुत सी शक्तियाँ और अधिकार दिए हैं।

संसद के कार्य और शक्तियाँ

संसद को निम्नलिखित शक्तियाँ प्राप्त हैं:–

(1) संशोधन सम्बन्धी शक्तियाँ–केवल संसद ही संविधान के संशोधन के सम्बन्ध में राय पेश कर सकती है। दूसरे, संविधान के अधिकांश भागों में तो संसद के सारे सदस्य संख्या के बहुमत तथा उपस्थित सदस्यों के 2/3 बहुमत से संशोधन कर सकते हैं किन्तु कुछ महत्वपूर्ण विषयों में संशोधन करते समय संसद की स्वीकृति के अतिरिक्त राज्य विधान मंडलों के बहुमत की स्वीकृति लेनी भी जरूरी है।

(2) प्रशासनिक शक्तियाँ–संसद को बहुत सारी प्रशासनिक शक्तियाँ प्राप्त हैं तथा मंत्रिपरिषद् लोकसभा के प्रति सामूहिक रूप से उत्तरदायी होती है। यदि लोक सभा का किसी समय मन्त्रिपरिषद् में विश्वास नहीं रहता है तो उसे अविश्वास प्रस्ताव पास करके या सरकारी बिल संशोधन करके जिसमें सरकार सहमत न हो, पदच्युत कर सकती है। संसद के सदस्य प्रश्नों और स्थगित प्रस्ताव अर्थात् काम रोको प्रस्ताव द्वारा भी मन्त्रियों के काम पर अंकुश रखती है। संसद के किसी भी सदस्य को सरकार की नीतियों व कार्यों के सम्बन्ध में सूचना का पता करने हेतु सवाल पूछने का अधिकार है। यह सब साधन सरकार को अपने कर्त्तव्यों के प्रति सचेत रखते हैं और अपनी मनमानी करने से भी रोकते हैं।

(3) विधान निर्माण सम्बन्धी शक्तियाँ–

(i) भारतीय संसद के समवर्ती सूची में सम्मिलित विषयों पर भी कानून बनाने का अधिकार प्राप्त है और यदि इस सम्बन्ध में उसके द्वारा बनाए गए कानून राज्य सरकारों द्वारा बनाए कानूनों के विरुद्ध होते हैं तो ऐसी दशा में राज्य सरकारों के कानून रद्द कर दिए जाते हैं।

(ii) विशेष परिस्थितियों में भारतीय संसद राज्य सूची में सम्मिलित विषयों पर भी कानून बना सकती है।

(iii) भारतीय संसद संघ सूची में दिए गए विषयों पर कानून बनाती है। इसके अलावा देश की किसी अन्य विधानपालिका को न तो इन विषयों के सम्बन्ध में कानून बनाने का अधिकार है और न ही संसद द्वारा बनाए गए कानूनों में बदलाव करने की शक्ति है।

(iv) अपने बनाए हुए कानूनों में संशोधन कर सकती है और उन्हें समाप्त भी कर सकती है। ब्रिटिश संसद पूर्ण प्रभुत्व संस्था है परन्तु भारत की संसद की ऐसी स्थिति नहीं है। उन पर निम्नलिखित प्रतिबन्ध हैं–

(v) संसद उन विषयों पर भी कानून बना सकती है जो संविधान में दी गई तीनों सूचियों में भी न हों।

संविधान में बहुत-सी ऐसी धाराएँ हैं जिनका वह स्वयं संशोधन नहीं कर सकती। उनके संशोधन के लिए कम-से-कम आधे विधानमंडलों की स्वीकृति जरूरी होती है।

भारतीय संसद द्वारा पास किए कानूनों के सम्बन्ध में सर्वोच्च न्यायालय और उच्च न्यायालयों को न्यायिक पुनर्निरीक्षण का अधिकार है। इसके अन्तर्गत वे संसद द्वारा बनाए गए किसी कानून को अवैध घोषित कर सकते हैं। ब्रिटिश संसद की शक्तियों पर इस प्रकार का कोई प्रतिबन्ध नहीं है।

संसद द्वारा पास होने वाले हर विधेयक पर राष्ट्रपति के हस्ताक्षर होने जरूरी होते हैं। राष्ट्रपति का यह अधिकार किसी बिल के पास होने में अधिक समय तक बाधा नहीं बन सकता, फिर भी इसके कारण देर अवश्य हो सकती है।

(4) द्वितीय शक्तियाँ–

(i) संसद का दूसरा महत्वपूर्ण कार्य सरकार के खर्चे के लिए रुपए का प्रबन्ध करना है। अतः उसे शासन कार्य के लिए **कर लगाने** तथा खर्च की स्वीकृति देने का अधिकार दिया गया है। संसद की स्वीकृति के

बिना सरकार किसी भी विषय पर पैसा खर्च नहीं कर सकती और न ही उसकी स्वीकृति के बिना कोई कर ही लगाया जा सकता है। बजट की स्वीकृति भी संसद देती है।

(ii) कुछ संसदीय मद ऐसे हैं जिन पर संसद में चर्चा तो की जा सकती है किन्तु मतदान नहीं हो सकता। इस प्रकार के खर्च भारत की संचित निधि पर भारित होते हैं।

(iii) संसद **सार्वजनिक लेखा समिति तथा अनुदान समिति** की नियुक्ति करती है, जिसका कार्य सरकार के खर्च की जाँच-पड़ताल करना है।

आडीटर जनरल इस सम्बन्ध में एक वार्षिक रिपोर्ट राष्ट्रपति की सेवा में पेश करता है। राष्ट्रपति इस रिपोर्ट को संसद के विचार के लिए पेश करता है जो सरकार द्वारा किए गए खर्च पर खुलकर आलोचना करती है। इस रिपोर्ट के आधार पर सरकार की वित्तीय नीतियों पर टीका-टिप्पणी की जाती है।

(5) मिश्रित शक्तियाँ—संसद का मुख्य कार्य तो देश के लिए कानून बनाना, बजट पास करना और कार्यपालिका पर अंकुश रखना है। किन्तु इसके अलावा उसे कुछ अन्य शक्तियाँ भी दी गई हैं जो निम्नलिखित हैं—

(i) संसद महाभियोग के द्वारा राष्ट्रपति को पद से हटा भी सकती है।

(ii) संसद के दोनों सदन, राष्ट्रपति तथा उपराष्ट्रपति के चुनाव में भाग लेते हैं।

(iii) वह देश की आन्तरिक तथा विदेशी नीति को जिसे संघीय मन्त्रिमंडल तैयार करता है, स्वीकृति प्रदान करती है।

(iv) संसद विशेष कारणों पर उपराष्ट्रपति, सर्वोच्च न्यायालय तथा उच्च न्यायालयों के न्यायाधीशों, मुख्य निर्वाचन अधिकारी और आडिटर जनरल को भी उसके पद से हटा सकती है।

42वें संशोधन के अनुसार केन्द्र को राज्यों में सेनाएँ भेजने का अधिकार प्रदान प्राप्त गया (Art—257 A)। इसका उपयोग केन्द्र उस समय करेगा जबकि भारतीय संघ के किसी राज्य में कानून तथा व्यवस्था की गम्भीर स्थिति पैदा हो गई हो। सेनाएँ केन्द्र के अधीन रहेंगी। राज्य सरकार उनके मामले में कोई हस्तक्षेप नहीं कर सकती।

इस प्रकार भारत में संसद की अपनी कार्य-प्रणाली व शक्तियाँ हैं जो संविधान द्वारा उन्हें दी गई हैं। वह इन शक्तियाँ का उचित प्रयोग कर देश की कार्य-व्यवस्था को सुचारु रूप से बनाए रखती है।

विधि निर्माण विषयक समस्याएँ और व्यवस्थापन समितियाँ

समितियों की आवश्यकता क्यों?

आज के युग में बढ़ती हुई जनसंख्या के साथ प्रत्येक देश के प्रतिनिधि सदनों में निर्वाचित सदस्यों की संख्या बढ़ती जा रही है। इंग्लैंड में कामन सभा में 630 सदस्य हैं। इसलिए इतना बड़ा सदन प्रत्येक कानून पर बारीकी से विचार नहीं कर सकता। दूसरे, कानून का निर्माण करना खुद एक बहुत जटिल कार्य है क्योंकि प्रत्येक सदस्य में कानून की बारीकियों को समझने का गुण नहीं होता। इसलिए कानून निर्माण कार्य विशेषज्ञों की सहायता से ही सम्पन्न किया जा सकता है। इसीलिए व्यवस्थापन समितियों की आवश्यकता पड़ती है। इन समितियों की आवश्यकता का एक कारण यह भी है कि निम्न सदन के पास कानून निर्माण कार्य बहुत अधिक होता है और वह हर कानून को अधिक समय नहीं दे सकता। इसलिए इन समितियों में विस्तारपूर्वक सूक्ष्म रूप से विचार करने के बाद ही कानून का रूप निर्धारित किया जाता है। इस प्रकार इनसे समय की बचत होती है।

इन समितियों में विरोधी दल के दृष्टिकोण पर विचार करने का समय मिल जाता है। सदन के अंदर विधेयक पर गर्मागर्म वाद-विवाद होता है। अतः सदन में विधेयक पर शान्तिपूर्वक विचार कर पाना असंभव हो जाता है। समितियों में विधेयक की पूरी जाँच-पड़ताल की जाती है। इसके बाद समिति का चैयरमैन अपनी रिपोर्ट सदन में प्रस्तुत करता है और सदन समिति द्वारा संशोधित विधेयक पर शीघ्रता से विचार कर लेता है। इस प्रकार सदन को समय की बचत भी होती है और उसको विशेषज्ञों की सलाह भी मिल जाती है।

ग्रेट ब्रिटेन में विधायिका संबंधी समितियाँ

ग्रेट ब्रिटेन में पाँच प्रकार की समितियाँ स्थापित की गई हैं–

1. प्रवर समितियाँ
2. समस्त सदन की समिति
3. सत्रीय या अधिवेशन सम्बन्धी विशेष समितियाँ
4. स्थायी समिति
5. निजी विधेयक समितियाँ।

(1) प्रवर समितियाँ—इस समिति में सदस्यों की संख्या 15 तक हो सकती है। ये समितियाँ महत्वपूर्ण विषयों पर जानकारी प्रदान करती है। इस समिति के लोगों को विशेष ज्ञान के आधार पर नियुक्त किया जाता है और इसे समिति के विषय छानबीन करने का पूरा अधिकार प्राप्त है। तत्पश्चात् ये अपनी रिपोर्ट सदन में प्रस्तुत करती हैं। सदन को इसे मानना जरूरी नहीं है। ये समितियाँ अपना कार्य पूरा करने के बाद खत्म हो जाती हैं।

(2) समस्त सदन की समिति—इस समिति में पूर्ण सदन एक समिति के रूप में कार्य करता है। कामन सभा का स्पीकर अपना स्थान छोड़ देता है और इस समिति का चेयरमैन ही अध्यक्षता करता है। किसी विषय पर समस्त विचार करने के पश्चात् ही समिति अपनी रिपोर्ट प्रस्तुत करती है। उस समय स्पीकर आसन ग्रहण कर लेता है और समिति का चेयरमैन सदन के सामने समिति की रिपोर्ट प्रस्तुत करता है। सम्पूर्ण सदन की समिति का उपयोग निम्नलिखित प्रयोजनों के लिए किया जाता है—

(i) सदन द्वारा पास करने पर सभी अन्य महत्वपूर्ण और आवश्यक विषय सारे सदन की समिति के सामने रखे जाते हैं।

(ii) **समस्त धन-विधेयक**—जब सदन की समिति माँगों पर विचार विमर्श करती है तो इसे 'पूर्ति समिति' (Supply Committee) कहते हैं और जब वह धन की स्वीकृति देती है तो इसे 'उपाय एवं साधन समिति' (Ways and Means Committee) कहते हैं।

(iii) अधिक छोटे विधेयक समय की बचत के लिए इस समिति में भेज दिए जाते हैं।

(iv) अस्थायी आदेश (Provisional Orders) सारे सदन की समिति के सम्मुख पेश किए जाते हैं।

(v) जिन विधेयकों को जल्दी से पास कराना होता है, उन्हें भी इस सदन की समिति के सामने रखा जाता है।

(3) सत्रीय या अधिवेशन सम्बन्धी विशेष समितियाँ—कई समितियों को सिर्फ विषय विशेष पर विचार करने हेतु ही किया जाता है फिर भी ये समितियाँ अधिवेशन के अन्त तक चलती रहती हैं। ये समितियाँ निम्नलिखित हैं—

(i) लोक लेखा समिति (The Committee of Public Accounts)

(ii) चयन समिति (Selection Committee)

(iii) प्राक्कलन समिति (Estimates Committee).

(iv) स्थायी आदेश समिति (Standing Orders Committee)

(v) विशेषाधिकार समिति (The Committee of Privileges)

(vi) परिनियत व्यवस्थापन समिति (The Committee on Statutory Instruments).

(4) स्थायी समिति—कामन सभा में स्थायी समिति के सदस्यों की संख्या पाँच तथा लार्ड सभा में एक है। इन समितियों को A, B, C, D के नाम से पुकारा जाता है। इनके अलावा 'स्काटिश स्थायी समिति' और होती है इसमें 50 सदस्य होते हैं। जिनमें से 30 को स्काटलैंड के चुनाव क्षेत्रों द्वारा नामजद तथा 20 अन्य सदस्यों को मनोनीत किया जाता है। यह समिति स्काटलैंड से सम्बन्धित विधेयकों पर विचार करती है। अन्य समितियों में 30 से लेकर 50 तक सदस्य होते हैं। इस समिति में 18 से 20 सदस्य विशेषज्ञ के रूप में लिये जाते हैं जो कानून के बारे में दक्ष-परामर्श देते हैं और अपने विचार प्राप्त करते हैं।

स्थायी समितियों के सदस्यों को 11 सदस्यों की "चयन समिति" (Committee of Selection) द्वारा मनोनीत किया जाता है। इस समिति को सदन खुद नियुक्त करता हैं। इन समितियों के सदस्यों में सभी पार्टियों के सदस्य होते हैं। प्रत्येक समिति में सदस्य उसी अनुपात में होते हैं जो अनुपात विभिन्न दलों के सदस्य कामन सभा में होते हैं। हर समिति विधेयक पर विचार करके अपनी रिपोर्ट पेश करती है।

(5) निजी विधेयक समितियाँ—ये समितियाँ केवल निजी विधेयकों पर ही विचार-विमर्श करती हैं। इस समिति के सदस्यों की संख्या कामन सभा में चार और लार्ड सभा में पाँच होती है। इनके सदस्य दलों के सचेतकों (whips) से निर्मित सूची में से चयन समिति से लिए जाते हैं और उनमें से ही इसका चेयरमेन मनोनीत किया जाता है तथा चयन समिति द्वारा ही यह समिति एक अर्द्ध न्यायिक संस्था की तरह कार्य करती है। यह समिति निजी विधेयक से सम्बन्धित सभी व्यक्तियों और संस्थाओं के विचारों को सुनती है। यह समिति पूर्णतया निष्पक्ष भाव से बगैर किसी जातिगत या दलीय भेदभाव के अपना रिपोर्ट सदन में प्रस्तुत करती है।। आमतौर से सदन में इसकी रिपोर्ट को मान लिया जाता है।

प्रायः लगभग दस समितियों का निर्माण हर वर्ष सारे अधिवेशन के लिए किया जाता है। किसी बहुत महत्वपूर्ण विषय के लिए दोनों सदनों की एक संयुक्त समिति का निर्माण भी कर दिया जाता है किन्तु यह समिति अपनी रिपोर्ट देने के बाद ही खत्म हो जाती है। इसका सभापतित्व कोई पीयर या लार्ड सभा का सदस्य करता है। इसकी रिपार्ट दोनों सदनों में प्रस्तुत की जाती है। ग्रेट ब्रिटेन में इस प्रकार की समितियाँ बहुत ही कम बनाई जाती हैं।

अमेरिकन कांग्रेस में विधायी समितियाँ

(1) विशेष समितियाँ—इन समितियों का निर्माण किसी विशेष कार्य के लिए सदन के प्रस्ताव के अधीन स्पीकर द्वारा सदन के अधिवेशन के शुरू होने पर किया जाता है। इनमें सर्वाधिक महत्वपूर्ण जाँच समितियाँ होती हैं जो प्रशासन के भ्रष्टाचार की देखभाल करती हैं और ये इसके लिए प्रशासन के किसी भी रिकार्ड को मँगवा सकती हैं। किसी व्यक्ति को अपने सामने गवाही के लिए बुला सकती हैं। प्रतिनिधि सदन की अपेक्षा सीनेट की जाँच समितियाँ अधिक महत्वपूर्ण हैं।

(2) स्थायी समितियाँ—1965 में 89वीं कांग्रेस में प्रतिनिधि सदन में 20 और सीनेट में 16 समितियाँ थीं। इन समितियों में सदस्यों की संख्या 9 से लेकर 50 तक रहती है। सीनेट में एक सदस्य कई समितियों का सदस्य बन सकता है, किन्तु प्रतिनिधि सदन में एक सदस्य एक समिति का सदस्य रहता है। जहाँ तक सदस्यों के चुनाव का प्रश्न है यह प्रत्येक दल की 'समितियों सम्बन्धी समिति' के द्वारा किया जाता है। प्रत्येक दल को समिति में उसी अनुपात में प्रतिनिधित्व दिया जाता है जो अनुपात उस दल का सदन में होता है। उदाहरणार्थ, 1968 के चुनाव के बाद सीनेट में डेमोक्रैट्स और रिपब्लिकन्स का अनुपात 58 : 42 था। इसलिए समिति के सदस्यों में भी यह अनुपात था। तथा बहुत सी समितियों के अध्यक्ष कभी-कभी बहुमत दल से भी लिए जाते हैं। लेकिन इसमें वरिष्ठता को बहुत महत्व दिया जाता है और इन समितियों के अध्यक्ष बहुत शक्तिशाली होते हैं और यही उपसमितियों की नियुक्ति करते हैं। इन समितियों के निर्णय बहुमत द्वारा किए जाते हैं। यह किसी विधेयक को, रिपोर्ट न देकर खत्म भी कर सकती है। फरग्यूसन तथा मैकहेनरी के अनुसार—"स्थायी समितियाँ सबसे महत्वपूर्ण समितियाँ हैं क्योंकि ये एक छलनी के समान चयन है जिनमें से होकर बहुत-से विधेयकों को गुजरना पड़ता है और उनमें से ये समितियाँ विधेयकों का चयन करती हैं।"

(3) संयुक्त समितियाँ—इन समितियों का निर्माण कांग्रेस द्वारा किसी विशेष उद्देश्य को पूरा करने के लिए किया जाता है, जैसे—किसी राष्ट्रीय इमारत का निर्माण करना, राजधानी में कोई सरकारी इमारत बनाना आदि।

(4) कांफ्रेंस समितियाँ—अमेरिका में दोनों सदनों को समान शक्तियाँ प्रदान की गयी हैं जिसके कारण गतिरोध की संभावना निरंतर बनी रहती है। इसलिए गतिरोध को दूर करने के लिए दोनों सदनों की एक कांफ्रेंस समिति नियुक्त की जाती है जिसमें सदन से 3 से 9 तक सदस्य नियुक्त किए जाते हैं। इनकी नियुक्ति

प्रतिनिधि सदन में स्पीकर और तथा सीनेट में उपराष्ट्रपति द्वारा की जाती है। ये सदस्य उस विधेयक पर गम्भीरतापूर्वक विचार करके गतिरोध को दूर करने के लिए दोनों सदनों को अपने सुझाव व राय देते हैं। यदि इन सुझावों को कोई भी एक सदन न माने तो पुनः एक नई कांफ्रेंस समिति बनाई जाती है। यदि फिर भी गतिरोध दूर नहीं होता तो वह विधेयक खत्म कर दिया जाता है।

(5) सम्पूर्ण सदन की समिति–राजस्व (Revenue) या विनियोग (Appropriation) विधेयक पर विचार करने के लिए खुद प्रतिनिधि सदन एक समिति के रूप में बैठ जाता है किन्तु उस समय उसका अध्यक्ष स्पीकर नहीं बल्कि समिति से चुना गया कोई वरिष्ठ व्यक्ति होता है। इसकी गणपूर्ति 100 रखी गई है। अन्य सदस्यों की तरह अध्यक्ष भी वाद-विवाद में भाग लेता है और विवाद के नियम भी ढीले कर दिए जाते हैं।

(6) नियम समिति–यह समिति बहुत महत्वपूर्ण है। इसका सम्बन्ध प्रमुख रूप से कानूनी प्रक्रिया से है किन्तु जो विधेयक स्थायी समितियों से आते हैं वे इसी समिति के द्वारा भेजे जाते हैं। नियम समिति की आज्ञा देने पर ही सदन में उन पर विचार किया जा सकता है। क्योंकि सदन के सामने विधेयकों की संख्या अधिक होती है। इसलिए इनका क्रम इस समिति द्वारा ही निर्धारित किया जाता है।

अमेरिका एवं इंग्लैंड की समितियों में अन्तर

(1) ग्रेट ब्रिटेन में सरकारी निजी सदस्य विधेयक और निजी विधेयकों में विशेष अन्तर होता है और वहाँ पर ये विधेयक अलग-अलग समितियों को भेजे जाते हैं, किन्तु अमेरिका में इस प्रकार का कोई अन्तर नहीं होता, वहाँ पर सभी विधेयक निजी सदस्यों के द्वारा सदन में प्रस्तुत किए जाते हैं। निजी सदस्य वे होते हैं जो संसद या पार्लियामेंट के सदस्य तो होते हैं किन्तु मन्त्री नहीं होते हैं।

(2) अमेरिका में कमेटियों के सामने गवाही देने की व्यवस्था है। परंतु ग्रेट ब्रिटेन में ऐसा नहीं है।

(3) ग्रेट ब्रिटेन में विधेयकों का नेतृत्व समितियों के मन्त्री करते हैं। किन्तु अमेरिका में यह कार्य समितियों के अध्यक्ष और नियम समिति करती है।

(4) समितियों का गठन–ग्रेट ब्रिटेन में समितियों का गठन दलों के नेताओं द्वारा मनोनीत की गई चयन-समिति द्वारा ही होता है लेकिन अमेरिका में प्रतिनिधि सदन में दोनों दलों के वरिष्ठ (Senior) सदस्यों द्वारा दी गई सूचियों के आधार पर सदन में चुनाव होता है जो केवल औपचारिक रूप से होता है।

(5) समितियों के अध्यक्ष का चयन—ब्रिटेन के कामन सदन में समितियों के अध्यक्ष चयन समिति (Select Committee) के द्वारा तैयार की गई अध्यक्ष तालिका में से अध्यक्ष द्वारा चुने जाते हैं तथा वे पूर्ण रूप से निष्पक्ष, बिना किसी भेदभाव के होकर काम करते हैं। किन्तु संयुक्त राज्य अमेरिका में समितियों के अध्यक्ष सदन द्वारा चुने जाते हैं। व्यवहार में यह पद बहुसंख्यक दल के किसी-न-किसी सीनियर व्यक्ति को ही दिया जाता है। ग्रेट ब्रिटेन में समिति के अध्यक्ष निष्पक्ष रूप से काम करते हैं। अमेरिका में वे दलीय आधार पर काम करते हैं।

(6) ज्येष्ठता का नियम—दोनों देशों में समितियों के सदस्य उसी अनुपात में लिए जाते हैं जिस अनुपात में सदन में उनका प्रतिनिधित्व होता है। परन्तु ग्रेट ब्रिटेन की अपेक्षा अमेरिका में ज्येष्ठता के नियम का कड़ाई से पालन किया जाता है। ब्रिटेन में किसी जूनियर योग्य सदस्य को समिति का चेयरमैन नियुक्त किया जा सकता है।

(7) प्रणाली में अन्तर—ग्रेट ब्रिटेन में विधेयक दूसरे वाचन के पश्चात् समितियों के पास भेज दिए जाते हैं। विधेयकों के सिद्धान्तों पर चर्चा हो चुकी है और वे सदन के द्वारा स्वीकार कर लिए जाते हैं। इसके प्रतिकूल संयुक्त राज्य अमेरिका में विधेयक पहले वाचन के बाद समितियों को भेजे जाते हैं जबकि उनके सिद्धान्त सदन के द्वारा मजबूर नहीं किए जाते हैं। अतएव ग्रेट ब्रिटेन की समितियाँ जितनी रुचि विधेयक में दिखाती हैं, उतनी संयुक्त राज्य अमेरिका में नहीं।

(8) ग्रेट ब्रिटेन में समितियाँ विधेयक में आधार परिवर्तन नहीं कर सकतीं परन्तु संयुक्त राज्य अमेरिका में समितियाँ यह कर सकती हैं।

(9) संख्या तथा उद्देश्य—वैसे तो कॉमन सदन में समितियों की संख्या पाँच है लेकिन अमेरिका में उनकी संख्या 20 और सीनेट में 16 है तथा अमेरिका में विशेष विषयों से सम्बन्धित समितियाँ होती हैं। ग्रेट ब्रिटेन में समितियाँ सामान्य उद्देश्य के लिए भी बनाई जाती हैं और किसी भी समिति को कोई भी विधेयक स्पीकर द्वारा भेजा जा सकता है।

(10) शक्तियाँ—अमेरिकी समितियाँ ब्रिटिश समितियों की तुलना में ज्यादा शक्तिशाली होती हैं।। ब्रिटेन में समितियाँ विधेयकों पर विचार-विमर्श करती हैं और उसके बाद विधेयकों के बारे में अपना प्रतिवेदन कॉमन सदन को दे देती हैं, चाहे यह प्रतिवेदन विधेयक के खिलाफ हो या पक्ष में। संयुक्त राज्य अमेरिका की समितियों को वहाँ छोटा विधानमंडल (Miniature Legislatures) के नाम से पुकारा जाता है। समिति चाहे तो किसी विधेयक पर अपनी रिपोर्ट न देकर उसे खत्म

भी कर सकती है। अमेरिका में समितियाँ ही विधेयकों को कानून का सही रूप प्रदान करती हैं।

प्रदत्त विधायन

प्रदत्त व्यवस्थापन का अभिप्राय—वे नियम और विनियम जिनका प्रभाव कानून के समान ही होता है और जिन्हें प्रशासनिक विभाग संसद द्वारा लिए गए अधिकार के आधार पर जारी किया जाता है, प्रदत्त व्यवस्थापन कहलाता है। इंग्लैंड में जनकल्याणकारी राज्य के उद्भव होने से सरकारी कार्यों में काफी बढ़ोतरी हो गई हैं। संसद समय के अभाव की कमी के कारण हर कानून पर सूक्ष्म व अधिक समय तक विचार नहीं कर सकती और न ही इसके पास इतना ज्ञान होता है कि प्रत्येक कानून की बारीकी और जटिलता को भली-प्रकार समझ सके। अतः ब्रिटिश संसद कानून के अन्तर्गत सरकारी विभागों अथवा मन्त्रिमंडल को कानूनों की रूपरेखा को पूरा करने के लिए कुछ नियमों और विनियमों का निर्माण करने की शक्ति दे दी जाती है।

ग्रेट ब्रिटेन में 19वीं शताब्दी से प्रदत्त व्यवस्थापन का विकास शुरू हुआ। **जेनिंग्स** के शब्दों में—"जैसे-जैसे समूहवाद (Collectivism) के विकास के कारण सरकारी शक्ति बढ़ती जाती है, वैसे-वैसे प्रदत्त कानूनों की संख्या भी बढ़ती जाती है।" ग्रेट ब्रिटेन में 1925 के रेटिंग और वेल्युऐशन एक्ट (Rating and Valuation Act of 1925) के अनुसार मन्त्री को उन आदेशों के जारी करने और ऐसे कार्य की शक्ति दी गई जिन्हें वह आवश्यक और उचित समझता हो। साथ ही साथ उसे उस अधिनियम के उपबन्धों में बदलने का अधिकार भी दिया गया है, जो आदेशों को लागू करने के लिए जरूरी तथा उचित प्रतीत होता है। 1931 के संकट का सामना करने के लिए राष्ट्रीय सरकार ने ग्रेट ब्रिटेन में थोड़े सामान्य कानून बनाए और उन कानूनों की अनुपूर्ति के लिए अनेक परिषद्-सहित-आदेश (Orders-in-council) जारी कर दिए। 1932 के नगर आयोजन अधिनियम ने स्वास्थ्य मन्त्रालय को स्थानीय अधिकारियों से सलाह करके योजनाओं को क्रियान्वित भी कर दिया।

सरकारी विभागों द्वारा बनाए गए इन आदेशों, नियमों और विनियमों की संख्या बढ़ती ही जा रही है। 1980 में इनकी संख्या 168 थी। 1913 में 444, 1927 में 1500 और 1945 में इनकी संख्या 1706 हो गई। 1951 में इनकी संख्या 1166 रह गई तथा 1952 में घटकर 704 हो गई। 1952 के बाद यह संख्या फिर से बढ़ती ही जा रही है।

प्रदत्त व्यवस्थापन की आलोचना

1929 में लार्ड हीवर्ट ने अपनी पुस्तक "न्यू डैस्पोटिज्म" में इसकी आलोचना करते हुए लिखा है कि–"संसद प्रदत्त व्यवस्थापन को न तो नियन्त्रित ही कर सकती है और न ही इसकी जाँच कर सकती है। इसलिए यह संसद की प्रभुसत्ता का अति गम्भीर अतिक्रमण है। **दूसरे,** प्रशासनिक न्यायाधिकरण न्यायालयों के अधिकारों को सीमित करते हैं, इसलिए ये कानून के शासन के लिए बड़ा भारी भय होता है। **तीसरे,** कार्यपालिका के हाथ में अत्यधिक शक्तियाँ देना लोकतन्त्र के लिए घातक सिद्ध हो सकता है।"

1929 से मन्त्रियों की शक्तियों पर विचार करने के लिए जो समिति बैठी, उसके मतानुसार संसद की शक्तियों को इस प्रणाली के द्वारा कोई हानि नहीं पहुँची है। इस प्रणाली का गलत प्रयोग न हो इसके लिए समिति ने निम्नलिखित सुझाव रखे–

(1) प्रदत्त व्यवस्थापन का प्रारूप बहुत ही सावधानी से तैयार किया जाए।

(2) प्रशासनिक अधिकारियों की स्वेच्छाचारी शक्तियों पर कुछ परिसीमाएँ लगा भी दी जाएँ जिससे वे अपनी शक्ति का गलत प्रयोग न कर सकें और उनके निर्णयों के विरुद्ध अपील न्यायालयों को भेजी जा सके जिससे न्यायालय यह निश्चित करें कि अमुक अधिकारी ने अपनी स्वेच्छाचारी शक्तियों का दुरुपयोग किया है या नहीं।

(3) प्रशासनिक विनियमों को संसद की जानकारी के लिए भेजना अति महत्वपूर्ण है क्योंकि जिससे संसद सही समय पर सही निर्णय लें।

उपर्युक्त तीनों बातों को ग्रेट ब्रिटेन में लागू किया जा रहा है। 1944 में "संविधि नियम सम्बन्धी प्रवर समिति" बैठाई गई। इस समिति को हर वर्ष नए तौर पर नियुक्त किया जाता है। यह सरकारी विभागों के अधिकारियों और लागू किए गए सभी आदेशों, नियमों तथा विनियमों की जाँच करती है और यह भी देखती है कि संसद की प्रभुसत्ता का इनके अधिकारी अपनी इच्छानुसार शक्तियों का दुरुपयोग न करें।

वर्तमान समय में प्रदत्त विधायन पर संसद निम्नांकित तीन तरह से अपना नियंत्रण कायम करती है–

(1) कुछ आदेश, नियम तथा विनियम इस प्रकार के होते हैं कि उन्हें संसद के सामने तो रखना जरूरी है किन्तु यदि कोई भी एक सदन उन्हें नहीं चाहता है तो 40 दिन के अन्दर अपने एक प्रस्ताव के द्वारा उन्हें खत्म कर सकता है।

(2) सरकारी विभागों द्वारा बनाए गए कुछ आदेशों, नियमों तथा विनियमों को संसद के दोनों सदनों की स्वीकृति से पूर्ण लागू नहीं किया जा सकता।

(3) कुछ छोटे आदेश, नियम तथा विनियम इस प्रकार के होते हैं जो संसद की मेज पर रख दिए जाते हैं परन्तु यदि कोई संसद सदस्य उनका विरोध करना चाहे तो वह मन्त्री से प्रश्न पूछ सकता है या काम रोको प्रस्ताव रख सकता है। इस प्रकार प्रदत्त व्यवस्थापन पर संसदीय नियन्त्रण रखा गया है।

न्यायालयों का भी सरकारी विभागों द्वारा बनाए गए. आदेशों, नियमों तथा विनियमों पर पूरी तरह से नियन्त्रण है और वे संसद के किसी काननू के विरोधी आदेशों, नियमों और विनियमों को अवैध घोषित कर सकते हैं। **हरबर्ट मोरीसन** के अनुसार—"प्रदत्त व्यवस्थापन का सिद्धान्त ठीक है किन्तु मैं इस बात पर बल देना चाहता हूँ कि संसद इसकी सभी अवस्थाओं पर दृष्टि रखे।"

प्रत्यक्ष विधायन

जब जनता स्वयं अपने लिए कानूनों का निर्माण करती है, तो इस प्रणाली को प्रत्यक्ष-व्यवस्थापन कहा जाता है किन्तु यहाँ एक महत्वपूर्ण सवाल यह उठता है कि क्या एक बड़े राज्य में जैसा कि आजकल विद्यमान है, यह प्रक्रिया सम्भव हो सकती है? दूसरा प्रश्न यह खड़ा होता है कि इसकी जरूरत क्यों पड़ी? प्रथम प्रश्न का सीधा उत्तर है कि बड़े राज्यों में यह व्यवस्था सम्भव नहीं है। दूसरे के उत्तर में कहा जा सकता है कि आधुनिक प्रजातन्त्र राज्यों में कानूनों का निर्माण जनता के प्रतिनिधियों द्वारा किया जाता है लेकिन जनता का अपनी सुविधाओं के लिए प्रतिनिधियों पर निर्भर रहने का विश्वास उठता जा रहा है। इसके दो कारण हैं। **प्रथम,** जनता जिन कानूनों का निर्माण चाहती है, व्यवस्थापिकाएँ उनका निर्माण नहीं कर पातीं। **दूसरा** कारण राजनैतिक दलों की गन्दगी भी विधानमंडल को जनता का सच्चा प्रतिनिधि नहीं बनने देती और दल अपने दल के सदस्यों को भी किसी तरह की स्वतन्त्रता प्रदान नहीं करते तथा उन्हें आँख बन्द करके दल की नीति को मानना पड़ता है। इसके अलावा प्रतिनिधि निर्वाचन में अल्पमत का भी बुरी तरह शोषण किया जाता है। परिणामस्वरूप **"सार्वजनिक राजसत्ता"** (Popular Sovereignty) का सिद्धान्त भी प्रतिनिधि व्यवस्थापन द्वारा एक कोरी कल्पना बनकर रह गया है। इसलिए प्रत्यक्ष व्यवस्थापन के द्वारा जनता खुद विधि के निर्माण का कार्य करती है।

अब सवाल यह पैदा होता है कि कौन-कौन से उपाय हैं जिनका इस्तेमाल अलग-अलग राष्ट्रों में इस ओर किया जाता है? इनका उल्लेख निम्नलिखित है—

(1) जन निर्णय—यह प्रणाली स्विट्ज़रलैंड में अत्यधिक लोकप्रिय है।। इसके द्वारा उन विधेयकों या संवैधानिक संशोधनों पर जनता का निर्णायक मत लिया जाता है, जिन्हें विधानमंडल ने पास कर दिया हो। जनता का बहुमत मिलने पर ही वह प्रस्ताव कानून बन सकता है वरना नहीं। इस प्रथा का आधार यह है कि कानून जनता की इच्छा की अभिव्यक्ति है और जनता पर ही यह लागू होता है। जन-निर्णय या जनमत संग्रह दो प्रकार का होता है—

(i) अनिवार्य जन-निर्णय (Compulsory Referendum)

(ii) ऐच्छिक जन-निर्णय (Optional Referendum)

कुछ ऐसे निर्णय होते हैं जिन पर जनता की राय तथा निर्णय जानना आवश्यक होता है जैसे संविधान संशोधन। यह जरूरी नहीं कि जनता इन संशोधनों पर अपना बहुमत दे तो वे कानून बन जाते हैं और न दे तो वे कानून नहीं बन सकते। इसके अलावा ऐच्छिक जननिर्णय में केवल वे कानून ही जनता के सामने रखे जाते हैं जिनके लिए निर्वाचकगण एक निश्चित संख्या में सरकार से प्रार्थना करते हैं। उदाहरणार्थ, स्विट्ज़रलैंड में 30,000 नागरिक या आठ केन्टन किसी कानून पर जन निर्णय की माँग कर सकते हैं।

कुछ देश हैं जहां संवैधानिक संशोधनों के संबंध में जन-निर्णय का उपयोग किया जाता है; जैसे आस्ट्रेलिया, डेनमार्क, आयरलैंड, फ्रांस, इटली, अमेरिका आदि। जर्मनी में वैमर गणतन्त्र में भी इसके लिए व्यवस्था की गई थी। 1949 के जर्मन आधारभूत कानून की 29वीं धारा में भी प्रदेशों की सीमाओं के परिवर्तन के बारे में जननिर्णय का हवाला दिया गया है। 1946 में इटली राजतन्त्र के रखने या न रखने के बारे में जननिर्णय हुआ था। जिसके कारण ही वहाँ गणतन्त्र संविधान का निर्माण हुआ। 1947 के इटली गणतन्त्र संविधान की 75वीं धारा में इसका वर्णन किया गया है। 1958 के संविधान में जननिर्णय को स्वीकार किया गया है। राष्ट्रपति डोगोल ने 28 अक्टूबर, 1962 को फ्रांस के राष्ट्रपति के चुनाव के सम्बन्ध में जननिर्णय कराया था। संविधान की धारा 6 के अनुसार राष्ट्रपति निर्वाचन मंडल द्वारा चुना जाता है किन्तु इस जननिर्णय में यह प्रस्ताव रखा गया था कि राष्ट्रपति का चुनाव सीधे वयस्क मताधिकार के आधार पर होना चाहिए। 61% बहुमत ने इस विचार का समर्थन किया। उसके अनुसार 1958 के संविधान की धारा 6 तथा 7 में संशोधन किया गया। नवम्बर का राष्ट्रपति चुनाव इसी आधार पर हुआ। स्विट्ज़रलैंड के कुछ केन्टन्स में निर्वाचक वर्ष में एक बार खुले चरागाहों में इकट्ठा होते हैं और वे कानूनों

का निर्माण करते हैं और करों पर स्वीकृति देते हैं। साथ ही साथ अगले वर्ष के लिए अपने कार्यपालिका अधिकारियों को भी चुनते हैं।

(2) जनमत गणना—जनमत निर्णय से मिलती-जुलती यह एक अन्य विधि है। यह एक प्रकार का जननिर्णय है जिसे व्यवस्थापिका कानून के निर्माण करने से पूर्व जनता का मत जानना चाहती है। दूसरे शब्दों में, इसका राजनीतिक उद्देश्य महत्वपूर्ण प्रश्नों पर जनता का मत जानने से है। उदाहरण के लिए 1947 में पश्चिमोत्तर सीमाप्रान्त तथा असम के सिलहट जिले में यह जानकारी प्राप्त करने के लिए जनगणना कराई गई कि वहाँ के निवासी भारत में रहना चाहते हैं या पाकिस्तान में। जूनागढ़ में भी जनगणना हुई और जिस कारण वह भारत का अंग बना।

(3) प्रस्तावाधिकार—इस पद्धति के माध्यम से जनता स्वयं किसी कानून का निर्माण आवश्यक होने पर विधायिका से निर्माण हेतु आवेदन कर सकती है। कानूनों के प्रस्तावों को दो प्रकार से रखा जा सकता है—

(i) निर्मित—प्रस्ताव की पूर्ण रूपरेखा पेश की जाती है और इस पर जब जनता का बहुमत प्राप्त हो जाता है तब वह कानून बन जाता है।

(ii) अनिर्मित—जनता कुछ विषयों को बिना निर्मित किए विधानमंडल के सामने रख सकती है कि उन विषयों पर कानून बनाए जाएँ। या इसके बाद वही व्यवस्थापिका कानून बनाकर उन्हें जनता की सहमति के लिए पेश करती है।

उपरोक्त विवरण से स्पष्ट होता है कि प्रस्तावाधिकार जनता को कानूनी प्रस्तावों को पहल करने का अधिकार देता है। अमेरिका के बहुत कम राज्यों में इसका प्रयोग किया जाता है। जर्मनी वैमर गणतन्त्र के अन्दर यदि मताधिकार प्राप्त व्यक्तियों की 1/10 संख्या किसी ऐसे विधेयक को पेश करने की प्रार्थना करे जिसका कि पूर्ण प्रारूप दिया गया हो, तो सरकार के लिए जरूरी हो जाएगा कि वह उसे लोकप्रिय सदन में पेश करे। इटली के संविधान में भी प्रस्तावाधिकार की व्यवस्था की गई है। वहाँ 50,000 निर्वाचक विधेयक का प्रारूप तैयार करके विधायिका के विचार के लिए रख सकते हैं। स्विट्ज़रलैंड में 50,000 मतदाताओं के हस्ताक्षरों से संविधान में पूर्ण बदलाव का प्रस्ताव पेश किया जा सकता है। उस समय भी कार्यवाही होती है जबकि फेडरल एसेम्बली का सदन सम्पूर्ण परिवर्तन का प्रस्ताव रखे और दूसरा उसका विरोध करे।

(4) प्रतिनिधि प्रत्यावर्तन—इसके द्वारा मतदाताओं की एक निश्चित संख्या ऐसे प्रतिनिधि को पदच्युत कराने की प्रार्थना करती है जिसके कार्य से उसे सन्तोष प्राप्त नहीं है। प्रार्थना पर मतदान होता है। यदि बहुमत उस प्रार्थना को मना कर

देता है तो प्रतिनिधि को हटा दिया जाता है और उसके स्थान पर नए उम्मीदवार का चयन किया जाता है।

प्रत्यक्ष विधि निर्माण के गुण—(1) ऐसे विधेयकों को नैतिक समर्थन प्राप्त होता है। (2) यह विधि दोनों सदनों के बीच मतभेद को दूर करने का अच्छा साधन है। (3) अन्तिम शक्ति जनता के हाथों में रहती है। (4) प्रस्तावों पर गम्भीरता से विचार होता है। (5) जनता निरंकुश शासन से बच जाती है।(6) इसके द्वारा सार्वजनिक राजसत्ता के विचार को व्यावहारिक रूप दिया जाता है। (7) जनता ऐसे कानूनों का अपनी-इच्छा से पालन करती है। (8) जनता को इसके द्वारा राजनीतिक शिक्षा मिलती है। (9) विधानमंडल के सदस्य इसके द्वारा लोकमत के सम्पर्क में रहते हैं। (10) बहुमत निरंकुश नहीं हो सकता। (11) राजनैतिक दलों का लोप हो जाता है।

प्रत्यक्ष विधि निर्माण की हानियाँ— (1) साधारण जनता उत्तम कानूनों का निर्माण नहीं कर सकती क्योंकि आधुनिक काल की आर्थिक एवं राजनीतिक समस्याएँ इतनी जटिल हैं कि उनको समझना साधारण जनता के बलबूते का काम नहीं है।(2) जन-निर्णय तथा प्रस्तावाधिकार में मतदाताओं द्वारा केवल 'हाँ' या 'नहीं' कहने से कार्य पूर्ण नहीं हो जाता। (3) इस प्रथा में लगभग आधे से मतदाताओं का विरोध बना रहता है। लगभग 49% इसमें विरोध में ही होते हैं। (4) नित्यप्रति के मतदान से जनता परेशान हो जाती है। (5) अमरीकी राज्यों तथा स्विट्ज़रलैंड के अनुभवों से पता चलता है कि इन विधियों में अधिकतर मनुष्य दिलचस्पी नहीं लेते। (6) यह विधि छोटे राज्यों में ही अपनायी जा सकती है तथा बड़े राज्यों के लिए यह प्रथा सम्भव नहीं है। (7) इससे विधानमंडल के गौरव को ठेस पहुँचती है। विधानमंडल अनुत्तरदायी बन जाता है।

प्रो. लास्की के शब्दों में, "प्रत्यक्ष कानूनों का निर्माण करने वाली सरकार को जिस कठिनाई का सामना करना पड़ता है, वह यह अन्तिम कठिनाई है कि प्रत्यक्ष कानून के निर्माण की अवधि एक ऐसा भद्दा यन्त्र है, जिसमें सरकार को चलाने की कला की इच्छाओं की कमी होती है।

फाइनर ने लिखा है कि "प्रत्यक्ष कानून बनने से बहुत कम भला हुआ है। प्रत्यक्ष व्यवस्थापन किसी भी परिस्थिति में संसदीय व्यवस्थापन का स्थान नहीं ले सकता। इससे किसी समस्या का हल नहीं होता।"

ब्राइस के अनुसार—"व्यवस्थापिका सभा में उत्तरदायित्व की भावना कम हो जाती है और वह जनता को रद्द करने की शक्ति को ध्यान में रखकर ऐसे उपाय

मान सकती है जिन्हें उसका विवेक पसन्द करता हो या जिन कानूनों को वह जरूरी समझता है, उन्हें पास करने में भी उसे भय हो सकता है कि कहीं लोकमत से उसे भर्त्सना ही प्राप्त न हो।"

उपर्युक्त विद्वान इस विधि को प्रजातंत्र के लिए हानिकारक मानते हैं। किन्तु ब्रुक्स का कहना है कि इस पद्धति के लाभ अधिक हैं। अन्त में हम इस निष्कर्ष पर पहुँचते हैं कि ये संस्थाएँ छोटे आकार और जनसंख्या वाले राज्यों के लिए विशेष रूप से उपयुक्त हैं। बड़ी संख्या वाले राज्यों में जहाँ दलीय व्यवस्था प्रधान है यह पद्धति विशेष महत्व नहीं रखती।

4

विकासशील देशों में राजनीतिक प्रक्रियाओं के सामाजिक-आर्थिक आयाम

अल्प विकास का स्वरूप

द्वितीय विश्व युद्ध में पहले बहुत से देशों का शोषण किया गया परिणाम यह हुआ कि इनकी माली हालत खराब हो गयी और इनकी विकास की राह रुक गयी। जब द्वितीय विश्व युद्ध हुआ तो उसके बाद ये देश स्वतंत्र हुए और नतीजा यह हुआ कि इनकी माली हालत भी सुधरी और इन्होंने धीरे-धीरे अपना विकास किया। इसलिए ये अल्प विकसित या विकासशील राष्ट्र कहलाये। स्वतन्त्र जीवन व्यतीत करते हुए इन देशों को लगभग अर्ध शताब्दी व्यतीत हो गई किन्तु ये अपना अपेक्षित विकास नहीं कर पाए हैं। इन विकासशील देशों के अल्पविकास की समस्याओं का अध्ययन करने से पूर्व अल्प विकास के स्वरूप को समझना आवश्यक है।

एशिया अफ्रीका व लैटिन अमरीका के विकासशील देशों के आर्थिक व सामाजिक जीवन के उतार-चढ़ाव की कहानी अलग-अलग है किन्तु मोटे तौर पर ये देश दासता की जंजीरों में जकड़े होने के पूर्व अत्यन्त धनी व वैभवशाली देश थे तथा आत्मनिर्भर जीवन व्यतीत करते थे। ये देश कृषि व उद्योगों में उन्नत थे तथा इनमें से बहुतों को विश्व के विभिन्न क्षेत्रों के लोगों से व्यापार होता था। ये धर्म प्रधान जीवन व्यतीत करने वाले थे। मुस्लिम कट्टरवादी देशों को छोड़कर अधिकांश देश शांतिप्रिय थे।

यूरोपीय साम्राज्यवासियों ने छल, कपट तथा युद्ध के माध्यम से इन देशों पर अपना आधिकार करके इन्हें अपना उपनिवेश बना लिया तथा उपनिवेश के रूप में इनका उपयोग किया। उन्होंने सर्वप्रथम अपने अत्यन्त विकसित उपनिवेशों के उन्नत उद्योगों द्वारा निर्मित माल को बलात् सस्ते मूल्य पर खरीदा और यूरोप की मण्डियों में ऊंचे दामों पर बेच कर भारी मुनाफा बमाया। शीघ्र ही जब यूरोप में मशीनों का आविष्कार हो गया तब उन्होंने उपनिवेशों को बाजार के रूप में इस्तेमाल किया। उपनिवेशों मे विदेशी उत्पादों के समुचित विनिमय और प्रबंधन के कारण इनका प्रसार हुआ और बाजार बढ़ता गया। धीरे-धीरे देशी उद्योग बंद होने लगे। अपने उपनिवेशों के अधिक शोषण करने की लालसा ने उपनिवेशवादियों को एक पग और आगे रखने के लिए प्रेरित किया। अब यूरोपीय जातियों ने अपने देश की कम्पनियों को उपनिवेशों में कारखाने व उद्योग खोलने के लिए न केवल प्रेरित किया बल्कि सब प्रकार की सुविधाएँ प्रदान कीं। उन्होंने उपनिवेशों से प्राप्त कच्चे माल तथा सस्ते श्रम का लाभ उठाया तथा भारी लाभ कमाना प्रारम्भ कर दिया।

यद्यपि अल्प विकसित देशों के शोषण की उपरोक्त गाथा का स्वरूप सर्वदूर समान नहीं था किन्तु इन सभी देशों के शोषण की पृष्ठभूमि में ये परिस्थितियाँ कहीं न कहीं अवश्य विद्यमान रही हैं। इन परिस्थितियों ने इन देशों को दरिद्र बना डाला और इनकी अर्थव्यवस्था पर लम्बे समय तक उपनिवेशवादियों का वर्चस्व बना रहा।

द्वितीय विश्वयुद्ध के पश्चात् जब इन उपनिवेशों ने स्वतन्त्रता प्राप्त की तब इन्होंने अपने को आर्थिक दृष्टि से दास बना पाया। गत अर्धशताब्दी में इन उपनिवेशों ने विकास की योजनाएँ बनाईं और आर्थिक समृद्धि के प्रयास किए किन्तु अर्धशताब्दी व्यतीत हो जाने के पश्चात् भी ये देश विकसित देशों की श्रेणी में नहीं आ पाए।

अल्प विकास के कारण

विकासशील देशों के विकास के मार्ग में अनेक बाधाएँ उत्पन्न हो गयीं जिसके निम्नलिखित कारण थेः–

(1) राष्ट्रीय धन सम्पदा का कुछ हाथों में संकेन्द्रण–विकासशील देशों का विकास कम होने का कारण यह था कि वहाँ सम्पत्ति मुट्ठी भर लोगों के हाथ में रह गयी और यह वर्ग ही शासक वर्ग कहलाया। एक वर्ग अत्यन्त छोटा है जिसमें समाज के पूंजीपति, उद्योगपति, जमींदार तथा शासक वर्ग के लोग सम्मिलित हैं। गत अर्धशताब्दी में यहां की अर्थव्यवस्था ने धीरे-धीरे देश की सम्पूर्ण धन-सम्पदा पर छोटे

से वर्ग का अधिकार स्थापित कर दिया है। दूसरे वर्ग में सम्पूर्ण शेष समाज सम्मिलित है। इस वर्ग को देश की समृद्धि में कोई लाभ प्राप्त नहीं हुआ है और यह निरंतर दरिद्र बना हुआ है। यही कारण है कि इस वर्ग का समाज के विकास में भी कोई योगदान नहीं हो पाया। जिन देशों के समाज का इतना बड़ा वर्ग दरिद्र हो और जिसका समाज में विकास में कोई योगदान न हो, वे देश अल्पविकसित ही रहेंगे।

(2) भ्रष्टाचारी शासक वर्ग—अल्प विकसित देशों का यह दुर्भाग्य ही है कि सामान्यतः ये सभी भ्रष्टाचारी शासकों के शिकंजे में फंसे हुए हैं। तानाशाही शासकों से लेकर भारत जैसे प्रसिद्ध लोकतन्त्रवादी देश के शासकों तक सभी भ्रष्टाचार में आकण्ठ डूबे दिखाई देते हैं। लम्बे समय तक जनता का विश्वास व श्रद्धा सम्पादन करने वाला यह नेतृत्व इतना भ्रष्ट भी हो सकता है इसकी जनता कल्पना भी नहीं कर सकती थी। इसी श्रद्धा के आवरण में शासकों ने देश की जनता को नए-नए माध्यम निकालकर इतना लूटा तथा अपने व अपने परिवार के लिए धन एकत्रित किया कि देखकर आंखें चौंधिया जाती हैं। गत एक दशक में जब से ये भ्रष्टाचार उजागर हुए हैं तब से ऐसा लगने लगा है कि शासन के निम्नतम सोपान से लेकर शासन के मुखिया तक सभी भ्रष्टाचार में लिप्त हैं और एक दूसरे के इस कार्य में सहायक हैं। अपने निजी स्वार्थ के वशीभूत होकर ये शासक अपने देश को भी गिरवी रखने को तैयार रहते हैं। यह आज की सच्चाई है। ऐसे भ्रष्टाचारी शासकों के काल में देश की समृद्धि होगी और वह विकास के मार्ग पर तीव्र गति से बढ़ेगा, यह सम्भव ही नहीं है।

(3) देश में जुड़ी अर्थव्यवस्था की उपेक्षा—लगभग सभी पाश्चात्य साम्राज्यवादी देशों ने अपने अधीन उपनिवेशों पर अपना वर्चस्व बनाए रखने के लिए अपनी भाषा व संस्कृति को उनके ऊपर थोपने का पूरा प्रयास किया। विदेशी भाषा में शिक्षित तथा अपने स्वामियों की संस्कृति व सभ्यता को श्रेष्ठ मानने वाले एक शासक वर्ग का उन्होंने निर्माण किया। उपनिवेशवादियों ने अपने उपनिवेशों को स्वतन्त्र करते समय इसी वर्ग के हाथों में सामान्यतः सौहादपूर्ण वातावरण में सत्ता सौंपी। विदेशी सभ्यता में रचे-बसे इस वर्ग ने अपने देश की व्यवस्थाओं को हीन तथा अपने पूर्व स्वामियों के देशों की व्यवस्थाओं को श्रेष्ठ मानकर उन्हीं को अपने देश में भी स्थापित करने का प्रयास किया। अर्थव्यवस्था तो पहले से ही उपनिवेशवादियों द्वारा अपने हितों की पूर्ति करने के लिए स्थापित की गई थी। यह अर्थव्यवस्था देश की आकांक्षाओं की पूर्ति कर सकने में सक्षम थी ही नहीं। सामान्यतः आर्थिक क्षेत्र में उन्हीं व्यवस्थाओं

को लागू रखा गया तथा देश में जुड़ी अर्थव्यवस्था की सर्वथा उपेक्षा की गई। तृतीय विश्व के इन देशों में कहीं साम्यवादी तो कहीं पूंजीवादी व्यवस्थाएँ ही दिखाई दीं। कहीं-कहीं इनमें थोड़ा-बहुत संशोधन किया गया, जैसे भारत में मिली-जुली अर्थव्यवस्था लागू करने का संकल्प किया। हम भारतवासी भी पूंजीवादी अर्थव्यवस्था से आज तक चिपके हुए हैं। भारत के अर्थशास्त्रियों ने तथा स्वतन्त्र सरकार ने भारत से जुड़ी अर्थव्यवस्था के विकास की चिंता नहीं की।

यही कारण है कि सामान्यतः सभी तृतीय विश्व के देश विकास की ऊंचाइयों को नहीं छू सके। भारत जैसा विशाल भूभाग व जनसंख्या वाला देश भी जो खनिज पदार्थों से भरपूर है आज दरिद्र देशों की श्रेणी में ही गिना जाता है।

(4) राष्ट्रीय आय का असमान वितरण—उपरोक्त परिस्थितियों में भी विकासशील देश विकास के मार्ग पर बढ़े हैं। वहां कृषि उपज में वृद्धि हुई है, उद्योग-धंधों का विकास हुआ है, उत्पादन भी बढ़ा है, आयात निर्यात में सन्तुलन स्थापित हुआ है, देश की सम्पदा बढ़ी है तथा प्रति व्यक्ति आय भी बढ़ी है किन्तु इन देशों की समृद्धि व धन-सम्पदा का लाभ समाज के दुर्बल से लेकर दुर्बलतम व्यक्ति को प्राप्त नहीं हुआ। उसको अभी भी दो समय का भरपेट भोजन जुटाना सम्भव नहीं हो पा रहा है। इस प्रकार राष्ट्रीय आय के असमान वितरण ने समाज के विकास के मार्ग अवरुद्ध कर दिए हैं।

(5) विकसित देशों का ऋण—विकासशील देशों के अल्पविकास का एक महत्वपूर्ण कारण उसका विकसित देशों तथा उनके द्वारा बनाए गए उधार देने वाले अन्तर्राष्ट्रीय संगठनों का ऋणी होना है। ऋणदाता देश विभिन्न मोहक शब्दों में ऋण देने की योजनाएँ प्रस्तुत करते हैं और धीरे-धीरे ऋणी देशों की अर्थव्यवस्था पर कब्जा कर लेते हैं। वे ऋणी देशों पर ऐसी शर्तें स्थापित कर देते हैं कि आर्थिक क्षेत्र में स्वतन्त्र रूप में योजना बनाना भी उनके लिए सम्भव नहीं हो पाता। धीरे-धीरे विकासशील देशों के उद्योग-धंधे नष्ट हो रहे हैं। कृषि, व्यापार व वाणिज्य पर बहुराष्ट्रीय कम्पनियों का एकाधिकारी स्थापित होता जा रहा है। इस प्रकार वर्तमान युग में विकासशील देश आर्थिक गुलामी के शिकंजे में फंसते जा रहे हैं। इन देशों को समृद्धि का ऋणदाता देश तथा बहुराष्ट्रीय कम्पनियाँ उपयोग कर रही हैं और ऋणी देश अधिक ऋणी व दरिद्र बनते जा रहे हैं।

(6) दरिद्रता—तृतीय विश्व के देश दरिद्र देशों की सूची में आते हैं। यहां के लोग भूख, बीमारी, अस्वास्थ रहने के कारण इन परिस्थितियों से जूझ रहे हैं। इन देशों

के शासक स्वार्थ के वशीभूत होकर धन-सम्पदा उन देशों की सहायता में लगा रहे हैं। यहां की प्रति व्यक्ति आय बहुत कम है और उसमें दरिद्र व्यक्ति को उसका कोई लाभ नहीं मिल पा रहा है। भुखमरी व महामारी की स्थिति यहां के लिए सामान्य बात है। ऐसी स्थिति में समाज के विकास की योजनाओं में योगदान सम्भव नहीं है अतः ये देश अल्पविकास की स्थिति में विद्यमान हैं।

(7) जनसंख्या वृद्धि— विकासशील देशों के पिछड़ने का एक प्रमुख कारण वहां की जनसंख्या वृद्धि है। इन देशों में लोग बड़े पैमाने पर बेरोजगार रहते हैं क्योंकि यहां जनसंख्या अधिक है। इन देशों के सर्वेक्षण से पता चलता है कि यहां की जनसंख्या में निरन्तर वृद्धि हो रही हे। मां-बाप अधिक हाथों के माध्यम से धन कमाने को सुविधाजनक मानते हैं। दूसरी ओर सम्भावित औसत आयु भी बढ़ रही है और साथ ही महामारियों पर नियन्त्रण स्थापित किया जा सका है अतः मृत्यु दर घटी है। इस प्रकार निरन्तर बढ़ने वाली जनसंख्या विकासशील देशों की अर्थव्यवस्था पर बोझ बनी हुई है।

(8) अशिक्षा—विकासशील देशों में शिक्षा का स्तर बहुत नीचा है। कई देशों में तो सत्तर-अस्सी प्रतिशत तक अशिक्षा के आंकड़े प्राप्त हुए हैं। अशिक्षित व्यक्ति अंधविश्वासी व परम्परावादी होता है। किसी भी क्रान्तिकारी योजना से भयभीत होता है। समाज के विकास कार्यों में उसका योगदान नहीं हो पाता। मुट्ठीभर लोग ऐसे समाज का अपने हित के लिए सुविधा से उपयोग कर लेते हैं। किसी भी देश का शासक वर्ग अपनी साधारण जनता को अशिक्षित बनाकर रखना चाहता है ताकि उसका स्वार्थ सिद्ध होता रहे। अतः लम्बे स्वतन्त्र जीवन में उसने जनता को शिक्षित करने का विशेष प्रयास नहीं किया। भारत का चित्र हमारे सामने है जहां साक्षरता की लम्बी-चौड़ी योजनाएँ तो बनती रहती हैं किन्तु कार्यान्वयन के स्तर पर उनका विशेष लाभ प्राप्त नहीं हुआ है। इस प्रकार विकासशील देशों का अशिक्षित समाज देश के विकास मे अधिक उपयोगी नहीं हो पाता।

(9) मूल्य-वृद्धि—विकासशील देशों की एक अन्य महत्वपूर्ण समस्या मूल्य वृद्धि की है। पूंजीवादी अर्थव्यवस्था तथा ऋणग्रस्तता के कारण मजबूरन मुद्रा की कीमत को निरंतर गिराते जाने के कारण मूल्य वृद्धि होती है। एक ओर मूल्य वृद्धि होती है और दूसरी ओर सामान्य नागरिक की आय स्थिर बनी रहती है परिणामस्वरूप दरिद्रता बढ़ती है, विकास की गति धीमी हो जाती है। समाज में असन्तोष पैदा हो जाता है। सर्वत्र विरोध, संघर्ष तथा आन्दोलनों का वातावरण निर्माण हो जाता है।

(10) बेरोजगारी—अधिकांश विकासशील देशों ने स्वतन्त्रता प्राप्ति के पश्चात् पूंजीवादी अर्थव्यवस्था की विशेषता है कि इसमें पूंजीपतियों व उद्योगपतियों को उत्पादन के क्षेत्र में पूरी स्वतन्त्रता होती है। वे बड़ी-2 मशीनों के माध्यम सें बड़े पैमाने पर उत्पादन करते हैं और बाजार को अपने माल से भर देते हैं जो गुणवत्ता में उत्तम व सस्ता होता है। परिणामस्वरूप छोटे उद्योग व कुटीर उद्योगों में बना माल मशीनी माल की प्रतिस्पर्धा नहीं कर पाता। परिणामस्वरूप विकासशील देशों में सामान्यतः लघु व कुटीर उद्योग धीरे-2 समाप्त हो गए और इनमें कार्य करने प्रारम्भ कर दिया। विकासशील देशों को ऋणग्रस्तता ने उन्हें बहुराष्ट्रीय कम्पनियों के सामने पंगु बना दिया तथा उन कम्पनियों तक को अपना कारोबार बन्द करने पर मजबूर होना पड़ा। इस परिस्थिति ने विकासशील देशों में सर्वदूर बेकारी फैला दी। ऐसी बेकारी की स्थिति किसी भी देश को विकसित व समृद्ध नहीं बना सकती।

सामसायिक नव-उपनिवेशवाद की आकृतियाँ

नव-उपनिवेशवाद—नव उपनिवेशवादी व्यवस्था से तात्पर्य भूमंडलीकरण से है जिसमें जो पुराने साम्राज्यवादी देश होते हैं वे विकासशील या गरीब देशों को ऋण उपलब्ध करवाकर उनका आर्थिक रूप से शोषण करते हैं और उन्हें आर्थिक रूप से कमजोर कर देते हैं। नव-उपनिवेश वाद उपनिवेशवाद का विकसित व परिष्कृत रूप है। यूरोपीय देशों ने एशिया, अफ्रीका व लैटिन अमरीकी देशों को दास बनाकर उनका लम्बे समय तक शोषण किया था। परिस्थितियों के बदल जाने के कारण उन्हें अपने इन उपनिवेशों को स्वतन्त्र करना पड़ा। किन्तु उपनिवेशवादी देश उन देशों के शोषण की योजनाएं बनाते रहे। चूंकि नव-स्वतन्त्र देश आर्थिक दरिद्र बन गए और उन्हें विकास के लिए धन चाहिए था। परिस्थितियों का लाभ उठाकर विकसित देशों ने दरिद्र बन गए नव स्वतन्त्र देशों के विकास के लिए लुभावने व मनमोहक शर्तों पर विशाल धन राशि ऋण के रूप में प्रदान कर दी। धीरे-धीरे ऋण के जंजाल में ऐसे फंसते गये कि इन देशों ने तो अपनी आर्थिक स्वतंत्रता ही गंवा दी। अधिकांश ऋणी देशों की आर्थिक नीतियों को प्रभावित करके ऋणदाता देश उनका आर्थिक शोषण करने लगे। समसामयिक शब्दावली में स्वतन्त्र किन्तु आर्थिक दृष्टि से पिछेड़ देशों के शोषण की यह नवीन व्यवस्था नव-उपनिवेशवाद के नाम से प्रसिद्ध है—

नव-उपनिवेशवाद की विभिन्न आकृतियाँ

समसामयिक नव-उपनिवेशवाद के अध्ययन से पता चलता है कि गत

अर्धशताब्दी में उसकी अनेक आकृतियाँ सामने आई हैं, जिनको निम्नलिखित रूप से व्यक्त किया गया हैः—

(1) पूंजीनिवेशक के रूप में—विकासशील देशों को विशाल धन राशि ऋण के रूप में देकर विकसित देशों ने उन्हें अपने जाल में फंसा लिया है। विकासशील देशों की जनता को यही कहा गया है कि ऋण के साथ देशहित विरोधी शर्तें नहीं जुड़ी हैं किन्तु ऋण के साथ ऋणदाताओं ने ऐसी शर्तें जोड़ी हैं कि ऋणी देशों की अर्थव्यवस्था पर उनका वर्चस्व स्थापित हो गया है। इस प्रकार अब नव-उपनिवेशवाद का तीसरा रूप प्रारम्भ हआ है जिसमें कि पूंजीवादी देशों ने विकासशील ऋणी देशों को अपने यहां बहुराष्ट्रीय कम्पनियों के आने देने की व्यवस्था करने को बाध्य किया है। ये कम्पनियां पूंजीनिवेश के नाम पर विकासशील देशों में छूट और विभिन्न सुविधाएँ प्राप्त कर आर्थिक साम्राज्य कायम कर रही हैं। उच्च तकनीक प्रदान करने के स्थान पर अधिक आर्थिक लाभ कमाने की दृष्टि से ये उपभोक्ता क्षेत्रों में प्रवेश करके नित्य की सामान्य उपभोक्ता वस्तुओं का निर्माण कर रही हैं तथा विकासशील देशों की जनता के वृहत् बाजार से लाभ कमा रही हैं। इसके कारण देशी कम्पनियाँ इन बहुराष्ट्रीय कम्पनियों के पूंजी निर्माण का कार्य भी इन्हीं देशों में कर रही है। इस प्रकार विकासशील देशों के उद्योग धंधे नष्ट हो रहे हैं, बेरोजगारी बढ़ रही है और न पूंजी निवेश ही हो रहा है।

(2) प्रारम्भिक परोपकारी रूप—द्वितीय विश्वयुद्ध की परिस्थितियों ने उपनिवेशवादी देशों को इतना दुर्बल बना दिया था कि उन्हें अपने उपनिवेशों को स्वतन्त्रता प्रदान करके वापिस आना पड़ा। इस परिस्थिति का उपनिवेशवादी देशों ने अत्यन्त बुद्धिमानी व कुशलता से उपयोग किया। उन्होंने शासन करने और सुरक्षित बने रहने के ख्याल से अपने उपनिवेशों में ही अपना ऐसा अनुयायी तबका तैयार किया था जो जन्म से तो स्थानीय था लेकिन संस्कार से अंग्रेज। स्वतन्त्रता प्रदान करते समय उन्होंने इसी वर्ग के हाथों में सत्ता सौंपी जिससे निवेशों की जनता में उनके प्रति सहानुभूति बनी रहे। दूसरी ओर, उन्होंने स्वतन्त्रता प्रदान करने से बहुत पहले ऐसा वातावरण बनान प्रारम्भ कर दिया था कि वे अपने उपनिवेशों पर शासन करने की इच्छा से वहां नहीं आए हैं बल्कि वहां की जनता को सभ्य व सुसंस्कृत बनाने आए हैं। जिस दिन उपनिवेशों की जनता अपना शासन संभालने के सक्षम हो जाएगी उसी दिन वे सत्ता सौंप कर चले जाएंगे। द्वितीय विश्वयुद्ध के बाद बनी परिस्थितियों में उन्होंने बिना किसी संघर्ष के सौहार्दपूर्ण वातावरण में परोपकारी के

रूप में सत्ता हस्तांतरित कर दी। इस प्रकार वे अपने उपनिवशों के भविष्य में शोषण करने की नींव रखने में सफल हो गए। उनके इस परोपकारी रूप ने इस प्रकार उनकी सहायता की।

(3) ऋणदाता का रूप—नव स्वतन्त्र देशों के आर्थिक शोषण ने उनको अत्यन्त दरिद्र बना दिया था। इन देशों में सत्ता पर अधिकार करने वाला वर्ग अपने पूर्व स्वामियों से प्रभावित था। उन्होंने इन्हीं पूंजीवादी देशों की अर्थव्यवस्था के माध्यम से विकास की योजनाएँ बनाईं जिनके लिए भारी पूंजी की आवश्यकता थी। पाश्चात्य देश इस परिस्थिति का लाभ उठाने के लिए पहले से ही ताक में बैठे थे। उन्होंने विभिन्न अन्तर्राष्ट्रीय संगठनों के माध्यम से पहले आसान शर्तों पर और बाद में कठोर शर्तों पर ऋण देना प्रारम्भ किया। इस प्रकार पूंजीवादी देशों ने ऋणदाता के रूप में विकासशील देशों पर अपना शिकंजा कसना प्रारम्भ कर दिया।

चीनी राजनीतिक व्यवस्था के सामाजिक-आर्थिक आयाम

चीन की सामाजिक व्यवस्था

चीन की वर्तमान सामाजिक व्यवस्था को समझने के लिए निम्नलिखित पक्षों को समझना आवश्यक है।

(1) बहु-राष्ट्रीय समाज—रूस के समान चीन भी 56 जातियों का बहुराष्ट्रीय समाज है। किन्तु यहां की हान जाति कुल जनंसख्या का 94 प्रतिशत है शेष 55 जातियों छः प्रतिशत में आती हैं। इनमें से दस जातियों में से प्रत्येक की जनसंख्या दस लाख से ऊपर है, अठारह जातियों में से प्रत्येक की जनसंख्या एक लाख से दस लाख के बीच में है, सत्रह जातियों में से प्रत्येक की जनसंख्या दस हजार तथा दस जातियों में से प्रत्येक की जनसंख्या दस हजार से भी कम है।

(2) धर्म, संस्कृति तथा भाषा—चीन प्राचीन काल से ही धर्म प्रधान देश रहा है तथा वहां देवी-देवताओं की उपासना पर बल दिया गया है। चीन के लोग कम्फ्यूसियस विचारों से बहुत प्रभावित हुए। यहां बौद्ध व इस्लाम धर्म तथा बहुत कम मात्रा में ईसाई धर्म का भी प्रचार हुआ। लेकिन यहां के लोग बौद्ध धर्म के अनुयायी बन गये। साम्यवादी धर्म को अफीम मानता है। वह प्रगति में बाधक हैं क्योंकि वह सहनशीलता बढ़ाता है। दूसरे, साम्यवादियों की दृष्टि में वह पूंजीपतियों का श्रमिकों के शोषण करने का हथियार है। अतः चीन की साम्यवादी सरकार ने

धार्मिक जीवन व धार्मिक विचारों की न केवल उपेक्षा की है बल्कि नागरिकों को धर्म का विरोध करने का अधिकार दिया है। अब वहां नास्तिकता के प्रति आकर्षण बढ़ा रहा है।

साम्यवादी शासन ने चीन की प्राचीन संस्कृति कहकर उसका विरोध किया और साम्यवादी संस्कृति वहां पर उपस्थित हुई। वहां भाषा, साहित्य व कला सभी के विकास का लक्ष्य समाजवादी विचारों का प्रतिपादन करना है। प्राचीन संस्कृति को भी इस ढंग से प्रस्तुत किया जा रहा है कि वह अधिकाधिक समाजवादी दृष्टिकोण के अनुरूप दिखाई दे सकें। साम्यवादियों का कहना है कि सच्ची सांस्कृतिक स्वतंत्रता समाजवादी समाज में ही संभव है।

चीन में भाषा की भी विविधता है। संविधान सभी संस्कृतियों को स्वायत्तता प्रदान करता है अतः सभी को अपनी भाषा व साहित्य की पूरी स्वतंत्रता है। वहां की एक मुख्य लिपि है जिसमें सभी भाषाएँ लिखी जाती हैं। वहां साहित्य सृजन की स्वतंत्रता है किन्तु वह समाजवादी व्यवस्था के अनुरूप होना चाहिए।

(3) परिवार तथा महिलाएँ– चीन के साम्यवादी बनने से पहले वहां के परिवारों की व्यवस्था भारतीय परिवार व्यवस्था के समान थी। परिवार समाज की आधारभूत इकाई थी जिसमें परिवार का सबसे बड़ा पुरुष सदस्य मुखिया कहलाता था। मुखिया का परिवार पर प्रभुत्व स्थापित था। इस प्रकार व्यक्तिगत सदस्यों के लिए भक्ति की प्रमुख इकाई परिवार थी राज्य नहीं। परिवार में महिलाओं का स्थान पुरुषों से नीचा था। चीन के परम्परागत परिवारों के लिए विवाह तय करना परिवार के मात-पिता का काम था, विवाह करने वाले युवक-युवतियों का नही। विवाह का उद्देश्य विवाहित जीवन का सुख न होकर परिवार चलाने के लिए पुत्र पैदा करना, माता-पिता की सेवा के लिए बहू घर लाना तथा उनको वृद्ध आयु में सुरक्षा प्रदान करने के लिए पुत्रों को उत्पन्न करना था।

परम्परागत पारिवारिक जीवन में गिरावट के चिन्ह उन्नीसवीं शताब्दी के अन्तिम दशकों में दिखाई देने लगे थे जबकि औद्योगीकरण का प्रारम्भ हुआ और पाश्चात्य विचारों ने चीन को प्रभावित करना प्रारम्भ किया। 1911 में राजवंश की समाप्ति तथा बाद में गणतंत्र की अवनति ने इस गति को बढ़ाया। 1949 में साम्यवादी दल के हाथों में सत्ता आ जाने के पश्चात उसने सभी पूंजीवादी व्यवस्थाओं को नष्ट करने के अपने अभियान में परम्परागत परिवार व्यवस्था को भी नष्ट कर डाला। अब परिवार केवल एक सामाजिक इकाई मात्र रह गया। अब परिवार में

स्त्रियों को पुरुषों के समान अधिकार प्राप्त हो गए, राज्य ने उनके अनेक परम्परागत कार्यों को अपने हाथ में लेकर उन्हें अधिक उत्पादक कार्यों के लिए मुक्ति प्रदान कर दी। अब विवाह की स्वतंत्रता प्रदान कर दी गई। इस प्रकार वहां के नागरिकों की निष्ठा को परिवार से हटाकर राज्य में निहित करने का प्रयास किया गया है।

मई, 1950 के कानून ने रखैल रखने, बाल विवाह तथा स्त्रियों की खरीद पर प्रतिबंध लगा दिया। विवाह के लिए कम से कम बीस वर्ष पुरुषों तथा अठारह वर्ष महिलाओं की आयु निश्चित कर दी गई और विवाह संबंधों को अधिक सरल बना दिया गया और स्थानीय शासन में विवाह को रजिस्टर कराया जाना आवश्यक बना दिया गया। महिलाओं को घर में समान अधिकार मिल गए तथा आसानी से तलाक दिया जा सकता था। इससे तलाक इतना लोकप्रिय हो गया कि 1952 की पहली छमाही में ही चार लाख तलाक स्वीकृत किए गए। विवाह संबंधी कानूनों को लागू कराने की जिम्मेदारी राष्ट्रीय महिला संघ की थी जिसकी सदस्यता 1953 में सात करोड़ साठ लाख थी। परिवार नियोजन पर विशेष बल दिया जा रहा है। 1980 में गत वर्ष में 1.17 प्रतिशत वृद्धि दर को घटाकर एक प्रतिशत बनाने का प्रयास किया गया।

अनेक महिलाएँ स्थानीय शासन में महत्वपूर्ण पदों पर हैं तथा राष्ट्रीय जनकांग्रेस के प्रतिनिधि के रूप में चुनी जाती हैं। अनेक महिलाएँ राजनीतिक दृष्टि से भी प्रसिद्ध हैं।

(4) शिक्षा-व्यवस्था—अन्य साम्यवादी दलों के समान चीन भी अपनी जनता से यह आशा करता है कि वे भी साम्यवादी दल द्वारा स्थापित आदेशों की प्राप्ति में सक्रिय रूप से भागीदार बने और इस कार्य में शिक्षा ही महत्वपूर्ण भूमिका निभा सकती है। इसके माध्यम से एक ओर कन्फ्यूशियन मूल्यों के प्रति अनास्था उत्पन्न की जा सकती है और दूसरी ओर साम्यवादी विचारों में आस्था रखने वाले स्त्री-पुरुषों का निर्माण किया जा सकता है जो आधुनिकता तथ औद्योगिक विकास के लिए आवश्यक कुशलता रखते हों। इस प्रकार सच्चा साम्यवादी वह व्यक्ति होता है जो-लाल' और विशेषज्ञ दोनों हो, राजनीति चैतन्य तथा व्यावसायिक निपुण।

जैसे ही चीन में साम्यवादी दल के हाथ में सत्ता आयी उसने शिक्षा में आमूल-चूल परिवर्तन कर दिया। पहले तो शिक्षा तकनीकी बनाने पर जोर दिया गया, दूसरी ओर युवकों को साम्यवादी विचारों में ढ़ालने का प्रयास किया गया। 1949 में अस्सी प्रतिशत लोग निरक्षर थे। यद्यपि आज भी पिछली पीढ़ी के पचास प्रतिशत लोग निरक्षर हैं किन्तु नई पीढ़ी के अधिकांश युवक साक्षर अवश्य हैं।

वर्तमान पूर्णकालिक शैक्षिक संरचना तीन भागों में विभाजित हैः प्राथमिक, माध्यमिक तथा उच्च। प्राथमिक शिक्षा सात वर्ष की आयु में प्रारम्भ होकर छः वर्ष तक चलती है तथा नगरों के सभी तथा ग्रामों के अस्सी प्रतिशत बालक इसे प्राप्त करते हैं। माध्यमिक शिक्षा भी छः वर्ष की है। प्राथमिक शिक्षा प्राप्त करने वालों में से केवल दस प्रतिशत माध्यमिक शिक्षा प्राप्त करते हैं और माध्यमिक शिक्षा प्राप्त करने वाले में से दस प्रतिशत उच्च शिक्षा प्राप्त करते है। चीन में प्रत्येक चार विद्यार्थियों में एक किसी प्रकार का शैक्षिक प्रशिक्षण प्राप्त करता है।

यदि गहनता से अध्ययन किया जाये तो पता चलता है कि साम्यवादी सरकार ने भूमिहीन कृषकों में बच्चों को शिक्षा दिलाने में भरपूर प्रयास किया परंतु उनका लाभ पूंजीपतियों के बच्चों ने उठाया। 1960 में साम्यवादी दल को पूंजीवादी के पुनः जीवित होने का संदेह होने लगा क्योंकि देश के नए युवकों पर साम्यवादी दल विश्वास करने की स्थिति में नहीं था। दल की विज्ञप्ति में कहा गया कि पुरानी पीढ़ी के द्वारा त्याग व बलिदान के माध्यम से की गई क्रांति को आने वाली पीढ़ियाँ किस प्रकार सफलतापूर्वक आगे बढ़ाएंगी यह महत्वपूर्ण प्रश्न है। क्या हमारे देश का भविष्य श्रमिक क्रांतिकारियों के हाथों में सुरक्षित रहेगा और हम साम्यवाद की प्राप्ति की ओर निरन्तर बढ़ते रहेंगे? वास्तव में 1966 की सांस्कृतिक क्रांति के मूल में उपरोक्त विचार निहित थे। 1966 के सांस्कृतिक क्रान्तिकारी शुद्धिकरण में विश्वविद्यालय के क्रांति विरोधी अध्यापकों व प्रशासनिकों को पकड़ लिया गया। छः मास तक प्रवेश बंद कर दिया गया। प्रवेश व परीक्षा प्रणाली में ऐसा परिवर्तन कर दिया गया जिससे पूंजीपति वर्ग को प्रवेश न मिल सके तथा मजदूरों, कृषकों व सैनिकों के बच्चों को ही अधिकाधिक प्रवेश मिले। जब प्रवेश खोला गया तो प्रवेश पाने वाले ही नहीं थे। विद्यालयों में शिक्षक व शिक्षार्थी दोनों भयभीत थे। विश्वविद्यालयों में 1972 में ही शिक्षण प्रारम्भ हो सका किन्तु अभी भी विद्यार्थियों की संख्या बहुत कम थी।

आठवीं शताब्दी के मध्य तक शिक्षा के उच्च संस्थानों में प्रवेश के लिए मुक्त द्वार की नीति अपनाई गई जिससे श्रमिकों, कृषिकों व सैनिकों को प्रवेश मिल सके क्योंकि इसमें प्रवेश का आधार 'प्रवेश-परीक्षा' न होकर प्रवेशार्थियों की अपनी वर्गीय पृष्ठभूमि तथा क्रांतिकारी जागृति बनाया गया था। विद्यार्थियों को अपने समय का तीसरा भाग किसी फैक्ट्री में काम करना होता था। शिक्षा मंत्रालय जो सांस्कृतिक क्रांति में समाप्त हो गया था, 1975 में पुनः स्थापित किया गया। इस प्रकार 1976 के बाद से पुनः प्रवेश परीक्षाएँ प्रारम्भ की गईं और प्रवेश की मुक्त द्वार नीति को त्याग

दिया गया। अब विश्वविद्यालयों में प्रवेश के लिए दो या तीन वर्ष शारीरिक श्रम करने की योग्यता की आवश्यकता न रही। इस समय 95 प्रतिशत जनसंख्या प्राथमिक शिक्षा प्राप्त कर रही है। प्रधानमंत्री हुआ ग्योफेंग ने फरवरी 1978 को कहा था कि हमारा उद्देश्य 1985 तक ग्रामों में सभी के लिए आठवर्षीय तथा नगरों में दसवर्षीय स्कूल शिक्षा की व्यवस्था करना है तथा विश्वविद्यालयों में विद्यार्थियों की संख्या तक 35 लाख हो जाएगी।

(5) बुद्धिजीवी वर्ग—चीन की सामाजिक व्यवस्था को तब तक नहीं समझा जा सकता जब तक कि वहां के बुद्धिजीवी वर्ग की स्थिति पर विचार न कर लिया जाए। 'बुद्धिजीवी' की चीनी परिभाषा पश्चिम की तुलना में बहुत उदार तथा विस्तृत है। यहां उच्च माध्यमिक स्तर तक की शिक्षा प्राप्त करने वाले लोगों को भी बुद्धिजीवी माना जाता है। 1978 तक ऐसे बुद्धिजीवियों की संख्या ढाई करोड़ तक पहुंच गई थी। इतनी बड़ी संख्या में बुद्धिजीवियों जैसे विकासवाद समाज में उच्च स्तरीय बुद्धिजीवियों के होते हुए भी चीन की कमी थी और दूसरी ओर चीनी साम्यवादी दल उन पर विश्वास नहीं करता था क्योंकि उनका पूंजीवादी व्यवस्था में विकास हुआ था। अतः प्रारम्भ के काल में साम्यवादी दल की यह नीति थी कि तत्कालीन बुद्धिजीवियों का यथासंभव उपयोग करने के लिए उनमें सुधार लाया जाए तथा उन्हें राजनीतिक दृष्टि से अधिक विश्वसनीय बनाया जाए तथा दूसरी ओर क्रांतिकारी बुद्धिजीवियों की नई पीढ़ी का निर्माण किया जाए।

साम्यवादी दल की यह नीति पूर्णतः फेल हो गयी वह न तो स्तरीय बुद्धि जीवियों को पैदा कर सकी और जो कुछ निर्मित हुए उनमें व्यक्तिगत तथा व्यावसायिक हितों के प्रति अधिक आकर्षण दिखाई दिया क्योंकि वह न तो स्तरीय बुद्धिजीवियों को पैदा कर सकी, और जो कुछ निर्मित हुए, उनमें अन्ततः व्यक्तिगत तथा व्यावसायिक हितों के प्रति अधिक आकर्षण दिखाई दिया, साम्यवादी दल तथा राज्य कम। उसने पुराने कुशल बुद्धिजीवियों को भी निकट लाने का प्रयास किया और इसके लिए उसने समय-समय पर सख्ती व उदारता की नीतियाँ अपनाईं। प्रत्येक कठोर बुद्धिजीवियों ने अपना सहयोग देना बंद कर दिया किन्तु जब सरकार को उनकी अत्यधिक आवश्यकता पड़ी तो उसने नीति को उदार बनाया। यह स्थिति लम्बे समय तक चलती रही।

1949 में जब साम्यवादी दल को सत्ता प्राप्त हुयी तो बुद्धिजीवियों को बौद्धिक दृष्टि से परिवर्तित करने का प्रयास किया। उस समय उन्होंने कठोरता न अपनाकर

प्रोत्साहन अधिक दिया। विश्वविद्यालयों के प्राध्यापकों, कलाकारों, लेखकों, साहित्यकारों से कहा गया कि वे साम्यवाद में आस्था व्यक्त करें तथा नई व्यवस्था को दृढ़ करने में सहयोग दें। पुस्तकालयों का पुनः संगठन कर क्रांति विरोधी पुस्तकों को नष्ट कर डाला गया।

प्रथम पंचवर्षीय योजना के प्रारंभ के काल में बुद्धिजीवियों के सहयोग की अधिक आवश्यकता अनुभव हुई, अतः और ढील दी गई। 1956 में चीनी साम्यवादी दल की केन्द्रीय समिति ने अधिक उदार नीति अपनाई जो 1957 में उस समय शिखर पर पहुंच गई जिस समय सैकड़ों फूलों के खिलने की बात कही गई।

प्रथम पंचवर्षीय योजना के अन्तिम वर्षो में जब योजना की सफलता संदिग्ध हो गई तब दक्ष व निपुर्ण बुद्धिजीवियों के सहयोग की आवश्यकता अनुभव हुई किन्तु अब तक बुद्धिजीवी वर्ग का साम्यवादी व्यवस्था से आकर्षण समाप्त हो गया था तथा वह घुटन अनुभव कर रहा था। चाओ एनलाई ने 2 मई, 1956 को अपने भाषण में' सैकड़ो फूलों को खिलने दो तथा सैकड़ो विचारधाराओं को पनपने दो' के सिद्धान्त की घोषणा की। सरकार ने आलोचना की स्वतंत्रता का पक्ष लिया किन्तु वह बुद्धिजीवी वर्ग को सरकार से सहयोग करने के लिए प्रोत्साहित न कर सकी। 27 फरवरी, 1957 को माओ जेडोंग ने भी 'सैकड़ों फूलों के खिलने' के आन्दोलन को प्रोत्साहित किया किन्तु बुद्धिजीवी वर्ग इससे भी प्रोत्साहित नहीं हुआ। अन्त में चीनी साम्यवादी दल की केन्द्रीय समिति ने 27 अप्रैल, 1957 को एक प्रस्ताव पारित किया जिसमें दल की शुद्धि की बात की गई और गैर दलीय लोगों से दल की आलोचना में सम्मिलित होने का आह्वान किया जिससे दल की कमियों को दूर किया जा सके। इस नीति के कारण साम्यवादी व्यवस्था की जितनी आलोचना हुई उसके लिए साम्यवादी दल तैयार न था। विभिन्न उपायों से बुद्धिजीवियों व विद्यार्थियों ने साम्यावादी दल के एकाधिकारवाद की घोर आलोचना की। लगभग पांच सप्ताह तक साम्यवादी जीवन के सभी पक्षों की घोर आलोचना होती रही। 8 जून को सरकार ने बुद्धिजीवियों के विरुद्ध अभियान प्रारम्भ कर दिया, उन्हें विभिन्न प्रकार की यातनाएँ दी गई और बहुतों को ग्रामों में शारीरिक श्रम करने के लिए भेज दिया गया।

जब आर्थिक गिरावट आई तथा रूस द्वारा अपने तकनीकी कुशल व्यक्तियों को वापिस बुला लिया गया तब 1960 में एक बार पुनः सरकार को बुद्धिजीवियों के सहयोग की आवश्यकता अनुभव हुई। 'सैकड़ों फूलों वाले आन्दोलन' को पुनः जागृत किया गया जो 1967 की ग्रीष्म ऋतु तक ही चल पाया। उदारता का कार्यक्रम

बनाया गया, बौद्धिक व राजनीतिक वाद-विवाद को पृथक् कर दिया गया तथा दल विरोधी भावनाओं की अभिव्यक्ति पर प्रतिबंध लगा दिया गया।

किन्तु ज्योंही आर्थिक दृढ़ता बढ़ती दिखाई दी तथा दल में आत्मविश्वास बढ़ा त्योंही यह उदारता समाप्त कर दी गई और 1963 में पुनः बुद्धिजीवियों के विरूद्ध युद्ध प्रारम्भ हो गया। 1965 के पश्चात से तो अनेक बुद्धिजीवियों को जो संस्कृति, अध्ययन पत्रकारिता तथा प्रचार के कार्यों में लगे थे अनेक यातनाएँ दी गईं। अन्त में दल ने घोषित किया कि पूंजीवादी दक्ष, विद्वान, प्रभावशाली तथा सम्मानित मास्टर्स तथा इसी प्रकार के लोगों को दबा दिया गया है तथा उनके घमण्ड को चूर-चूर कर दिया गया है।

(6) राष्ट्रीय अल्पसख्यक—संपूर्ण चीनी जनसंख्या का छः प्रतिशत भाग वहां का राष्ट्रीय अल्पसंख्यक, अर्थात् गैर हान चीनी है, किन्तु यह आधे चीन में फैला हुआ है। अल्पसंख्यक जातियाँ यद्यपि चीन की उपजाऊ भूमि पर बसी हुई नहीं हैं किन्तु ये क्षेत्र खनिज पदार्थो के लिए प्रसिद्ध है। अल्पसंख्यक जातियाँ चरवाहों के रूप में रहकर अपना जीवन-यापन करती थीं। सरकारी रिकॉर्ड में 56 जातियाँ इसमें सम्मिलित थीं लेकिन इनमें प्रमुख जुआंग थी जो तेरह वर्गों पर आधारित है जिसकी जनसंख्या एक करोड़ बीस लाख है। अन्य जातियाँ जिनकी संख्या दस लाख से अधिक है, यूगूर, मंगोल, तिब्बती, हुई मुस्लिम तथा कोरियन हैं। हान जाति की तुलना में सामाजिक व आर्थिक दृष्टि से ये पिछड़ी जातियाँ हैं तथा आपस में वे हान जाति से भाषा व धर्म के मामले में भिन्न हैं। इस्लाम धर्म के अनुयायियों की संख्या सर्वाधिक है और उसके बाद तिब्बत का बौद्ध धर्म है।

साम्यवादी शासन से पूर्व सभी अल्पसंख्यकों के लिए आत्मनिर्णय के सिद्धान्त पर बल दिया जाता था। 1931 के चीनी-सोवियत रिपब्लिक में उन्हें चीन से पृथक् होने का अधिकार प्रदान किया गया था और वे स्वतंत्र राज्य बन सकते थे। किन्तु 1949 में सत्तारूढ़ होने पर साम्यवादियों ने जनवादी चीनी गणराज्य को एकात्मक बहुराष्ट्रीय राज्य घोषित किया। 1954 के संविधान ने इन अल्पसंख्यक क्षेत्रों को चीन का अविभाज्य अंग घोषित किया और उन्हें कुछ आन्तरिक प्रशासनिक स्वतंत्रता प्रदान की जिससे वे अपनी भाषा व संस्कृति को सुरक्षित रख सकें। राष्ट्रीय अल्पसंख्यकों के लिए विशिष्ट प्रशासनिक क्षेत्र जिन्हें स्वायत्तशासी क्षेत्र कहते हैं, बनाए गए हैं।

साम्यवादी शासन स्थापित होने के बाद कई वर्षों तक अल्पसंख्यकों की दशा

में सुधार पर जोर दिया गया तथा उनके लिए कई योजनाएँ बनायी गयीं। लेकिन उनके विकास की कोई विशेष योजना नहीं बन पायी। जिससे उनकी दशा में सुधार नहीं हो पाया। दूसरी ओर साम्यवादी दल ने हान जाति के लोगों को बड़ी संख्या में वहां बसाना प्रारम्भ किया जिससे वहां का जातीय स्वरूप बदल जाए। 1975 में दक्षिणपन्थी विरोधी युद्ध प्रारम्भ किया गया जिसका उद्देश्य स्थानीय राष्ट्रीयता की भावना को कुचलना तथा स्थानीय भाषा के स्थान पर चीनी भाषा को लादना था। 1960 के बाद अल्पसंख्यकों के विरुद्ध नीति में ढील तथा स्थानीय भिन्नताओं के प्रति उदारता दिखाई गई। सांस्कृतिक क्रांति के पश्चात् इन्हें पुनः आत्मसात् करने के प्रयास हुए और अन्ततः स्थानीय विरोध को दबा दिया गया और चीनी हान प्रभुत्व स्थापित हो गया यद्यपि समय-समय पर अल्पसंख्यक जातियाँ अपनी स्वायत्तता के लिए संघर्ष करती रहती हैं।

माओ का विकास मार्ग

1949 में चीन पर साम्यवादी दल का प्रभुत्व स्थापित हो गया था। माओ त्से तुंग साम्यवादी दल के महत्वपूर्ण नेता थे। साम्यवादी आदर्श के अनुसार माओ ने चीन में विकास के मार्ग को निश्चित करने के लिए पुराने अवशेषों को समाप्त करने तथा संपूर्ण आर्थिक व राजनीतिक शक्ति पर साम्यवादी दल के एकाधिकार को स्थापित करने की मुहिम प्रारम्भ कर दी। उसने कहा की साम्यवादी व्यवस्था में संपूर्ण शक्ति-जन साधारण के हाथों में होती है किन्तु जनसाधारण इस शक्ति का उपयोग स्वयं नहीं कर सकते। इसके लिए उन्हें अपने प्रतिनिधि 'साम्यवादी दल' के रूप में संगठित हो जाना चाहिए। इस प्रकार माओ ने साम्यवादी दल के हाथों में न केवल संपूर्ण शक्तियाँ केन्द्रित कर दीं बल्कि जनता को इसे संपूर्ण समर्थन प्रदान करने के लिए बाध्य भी किया। जनसाधारण से अपेक्षा की गई कि वह साम्यवादी दल द्वारा लिए गए निर्णयों को लागू करेगा तथा अपना संपूर्ण सहयोग प्रदान करेगा। साम्यवादी दल के लिए माध्यम से माओ एक नए समाज के निर्माण के लिए प्रयत्नशील थे। इस समाज के निर्माण के लिए साम्यवादी दल ने प्राचीन परम्पराओं को नष्ट करने, नवीन व्यवस्थाओं को लागू करने सामाजिक, आर्थिक, राजनीतिक तथा व्यक्तिगत जीवन पर एकाधिकार स्थापित करने के लिए सामान्य लोगों से बलात् समर्थन प्राप्त किया।

माओ ने शासन पर नियन्त्रण स्थापित करने के बाद अर्थव्यवस्था को

नियन्त्रित करके उसे सुधारने का बीड़ा उठाया। एकदम कर पाना संभव नहीं था। उसने शीघ्र ही साम्यवादी व्यवस्था के आधार पर आर्थिक विकास की नींव डाली। प्रारम्भ में संपूर्ण आर्थिक व राजनीतिक सत्ता पर एकाधिकार हो जाने के कारण भयभीत जनता ने राज्य के चाकर के रूप में कार्य किया और जनता की सामान्य आवश्यकताओं की पूर्ति होने लगी। निजी क्षेत्र समाप्त होने के कारण पूंजीपति वर्ग का उन्मूलन हो गया और इस स्थिति को शोषणमुक्त समाज कहा जाने लगा। यद्यपि राज्य महाभयंकर दानव के रूप में जनता का शोषण करने वाला क्रूर अधिनायक का निर्माण माओ ने निर्माण कर दिया। इस सर्व सत्ताधारी राज्य ने पूंजीपतियों के शोषण से तो मुक्ति प्रदान की किन्तु जनता की आर्थिक बदहाली रूप और अधिक भयानक हो गया। माओ को पहली चीनी क्रांति का जनक कहा जाता है। इसका अर्थ यह है कि माओ ने चीन में पूंजीपतियों का विनाश करके सर्वसत्ताधारी शासन को पूर्ण करने के लिए निम्नलिखित पग उठाए:–

कृषि नीति

जिस समय साम्यवादी दल को सत्ता प्राप्त हुयी उस समय कृषि की दशा दयनीय थी और कृषकों को बड़ी कठिन परिस्थितियों से गुजरना पड़ रहा था। क्योंकि अधिकांश भूमि तो बड़े-बड़े जमींदारों के पास थी। साम्यवादी शासन ने कृषि विकास की लम्बी व विस्तृत योजना बनायी। जो निम्नलिखित है–

1. भूमि का पुनः वितरण–साम्यवादी शासन ने जून 1950 के कृषि सुधार कानून के अन्तर्गत संपूर्ण कृषि भूमि का पुनर्वितरण किया। इसके लिए दलीय कार्यकर्ताओं ने सबसे पहले ग्रामीण जनता को वर्गों के आधार पर विभाजित किया। सामान्यतः ग्रामीण जनता को पांच भागों में विभाजित किया गया :

(i) जमींदार जो स्वंय कृषि नहीं करते थे,

(ii) धनी किसान जिनके पास भूमि थी और जो स्वयं भी कृषि करते थे तथा श्रमिकों से भी काम कराते थे,

(iii) मध्यवर्गीय किसान जिनके पास अपनी भूमि हो सकती थी किन्तु जो भूमि स्वयं कृषि करते थे,

(iv) गरीब किसान जो अन्यों की भूमि को किराए पर लेकर खेती करते थे, तथा

(v) कृषि मजदूर जो पूर्णतः अपने श्रम को बेचते थे।

नई नीति के अन्तर्गत जमींदरों की भूमि, पशुओं, औजारों तथा अन्य सम्पत्ति पर सरकार ने कब्जा कर लिया तथा धनी किसानों की अधिकांश भूमि तथा अन्य संपत्ति जब्त कर ली गई। यह संपत्ति गरीब तथा कृषिहीन कृषकों में वितरित कर दी गई जबकि मध्यवर्गीय किसानों की संपत्ति को सुरक्षा प्रदान की गई। भूमि का पुनर्वितरण कृषि उत्पादन में वृद्धि की ओर पहला पग था किन्तु इसका मुख्य उद्देश्य राजनीतिक था, अर्थात् जमींदार वर्ग की शक्ति को नष्ट करना।

अनेक जमींदारों ने अपनी भूमि स्वेच्छा से देना चाहा परंतु उनको ऐसा नहीं करने दिया गया और उन पर मुकदमे चलाये गये और दसियों लाख जमीदारों का मौत के घाट उतार दिया। यद्यपि राजनीतिक दृष्टि से यह पग सफल रहा क्योंकि एक ओर जमींदारों की आर्थिक व राजनीतिक शक्ति नष्ट हो गई और दूसरी ओर साम्यवादी दल को गरीब किसानों की सहानुभूति प्राप्त हो गई किन्तु आर्थिक दृष्टि से यह पग अधिक सफल नहीं हुआ। कृषि भूमि के छोटे-छोटे भागों में बंट जाने के कारण उपज पर्याप्त घट गई।

2. परस्पर सहयोग समूहों का निर्माण—1952 तक भूमि के पुनः वितरण का कार्य समाप्त हो चुका था। साम्यवादी दल ने तुरन्त ही अपने अगले पग 'भूमि के सामूहीकरण की योजना' को कार्यान्वित करना प्रारम्भ किया। इसके लिए सबसे पहले परस्पर सहयोग समूहों का गठन किया गया जो मूलतः चीन में चलने वाली परम्परागत व्यवस्था पर आधारित था। इसमें कृषक अपने-अपने साधनों को इकट्ठा कर लेते थे और बोने व काटने के समय सम्मिलित साधनों का इस्तेमाल करते थे। प्रारम्भ में इन परस्पर सहयोग समूह में तीन से पांच परिवार सम्मिलित थे और इनका निर्माण व्यस्त काल में किया जाता था किन्तु बाद में छः से दस परिवारों को मिलाकर स्थायी रूप में साम्प्रदायिक समूहों का निर्माण कर दिया गया। इससे किसानों का अपनी भूमि, पशु व अन्य चीजों पर स्वामित्व बना रहा तथा किसानों में आय का वितरण उनकी भागेदारी के आधार पर कर दिया जाता था।

3. कृषि उत्पादकों के सहकारी संघ—साम्यवादी दल ने अगले पग के रूप में कृषि उत्पादकों के सहकारी संघों का निर्माण 1952 में ही प्रारम्भ कर दिया था किन्तु इनके निर्माण का औपचारिक निर्णय 1953 के अन्त में लिया गया। प्रत्येक सहकारी संघ में लगभग चालीस परिवार सम्मिलित किए गए। श्रम, भूमि तथा पशु आदि सहकारी व्यवस्था के अन्तर्गत थे। अब भी किसानों को अपनी भूमि आदि पर स्वामित्व प्राप्त था चाहे वह सिद्धान्त में ही था। यह अर्द्ध-समाजवादी व्यवस्था थी।

किसानों को भूमि व श्रम के अनुपात में पारिश्रमिक प्राप्त होता था। 1956 के मध्य तक नब्बे प्रतिशत से भी अधिक कृषि भूमि सहकारी संघों के अन्तर्गत आ चुकी थी।

4. सामूहीकरण—उपरोक्त सहकारी संघों का विकास करके भूमि के सामूहीकरण की योजना लागू की गई। इसमें भूमि पर सामूहिक स्वामित्व स्थापित कर दिया गया तथा निजी स्वामित्व समाप्त हो गया। अब खेती से होने वाली आय में कृषकों की भागीदारी नहीं थी बल्कि उन्हें सामूहिक कृषि फार्मों पर किए जाने वाले श्रम का पारिश्रमिक दिया जाता था। प्रत्येक किसान को एक छोटी सी भूमि का टुकड़ा दिया जाता था जिसमें वह सब्जियाँ उगा सकता था अथवा मुर्गी पालन का काम कर सकता था। सामूहिक खेती का अब विरोध किया जाना संभव नहीं था अतः चीन में सामूहिक कृषि बिना अधिक विरोध के स्थापित हो गई।

5 कम्यून व्यवस्था—साम्यवादी दल का लक्ष्य भूमि के सामूहीकरण के बाद जीवन का सामूहीकरण करना था। कम्यून व्यवस्था का प्रारम्भ इसी कारण से किया गया, जबकि सामूहीकरण का कार्यक्षेत्र कृषि तक सीमित था। कम्यूनों के कार्यक्षेत्र के अंर्तगत कृषि, शिक्षा, उद्योग तथा सैनिक मामलों को रखा गया और वे स्थानीय शासन के रूप में भी कार्य करते थे और आर्थिक नीति निर्धारण में वे वास्तविक शौक रखते थे। कृषकों के सामूहिक खेती के समय प्राप्त निजी भूमि के छोटे टुकड़े भी उनसे छीन लिए गए तथा अन्य संपत्ति का भी सामूहीकरण कर दिया गया। अब अन्तिम लक्ष्य जीवन का सामूहीकरण करना था। कृषकों को सामूहिक भोजनालयों में भोजन करना आवश्यक हो गया अतः उन्हें अपने पारिश्रमिक का कुछ भाग ही धन के रूप में मिलता था, तथा पारिश्रमिक का कुछ भाग वस्तुओं के रूप में मिलता था। शिशुओं की देखभाल शिशुगृहों में होती थी।

अप्रैल,1958 को प्रथम कम्यून स्थापित हुआ और धीरे-धीरे वे सारे देश में फैल गये और सितंबर आते-आते ही उनकी संख्या 24,000 पहुँच गयी। एक कम्यून चार-पांच घरों पर आधारित होता था। नब्बे प्रतिशत से भी अधिक कृषक परिवार कम्यूनों के अन्तर्गत आ गए। वेन की के अनुसार सारे चीन में बावन हजार से भी अधिक कम्यून विद्यमान हैं।

6. कृषकों को सुविधाएँ—चीनी साम्यवादी दल ने मानव मनोविज्ञान के विरुद्ध नीति अपनाई थी जिसके परिणामस्वरूप कृषि उत्पादन में गिरावट आने लगी तथा कम्यून व्यवस्था की असफलता दिखाई देने लगी। कृषकों को सामूहिक भोजन व सामूहिक जीवन बिल्कुल भी नहीं भाया किन्तु वे मजबूर थे। कृषकों से बहुत श्रम

करवाकर उनको सामूहिक भोजनालय का भोजन मिलता था। उनका निजी कुछ नहीं था अतः उनका कार्य करने का उत्साह समाप्त हो गया। उन्होंने पशुओं का वध कर डाला तथा उत्पादन घट गया।

दिसम्बर 1958 में ही मजबूर होकर सरकार ने निजी संपत्ति के लिए सुविधाएँ दीं तथा कुछ और प्रोत्साहन भी दिए गए। बारह घंटे का पूर्ण विश्राम दिए जाने की गारन्टी दी गई। अप्रैल 1959 में कृषकों को निजी भूमि का टुकड़ा वापिस मिल गया। इस प्रकार कम्यूनों का महत्व कम किया गया। अब कृषकों के पास अपने छोटे-छोटे भूमि के टुकड़े हैं और अपने-अपने औजार भी हैं। उन्हें सहायक धंधे करने की थोड़े-बहुत सुविधा दी गई है। वेन की के अनुसार आजकल चीन में संपूर्ण कृषि उत्पादन का अस्सी प्रतिशत सामूहिक अर्थव्यवस्था से चार प्रतिशत राज्य के स्वामित्व की इकाइयों से तथा 15 से 16 प्रतिशत तक व्यक्तिगत कृषि से प्राप्त होता है।

7. उत्पादन लक्ष्य—पांचवीं राष्ट्रीय जन कांग्रेस में प्रधानमंत्री हआ गोफेंग ने 1978 तथा 1985 के बीच के दस वर्षों के लिए कृषि उत्पादन का लक्ष्य निर्धारित किया और कहा कि प्रतिवर्ष चार या पांच प्रतिशत अधिक उत्पादन करते हुए 1985 में खाद्यान्नों का उत्पादन 400 मिलियन टन किया जाएगा। साथ ही यह भी अनुमान लगाया गया कि 1985 तक 85 प्रतिशत कृषि का यंत्रीकरण हो जाएगा।

औद्योगिक नीति

1949 से पूर्व चीन की पिछड़ी राष्ट्रीय अर्थव्यवस्था में उद्योगों में का कोई विशेष महत्व नहीं था। चीन की फैक्ट्रियाँ पिछड़ी अवस्था में थीं। हल्के उद्योगों जैसे कपड़ा या खाद्य आदि में ही संपूर्ण उत्पादन का सत्तर प्रतिशत उत्पादन होता था। भारी उद्योगों का योगदान बहुत कम था और मशीन निर्माण उद्योग का भाग तो मात्र 1.7 प्रतिशत था। साम्यवादी दल ने जिस उद्योग नीति को अपनाया उसका राज्य संविधान में उल्लेख करते हुए कहा गया कि 'पूंजीवादी उद्योग व वाणिज्य की ओर राज्य की नीति उसका उपयोग करने, उसे सीमित करने तथा उसे बदल डालने की है।'

1. पूंजीवादी उद्योगों के इस्तेमाल की नीति—प्रारम्भ के काल में साम्यवादी दल उद्योगों में कठोर नीति न अपना सका क्योंकि उसकी शक्ति ग्रामों में थी और वह ग्रामों से नगरों में आया था। नगरों में उन्हें अधिक जनसमर्थन प्राप्त नहीं था। अतः अर्थव्यवस्था की गति को बढ़ाने के लिए उसने प्रबंधकों आदि के साथ मधुर संबंध बनाए रखे। उसने अधिकांश उद्योगों को निजी हाथों में रहने दिया। राज्य द्वारा केवल उन्हीं उद्योगों का राष्ट्रीकरण किया गया जो कोमिनटांग के स्वामित्व में थे।

पूंजीवादी उद्योगों का इस्तेमाल करने की नीति सन 1951 तक चली जबकि इन उद्योगों ने महत्वपूर्ण भूमिका निभाई।

2. पूंजीवादी उद्योगों को सीमित करने की नीति—साम्यवादी शासन ने 1951 के बाद से नीति में परिवर्तन किया जिसके अन्तर्गत निजी उद्यम को बिक्री, लाभ तथा उत्पादन के क्षेत्र में सीमित किया गया। इसी समय नगरों के पूंजीपतियों के विरुद्ध युद्ध भी छेड़ा गया और उन पर रिश्वत लेने, कर न देने राजकीय संपत्ति की चोरी करने तथा शासकीय समझौतों में बेईमानी जैसे- आरोप लगाए गए। जिस प्रकार ग्रामों में भूमि सुधार के समय जमींदारों के साथ व्यवहार हुआ था उसी प्रकार उद्योगपतियों, व्यापारियों व व्यवसायियों पर जनता के सामने दोषारोपित किए गए। अनेकों ने आत्महत्या कर ली, बहुतों का वध कर दिया गया। ऐसे भाग्यशाली कम थे जिन्हें जुर्माना करके छोड़ दिया गया। इस प्रकार पूंजीपतियों की आर्थिक व राजनीतिक शक्ति पूर्णतः क्षीण हो गई।

3. परिवर्तन का काल—1954 से लेकर 1957 तक के काल को परिवर्तन का काल कहा जा सकता है। इस काल को दो भागों में विभाजित किया जा सकता है। प्रथम काल में धीरे-धीरे निजी उद्यम को राज्य व निजी क्षेत्र का मिला-जुला उद्यम बनाने पर बल दिया गया। इन उद्योगों का निर्देशन राज्य के द्वारा किया जाता था और इन पर नियंत्रण का अधिकार भी राज्य को था तथा इन उद्योगों से जो उत्पादन होता वो राष्ट्रीय योजना का भाग कहलाता था। स्वामियों तथा धन लगाने वालों को ब्याज दिया जाता था। 1955 अन्त तक इस योजना पूर्ति में गति आई। द्वितीय काल 1956 के प्रारम्भ में शुरू हुआ जिसमें संपूर्ण उद्योग को मिले-जुले स्वामित्व के स्थान पर उन्हें राजकीय स्वामित्व में लाया जाना था। 1956 के अन्त तक ही कृषि के साथ-साथ नब्बे प्रतिशत उद्योगों पर भी राज्य का नियंत्रण स्थापित हो गया।

पंचवर्षीय योजनाएँ तथा आर्थिक विकास

चीन में आर्थिक विकास का आधार पंचवर्षीय योजनाएँ बनाई गई और इसके लिए रूसी योजनाओं को आधार बनाया गया। प्रथम पंचवर्षीय योजना के प्रारम्भ के काल में माओ जेडोंग ने अनुमान लगाया था कि समाजवादी समाज की स्थापना के आदर्श की प्राप्ति के लिए तीन पंचवर्षीय योजनाओं की आवश्यकता होगी तथा ऐसे शक्तिशाली देश के निर्माण में जिसमें उच्च स्तर का समाजवादी औद्योगीकरण होगा, चालीस से पचास वर्ष लगेंगे।

प्रथम पंचवर्षीय योजना (1953-57) पूर्णतः सोवियत संघ मॉडल पर बनाई गई

जिसमें भारी उद्योगों के आधार को तैयार करने के लिए स्त्रोतों का केन्द्रीकरण किया गया तथा उपभोक्ता वस्तुओं के उत्पादन तथा कृषि की उपेक्षा की गई। इस प्रकार इस योजना पर लगने वाली राजकीय पूंजी का 56 प्रतिशत भाग उद्योगों पर लगाया गया। 18.7 प्रतिशत यातायात व संचार तथा 8.2 प्रतिशत कृषि व वनों आदि पर व्यय किया गया। इस योजना के कारण भारी उद्योगों का पर्याप्त विकास हुआ, विशेषतः लोहे व इस्पात के उत्पादन में, ईंधन, विद्युत शक्ति तथा मशीनी औजारों के उद्योगों का विकास हुआ। कृषि की उपेक्षा के कारण कृषि उत्पादन में केवल 4.5 प्रतिशत वृद्धि हुई ।

द्वितीय पंचवर्षीय योजना (1958-62) में भी यद्यपि भारी उद्योगों पर बल दिया गया किन्तु इसमें छोटे पैमाने के उद्योगों के विकास की नीति को भी जोड़ दिया गया। इस बार देशी विधियों तथा श्रम प्रधान तकनीकी को भी महत्व प्राप्त हुआ। 1960 में जब फसल खराब हो गई तो 1961 के प्रारम्भ में भारी उद्योगों पर होने वाले व्यय को और कम कर दिया गया। 1962 में केन्द्रित समिति की दसवीं बैठक में कृषि को राष्ट्रीय 'अर्थव्यवस्था का आधार' घोषित कर दिया गया।

तृतीय पंचवर्षीय योजना के सिंचाई भूमि में वृद्धि, ग्रामीण उद्योगीकरण तथा अधिकाधिक केमिकल खाद के इस्तेमाल पर बल दिया गया। 1966 तक कुल राष्ट्रीय उत्पादन 1957 की तुलना में तीस प्रतिशत अधिक हो गया था अतः 1966 में तृतीय योजना को प्रारम्भ करने के लिए उपयुक्त समझा गया। इस योजना का आदर्श था 'आत्मनिर्भरता' किन्तु चीन अब भी खाद्यान्नों सहित अन्य वस्तुएँ बाहर से मंगाता रहा। चतुर्थ पंचवर्षीय योजना की जनवरी 1971 में घोषणा हुई जिसमें कृषि पर विशेष बल दिया गया। 1975 में चौथी जन कांग्रेस को सम्बोधित करते हुए प्रधानमंत्री चाऊ एनलाई ने कहा था कि 1980 तक आर्थिक व्यवस्था को विस्तृत बनाकर, कृषि, उद्योग, राष्ट्रीय सुरक्षा तथा विज्ञान व टैक्नोलॉजी का आधुनीकरण कर दिया जाना चाहिए। पांचवीं पंचवर्षीय योजना (1976-80) में विलम्ब हुआ और वह 1977 में प्रारम्भ हुई।

अब नई नीति अपनाई गई जिसमें श्रमिकों को बोनस आदि दिया गया। वैज्ञानिकों व अन्य विशेषज्ञों को महत्व दिया गया। इन नीतियों का लाभ हुआ। निर्यात बढ़ने लगा। जिसमें गैर समाजवादी देशों का भाग बहुत अधिक था। इस्पात उद्योग आठ वर्षों में दो गुना हो गया। औद्योगिक उत्पादन गत वर्ष की तुलना में 1979 में 8.5 प्रतिशत बढ़ा। कृषि उत्पादन में भी वृद्धि हुई।

डेंग जियाओ पिंग के नेतृत्व में सुधार

डेंग के नेतृत्व में चीन में जो सुधार हुए उनको निम्नलिखित प्रकार से व्यक्त कर सकते हैं:—

(1) खुला द्वार की नीति—दो दशक पहले पूरी दुनिया के लिए बंद चीन को पूरी दुनिया से निवेश का केन्द्र बना देने जैसे महत्वपूर्ण कार्य का सम्पूर्ण श्रेय डेंग को जाता है। चीनी जनता इस कार्य के लिए सदा उनकी ऋणी रहेगी। 1978 में सत्ता पर अपनी पकड़ मजबूत करने के बाद उन्होंने 1982 में विश्व के सम्मुख चीन की खुला द्वार की नीति रखी तब चीनी रूढिवादी साम्यवादी हल्कों में कसमसाहट महसूस की गई किन्तु डेंग अपने विचारों पर दृढ़ रहे। उनकी दृष्टि कितनी पैनी थी यह इस बात से स्पष्ट हो जाती है कि लगभग साढ़े तीन दशक पूर्व उन्होंने माओ से कहा था कि 'बिल्ली काली हो या सफेद जब तक वह चूहे पकड़ती है रंग से क्या फर्क पड़ता है।' किन्तु उस समय उन्हें पूंजीवादी मार्ग का अनुयायी घोषित किया गया था। तब से निरन्तर उन्हें प्रताड़ित किया जाता रहा। यह उनकी कुशलता ही थी कि सुधारवादी मार्ग पर चीन को ले चलने के अपने सपने को साकार करने के लिए वह हवा के रुख को देखकर बांस के समान झुकते रहे किन्तु 1987 में तेरहवीं कांग्रेस के बाद उन्होंने हवा के रुख के अनुसार खुला द्वार की नीति को मूर्त रूप देने के लिए कार्य प्रारम्भ कर दिया।

(2) सुधार कार्यक्रमों को मान्यता—सितम्बर 1982 तब जब तक कि कम्युनिस्ट पार्टी की बारहवीं कांग्रेस हुई थी उस पर निचले स्तर की इकाई से लेकर केन्द्रीय समिति तक रूढ़िवादी नेताओं का प्रभुत्व स्थापित था। यह डेंग का ही व्यक्तित्व था कि उन्होंने रूढ़िवादी साम्यवादी नेताओं से भी बारहवीं कांग्रेस में ग्रामीण और शहरी अर्थव्यवस्था के सुधार कार्यक्रम पारित करवा लिए। चीनी अर्थव्यवस्था में इन सुधारों ने मील के पत्थर के रूप में कार्य किया।

(3) पार्टी में शुद्धिकरण अभियान—डेंग ने पार्टी से अपने सुधारवादी कार्यक्रमों को स्वीकृति तो प्रदान करवा ली किन्तु उन्हें अनुभव हुआ कि यदि पार्टी पर ऐसे ही रूढ़िवादी लोगों का प्रभुत्व बना रहा तो आर्थिक सुधारों के कार्यान्वयन में अनेक कठिनाइयाँ उत्पन्न होंगी अतः उन्होंने पार्टी के शुद्धिकरण का बीड़ा उठाया। डेंग ने चार वर्ष के कालखण्ड में ही लगभग सभी रूढ़िवादी नेताओं को महत्वपूर्ण पदों से हटाकर उनके स्थानों पर ऐसे लोगों को स्थापित किया जो डेंग के सुधारवादी कार्यक्रमों में आस्था रखते थे। इस प्रकार अब डेंग के सुधारों का मार्ग प्रशस्त ही गया।

(4) चीन का आधुनिकीकरण—डेंग चीन ने आधुनिकीकरण के प्रति प्रतिबद्ध थे। माओ के काल में चीन में समाजवादी शासन तो स्थापित हुआ किन्तु चीन की अर्थव्यवस्था पिछड़ी बनी रही। सत्ता पर पकड़ मजबूत होते ही डेंग ने 1978 में आधुनिकीकरण का नारा देश को दिया था किन्तु 1987 में तेरहवीं कांग्रेस के बाद जबकि पार्टी पर सुधारवादी हावी हो चुके थे, आधुनिकीकरण की डेंग की योजना कार्यान्वित हो सकी। डेंग ने कृषि, रक्षा, विज्ञान व तकनीकी तथा उद्योग जैसे चार महत्वपूर्ण क्षेत्रों के आधुनिकीकरण की महत्वपूर्ण योजना प्रस्तुत की। उन्होंने यह भी संकल्प किया कि चीन सकल धरेलू उत्पादन को चार गुना कर लेगा। डेंग के नेतृत्व में जनसहयोग से चीन ने अपने इस लक्ष्य को शताब्दी के समाप्त होने के बहुत पूर्व ही प्राप्त कर लिया। इस स्थिति ने चीनी जनता में खुशहाली का वातावरण पैदा किया। चीनी की समृद्धि तथा उसके आर्थिक उदारवाद का लाभ उठाने के लिए जनतंत्रवादी देश एक दूसरे से होड़ लगाते आ रहे हैं।

(5) साम्यवादी दल की तानाशाही स्थापित है—चीन में डेंग ने जो प्रयास किये थे उससे आर्थिक उदाहरण को तो स्थापित किया गया, किंतु सत्ता पर भी साम्यवादी दल की तानाशाही स्थापित थी और निकट भविष्य में भी जनतंत्र की स्थापना में कोई चिन्ह नजर नहीं आते थे। जब डेंग आर्थिक प्रगति के प्रति आश्वस्त हो गए तब आर्थिक प्रगति से ही प्रेरित होकर उन्होंने कहना प्रारम्भ किया था कि अब चीन में जनतंत्रीकरण की प्रक्रिया को तीव्र करने तथा सत्ता के विकेन्द्रीकरण को प्रारम्भ करने का समय आ गया है। ऐसे वक्तव्यों से चीन की जनता में नया जोश उत्पन्न हुआ किन्तु जब इस दिशा में कोई पग नहीं उठाया गया तब वहां का विद्यार्थी समाज अधीर हो उठा। उसने नवम्बर 1989 में पेइचिंग के थ्येनआनमन चौक पर हजारों की संख्या में प्रदर्शन किया। चीन के साम्यवादी शासन के लिए इस प्रकार की घटना असह्य थी। उसने हजारों छात्रों को गोलियों से भून डाला। गोलियों से भूनने की घटनाओं से यद्यपि चीनी साम्यवादी शासन का इतिहास भरा पड़ा है किन्तु इस समय तक चीन बाह्य विश्व से खुल चुका था। अतः विश्व भर में इस जघन्य घटना की निन्दा की गई। इस घटना के पश्चात् साम्यवादी शासन का शिकंजा जनता की गर्दन पर और अधिक कस गया है और वहां जनतंत्र की सभी सम्भावनाएँ समाप्त हो गई हैं। वहां की जनता का यह मत अधिक दृढ़ हो गया। प्रतीत होता है कि चीन का भविष्य इसी तरह की राजनीति पर निर्भर है जहां राजनीतिक क्षेत्र में साम्यवादी दल की तानाशाही ही स्थापित हो।

(6) एक देश दो प्रणालियाँ (One country two systems)–चीनी राजनीतिक व्यवस्था में डेंग की आर्थिक सुधार की दूरदृष्टि का महत्वपूर्ण उदाहरण उनके द्वार। 'एक देश दो प्रणालियों' (One country two systems) के सिद्धान्त का प्रतिपादन करना था। उन्होंने ब्रिटिश उपनिवेश हांगकांग नामक द्वीप के पुनः चीन के अभिन्न अंग बनने की परिस्थिति के संबंध में इस सिद्धान्त का प्रतिपादन किया था। 19वीं शताब्दी के पूर्वार्द्ध में हांगकांग एक उजाड़ किन्तु मछली पकड़ने का केन्द्र था, ब्रिटेन को सौप दिया था। इस छोटे से द्वीप हांगकांग में ब्रिटिश वैभव के काल में भरपूर पूंजी निवेश किया गया और वह विश्व की खुली अर्थव्यवस्था का मुख्य केन्द्र बन गया। द्वितीय विश्व युद्ध के पश्चात ब्रिटेन की शक्ति क्षीण हो जाने के कारण तथा चीन के शक्तिशाली राष्ट्र के रूप में उदित हो जाने के कारण चीन ने ब्रिटेन को मजबूर किया कि चह हांगकांग चीन को हस्तांतरित कर दे। अन्ततः 1984 में समझौता हुआ जिसके अन्तर्गत 13 वर्ष पश्चात् हांगकांग का चीन में विलय किये जाने का निर्णय ले लिया गया। यह भी निर्णय हुआ कि हांगकांग की निर्वाचित संसद तथा उसकी पूंजीवादी खुली अर्थव्यवस्था को बनाए रखा जाएगा। इतना ही नहीं वहां की न्यायपालिका व प्रेस की स्वतंत्रता को भी रखा जाएगा।

(7) दूसरी क्रांति के जनक डेंग–1976 में माओ का निधन होने के बाद डेंग जियाओ पिंग ने सबसे शक्तिशाली नेता के रूप में चीन में पहचाने जाने लगे क्योंकि माओ के निधन के कुछ समय के बाद ही उन्होंने अपनी स्थिति मजबूत बना ली थी हालांकि माओ को पहली चीनी क्रांति का जनक कहा जाता है जिसमें माओ ने चीनी जनता को पूंजीपतियों के चंगुल से मुक्ति दिलाकर संपूर्ण आर्थिक व राजनीति से युक्त राज्य रूपी दैत्य को सौंप दिया था। इस दैत्य ने अपनी प्रजा को दो समय की रोटी सहित उसकी नितान्त आवश्यक आवश्यकताओं की पूर्ति तो कर दी किन्तु उसके जीवन को कठोर नियंत्रण में बांध दिया। ऐसी परिस्थिति में डेंग जियाओ पिंग के नेतृत्व में चीन में दूसरी क्रांति का सूत्रपात हुआ। डेंग ने दी दशक के शासनकाल में चीन की अधिसंख्य जनता को आर्थिक समृद्धि प्राप्त करने का अवसर दिया। यह सर्वविदित है कि डेंग की इस क्रांति के परिणामस्वरूप आज चीन विश्व का आर्थिक व सैनिक दृष्टि से अग्रणी देश बन गया है। यह बात पश्चिमी टीकाकार भी मानते हैं। डेंग ने स्वयं कहा है कि माओ ने चीनी जनता को शोषण में मुक्ति दिलाकर समाजवादी समाज की स्थापना हेतु नव चीन की स्थापना की और जब उन्होंने सुधारवादी कार्यक्रम का मार्ग प्रशस्त किया तब यह चीन में दूसरी क्रांति का सूत्रपात था।

डेंग ने दिसम्बर 1978 में चीनी कम्युनिस्ट पार्टी की ग्यारहवीं केन्द्रिय समिति के तीसरे अधिवेशन में चीन को सुधारवाद के मार्ग पर चलने को प्रेरित किया। दस वर्ष बाद 25 प्रतिशत अक्टूबर 1987 को चीन की तेरहवीं कांग्रेस में यह सुनिश्चित हो गया था कि डेंग द्वारा प्रारम्भ की गई दूसरी क्रांति ने चीन को तेजी से समृद्ध बनाया है और भविष्य में इसके मार्ग को अवरुद्ध नहीं किया जा सकता।

1984 में जब उपरोक्त निर्णय लिया गया तब न केवल पश्चिम के लोकतंत्रवादी देशों में बल्कि स्वयं हांगकांग की जनता में भी चीनी साम्यवादी व्यवस्था के अन्तर्गत हांगकांग की खुली राजनीतिक व आर्थिक व्यवस्था को बनाए रखने के संबंध में आशंकाएँ व्यक्त की गई थीं। ऐसी परिस्थिति में चीन के सर्वमान्य नेता ेंगजियाओं पिंग ने अपनी सुधारवादी नीति के अन्तर्गत एक देश दो प्रणालियों (One country two systems) के सिद्धान्त का प्रतिपादन करके चीन के आलोचकों का मुंह बंद किया। उनका कहना था कि हम चीन में दो व्यवस्थाओं–(एक मुख्य भूमि में साम्यवादी व्यवस्था और दूसरी हांगकांग में खुली पूंजीवादी व्यवस्था) का परीक्षण करके उसे सफल बनाएंगे।

30 जून, 1997 की मध्य रात्रि को हांगकांग का चीन में ऐतिहासिक विलय हुआ। यद्यपि उससे कुछ मास पूर्व डेंग जियाओ पिंग का देहावसान हो गया था किन्तु चीन के राष्ट्रपति जियांग जेमिन ने घोषित किया कि दिवंगत नेता डेंग जियाओ पिंग की इच्छानुसार चीन सरकार 'एक देश दो प्राणालियों के सिद्धान्त को लागू करेगी और हांगकांग की स्वायत्तता बनाए रखी जाएगी।

अभी यह देखना बाकी है कि डेंग की अनुपस्थिति में चीनी साम्यवादी व्यवस्था में खुली पूंजीवादी व्यवस्था का प्रतीक हांगकांग किस प्रकार से फिट बैठेगा और चीन कब तक अपने लिखित वायदों का पालन रहेगा। हस्तांतरण के पूर्व तथा तुरन्त पश्चात् चीन द्वारा उठाए गए पग उसकी मंशा को स्पष्ट करने के लिए पर्याप्त हैं। उसने हांगकांग की निर्वाचित संसद के स्थान पर तथा बख्तर बंद गाड़ियों को वहां तैनात कर दिया।

अमरीकी राजनीति के सामाजिक-आर्थिक आयाम

अमरीका की राजनीतिक व्यवस्था का अध्ययन बतलाता है कि वह व्यक्ति स्वातन्त्र्य के आदर्श को प्रस्थापित करने का प्रयास करता है। इसका कारण यह है

कि पूर्व सोवियत संघ के समान यहां के मनुष्य को भौतिक प्राणी माना गया है। उसे सुखी बनाने के लिए स्वाभाविक ही, उसकी भौतिक आवश्यकताओं की पूर्ति को लक्ष्य बनाया गया। चूंकि व्यक्ति अपने सुख को स्वयं भलीभांति समझता है अतः वहां के दार्शनिकों ने यह दृष्टिकोण प्रतिपादित किया कि प्रत्येक मनुष्य को सुख प्राप्त करने के अवसर मिलने चाहिएँ और व्यक्ति को हस्तक्षेप रहित स्वतंत्रता प्राप्त होनी चाहिए। व्यक्ति की स्वतंत्र बनने की चाह वहां की राजनीतिक, सामाजिक व आर्थिक व्यवस्था में स्पष्ट देखने को मिलती है। सत्य तो यह है कि वहां जीवन के सभी क्षेत्रों की रचना का लक्ष्य ही भौतिक सुख की प्राप्ति के अवसर प्रदान करता है। यही कारण है कि वहां परिवार नाम की संस्था महत्वपूर्ण नहीं बन पाई, क्योंकि वहां की समाज व्यवस्था व्यक्ति स्वातन्त्र्य पर सामाजिक बन्धन स्थापित नहीं कर सकी। वहां के व्यक्तिवादी दृष्टिकोण ने परिवार व समाज के बन्धनों से उन्मुक्त व्यक्ति का निर्माण किया है। उसने अपने स्वार्थ की पूर्ति के लिए सामाजिक संगठनों का विरोध किया है। जिस प्रकार राजनीतिक व सामाजिक क्षेत्र में अहस्तक्षेप को महत्वपूर्ण स्थान प्राप्त है उसी प्रकार आर्थिक क्षेत्र में भी व्यक्ति को राज्य व समाज के अन्य लोगों के हस्तक्षेप से मुक्त बनाने का प्रयास किया गया है। यही कारण है कि वहां के व्यक्तिवादी दृष्टिकोण ने वहां पूंजीवाद को जन्म दिया है जिसमें व्यक्ति द्वारा व्यक्ति का शोषण होना स्वाभाविक प्रक्रिया है। परिणामस्वरूप अमरीका में शोषक व शोषित वर्गों का विकास हुआ है। जब पूंजीवाद अपनी चरम सीमा पर पहुंच गया तब वहां के लोगों ने आर्थिक दृष्टि से दुर्बल देशों के शोषण की योजना बनाई और विभिन्न उपायों से विश्व के बड़े भू-भाग पर अपना आर्थिक साम्राज्य स्थापित किया है।

गत अध्यायों में हमने अमरीका की राजनीतिक व्यवस्था का विस्तार से अध्ययन किया है यहां हम वहां की राजनीति के सामाजिक, आर्थिक आयामों का अध्ययन करेंगे। हम जानते हैं कि किसी भी देश की राजनीतिक व्यवस्था वहां की सामाजिक व आर्थिक व्यवस्था को प्रभावित करती हैं और आर्थिक सामाजिक परिस्थितियां राजनीति को दिशा देती हैं तथा स्वरूप प्रदान करती हैं।

मोन्समा का कहना है कि कोई भी राजनीतिक व्यवस्था, जिस समाज का वह अंग है, उससे पृथक् होकर शून्य में जीवित नहीं रह सकती। वह समाज को प्रभावित करती है और उससे स्वयं भी प्रभावित होती है। राजनीतिक व्यवस्था से निर्गत निरन्तर समाज में प्रभावित होते रहते हैं। परिणामस्वरूप उक्त समाज की प्रकृति तथा विशिष्ट राजनीतिक व्यवस्था के प्रति उसकी प्रवृत्तियाँ तथा दृष्टिकोण सम्पूर्ण व्यवस्था पर गहरा प्रभाव डालते हैं।

हम जानते हैं कि राजनीतिक व्यवस्था सम्पूर्ण सामाजिक व्यवस्था का एक महत्वपूर्ण अंग होती है। इसी कारण विभिन्न व्यवस्थाओं की संस्थाओं व उनकी मान्यताओं में भले ही समानता हो किन्तु सामाजिक व आर्थिक परिस्थितियों के प्रभाव के कारण उनके स्वरूप बदल जाते हैं। दूसरी ओर राजनीतिक व्यवस्था का समाज के विभिन्न अंगों पर निरन्तर प्रभाव पड़ता है जिसके कारण समाज का स्वरूप भी बदलता रहता है। संयुक्त राज्य अमरीका की राजनीतिक व्यवस्था का अध्ययन करने से पूर्व यह उचित दिखाई देता है कि वहां के सामाजिक मूल्यों, प्रवृत्तियों व दृष्टिकोणों के साथ-साथ आर्थिक कारणों का ज्ञान प्राप्त कर लिया जाए क्योंकि इन्हीं चीजों ने वहां की राजनीतिक व्यवस्था को एक निश्चित स्वरूप प्रदान किया है और एक निश्चित दिशा में उसे कार्य करने के लिए बाध्य किया है। **डि टाक्विले** ने जब यह कहा कि अमरीका में लोकतन्त्रीय गणराज्य की स्थापना व उसके विकास में उस भू-भाग का विशेष महत्व है जहां अमरीकी लोग रहते हैं, तो उसका इशारा अमरीका की भौगोलिक स्थिति तथा वहां के सामाजिक दृष्टिकोण की ओर था जिन्होंने वहां एक विशिष्ट प्रकार की राजनीतिक व्यवस्था के विकास में योग प्रदान किया है। अतः अमरीका की राजनीतिक व्यवस्था का अध्ययन करने के पश्चात् वहां की सामाजिक व आर्थिक व्यवस्थाओं के स्वरूप का नीचे संक्षिप्त विवेचन किया गया है—

संयुक्त राज्य अमरीका की राजनीति के सामाजिक आयाम

अमरीका की राजनीति को जानने से पहले राजनीति के सामाजिक आयामें को जानना बहुत जरूरी है जैसे—अमरीका की भौगोलिक स्थिति, वहां की भूमि, वहां के लोगों की प्रकृति, विचार, प्रवृत्तियाँ तथा दृष्टिकोण, उनके व्यवसाय, धर्म, जातिगत भेदभाव तथा महिलाओं की स्थिति आदि।

1. भौगोलिक स्थिति

उत्तरी अमरीका महाद्वीप के मध्य भाग में स्थित संयुक्त राज्य अमरीका पचास इकाई राज्यों का संघ है। इसके उत्तर में कनाडा, दक्षिण में मैक्सिको राज्य है तथा पूर्व में अटलांटिक महासागर व पश्चिम में प्रशान्त महासागर है। इस विशाल देश की जनसंख्या बीस करोड़ से भी अधिक है और क्षेत्रफल 36,15,122 वर्गमील।

अमरीका को पांच भौगोलिक क्षेत्रों में विभाजित किया जा सकता है। उत्तर पूर्वी, दक्षिणी, मध्यवर्ती व पश्चिमी क्षेत्र तथा अलास्का और हवाई द्वीप। अमेरिका विविधताओं से भरा हुआ देश कहा जा सकता है। इस देश में एक और समुद्र तल से भी निचला

भू-भाग है तो दूसरी ओर ऊँची-ऊँची पर्वत शृंखलाएँ हैं। कहीं अत्यधिक वर्षा होती है तो कहीं बहुत कम होती है और यातायात में भी पर्याप्त अंतर पाया जाता है।

2. अमरीका के निवासी

अमरीका के मूल निवासियों को रेड इण्डियन्स के नाम से पुकारा जाता है। इस नाम के पीछे एक प्रसिद्ध घटना है। स्पेन निवासी कोलम्बस भारत की भौतिक व आध्यात्मिक उन्नति के समाचारों से प्रेरित होकर उसकी खोज में निकल पड़ा। वह भारत के स्थान पर अमरीका पहुंच गया और उसे भारत समझकर वहां के लोगों को उसने 'भारतीय' नाम से सम्बोधित किया। इस प्रकार अमरीका के मूल निवासी 'इण्डियन' कहलाने लगे। जब यह ज्ञात हुआ कि यह भारत नहीं है तब यहां के लोगों को उनके तांबे जैसे रंग के कारण 'रेड इण्डियन' कहा जाने लगा। धीरे-धीरे इनकी संख्या बहुत कम रह गई।

'रेड इण्डियन्स' को छोड़कर शेष सभी अमरीकी लोग विदेशों से आकर यहां बसे हैं, इसी कारण अमरीका को अप्रवासियों का देश कहा जाता है। विदेशियों का अमरीका में आकर बसने का सिलसिला सत्रहवीं शताब्दी के प्रारम्भ में ही शुरू हो गया था। विदेशों से आने वाले लोग स्पष्टतः दो वर्गों —गोरे व काले—में विभाजित हैं। एक ओर गोरी चमड़ी वाले लोग मुख्यतः ब्रिटेन, हालैण्ड, स्वीडन व डेनमार्क से आए। जर्मनी व फ्रांस के लोग भी बड़ी संख्या में यहां बस गए थे। इन सभी ने उत्तर पूर्वी क्षेत्र में अपनी बस्तियां बसा लीं। अंग्रेजों की संख्या सबसे अधिक होने के कारण उन्होंने यूरोपीय जातियों की बस्तियों को भी अपने नियन्त्रण में कर लिया। दूसरी ओर अमरीका में काले या अश्वेत लोग भी पर्याप्त संख्या में मौजूद है। अमरीका के दक्षिणी क्षेत्रों में तम्बाकू और कपास की खेती के लिए श्रमिकों की आवश्यकता हुई। अंग्रेजों ने अफ्रीका से काले नीग्रो लोगों की बड़ी संख्या में पकड़कर अमरीका के दक्षिणी राज्यों में लाना प्रारम्भ कर दिया और उनसे जबर्दस्ती कृषि फार्मों पर काम करवाया। इस प्रकार दक्षिणी राज्यों में काले नीग्रो लोगों की संख्या अधिक हो गई। अमरीका में 87.4% श्वेत तथा 11.2% अश्वेत नीग्रो हैं। शेष 1.4% लोगों में भारतीय, चीनी, जापानी आदि लोग सम्मिलित हैं।

3. व्यावसायिक विभाजन

(i) कृषक वर्ग—अमरीका में व्यावसायिक दृष्टि से कृषकों का वहां के सामाजिक जीवन में गहरा प्रभाव है। अधिकांश कृषकों के पास स्वयं की भूमि है यद्यपि कुछ भू-स्वामी अपनी जमीन को किराए पर दे देते हैं और कुछ अन्य श्रमिकों

से खेती कराते हैं। यहां के कृषकों में व्यापारिक वृत्ति देखने को मिलती है। अमरीका के पश्चिमी भागों में अधिकतर यहां के मूल निवासी खेती करते हैं जबकि उत्तर-पश्चिमी क्षेत्रों में स्वीडन तथा जर्मन आदि जाति के लोग खेती करते हैं।

(ii) श्रमिक वर्ग—अमेरिका के सैनिक वर्ग की सबसे महत्वपूर्ण विशेषता यह है कि इसमें ज्यादातर शिक्षित व्यक्ति सम्मिलित हैं ओर यहां जीवन जीने की काफी सुविधाएँ होने के कारण यहां हड़तालें भी अन्य देशों की तुलना में कम होती हैं। यहां का श्रमिक विशेष संगठित भी नहीं है। इसका मुख्य कारण यह है कि यहां के विभिन्न वर्गों के दृष्टिकोणों में विशेष अन्तर नहीं है और न ही वे किसी विशेष दल से चिपके रहते हैं। एक ही नेता श्रमिकों, किसानों, पूंजीपतियों व व्यापारियों का एक साथ समर्थन प्राप्त कर सकता है।

(iii) पूंजीपति वर्ग—अमेरिका के पूंजीपति वर्ग में बड़े उत्पादक, बड़े व्यापारी, उच्च अधिकारी व कम्पनियों के डायरेक्टर आदि शामिल किए गए हैं। ये मुक्त व्यापार के समर्थक हैं और जनता व सरकार दोनों को प्रभावित करने की क्षमता रखते हैं। व्यापारियों, कृषकों व श्रमिकों से भी इनके घनिष्ठ सम्बन्ध हैं।

(iv) उत्पादक व व्यापारी वर्ग— अमरीका का दूसरा व्यावसायिक वर्ग **उत्पादकों व व्यापारियों** का है। एक ओर छोटे नगरों व दूर प्रदेशों के दुकानदारों व व्यापारियों तथा कृषकों के हितों में समानता दिखाई देती है। इन दोनों वर्गों के रहन-सहन में भी अधिक समानता नहीं है किन्तु बड़े नगरों में रहने वाला व्यापारी व उत्पादक वर्ग अधिक जागरूक व धनी है। कृषकों व नगरों के व्यापारियों के रहन-सहन के स्तर में अन्तर है। व्यापारी लोग राजनीति में अधिक रुचि लेते हैं और सक्रिय रूप से भाग भी लेते हैं यद्यपि उन्हें समय कम मिलता है।

4. शिक्षा

अमरीका में शिक्षा का बहुत प्रसार है, यहां साक्षरता का अनुपात बहुत ऊंचा है। इसका कारण यह है कि सरकार लोगों को शिक्षा प्राप्त करने के लिए प्रोत्साहित करती है। यहां माध्यमिक स्तर तक की शिक्षा निःशुल्क है। शिक्षा की योजना विभिन्न राज्य अपनी आवश्यकताओं के अनुसार बनाते हैं और उसके अनुसार व्यवस्था करते हैं। विभिन्न स्तरों के विद्यालय निजी व सार्वजनिक दोनों क्षेत्रों में विद्यमान हैं। यद्यपि अधिकांश बच्चे सार्वजनिक विद्यालयों में शिक्षा पाते हैं किन्तु विशिष्ट वर्ग के लोग निजी विद्यालयों में अपने बच्चों को भेजते हैं। यहां व्यावसायिक व प्राविधिक शिक्षा के लिए भी अनेक संस्थाएँ हैं।

शिक्षा के प्रसार के कारण यहां के लोग अपने अधिकारों व कर्त्तव्यों के प्रति भी जागरूक हैं और राजनीतिक प्रश्नों में रुचि लेते हैं और विभिन्न माध्यमों से अपने विचारों को प्रभावित करने का प्रयास करते हैं। इसके लिए वे सार्वजनिक प्रश्नों पर अपना मत व्यक्त करना पसन्द करते हैं। राजनीतिक गतिविधियों में भी उनकी पर्याप्त रुचि है।

5. धार्मिक जीवन

अमरीका एक धर्म निरपेक्ष राज्य है अर्थात् राज्य किसी धर्म विशेष में रुचि नहीं रखता किन्तु वह सभी धर्मावलम्बियों को धर्मानुसार आचरण करने व उसको प्रचारित करने की स्वतन्त्रता प्रदान करता है। धर्म व राजनीति को पृथक् कर दिया गया है। **संविधान के प्रथम संशोधन** में कहा गया है कि कांग्रेस (अमरीकी संधीय व्यवस्थापिका) धर्म सम्बन्धी कोई कानून नहीं बनाएगी। इस प्रकार अमरीका में धर्म की पूर्ण स्वतन्त्रता है। यहां के लोग भौतिकवादी हैं और इस कारण वे धर्म को भौतिक सुख का माध्यम मानते हैं। यही कारण है भौतिक सुखों के होते हुए भी यहां के लोगों में मानसिक शान्ति का अभाव है। भौतिक साधनों की वृद्धि जीवन में अधिकाधिक अशान्ति पैदा कर रही है।

यहां के अधिकांश लोग ईसाई हैं और अनेक ईसाई समुदायों से सम्बन्धित हैं। वे चर्चों में जाते हैं। भौतिकवादी दृष्टिकोण के कारण वे भारतीय आध्यात्मवाद की ओर भी आकर्षित हो रहे हैं। भारतीय साधु-सन्तों में उनकी आस्था बढ़ रही हैं । इस प्रकार अमरीका में हिन्दू धर्म के विभिन्न सम्प्रदायों के अनुयायियों की संख्या में पर्याप्त वृद्धि हुई है। यहूदी धर्मावलम्बी लोगों का भी शासन पर पर्याप्त प्रभाव है।

6. बहुलवादी समाज

अमरीका को राष्ट्रों का राष्ट्र कहा गया है क्योंकि यहां बहुलवादी समाज है। यहां के मूल निवासियों की संख्या अधिक नहीं है, अधिकतर लोग दूसरे देशों से आए हैं। इन विदेशियों में भी यूरोपीय मूल के लोगों की संख्या अधिक है। ये लोग यूरोप में आर्थिक संकट के कारण तथा अपने ही देश में दूसरे धर्म के लोगों के अत्याचारों के कारण अपना देश छोड़ने को मजबूर हुए। सत्रहवीं शताब्दी के प्रारम्भ में यूरोपीय जातियों का अमरीका में बसना प्रारम्भ हो गया था। स्पेन, फ्रांस, हालैण्ड, स्वीडन व जर्मनी आदि ने यहां के पृथक्-पृथक् क्षेत्रों पर अधिकार करके बस्तियाँ बसा लीं।

धीरे-धीरे एशिया, आस्ट्रेलिया, न्यूजीलैण्ड तथा अफ्रीका से भी विभिन्न कारणों से यहां लोग आकर बस गए। इस प्रकार संयुक्त राज्य अमरीका संसार के सभी क्षेत्रों व राष्ट्रों के लोगों का देश बन गया।

उपरोक्त विभिन्न देशों के लोगों ने अफ्रीका में आकर अपने को नए वातावरण में पाया। प्राकृतिक सम्पदा से भरे पूरे इस देश में उनको सभी भौतिक सुख-सुविधाएँ प्राप्त हुईं। अधिकांश यूरोपीय देशों से आए लोगों ने अपने को नवीन परिस्थितियों के अनुकूल बना लिया और नवीन मिली-जुली संस्कृति को जन्म दिया क्योंकि उन्हें वहां की किसी उत्कृष्ट संस्कृति ने प्रभावित नहीं किया। धीरे-धीरे उनका विदेशीपन समाप्त होता गया अपने देश की बहुत सी विशेषताओं को ध्यान में रखकर उन्होंने अमेरीकी संस्कृति को विभाजित किया। यहां के नेताओं व विचारकों ने सदा यह प्रयास किया कि विभिन्न देशों से आए लोगों को अपना विदेशीपन त्याग कर अमरीकी रंग में रंग जाना चाहिए। संक्षेप में हम कह सकते हैं कि अमरीका संसार का एक ऐसा विचित्र देश है जहां संसार के सभी क्षेत्रों से आए लोगों ने अपने भेद-भाव भुलाकर एक नए बहुलवादी समाज व मिली-जुली संस्कृति को जन्म दिया है और विविधता में एकता को स्थापित करने का प्रयास किया है। वहां के विद्वान इस सांस्कृतिक बहुलता का समर्थन करते हैं।

7. जातीय सम्बन्ध

सत्रहवीं शताब्दी में ही अफ्रीका में लोगों को गुलामों के रूप में लाना प्रारंभ किया। इन गुलामों से कृषि कार्य और निम्न स्तर के कार्य करवाये जाते थे और पशुओं जैसा व्यवहार किया जाता था। उनके समाज को घृणा की दृष्टि से देखा जाता था। इन अश्वेत लोगों को अलग से बस्तियाँ बनाकर रहने के लिए बाध्य किया गया।

वर्तमान परिस्थितियों में भी अमरीका के अश्वेत नागरिक श्वेत नागरिकों की तुलना में न केवल द्वितीय श्रेणी के नागरिक हैं बल्कि उनके साथ अनेक प्रकार के भेद-भाव का व्यवहार होता है। **राजनीतिक क्षेत्र** में यद्यपि उन्हें समान अधिकार प्राप्त हैं किन्तु व्यवहार में वे अपने मत का भी स्वतन्त्रतापूर्वक इस्तेमाल नहीं कर सकते। न वे राजनीति में सक्रिय रूप से भाग ले पाते हैं और न उनका राजनीतिक शक्ति के रूप में कोई प्रभाव है। यह सर्वविदित है कि अमरीका में कोई नीग्रो (अश्वेत) राष्ट्रपति पद को सुशोभित नहीं कर सका। **आर्थिक क्षेत्र** में भी अश्वेत व श्वेतों में असमानता विद्यमान है। अधिकांश नीग्रो श्रमिकों का काम करते हैं या अन्य छोटे काम या नौकरियाँ करते हैं। उनसे शारीरिक श्रम से काम अधिक लिए जाते हैं तथा

अन्यों की तुलना में उन्हें कम पारिश्रमिक दिया जाता है। **सामाजिक क्षेत्र** में श्वेत उच्च-वर्ग व अश्वेत निम्न वर्ग में विभाजित हैं। दोनों की बस्तियाँ अलग-अलग बसी हुई हैं। नीग्रो लोगों की बस्तियाँ गन्दी व आवश्यक सुविधाओं से विहीन होती हैं। सामान्यतः वे श्वेतों के साथ उनकी बस्तियों में रहने की हिम्मत नहीं कर सकते।

जातीय असमानता के कारण अमरीकी समाज में तनाव की स्थिति बनी रहती है। नीग्रो लोग अपनी स्थिति को सुधारने के प्रयत्नों में लगे हैं। अनेक सामाजिक संगठन भी उनकी दशा सुधारने में लगे हुए हैं। 'दि नेशनल एसोसिएशन फॉर दि एडवान्समेन्ट ऑफ कलर्ड पीपुल' ने अश्वेतों की समानता के लिए लम्बा संघर्ष किया। 'दि नेशनल अरबन लीग' ने भी नीग्रो लोगों के विकास का महत्वपूर्ण कार्य किया है। मार्टिन लूथर किंग के नेतृत्व में तो अश्वेतों ने अपने हितों की रक्षार्थ तथा स्वाभिमानपूर्वक जीवन व्यतीत करने के लिए संघर्ष छेड़ दिया था। इतना ही नहीं नीग्रो लोगों का एक पक्ष हिंसा के मार्ग को अपनाने से भी नहीं हिचकता है।

समाज में विद्यमान उक्त असमानता तथा उसके कारण विद्यमान तनावों को दूर करने के भी लगातार प्रयास हुए हैं। राष्ट्रपति अब्राहम लिंकन (1861-65) ने सर्वप्रथम दास प्रथा को समाप्त करने का प्रयास किया। **1865 ई. में तेरहवें संविधान संशोधन** के माध्यम से दासता तथा इच्छा के विरुद्ध दासत्व को अमरीका से समाप्त कर दिया गया। इसी प्रकार **1868 के चौदहवें संशोधन के सैक्शन एक** में कहा गया है कि राज्य वैधिक प्रक्रिया के अतिरिक्त किसी व्यक्ति को उसके जीवन, स्वतन्त्र तथा सम्पत्ति से वंचित नहीं करेगा। **भाग दो** में कहा गया है कि विभिन्न राज्यों में प्रतिनिधियों का विभाजन उन राज्यों की सम्पूर्ण जनसंख्या के आधार पर होगा। इस प्रकार चौदहवें संशोधन ने सामाजिक व राजनीतिक दोंनो क्षेत्रों में समानता स्थापित कर दी है।

सर्वोच्च न्यायालय ने इसमें महत्वपूर्ण भूमिका अदा की, उसने अनेक अधिनियमों व आदेशों को सामाजिक भेदभाव के कारण अवैध घोषित कर दिया। 1954 में सर्वोच्च न्यायालय ने अश्वेतों के लिए अलग स्कूलों की व्यवस्था को अवैध ठहराया।

8. अमरीका में महिलाएँ

अमरीका में महिलाओं की स्थिति अन्य देश की महिलाओं से उन्नत है। समाज में उनको सम्मान के साथ विकास के सभी अवसर प्रदान किए जाते हैं और सामाजिक, आर्थिक व राजनीतिक दृष्टि से भी पुरुषों के समकक्ष समझी जाती हैं। लेकिन वहां की महिलाएँ राजनीति में कम भाग लेती हैं। वे मतदान तो करती हैं

किन्तु प्रत्याशी के रूप में खड़ी होना पसन्द नहीं करतीं। राष्ट्रपति के लिए किसी महिला ने प्रत्याशी बनना पसन्द नहीं किया। आर्थिक क्षेत्र में उनको विकास के पर्याप्त अवसर प्राप्त हैं। उन्हें भी सम्पत्ति अर्जित करने, रखने या व्यय करने का समान अधिकार है। वे जीवन के विभिन्न क्षेत्रों में बढ़-चढ़कर भाग ले रही हैं। शिक्षा, चिकित्सा व विज्ञान आदि क्षेत्रों में उन्होंने पर्याप्त विकास किया है। अमरीका में महिलाओं की उन्नत दशा के कारण ही वह संसार का अत्यन्त सभ्य देश माना जाता है।

संयुक्त राज्य अमरीका की राजनीति के आर्थिक आयाम

अमेरिका में यदि राज्य व्यक्ति की आर्थिक क्रियाओं में हस्तक्षेप करेगा तो उससे व्यक्ति की कार्यकुशलता घटती है अतः उसके विकास की गति धीमी पड़ जाएगी। अन्ततः इससे देश के आर्थिक हितों को भी हानि होगी। इस सिद्धान्त के अनुसार आर्थिक क्षेत्र में खुली प्रतियोगिता होनी चाहिए, जिससे सभी पक्षों व व्यक्तियों को अपनी प्रतिभा के अनुसार विकास करने के अवसर प्राप्त हो सकें। न केवल संविधाना निर्माताओं ने बल्कि बाद के अधिकांश राजनेताओं ने इस सिद्धान्त का प्रतिपादन किया है और इस प्रकार 'अहस्तक्षेप का सिद्धान्त' अमरीका के सामाजिक जीवन का अभिन्न अंग बन गया है। अमरीकी संविधान में हुए 1971 ई. के पांचवें संशोधन में कहा गया है कि किसी व्यक्ति को उचित कानूनी प्रक्रिया के अतिरिक्त जीवन स्वतन्त्रता व सम्पत्ति से वंचित नहीं किया जाएगा और न किसी व्यक्ति की सम्पत्ति का बिना उचित मुआवजा दिए सार्वजनिक उपयोग के लिए हस्तगत किया जाएगा। अमरीका में पूंजीवादी व्यवस्था को स्थापित किया गया है। वहां के व्यक्ति को सम्पत्ति अर्जित करने, व्यय करने तथा धारण करने की पूर्ण स्वतन्त्रता है। वहां किसी व्यक्ति की सम्पत्ति को बिना उचित मुआवजा दिए राज्य हस्तगत नहीं कर सकता। अतः वहां की आर्थिक व्यवस्था पर निजी क्षेत्र का प्रभुत्व है। उत्पादन व वितरण के साधनों का पूंजीपति वर्ग अपने हित में इस्तेमाज करता है तथा उसका लक्ष्य अधिकतम लाभ कमाना है। निजी क्षेत्र पर राज्य का बहुत कम नियन्त्रण है अतः पूंजीपति वर्ग को आर्थिक क्षेत्र में पूर्ण स्वतन्त्रता प्राप्त है।

अमरीकी अर्थव्यवस्था को पूंजीवादी अर्थव्यवस्था कहा जाता है क्योंकि इसका आधार अधिकतम लाभ कमाना है। यहां के उद्योगों पर व यहां के व्यवसाय पर मुख्यतः निजी क्षेत्र का आधिपत्य है और यहां का पूंजीपति वर्ग निजी लाभ को ध्याना

में रखकर उत्पादन करता है। यहां के उद्योग व व्यवसाय पर सरकारी नियन्त्रण का सामान्यतः अभाव है। **चार्ल्स वेयर्ड** ने तो यहां तक कहा है कि अमरीकी संविधान एक ऐसा आर्थिक दस्तावेज है जिसका उद्देश्य पूंजीवाद को सुरक्षित बनाए रखना है। वास्तव में अमरीकावासियों को निजी उद्यम पर बड़ा गर्व है।

2. समसामयिक प्रवृत्तियाँ—अमरीकी पूंजीवाद ने वर्तमान में अपने शिकंजे को विश्व के एक भूभाग के गले पर कसने का प्रयास किया है। संयुक्त राष्ट्र पर अपना वर्चस्व स्थापित करके उसके माध्यम से तथा उसके सहयोग से अनेक आर्थिक संगठनों का गठन किया है। इन संगठनों के सहयोग से अमरीका विश्व के विकासशील तथा अविकसित देशों को आर्थिक दृष्टि से गुलाम बनाने का प्रयास कर रहा है। अनेक ऐसे देश उसके आर्थिक साम्राज्य के शिकार बन भी चुके है। भारत सहित अनेक विकासशील देशों को बड़ी मात्रा में कर्ज़ देकर उनकी अर्थव्यवस्था पर अपना प्रभुत्व स्थापित करने के प्रयास हो रहे हैं। गैट समझौता, सार्वभौमिकरण, उदारीकरण आदि के माध्यम से इन देशों में अपनी बहुराष्ट्रीय बहुल ये देश ने अपने माल को खपा रहे हैं तथा सशक्त प्रचारतन्त्र के माध्यम से अपने माल की कृत्रिम मांग पैदा कर रहे हैं। भारत जैसा विशाल तथा साधन सम्पन्न देश इन कम्पनियों के दुष्प्रभाव को अनुभव करने लगा है। ये कम्पनियाँ अमरीकी कर्ज के दबाव में अपने लिए यहां की सरकार से अधिकाधिक सुविधाएँ प्राप्त करती जा रही हैं। परिणामस्वरूप यहां की सामान्य जनता की उपभोक्ता वस्तुओं तक पर इन कम्पनियों का एकाधिकार होता जा रहा है। यहां के बड़े-बड़े उद्योग तक इन बहुराष्ट्रीय कम्पनियों के पेट में समाते जा रहे हैं। छोटे-छोटे उद्योग जो उपभोक्ता वस्तुओं का निर्माण कर रहे हैं, धीरे-धीरे अपनी मृत्यु की प्रतीक्षा करने लगे हैं। ये बहुराष्ट्रीय कम्पनियाँ न केवल यहां के आवश्यकतानुसार कच्चे माल को अपने देश भेज रही हैं बल्कि वे विकासशील देशों की अनुकूल परिस्थितियों में सस्ते कच्चे माल व श्रमिकों आदि के माध्यम से यहां माल बनाकर यहीं बेचकर मुनाफा कमा रही हैं और ये देश एक बार पुनः आर्थिक दासता के कग़ार पर आ पहुंचे हैं।

3. शक्तिशाली श्रमिक संगठन—अमरीका में एक ओर पूंजीवादी व्यवस्था ने वहां के पूंजीवादी व्यवस्था स्थापित की है दूसरी ओर वहां का श्रमिक वर्ग को अच्छा वेतन मिलता है जिससे उनकी सामाजिक व आर्थिक स्थिति भी अच्छी है। अमेरिका में श्रमिकों संवेतन अवकाश मिलता है और उनके कई प्रकार के बीमे होते हैं। वहां के कानून श्रमिकों को श्रमिक संगठन बनाने की स्वतन्त्रता व मालिकों से सामूहिक सौदेबाजी के अधिकार प्रदान करते हैं। परिणामस्वरूप यहां के श्रमिकों में उस प्रकार

संघर्ष करने की प्रवृत्ति का पूर्ण अभाव दिखाई देता है जैसा कि मार्क्स व ऐंगेल्स ने भविष्यवाणी की थी।

4. सामाजिक सुरक्षा व्यवस्था तथा कल्याणकारी राज्य–यद्यपि अमरीका में पूंजीवादी अर्थव्यवस्था है किन्तु वहां के राज्य की भूमिका कल्याणकारी राज्य की है। वहीं दुर्बल, पिछड़े व असहाय लोगों के लिए कल्याण की विस्तृत योजनाएँ लागू की गई हैं और इन कार्यों पर बहुत अधिक पूंजी खर्च की जा रही है। शिक्षा व स्वास्थ्य की सुविधाएँ सामान्य लोगों को प्राप्त हैं। अमरीका की सरकार भोजन, वस्त्र तथा निवास स्थान जैसी नितान्त आवश्यक आवश्यकताओं की पूर्ति करने में पर्याप्त सफल हुई है।

अमरीका में रोनाल्ड रीगन के राष्ट्रपति काल में कल्याणकारी योजनाओं में अधिक गति आ गई थी। प्रशासन प्रतिवर्ष जन-कल्याण व सामाजिक सुरक्षा की योजनाओं पर अधिकाधिक धन व्यय कर रहा है। राज्य सरकारें भी दुर्बल वर्ग की सहायता की योजनाएँ लागू कर रही हैं। इतना ही नहीं, निजी क्षेत्र की कम्पनियाँ भी अपने कर्मचारियों की सुख-सुविधा के लिए व्यवस्थाएँ करती हैं। इस प्रकार यह कहना उचित ही है कि अमरीका एक कल्याणकारी राज्य है।

5. बेराजगारी की समस्या– अमरीका यद्यपि संसार का प्रमुख धनी देश है किन्तु वहां पर भी बेरोजगारी की विकट समस्या विद्यमान है। 1950 की आर्थिक मन्दी ने वहां बेरोजगारी को इतना बढ़ावा दिया कि तत्कालीन शासन को इस सम्बन्ध में निश्चित योजना बनाना आवश्यक हो गया। एक ओर बेरोजगारों की संख्या बढ़ रही थी और दूसरी ओर जो रोजगार में लगे थे उनमें बड़ी संख्या में लोग अंशतः ही काम में लगे थे क्योंकि उनकी आय पर्याप्त नहीं थी। राष्ट्रपति रुजवेल्ट ने 1933 में पद ग्रहण करते ही बेरोजगारी दूर करने के लिए अनेक योजनाएँ लागू कीं। उनके प्रयासों का यह परिणाम हुआ कि बड़ी संख्या में लोगों को रोजगार प्राप्त हुए। द्वितीय विश्वयुद्ध के कारण अमरीका में बेरोजगारी और बढ़ी तथा तत्कालीन राष्ट्रपति ट्रूमैन ने सरकारी नीति को घोषित करते हुए कहा कि उनका प्रशासन बेरोजगारी को समाप्त करने का यथा-सम्भव प्रयास करेगा।

बेरोजगारी को समाप्त करने के लिये अमेरिकी प्रशासन पूर्णतः प्रयास कर रहा है फिर भी यह समस्या निरंतर बढ़ रही है और सरकार नवयुवकों की तकनीकी शिक्षा पर जोर दे रही है। हाल ही वर्तमान राष्ट्रपति बराब ओबामा ने अमेरिका के युवकों को चेतावनी दी है कि वे तकनीकी शिक्षा पर अधिक ध्यान दें, अन्यथा रोजगार के अवसर भारतीय ले जायेंगे।

6. धनी देश तथा उच्च जीवन स्तर—अमेरिका एक धनी देश है और यहां की भूमि भी उपजाऊ है। और दूसरी ओर यह खनिज पदार्थों से भी सम्पन्न है।

अमरिका के लोगों का जीवन-स्तर पर्याप्त ऊंचा है और वे भौतिक सुखों से भरपूर जीवन व्यतीत करते हैं। यद्यपि वहां पर भी उच्च व निम्न वर्गों के जीवन स्तर में फर्क है। यह सब वहां की विकसित अर्थव्यवस्था का परिणाम है। वहां प्रति व्यक्ति आय संसार में सर्वाधिक है। एक सर्वेक्षण के अनुसार 1977 में यहां की प्रति व्यक्ति आय सात हजार डालर से अधिक थी। अमरीका के श्रमिक व निम्न मध्यम-वर्ग के लगभग 90% लोगों के पास स्वयं की कारें हैं और उच्च मध्यवर्ग के लोगों के पास तो लगभग सभी के पास अपनी कारें हैं। **हैमिल्टन** के सर्वेक्षण के अनुसार अमरीका के लगभग 85% लोग अपने जीवन स्तर से सन्तुष्ट या सामान्यतः सन्तुष्ट थे जबकि केवल 15% लगभग लोग अपने जीवन स्तर से असन्तुष्ट थे।

7. अतिरिक्त खाद्य पदार्थ—यद्यपि अमरीका एक औद्योगिक देश है किन्तु खाद्य पदार्थों के उत्पादन में भी यह न केवल आत्मनिर्भर है बल्कि अपनी आवश्यकताओं से भी अधिक उत्पादन करता है और अतिरिक्त खाद्य पदार्थ को अन्य देशों की आवश्यकताओं की पूर्ति के लिए भेजता है। सत्य तो यह है कि कृषि विकास के कारण वहां उद्योगों के विकास में सहायता मिली है। वहां उन्नीसवीं शताब्दी के प्रारम्भ से ही कृषि का उत्पादन बढ़ने लगा था क्योंकि उस समय वहां तकनीकी व औद्योगिक विकास हो चुका था। यहां गेहूं, जौ, चावल व तम्बाकू का भरपूर उत्पादन होता है और मक्का व कपास के उत्पादन में तो वहां विश्व भर में सर्वाधिक उत्पादन होता है। खाद्य उत्पादन में वृद्धि का मुख्य कारण वैज्ञानिक साधनों का उपयोग किया जाता है। अमरीका अपने अतिरिक्त खाद्यान्नों को कूटनीति सम्बन्धों को बनाने के लिए भी इस्तेमाल करता है और राजनीतिक लाभ उठाने का प्रयास करता है।

जातिगत तनाव तथा राजनीतिक प्रक्रियाएँ

विकासशील देशों में जातिगत तनाव

विकासशील देश विभिन्न प्रकार के जातिगत तनावों से जूझ रहे हैं। इन देशों के अध्ययन का पूरा चित्र वहां चलने वाले जातिगत तनावों का अध्ययन किए बिना सामने नहीं आ सकता। नीचे इन जातिगत तनावों के प्रमुख स्वरूपों का चित्रण किया गया है:—

(1) ईसाइयों का स्थानीय लोगों से संघर्ष—यूरोप में बसे ईसाई व्यापारी

वर्तमान काल के विकासशील देशों में व्यापार करने के लिए आए थे। यहां व्यापार की सुविधा प्राप्त करके उन्होंने न केवल धन कमाया बल्कि यहां की राजनीति में भी हस्तक्षेप प्रारम्भ कर दिया। कालान्तर में अनुकूल परिस्थितियां देखकर अपने देश की सरकारों की सहायता से इन देशों में अपना साम्राज्य तक स्थापित कर लिया। विभिन्न ईसाई मिशनरियों ने इस स्थिति का लाभ उठाकर ईसाई धर्म का प्रचार-प्रसार शुरू कर दिया और इसके लिए इन्होंने लालच और भय दोनों का सहारा लिया। इसका जनता में उल्टा असर हुआ और इन्हें कहीं-कहीं जाना पड़ा। धीरे-2 विकासशील देशों में एक बड़ा वर्ग ईसाई बन गया जो पश्चिमी ईसाई देशों के हितों का अपने देश में रक्षक बन गया। इस परिस्थिति में स्थानीय ईसाई समाज से संघर्ष होना स्वाभाविक था।

विदेशी ईसाई मिशनरी अपने स्थानीय ईसाई समर्थक समाज की सहायता से एक ओर विकासशील देशों को दुर्बल व विगठित करने लगे हैं तथा दूसरी ओर स्थानीय जनता का अधिकाधिक धर्मान्तरण करके उनके देश से उनकी जड़ें काट रहे हैं। यह परिस्थिति विकासशील देशों में जातिगत संघर्ष का महत्वपूर्ण कारण है।

(2) मुस्लिम देशों में जातिगत तनाव—विकासशील देशों में मुस्लिम देशों की भी अहम् भूमिका रही है इन देशों में जातिगत तनाव बना रहता है और इस तनाव के तीन कारण माने जाते हैं। पहला प्रकार मुस्लिम समाज में विद्यमान विभिन्न समूहों व पक्षों में निरन्तर चलने वाला तनाव है। शिया, सुन्नी, अहमदिया आदि समूह यद्यपि इस्लाम के अनुयायी हैं किन्तु इस्लाम विभिन्न पक्षों के सम्बन्ध में इनमें मतभेद हैं। मुस्लिम समाज की असहिष्णु प्रवृत्ति इस्लाम धर्मावलम्बियों में मतभिन्नता को सहन नहीं कर पाती और इस कारण उनमें निरन्तर तनाव व संघर्ष चलता रहता है। पाकिस्तान, ईरान, इराक, सऊदी अरेबिया आदि इसके उदाहरण हैं। दूसरा प्रकार दो मुस्लिम देशों के मध्य तनावों का है। ईरान व इराक दो भिन्न इस्लामी मतों, शिया व सुन्नी को मानने वाले देशों के मध्य निरन्तर चलने वाला तनाव इसका उदाहरण है। इस प्रकार मुस्लिम देश अपने मत के विरोधी मत मानने वाले देश को सहन नहीं कर पाते। तीसरे प्रकार का तनाव मुस्लिम देश अपने मत के विरोधी मत मानने वाले देश को सहन नहीं कर पाता अतः अपने यहां बसे, हिन्दू, बौद्ध तथा ईसाई लोगों से निरन्तर संघर्ष की स्थिति बनी रहती है। कई मुस्लिम देशों में लोग अपने देश से गैर-मुस्लिमों को बाहर कर ही अपना विकास देखते हैं यह भी तनाव का एक महत्वपूर्ण कारण है।

(3) अन्य देशों में तनाव—विकासशील देशों में भी जातिगत तनाव सामान्य

स्थिति में है और इन देशों में ईसाई व मुस्लिम समाज विभिन्न उपायों द्वारा वहां के पिछड़े लोगों को अपने मतों में दीक्षित करने का प्रयास करते हैं जिसके कारण वहां निरंतर तनाव बना रहता है। दूसरी ओर इन देशों के अपने समाजों में भी जातिगत तनाव व संघर्ष की स्थिति रहती है। भारत, श्रीलंका, म्यांमार, नेपाल तथा अन्य ऐसे देशों में विभिन्न जातियाँ व सम्प्रदाय होने के कारण इनके बीच कई बार तनावों की स्थिति बनती है और संघर्ष होने की नौबत आ जाती है।

विकासशील देशों में राजनीतिक प्रक्रियाएँ

विकासशील देशों में एक जैसी राजनीतिक प्रणालियाँ नहीं हैं। यद्यपि वे सभी देश लोकतन्त्र में आस्था व्यक्त करते हैं तथा समय-2 पर लोकतन्त्र की स्थापना भी हो जाती है किन्तु यहां शासन में सामान्यतः स्थायित्व दिखाई नहीं देता। नीचे विकासशील देशों की राजनीतिक प्रक्रियाओं का संक्षेप में वर्णन किया गया है:–

(1) मुस्लिम देशों में तानाशाही शासन–मुस्लिम देशों में लोकतांत्रिक प्रणाली से अच्छा तानाशाही को माना जाता है। और जहां लोकतंत्र है वहां तनाव है। कहीं सैनिक शासन, कहीं किसी दल विशेष की तानाशाही, कहीं किसी व्यक्ति विशेष का शासन, देखने को मिलता है। इतना ही नहीं इनके रूप में भी परिवर्तन होता रहता है। किन्तु ये सभी शासन को अधिकाधिक लोकतान्त्रिक प्रदर्शित करते हैं।

(2) मुस्लिम देशों का गुट बनाने का प्रयास–जब हम मुस्लिम देशों की राजनीतिक प्रक्रियाओं का अध्ययन करते हैं तो ज्ञात होता है कि चाहे ये देश कितने ही जातीय तनावों से ग्रसित हों किन्तु विश्व के मुस्लिम देशों का एक मुस्लिम गुट बनाने की दृष्टि से सभी सहमत हैं और इसके लिए निरन्तर प्रयत्नशील रहते हैं। इस दृष्टि से समय-2 पर मुस्लिम देशों की कान्फ्रेंसें होती रहती हैं। इन सम्मेलनों में सामान्य समस्याओं के सुलझाने के प्रयास होते हैं तथा विश्व में अपनी शक्ति बढ़ाने के लिए विश्व के सभी मुस्लिम देशों का आह्वान किया जाता है।

(3) विश्व पर आधिपत्य स्थापित करने का प्रयास–विभिन्न मुस्लिम राष्ट्र आपसी गठबंधन द्वारा विश्व पर अपना एकाधिकार स्थापित करना चाहते हैं। जिससे अंतर्राष्ट्रीय तनाव पैदा होता है। ये उन राष्ट्रों पर अपना प्रभाव छोड़ते हैं, जिनकी जनसंख्या बहुत कम होती है इसलिए साम, दाम, दंड, भेद की नीति से भी नहीं चूकते हैं। इन देशों में निरन्तर संघर्ष की स्थिति बनाए रखी जाती है जिससे अन्ततः ऐसे देशों को दारूल इस्लाम में बदला जा सके। इसके साथ ही अन्य धर्मावलम्बियों से निरन्तर संघर्ष बनाए रखते हैं, जिससे उन्हें भयभीत बनाए रखा जा सके। भारत जैसे

लोकतंत्रवादी देश मुस्लिम समाज की इस रणनीति के शिकार बने हैं। इन देशों में मुस्लिम समाज की जनसंख्या निरन्तर बढ़ रही है। इंग्लैण्ड तथा यूरोप के अन्य देश भी इस षड़यन्त्र से पीड़ित है। जिन देशों में मुस्लिम शासन स्थापित है अर्थात् जहां दारूल इस्लाम है वहां गैर मुस्लिमों को बलात् मुस्लिम बना लिया जाता है। विश्व के विभिन्न मुस्लिम समाज में विलीन कर लिया गया है। वर्तमान में जो भी अन्य धर्मों के लोग वहां रहते हैं उन्हें अपने धर्मानुसार जीवन जीने का अधिकार भी प्राप्त नहीं है।

(4) ईसाईयों का विश्व पर आधिपत्य स्थापित करने का सपना—कुछ देशों के ऊपर ईसाई समाज के लोग भी अपना एकाधिकार रखना चाहते हैं जिसके लिए वे पुनः धर्मान्तरण का रास्ता अपनाते हैं। पश्चिमी देशों का ईसाई समाज पुनः विश्व पर आधिपत्य स्थापित करने के लिए प्रयत्नशील है। इस कार्य के लिए यूरोपीय ईसाई देशों से हजारों मिशनरीज विभिन्न देशों में भेजे जाते हैं। ये मिशनरीज स्थानीय दुर्बल वर्ग से हिममिल कर उन्हें ईसाई धर्म में धर्मान्तरित करने के कार्य में जुटे हुए हैं। ईसाई देशों से विशाल धन राशि भी भेजी जाती है जिससे निर्धन लोगों का धन के लालच में धर्मान्तरण किया जा सके। नव दीक्षित ईसाई समाज की निष्ठा भी अपने देश से हटकर ईसाई देशों के प्रति हो जाती है। इस दृष्टि से ईसाइयों के विभिन्न देशों के समाज के लोगों से संघर्ष होते रहते हैं। भारत का पूर्वांचल ईसाई मत में दीक्षित हो जाने के कारण वहां देश की एकता व अखण्डता की समस्या निरन्तर बनी रहती है। ईसाईयों की विभिन्न देशों में बढ़ती जनसंख्या के आधार पर वे भविष्य में ईसाई बहुल विश्व की कल्पना को साकार होते देखते हैं।

5

कार्यपालिका का तुलनात्मक विश्लेषण

कार्यपालिका का अर्थ एवं शासन

कार्यपालिका सरकार का एक महत्वपूर्ण अंग है। यह न्यायपालिका द्वारा बनाये गये कानूनों का क्रियान्वयन करती है और प्रशासन से जुड़े हुए सभी कर्मचारी कार्यपालिका के अंर्तगत आते हैं और इसका उद्देश्य एक कल्याणकारी राज्य की स्थापना करना है। कार्यपालिका से हमारा तात्पर्य राज्य के प्रधान व उसके मंत्रियों से होता है। भारत के राष्ट्रपति, ब्रिटेन में राजा, कार्यपालिका के प्रधान के अंर्तगत आते हैं।

शासन व्यवस्था में कार्यपालिका का महत्त्व

शासन व्यवस्था में कार्यपालिका का महत्त्वपूर्ण स्थान होता है। इसके भी दो कारण हैं—**पहला,** यह है कि आधुनिक कार्यपालिका का सम्बन्ध केवल विधियों को कार्यान्वित करने से ही नहीं अपितु अनेक अवस्थाओं में विधानमंडल द्वारा स्वीकृत की जाने वाली नीति का सूत्रपात करने से भी रहता है और **दूसरा,** यह है कि समष्टिवादी विधायन इतना अधिक होता है कि विधियों के पारित होने पर विधानमंडल का अंकुश होने के बावजूद विधियों को कार्यान्वित करने वालों के हाथों में अपनी बुद्धि से काम करने की काफी शक्ति छोड़ देना आवश्यक होता है।

इस प्रकार लोकतन्त्र के विकास ने आधुनिक संवैधानिक राज्यों में एक

विरोधात्मक स्थिति उत्पन्न कर रखी है। जिस मात्रा में जनता द्वारा जिसकी जरूरत के लिए अधिकाधिक विधायन अपेक्षित है। निर्वाचित विधानमंडल द्वारा पारित विधियाँ बढ़ती जा रही हैं, उतनी ही मात्रा में इस प्रकार बनाई गई विधियों को कार्यान्वित करने में अनियन्त्रित कार्यपालिका शक्ति का क्षेत्र भी बढ़ता जा रहा है। इसलिए कार्यपालिका आधुनिक सांविधानिक राज्य में कई बातों में शासन का सबसे अधिक महत्त्वपूर्ण विभाग होता है तथा जहाँ एक ओर शासन की शक्तियों को सीमित करने और शासितों के अधिकारों को संरक्षित करने की कोशिश में संविधानवाद ने कार्यपालिका शाखा को पारिभाषित किया है और उचित सीमाओं के अन्दर रखा है, वहाँ दूसरी ओर लोकतन्त्र के विकास ने कार्यपालिका सम्बन्धी कर्तव्यों तथा उनका निष्पादन करने वाले पदाधिकारियों एवं विभागों की संख्या में वृद्धि हो गई है। व्यवहार रूप में राज्य के सभी विभागों का उत्तरदायित्व शासन-विभाग या कार्यपालिका पर ही होता है।

संसद प्रणाली में सारे कानून कार्यपालिका द्वारा संसद में पेश किए जाते हैं। न्याय विभाग की व्यवस्था का भी आखिरी उत्तरदायित्व इसी विभाग पर होता है। विधायिका और न्यायपालिका की व्यवस्था और नियमन का उत्तरदायित्व भी कार्यपालिका पर ही होता है।

कार्यपालिका के विविध प्रकार

कार्यपालिका के अनेक प्रकार होते हैं, जिनका वर्णन निम्नवत् है–

(1) एकल या बहुल कार्यपालिका–जब कार्यपालिका की सारी शक्तियों का प्रयोग एक ही व्यक्ति करता है तो उसे **एकल कार्यपालिका** कहते हैं, जैसे, अमेरिका का राष्ट्रपति। इसके विपरीत जब कार्यपालिका की शक्तियों का उपयोग कुछ व्यक्ति मिलकर समान रूप में करते हैं तो उसे बहुल कार्यपालिका कहते हैं। इसका एकमात्र उदाहरण **स्विट्जरलैंड** है। यहाँ कार्यपालिका की सभी शक्ति **सात सदस्यों** की परिषद (संघीय परिषद) में निहित होती है। उन सबकी शक्तियाँ समान ही होती हैं। एकल कार्यपालिका भी तीन रूपों में पायी जाती हैं–

(अ) वंशानुगत (ब) निर्वाचित और (स) नामांकित कार्यपालिका।

(2) प्रत्यक्ष और अप्रत्यक्ष कार्यपालिका–जब जनता प्रत्यक्ष रूप से कार्यपालिका का निर्माण करती है, तो उसे प्रत्यक्ष कार्यपालिका कहते हैं। इसके खिलाफ जब कार्यपालिका का निर्माण अप्रत्यक्ष रूप से किया जाता है, तो उसे अप्रत्यक्ष कार्यपालिका कहते हैं।

(3) नाममात्र की तथा वास्तविक कार्यपालिका—जब कार्यपालिका की शक्तियों का उपयोग किसी के नाम से किया जाता है, उस शक्ति को नाममात्र की कार्यपालिका कहते हैं और जो उस शक्ति का असल में प्रयोग करती है, उसे **यथार्थ** या **वास्तविक** कार्यपालिका के नाम से पुकारते हैं। इंग्लैंड में राजा, भारतवर्ष में राष्ट्रपति नाममात्र के कार्यपालिका अध्यक्ष हैं। उनकी शक्ति का प्रयोग मन्त्रिमंडल करता है। इसलिए यही वास्तविक कार्यपालिका है।

(4) स्थायी एवं अस्थायी कार्यपालिका—लोक सेवा आयोग के द्वारा चुने गये नागरिक सेवा कर्मचारी स्थाई कार्यपालिका के अंर्तगत आते हैं और मंत्रीगण अस्थायी कार्यपालिका के अंर्तगत आते हैं। जिनकी नियुक्ति राष्ट्रपति द्वारा की जाती है।

(5) संसदात्मक एवं अध्यक्षात्मक कार्यपालिका—संसदात्मक कार्यपालिका व्यवस्थापिका के प्रति उत्तरदायी होती है। उसका कार्यकाल व्यवस्थापिका के निवास स्थान तक ही रहता है। इंग्लैंड और भारतवर्ष में कार्यपालिकाओं का रूप संसदात्मक है। अमेरिका में अध्यक्षात्मक कार्यपालिका है। यह स्थायी ही होती है। राष्ट्रपति का कार्यकाल निश्चित होता है। राष्ट्रपति वास्तविक कार्यपालिका अध्यक्ष होता है।

कार्यपालिका के मुख्य कार्य

कार्यपालिका के मुख्य कार्यों को निम्नलिखित बिंदुओं द्वारा स्पष्ट किया गया है—

(1) व्यवस्थापन सम्बन्धी कार्य—जो देश संसदीय प्रणाली के तहत् संचालित होते हैं। वहाँ संसद का अधिवेशन आमन्त्रित किया जाता है। कार्यपालिका उसका सत्रावसान करती है तथा उसका विघटन करती है। इसके अलावा विधेयकों को संसद में पेश करती है। देश का बजट वित्तमन्त्री द्वारा तैयार किया जाता है। उसी के द्वारा संसद के समक्ष पेश किया जाता है। इंग्लैंड तथा भारतवर्ष के बारे में यह कहा जा सकता है कि मन्त्रिपरिषद संसद पर नियन्त्रण करती है जबकि संसद का मन्त्रिपरिषद पर नियन्त्रण होना चाहिए। अमेरिका में भी राष्ट्रपति को व्यवस्थापन सम्बन्धी अधिकार प्राप्त हैं। बजट उसके द्वारा पेश किया जाता है। विशेष परिस्थितियों का सामना करने के लिए कार्यपालिका को अध्यादेशों को जारी करने का अधिकार मिलता है। इन अध्यादेशों का पालन ठीक उसी प्रकार होता है जिस प्रकार कानूनों का।

भारतवर्ष में राष्ट्रपति को संकटकाल की घोषणा करने का अधिकार मिला होता है। यह प्रधानमन्त्री की सलाह पर संसद को भंग भी कर सकता है। इंग्लैंड में भी

राजा प्रधानमन्त्री के कहने पर कॉमन सभा को भंग कर सकता है। दलीय अनुशासन के द्वारा संसदीय देशों में मन्त्रिमंडल की निरंकुशता स्थापित हो गई है।

(2) प्रशासन सम्बन्धी कार्य—कार्यपालिका का मुख्य कार्य देश के प्रशासन की देखभाल करना है और व्यवस्थापिका द्वारा निर्मित कानूनों को लागू भी करना है। इस कार्य को पूरा करने के लिए यह विभाग अनेक कर्मचारियों की नियुक्ति करता है। उनके लिए सेवा सम्बन्धी नियमों का निर्माण करता है। उसे उन नियमों में परिवर्तन करने का अधिकार भी मिलता है। उन्हें आदेशों को मानने के लिए मजबूर कर सकता है। इस प्रकार सारे देश के लिए आन्तरिक प्रशासन का उत्तरदायित्व कार्यपालिका पर निर्भर होता है।

(3) न्याय सम्बन्धी कार्य—कार्यपालिका ही न्यायधीशों की नियुक्ति करता है, क्योंकि राज्य में न्याय की उचित व्यवस्था करना इसका प्रमुख कार्य होता है। भारतवर्ष में राष्ट्रपति न्यायालय द्वारा दिये गये मृत्युदंड को माफ कर सकता है।

(4) राजनय सम्बन्धी कार्य—विदेश के साथ सम्बन्ध बनाए रखना कार्यपालिका का ही काम है। युद्ध की घोषणा करना, सन्धि करना तथा दूसरे राज्यों से राजदूतों का आदान-प्रदान करना, व्यापारिक समझौते करना इसी विभाग के काम हैं। ये सब कार्य अध्यक्ष के नाम से होते हैं। मन्त्रि-परिषद् में इस कार्य को करने के लिए एक मन्त्री होता है। उसे विदेश मन्त्री कहते हैं।

(5) प्रतिरक्षा सम्बन्धी कार्य—देश की सुरक्षा का भार कार्यपालिका पर ही होता है। उसे राज्य में जल, थल, वायु सेनाओं का इन्तजाम करना होता है और देश में आन्तरिक व्यवस्था करने के लिए पुलिस का इन्तजाम करना होता है। इनके अधिकारियों की नियुक्ति कार्यपालिका ही करती है।

(6) अन्य कार्य—देश में रेलों, डाकखानों, टेलीफोन आदि सर्वाजनिक कार्य भी इसी क्षेत्र में आते हैं। कल्याणकारी राज्य की स्थापना के बाद शिक्षा, कृषि, श्रम, व्यापार, स्वास्थ्य आदि कार्यों की देखभाल भी कार्यपालिका ही करती है।

उपर्युक्त तथ्यों के अवलोकन से यह ज्ञात होता है कि आधुनिक काल में कार्यपालिका के महत्त्व में उत्तरोत्तर बढ़ोत्तरी होती जा रही है। "कार्यपालिका की बढ़ती हुई शक्ति का एक मुख्य कारण यह भी है कि व्यवस्थापिका के प्रति जनता का विश्वास कम हो गया है। यद्यपि सिद्धान्त रूप में व्यवस्थापिका आज भी सर्वोच्च है और उसकी शक्ति में कोई कमी नहीं हुई है किन्तु साथ ही यह भी देखने को मिलता है कि उन शक्तियों का रूप बदल गया है। उनका प्रयोग वे स्वयं न करके कार्यपालिका के माध्यम से करती हैं। वह कार्यपालिका को हाथ की कठपुतली की

तरह नचाने लगती है। लेकिन कार्यपालिका अपने राज्यों की उत्तरोत्तर उन्नति के लिए अनेक कार्यों को सुचारु रूप से पूरा कर रही है।

प्रतिनिधि सरकार

प्रतिनिधि सरकार से अभिप्राय

प्रतिनिधि सरकार का गठन नागरिकों द्वारा किया जाता है। प्रतिनिधि का चुनाव नागरिकों द्वारा ही होता हैं। इस सरकार का निर्माण वयस्क मताधिकार प्रणाली के आधार पर निर्वाचित प्रतिनिधियों के द्वारा किया जाता है। आधुनिक राज्यों में प्रत्यक्ष प्रजातन्त्र सम्भव नहीं है क्योंकि राज्यों के आधार और जनसंख्या में बहुत अधिक वृद्धि हो गई है। इसलिए अधिकतर राज्यों में अप्रत्यक्ष प्रजातन्त्र शासन व्यवस्था पाई जाती है। इन राज्यों में जनता के प्रतिनिधि शासन करते हैं। सरकार के इसी रूप को प्रतिनिधि सरकार कहते हैं। **जे.एस. मिल** ने लिखा है कि "प्रत्येक नागरिक प्रत्यक्ष और व्यक्तिगत रूप में लोक कार्यों में हिस्सा नहीं ले सकता इसलिए अच्छी सरकार वह है जो जनता की प्रतिनिधि सरकार है।" इस प्रकार की सरकार के आधुनिक राज्यों में दो तरह के सरकारों का प्रचलन है–

(क) संसदीय सरकार।

(ख) अध्यक्षात्मक सरकार।

संसदीय व्यवस्था ग्रेट ब्रिटेन, कनाडा, आस्ट्रेलिया, न्यूजीलैंड, दक्षिणी अफ्रीका, भारतवर्ष और श्रीलंका में पाई जाती है। संसदीय प्रणाली अमेरिका तथा यूरोपीय देशों के अलावा समस्त लैटिन अमेरिकन राज्यों में भी प्रचलित है। संसदीय और अध्यक्षात्मक शासन प्रणाली के अन्तर का आधार दोनों शासनों में कार्यकारिणी तथा व्यवस्थापिका का आपस में सम्बन्ध है। **बेजहॉट** ने दोनों प्रकार की सरकार का अन्तर बताते हुए कहा है कि–"व्यवस्थापिका और कार्यपालिका शक्तियों की एक दूसरे से स्वतन्त्रता अध्यक्षात्मक सरकार का विशिष्ट लक्षण है और इन दोनों का एक-दूसरे से सहयोग तथा घनिष्ठता संसदीय सरकार की।"

अध्यक्षात्मक शासन प्रणाली

अध्यक्षात्मक शासन प्रणाली में राष्ट्रपति सर्वोच्च स्थान प्राप्त होता है। कार्यपालिका वैधानिक रूप से व्यवस्थापिका से अलग होती है। इस प्रणाली में लिखित संविधान ही सर्वोच्च होता है और राष्ट्रपति व्यवस्थापिका के प्रति उत्तरदायी

नहीं होता है। **गार्नर** के शब्दों में–"अध्यक्षात्मक सरकार शासन का वह रूप है जिसमें कार्यपालिका अपनी नीतियों और कार्यों के लिए संविधान से, व्यवस्थापिका से स्वतन्त्र होती है।"

अध्यक्षात्मक शासन प्रणाली की विशेषताएँ

इस प्रणाली की विशेषताएँ निम्नलिखित हैं–

(1) राष्ट्रपति कार्यपालिका का वास्तविक प्रधान होता है–अध्यक्षात्मक शासन प्रणाली में राष्ट्रपति की शक्तियाँ वास्तविक होती हैं। भारत का राष्ट्रपति अपने मंत्रियों की नियुक्ति करता है और मंत्री राष्ट्रपति के प्रति उत्तरदायी होते हैं और वो अपनी इच्छानुसार किसी व्यक्ति को हटा सकता है। इस प्रकार हम यह कह सकते हैं–Ministry is the President's Family. मन्त्रियों के लिए व्यवस्थापिका की सदस्यता जरूरी नहीं है। मंत्रिपरिषद् और मंत्रिमंडल के अधिकांश सदस्य उसी पार्टी के सदस्य होतें है जिस दल का राष्ट्रपति होता है।

(2) कार्यपालिका का निर्धारित कार्यकाल–इस प्रणाली में कार्यपालिका का निर्वाचन एक निश्चित समय अवधि के लिए ही होता है। उसका सम्बन्ध व्यवस्थापिका के विश्वास और अविश्वास से नहीं होता। उसे केवल महाभियोग द्वारा ही निश्चित काल से पहले हटाया जा सकता है। अमेरिका के राष्ट्रपति का कार्यकाल 4 वर्ष है।

(3) कार्यपालिका व्यवस्थापिका से अलग होती है–कार्यपालिका, व्यवस्थापिका से वैधानिक रूप से अलग होती है। वह उसके प्रति उत्तरदायी नहीं होती और न ही शासन का अध्यक्ष संसद द्वारा निर्वाचित होता है। उसका चयन सर्वसामान्य जनता द्वारा प्रत्यक्ष रूप से होता है।

(4) सर्वोच्च न्यायालय की प्रमुखता–इस शासन में सर्वोच्च न्यायालय का प्रमुख स्थान होता है। वह संविधान का रक्षक भी कहलाता है। व्यवस्थापिका द्वारा निर्मित किसी भी कानून को, यदि वह संविधान की सीमाओं के अन्दर नहीं है वह उसे अवैध घोषित कर सकता है, इसे न्यायपालिका की सर्वोच्चता कहते हैं।

(5) शासन का आधार शक्ति पृथक्करण सिद्धान्त है–अध्यक्षात्मक शासन का आधार शक्ति का पृथक्करण सिद्धान्त है। अध्यक्ष को विधि निर्माण सम्बन्धी कोई भी कार्य करना नहीं पड़ता। लिखित संविधान वास्तव में ही शक्ति का स्रोत माना जाता है। संविधान में विभिन्न अंगों के क्षेत्रों और अधिकारों का वर्णन होता है।

संसदीय शासन पद्धति

इस प्रणाली में व्यवस्थापिका अर्थात् संसद के पास होती है। संसद को सर्वोच्च विधि निर्माणकर्ता माना जाता है तथा कार्यपालिका संसद के प्रति उत्तरदायी होती है। कार्यकारिणी के सदस्य व्यवस्थापिका के भी सदस्य होते हैं और उन्हें अपने कार्यों का संसद के सम्मुख उत्तर देना पड़ता है। संसद के माध्यम से निर्मित कोई भी कानून किसी भी न्यायालय द्वारा गैरकानूनी नहीं ठहराया जा सकता। विधि का शासन सर्वोच्च माना जाता है। ग्रेट ब्रिटेन और भारतवर्ष में इसी पद्धति को अपनाया गया है। भारतवर्ष में संघात्मक व्यवस्था है इसलिए संसद द्वारा पास किया गया कोई कानून यदि संविधान की अवहेलना करता है तो यहाँ सर्वोच्च न्यायालय उसे अवैध घोषित कर सकता है। अमेरिका में भी ऐसा ही है किन्तु इंग्लैंड में संसद ही सम्प्रभु है।

अर्थ–गार्नर के अनुसार, "संसदीय सरकार वह व्यवस्था है जिससे वास्तविक कार्यपालिका मन्त्रिमंडल-विधानमंडल और उसके एक लोकप्रिय सदन के प्रति तथा अन्त में निर्वाचकों के प्रति अपनी राजनीतिक नीतियों और कार्यवाहियों के प्रति उत्तरदायी होती है।"

संसदीय शासन प्रणाली की विशेषताएँ

संसदीय शासन प्रणाली की निम्नांकित विशेषताएँ होती हैं जिनका उल्लेख किया गया है।

(1) कार्यकारिणी व्यवस्थापिका का भाग होती है–मन्त्रिमंडल के सदस्य व्यवस्थापिका के भी सदस्य होते हैं। यदि किसी व्यक्ति को मंत्रिमंडल का सदस्य बना दिया जाए जो व्यवस्थापिका का सदस्य नहीं है तो भारत में उसे 6 माह में निर्वाचित होना जरूरी है। आवश्यक होने पर राष्ट्रपति उसकी नियुक्ति कर सकता है। आवश्यक होने पर वह द्वितीय सदन से राष्ट्रपति द्वारा मनोनीत किया जा सकता है।

(2) नाममात्र की और वास्तविक कार्यपालिका में भिन्नता–संसदीय शासन प्रणाली में नाममात्र की कार्यपालिका या वास्तविक कार्यपालिका में अन्तर किया जाता है। इंग्लैंड में राजा नाममात्र का प्रधान है। फ्रांस और भारत में राष्ट्रपति की स्थिति भी इंग्लैंड के राजा के ही समान ही है। वास्तविक कार्यपालिका शक्ति प्रधानमन्त्री और उसके मन्त्रिमंडल के पास होती है।

(3) सामूहिक उत्तरदायित्व–प्रत्येक मंत्री जो व्यक्तिगत रूप और सामूहिक

रूप से संसद के प्रति उत्तरदायी होना पड़ता है क्योंकि अगर एक मंत्री के खिलाफ अविश्वास पास हो गया, तो सभी मंत्रिगण को पद त्याग करना पड़ता है।

(4) प्रधानमन्त्री का नेतृत्व—मन्त्रिमंडल के सदस्य संसद में बहुमत दल के सदस्य होते हैं। उनमें प्रधानमन्त्री का नेतृत्व होता है। प्रधानमन्त्री का त्यागपत्र पूरे मन्त्रिमंडल का त्यागपत्र माना जाता है। मन्त्रिमंडल एक इकाई के समान ही कार्य करता है। शासन का सारा उत्तरदायित्व प्रधानमन्त्री पर ही होता है। लास्की के अनुसार, "उसकी स्थिति मन्त्रिमंडल के जन्म, जीवन और मृत्यु की दृष्टि से केन्द्रीय होती है।"

(5) निम्न सदन का भंग होना—मन्त्रिमंडल की सलाह से वैधानिक प्रधान, भारत में राष्ट्रपति लोकसभा को और इंग्लैंड में राजा कॉमन सभा को भंग कर सकता है।

(6) अनिश्चित कार्यकाल—मंत्रिमंडल का कार्यकाल भी निश्चित नहीं होता है। यह तब तक बना रहेगा जब तक उसे सदन का विश्वास प्राप्त है।

संसदात्मक एवं अध्यक्षात्मक शासन प्रणाली में अन्तर

इसमें निम्नांकित भिन्नता पायी जाती है—

(1) व्यवस्थापिका एवं कार्यपालिका के सम्बन्धों में भिन्नता—संसदीय व्यवस्थापिका में कार्यपालिका व्यवस्थापिका का अंग होती है। वह उसके प्रति उत्तरदायी होती है। इस व्यवस्था का आधार दोनों अंगों के सहयोग पर आधारित होता है। अध्यक्षात्मक व्यवस्था में इसके प्रतिकूल सरकार के तीनों अंग एक-दूसरे से अलग होते हैं। उनका आधार शक्ति पृथक्करण सिद्धान्त होता है। कार्यपालिका व्यवस्थापिका के नियन्त्रण से पूर्णतया स्वतन्त्र होती है, उसकी शक्तियाँ मौलिक होती हैं। वह व्यवस्थापिका के प्रति उत्तरदायी नहीं होती। इस पद्धति में कार्यपालिका के सदस्य व्यवस्थापिका की बैठकों में भाग नहीं लेते। दोनों अंगों की स्थिति भी समान होती है।

(2) कार्यकाल में भिन्नता—संसदीय प्रणाली में कार्यपालिका का कार्यकाल व्यवस्थापिका के विश्वास पर निर्भर होता है। अविश्वास प्रस्ताव पास होने पर उन्हें अपना पद त्यागना पड़ता है। अतः कार्यकाल अनिश्चित होता है। परन्तु अध्यक्षात्मक प्रणाली में राष्ट्रपति का कार्यकाल संविधान द्वारा निश्चित होता है। वह व्यवस्थापिका के प्रति उत्तरदायी नहीं होता। उसे केवल महाभियोग के द्वारा ही निश्चित काल से पहले अपने पद से हटाया जा सकता है।

(3) अधिकारों और कर्तव्यों में भिन्नता—संसदीय पद्धति में मंत्रिपरिषद् के प्रत्येक सदस्य अपने-अपने विभाग का प्रशासनिक जिम्मा संभालते हैं और सदन के अंदर विधेयक को पेश करते और पारित कराते हैं। इस प्रकार वे अपने-अपने विभाग के सर्वेसर्वा या प्रमुख होते हैं। अध्यक्षात्मक प्रणाली में मन्त्रियों का कार्य केवल शासन चलाना है। शासन का पूर्ण उत्तरदायित्व तो अध्यक्ष पर ही होता है। उन्हें विधि निर्माण से कोई सम्बन्ध नहीं होता। वे राष्ट्रपति के अधीन कार्य करते हैं।

(4) मुख्य कार्यपालिका सम्बन्धी भिन्नता—संसदीय शासन प्रणाली में मुख्य कार्यपालक केवल नाममात्र का प्रमुख होता है। वह राज्य करता है, शासन नहीं। प्रधानमन्त्री तथा मन्त्रिपरिषद की प्रधानता होती है। अध्यक्षात्मक शासन में वह शासन करता है, राज्य नहीं। उसकी सारी शक्तियाँ यथार्थ होती हैं। वह अपने अधिकारों का प्रयोग खुद करता है।

संसदीय प्रणाली	अध्यक्षात्मक प्रणाली
1. उनके सिद्धान्त तथा व्यवहार में अन्तर होता है।	1. सिद्धान्त तथा व्यवहार में अन्तर से मुक्ति होती है।
2. कार्यपालिका व्यवस्थापिका के प्रति उत्तरदायी होती है।	2. कार्यपालिका स्वतन्त्र होती है यह व्यवस्थापिका के प्रति उत्तरदायी नहीं होती तथा अध्यक्षात्मक शासन व्यवस्था होती है।
3. कार्यपालिका तथा व्यवस्थापिका में घनिष्ठता होता है।	3. शासन का आधार शक्तियों के विभाजन के आधार पर होता है
4. उनका अनिश्चित कार्यकाल होता है	4. इनका निश्चित कार्यकाल होता है।

संसदीय प्रणाली के गुण और अध्यक्षात्मक प्रणाली के दोष

वर्तमान समय में संसदीय प्रणाली काफी लोकप्रिय हुई, जिसे पूरे विश्व में अधिकतर देशों ने अपनाया है—

(1) उत्तरदायी शासन—संसर्दीय प्रणाली में मन्त्रिमंडल संसद के प्रति उत्तरदायी होती है। उसे हर विषय में सम्पूर्ण विवरण देना पड़ता है। इस तरह मन्त्रिमंडल की उचित आलोचना होती रहती है। किन्तु अध्यक्षात्मक शासन में

राष्ट्रपति किसी के प्रति उत्तरदायी नहीं होता। राष्ट्रपति का कार्यकाल निर्धारित होता है।

(2) समय की अनुकूलता—यह पद्धति समय के अनुकूल होती है क्योंकि यह अत्यधिक लचीली होती है। **बैजहाट** ने लिखा है—"इस प्रणाली के अधीन व्यक्ति समय के अनुसार ऐसा शासक चुन सकते हैं, जो राष्ट्रीय संकट में राज्य के जहाज को सफलतापूर्वक ले जाने में विशिष्ट रूप से समर्थ होती है।" विशेष अवसरों पर सर्वदलीय सम्मिलित सरकार भी बन सकती है। इंग्लैंड में अनेक बार ऐसा हुआ है जब वहां सम्मिलित सरकार बनी है। प्रथम विश्व युद्ध (1914-19) में लायड जार्ज को विशेष शक्ति दी गई। 1939-45 के द्वितीय विश्व युद्ध में चर्चिल को अमर्यादित शासन शक्ति दी गई थी। उसे युद्ध प्रधानमन्त्री के नाम से पुकारा गया। भारतवर्ष में भी राष्ट्रपति को संकटकाल का सामना करने के लिए विशेष अधिकार संविधान द्वारा प्रदान किया गया है। अध्यक्षात्मक शासन में यह सम्भव नहीं है क्योंकि वहाँ राष्ट्रपति निश्चित काल के लिए निर्वाचित किया जाता है। उससे पहले उसे उसके पद से अलग नहीं किया जा सकता। यद्यपि संकट का सामना करने के लिए राष्ट्रपति को और अधिकार भी दे दिए जाते हैं।

(3) योग्य, अनुभवी और लोकप्रिय व्यक्तियों का शासन—इस प्रणाली में हमेशा देखा गया है कि योग्य तथा अनुभवी व्यक्ति शासन का संचालन करते हैं जिससे शासन में क्षमता तथा लोकप्रियता दोनों बनी रहती हैं। अतः यह व्यवस्था सुयोग्य व्यक्तियों को प्रशासन का मौका प्रदान करती है। अध्यक्षात्मक व्यवस्था में ऐसा बिल्कुल भी सम्भव नहीं क्योंकि मन्त्रियों का जनता द्वारा चुनाव नहीं होता। राष्ट्रपति जिसे चाहे मन्त्री बना सकता है।

(4) निरंकुशता से स्वतन्त्र शासन—संसदीय व्यवस्था में निरंकुश शासन नहीं चल सकता क्योंकि मंत्रिमंडल संसद के अधीन रहता है और इसके विरुद्ध कभी भी अविश्वास का प्रस्ताव पास करके इसे पद से हटाया जा सकता है और विरोधी दल भी उसे मनमानी नहीं करने देते हैं। अध्यक्षात्मक प्रणाली में राष्ट्रपति निरंकुश हो सकता है क्योंकि वह जानता है कि निश्चित अवधि के लिए उसका स्थान सुरक्षित है। अमेरिकी संविधान में कई दृष्टान्त प्राप्त होते हैं जब राष्ट्रपति ने अमेरिकी जनता की भावनाओं का अनादर किया।

(5) कार्यपालिका तथा व्यवस्थापिका में सामंजस्य—संसदीय प्रणाली में कार्यपालिका और व्यवस्थापिका में सामंजस्य बना रहता है। दोनों मिल-जुलकर कार्य करते हैं। आपस में विरोध गतिरोध की सम्भावना नहीं रहती। **विलोबी** के अनुसार,

"यह पद्धति उत्तरदायित्व, निर्देशन एवं प्रभुत्व की एकता का समर्थन करती है। इसमें शासन के विभिन्न अंगों के बीच में संघर्ष असम्भव हो जाता है।" अध्यक्षात्मक व्यवस्था में लगातार गतिरोध रहता है। अमेरिका इसका ज्वलन्त उदाहरण है। राष्ट्रपति विल्सन का 1919 में सीनेट से विरोध हुआ था।

(6) लोकमत का सम्मान—इस प्रणाली में लोकमत को उचित आदर प्राप्त होता है, उसी के आधार पर लोक कल्याणकारी कार्यों की साधना होती है। मन्त्रिगण खुद जनता के प्रतिनिधि होते हैं, इसलिए वे स्वयं लोकमत का भी उचित आदर करते हैं।

अध्यक्षात्मक पद्धति के गुण एवं संसदीय पद्धति के दोष

(1) योग्य व्यक्तियों का शासन—राष्ट्रपति का चुनाव प्रत्यक्ष रूप से होने के कारण इसमें अयोग्य व्यक्ति के चुने जाने की संभावना नहीं रहती है। संप्रग सरकार की वर्तमान मंत्रिपरिषद् में भी कई ऐसे सदस्य हैं। यह उपरोक्त कथन को सत्य साबित करता है। इसीलिए कुछ विद्वान संसदात्मक शासन को अनभिज्ञों का शासन कहकर पुकारते हैं।

(2) शासन में कुशलता—अध्यक्षात्मक शासन में कार्य-विभाजन होने के कारण अधिक कुशलता पाई जाती है। कार्यपालिका का कार्य केवल शासन में व्यवस्थापिका द्वारा निर्मित नीति को कार्यान्वित करना होता है। संसदात्मक व्यवस्था में कार्यपालिका पर कार्यभार अधिक होता है क्योंकि मन्त्रिमंडल के सदस्य को ही विधि निर्माण में व्यवस्थापिका रास्ता दिखाती है तथा सलाह देते हैं। इंग्लैंड के प्रधानमन्त्री को कॉमन सभा में वर्ष में 118 दिन तक प्रतिदिन 7 घंटे के हिसाब से बैठना पड़ता है।

(3) व्यक्ति की स्वतन्त्रता सुरक्षित—अध्यक्षात्मक प्रणाली शक्ति के पृथक्करण सिद्धान्त पर आधारित है। इस सिद्धान्त का मूल अर्थ तथा उद्देश्य व्यक्ति की स्वतन्त्रता की रक्षा करना है। संसदीय प्रणाली में सत्तारूढ़ पार्टी का अधिनायकतन्त्र स्थापित हो जाता है और व्यक्ति की स्वतन्त्रता खतरे में पड़ जाती है। क्योंकि मन्त्रिमंडल के हाथों में ही सारी शक्ति निहित रहती है। वह अकेला व्यक्ति कुछ भी नहीं कर सकता।

(4) राष्ट्रीय एकता को प्रोत्साहन—इस प्रकार की शासन प्रणाली में राष्ट्रीय एकता अक्षुण्ण बनी रहती है एवं दलगत बुराइयों को प्रोत्साहन नहीं मिल पाता, क्योंकि चुनाव उम्मीदवार पर आधारित होता है न कि दल पर। राजनैतिक दल

राष्ट्रपति के चुनाव के बाद दूसरे चुनाव तक चुप रहते हैं क्योंकि वे जानते हैं कि संसदीय प्रणाली की भाँति निन्दा या अविश्वास के प्रस्ताव द्वारा राष्ट्रपति को पद से अलग नहीं किया जा सकता। इस प्रकार की शासन व्यवस्था में राष्ट्रीय एकता मजबूत बनी रहती है। दलगत बुराइयों को प्रोत्साहन नहीं मिल पाता क्योंकि चुनाव उम्मीदवार पर आधारित होता है न कि दल पर। इसके विपरीत संसदीय प्रणाली में दलबन्दी की भावना स्थायी बनी रहती है। जनता में झूठा प्रचार होता रहता है। शासन की एकता भी नष्ट हो जाती है और भ्रष्टाचार भी बढ़ जाता है। राष्ट्रीय एकता खतरे में पड़ जाती है। आज भारत में भाषा के प्रश्न पर दलों का प्रचार अपने-अपने हितों को ध्यान में रखकर होता है। राष्ट्रीय हितों को ताक पर रख दिया जाता है। समस्त राष्ट्र हर समय विभिन्न भागों में बँटा रहता है।

(5) शासन में स्थायित्व और क्षमता—अध्यक्षात्मक शासन में कार्यपालिका का कार्यकाल निश्चित होता है। इस निश्चित काल का परिणाम यह होता है कि शासन सम्बन्धी नीति और कार्य संचालन में स्थायित्व बना रहता है। इसके विपरीत संसदीय प्रणाली में चूँकि कार्यपालिका व्यवस्थापिका की इच्छा पर निर्भर होती है इसलिए उसे अपने कार्यकाल के बारे में कोई निश्चय नहीं होता। इससे शासन में अस्थायित्व की भावना बनी रहती है और ऐसी स्थिति में किसी भी लम्बी योजना को लागू नहीं किया जा सकता है।

(6) आपातकाल के लिए अधिक उपयुक्त—राष्ट्रपति के अधीन शासन असाधारण परिस्थितियों और संकटकालीन समय के लिए अधिक उपयुक्त होता है क्योंकि इस प्रणाली में संसदीय प्रणाली की तरह मन्त्रिमंडल के सदस्यों में मतभेद के लिए स्थान नहीं होता। मन्त्रियों का कार्य राष्ट्रपति के आदेशों का पालन करना और नीतियों को कार्यान्वित करना मात्र है। यहाँ नीतियों को वाद-विवादों से आजादी होती है, इसलिए इस प्रणाली में निर्णय की शीघ्रता और कार्य तत्परता संसदीय प्रणाली से अधिक होता है।

संसदीय पद्धति में मन्त्रिमंडल का महत्त्व

संसदीय पद्धति में मंत्रिमंडल का महत्त्वपूर्ण स्थान होता है। इसके तहत् सरकार के कामकाज में मंत्रिमंडल उल्लेखनीय भूमिका का निर्वहन करता है।

प्रो. एच. डी. ट्रेल ने मन्त्रिमंडल की राजनीतिक धारणा को संक्षेप में बताते हुए कहा है कि "वह एक ऐसा निकाय है जिसमें आवश्यक रूप से ऐसे व्यक्ति होते हैं—

(क) जो एक तरह की नीति पर चलें,

(ख) जो समान रूप से एक प्रधानमन्त्री के अधीन हों,

(ग) जो विधानमंडल के सदस्य हों,

(घ) जिसके राजनीतिक विचार समान हों और जो लोकसभा में बहुमत प्राप्त दल से चुने जाएँ।

उपरोक्त बिन्दुओं का अवलोकन करने से हमें ज्ञात होता है कि इसमें हमें **एकरूपता, एकता** और **एक प्रधान के प्रति समान निष्ठा** मिलती है। इस कार्यपालिका प्रणाली का संक्षेप में वर्णन यह है कि मन्त्रिमंडल संसद की एक समिति है जिसमें प्रजातन्त्र की उन्नति के साथ-साथ लोकसभा की समिति में बदलाव हो जाने की प्रवृत्ति भी पाई जाती है।

मांटेस्क्यू तथा **ब्लेक्स्टोन** के अनुसार–"वैधानिक और कार्यपालिका के कार्यों के पूर्णतम पृथक्करण के द्वारा स्वतन्त्रता के उद्देश्य की बात तो दूर रही ब्रिटेन के इतिहास ने इसके विपरीत यह बताया है कि स्वतन्त्रता इनके निकट सम्बन्ध से ही निश्चित हो सकती है।" ग्रेट ब्रिटेन में मन्त्रिमंडल संसद की सद्भावना पर निर्भर करता है जिसका अर्थ आधुनिक अवस्थाओं में लोकसभा का विश्वास होता है। इसका अर्थ यह हुआ कि मन्त्रिमंडल निर्वाचक लोगों के द्वारा नियन्त्रित होती है। जैसा कि **वाल्टर बैजहॉट** ने कहा है कि–"मन्त्रिमंडल एक जीव है किन्तु अन्य जीवों के विपरीत उसमें अपनी जननी (लोकसभा) को नष्ट करने की शक्ति भी होती है। क्योंकि यदि लोकसभा में मन्त्रिमंडल की हार हो जाए तो वह त्यागपत्र देने के स्थान पर लोकसभा को भंग करने के लिए परामर्श दे सकता है। इस बात का निर्णय निर्वाचकगण करते हैं कि वह दल बहुमत प्राप्त करेगा या नहीं जिसके मन्त्रिमंडल ने जनमत की माँग की है।" इससे पता चलता है कि मन्त्रिमंडलीय शासन की स्थिरता किस सीमा तक दल प्रणाली पर निर्भर करती है।

तृतीय गणतन्त्र में पुनः इसका इस्तेमाल नहीं किया गया। फ्रांस में मन्त्रिमंडलों के अस्थायी होने में सबसे बड़ा हाथ वहाँ की दुर्बल दल प्रणाली है। इस दुर्बल दल प्रणाली ने अनेक बुराइयों को भी जन्म दिया है। **प्रो. स्ट्रांग** का कहना है कि–"फ्रांस में संसदीय कार्यपालिका प्रणाली को बदनाम करने में इसका सबसे अधिक हाथ है। फ्रांसीसी मंत्रिमंडल प्रणाली की सबसे बड़ी आलोचना तब हुयी जब तृतीय गणतंत्र के अधीन एक मंत्रिमंडल का औसत जीवनकाल केवल एक ही महीने का रहा है। "चतुर्थ गणतन्त्र के संविधान निर्माताओं ने फ्रांस में संसदीय व्यवस्था की सुरक्षा के लिए लगातार मन्त्रिमंडलीय संकटों से पैदा होने वाले खतरों को दूर करने के प्रयत्न

भी किए। चतुर्थ गणतन्त्र के शुरू के दिनों में मन्त्रिमंडल का निर्माण सभा के तीन मुख्य दलों–समाजवादी, साम्यवादी और मसीही लोकतन्त्रवादियों के मिलने पर हुआ, परन्तु कुछ समय बाद ही उसके स्थान पर अन्य संयोजन बनने लगे। कुछ भी हो अनेक फ्रांसीसी संसदीय कार्यपालिका के गुणों पर सन्देह करते हैं चाहे उनका आधार कितना ही व्यापक विस्तृत न हो।

1968 के पाँचवें गणतन्त्रीय संविधान ने इस विचारधारा की व्याख्या की गयी है। राष्ट्रपति डीगोल की अध्यक्षता में अक्टूबर, 1962 में इस संविधान के अनुच्छेद 6 तथा 7 में राष्ट्रपति के निर्वाचन के सम्बन्ध में संशोधन भी किया गया है। अब राष्ट्रपति निर्वाचक मंडल द्वारा निर्वाचित न होकर वयस्क मताधिकार के आधार पर चुना जाएगा। नवम्बर, 1962 में राष्ट्रपति का चुनाव इसी आधार पर हुआ और संसदीय प्रणाली को समाप्त कर दिया गया। **स्ट्रांग** का कहना है कि—"Thus Charles de Gaulie finally achieved his purpose of transforming what has once been a Parliamentary Executive into a Plebiscitary Presidency."

फ्रांस के पांचवें संविधान ने कुछ महत्वपूर्ण तथ्यों पर प्रकाश डाला गया है, जिसमें राष्ट्रपति का संकटकालीन परिस्थितियों में अधिकार दिये गए। इसके तहत राष्ट्रपति को संसद भंग करने का अधिकार मिला क्योंकि वह कार्यपालिका का वास्तविक मुखिया होता है। उन पर दलीय अनुशासन लागू नहीं होता। राष्ट्रपति को संसद भंग करने का अधिकार मिला है। वह कार्यपालिका का वास्तविक मुखिया होता है उसका प्रमुख होता है।

उपरोक्त तथ्यों से स्पष्ट होता है कि सरकार के इस नये संगठन को हम अर्ध-अध्यक्षात्मक प्रणाली के नाम से भी पुकार सकते हैं जिनमें शक्ति पृथक्करण सिद्धान्त के कुछ अंश का पालन भी किया गया है। सोवियत रूस के संविधान में भी संसदीय प्रणाली को आधार माना गया है। संविधान की धारा 130 के अनुसार "संघीय मन्त्रिपरिषद सर्वोच्च सोवियत के प्रति जिसकी सहायता के द्वारा वह निर्वाचित होती है, सामूहिक रूप से उत्तरदायी होता है।

संविधान में कानून निर्माण की सर्वोच्च सत्ता सुप्रीम सोवियत को दी गई है किन्तु व्यवहार में ऐसा नहीं है क्योंकि सर्वोच्च सोवियत के सदस्य मन्त्रियों से कोई भी प्रश्न पूछ सकते हैं और उनके विरुद्ध निन्दा का प्रस्ताव भी पास कर सकते हैं। किन्तु इंग्लैंड की मन्त्रिपरिषद की भाँति रूस की मन्त्रिपरिषद के लिए त्यागपत्र देना जरूरी नहीं है। वास्तव में सत्य यह है कि व्यवहार में वहाँ की मन्त्रिपरिषद का उत्तरदायित्व सुप्रीम सोवियत के प्रति न होकर साम्यवादी दल के प्रति होता है। रूस

एवं इंग्लैंड की प्रशासनिक व्यवस्था में एक विशिष्ट अंतर है। इंग्लैंड में प्रमुखतया दो राजनीतिक दलीय पद्धति है वहीं रूस में एकदलीय शासन प्रणाली है। वहाँ के शासन का नेतृत्व साम्यवादी दल करता है। सारी शक्तियाँ इस दल के हाथों में रहती हैं। इसलिए हम इस निष्कर्ष पर पहुँचते हैं कि यहाँ सिद्धान्त में संसदीय प्रणाली को आधार मानने पर भी एकदलीय प्रणाली होने से शासन सत्ता एक ही दल के नेताओं के हाथों में केन्द्रित हो गई है।

ब्रिटिश कार्यपालिका

ब्रिटिश कार्यपालिका में राजा का महत्त्वपूर्ण स्थान होता था, जिसका वर्णन निम्नवत् किया गया है।

राजा व ताज में भेद

ग्लैडस्टन का यह कथन सत्य है कि "ब्रिटिश संविधान की भाषा में किन्हीं दो शब्दों में इतना अन्तर नहीं है जितना कि राजा तथा ताज में है।" प्राचीनकाल में राजा तथा ताज में कोई भेद नहीं किया जा सकता था। राजा ही खुद समस्त शक्तियों का प्रयोग करता था। वह शासन और राज्य दोनों करता था। सभी शक्तियाँ राजा के व्यक्तित्त्व में निहित थीं। राजा की मृत्यु के बाद शासन का क्रम टूट जाता था और संसद अपने आप भंग हो जाती थी। किन्तु धीरे-धीरे राजा तथा राजपद की संस्था में भेद किया जाने लगा। 1649 से 1660 के बीच राजतन्त्र की परम्परा टूटी। 1642 में चार्ल्स प्रथम के विरुद्ध विद्रोह हुआ। 1688 में जेम्स द्वितीय के विरुद्ध गौरवमय क्रान्ति हुई। राजा की शक्तियों को भी सीमित कर दिया गया है। 1688 के याचनापत्र व 1789 के अधिकार पत्र द्वारा राजा के अधिकार बहुत कम कर दिये गये और संसद के अधिकारों में बढ़ोतरी की गयी। राजा की शक्तियाँ ताज नाम की संस्था में बदलती चली गईं और राजा तथा ताज में अन्तर किया जाने लगा। इंग्लैंड की शासन प्रणाली प्रजातन्त्र में परिवर्तित हो गई। आज इस आधार पर इंग्लैंड का राजा राज्य का औपचारिक प्रधान है और राज्य की वास्तविक प्रधानता वहाँ की कार्यपालिका के हाथों में है। उसे ही सारी शक्तियाँ प्राप्त हैं। कार्यपालिका ही वहाँ ताज की प्रतीक है।

ताज की मान्य परिभाषाएँ

ताज की परिभाषा को भिन्न-भिन्न रूप में व्याख्या की है। सही अर्थ में ताज

की परिभाषा करना दुर्लभ कार्य है। **सिडनी लो** के अनुसार–"ताज एक सुविधानुसार कार्यानुकूल कल्पना मात्र है।" **मुनरो** के शब्दों में–"ताज एक कृत्रिम संस्था और विधि द्वारा निर्मित व्यक्ति है। वह न कभी शरीर धारण करता है और न कभी मरता है।" **फाइनर** के शब्दों में "जब हम राजनीति में राजमुकुट या कार्यों का वर्णन करते हैं तो हमारा यह मतबल होता है कि जनता, संसद और मन्त्रिमंडल ने अपने सहयोग से शताब्दियों से वैधानिक विकास के फलस्वरूप ही शक्ति प्रदान की है। वास्तव में इन समस्त राजनैतिक शक्तियों के केन्द्रों पर राजमुकुट एक जड़ाऊ आभूषण के समान है जो केवल शोभा पाता है।"

राजा एवं ताज में अन्तर

राजा एवं ताज के अन्तर को जानने हेतु हमें राजा के निम्नवत् रूपों के बारे में जानना होगा–

(क) राजा का व्यक्तिगत रूप

(ख) राजा राजसत्ता के प्रतीक के रूप में।

व्यक्तिगत रूप में उसे राजा कहते हैं और राजशक्ति के प्रतीक के रूप में उसे ही ताज कहते हैं। इस प्रकार ताज केवल नाममात्र नहीं शक्तियों का प्रतीक है। इसी अन्तर को व्यक्त करते हुए **ग्लैडस्टन** ने लिखा है कि "ब्रिटिश संविधान की भाषा में कई सूक्ष्म भेद हैं। किन्तु कोई भी भेद इतना महत्त्वपूर्ण नहीं जितना राजा तथा ताज में है।" यह भिन्नता निम्नवत् वर्णित की गई है–

राजा ही वास्तव में समस्त शक्तियों का स्रोत है। यद्यपि उनका प्रयोग अब मन्त्रिमंडल करता है। राजा अब केवल एक अलंकार मात्र रह गया है। **लास्की** ने राजा और राज्य के बारे में लिखा है कि–"इंग्लैंड में राजतन्त्र को प्रजातन्त्र के हाथों बेच दिया गया है।" राजा की शक्तियाँ नागरिकों का अधिकार बन गई हैं। "राजा अब शासन करता है, राज्य नहीं करता।" राजा एक स्वर्णिम शून्य के समान ही होता है। राजा का जन्म होता है, वह मरता है, गद्दी पर बैठता है तथा गद्दी त्याग सकता है किन्तु ताज एक संस्था होने के नाते इनसे परे है। इसलिए कहा जाता है कि–"राजा मर चुका है, राजा सदैव जीवित रहे।" इस कथन का अर्थ यही है कि राजा व्यक्ति के रूप में मृतक है किन्तु ताज नामक संस्था के रूप में वह हमेशा जीवित रहता है। **ब्लैकस्टोन** ने कहा था–"हेनरी एडवर्ड तथा जार्ज मर सकते हैं, किन्तु राजा इन सबसे ऊपर जीवित रहता है।" इस प्रकार व्यक्ति के रूप में राजा मरता है किन्तु संस्था के रूप में वह सदैव जीवित रहता है। न तो उसका जन्म होता

है और न ही वह मरता है। वह स्थायी रूप से संस्था के रूप में जीवित रहता है।

राजा राजनीतिक दलबंदी से बिल्कुल अलग रहता है तथा वह अपने कार्यों के लिए संसद के प्रति जिम्मेदार होता है। **ऑग** के शब्दों में—"ताज शब्द शासन की सारी शक्तियों का प्रतीक है और कार्यपालिका का पर्यायवाची है। शासन के सभी कार्य ताज के नाम से ही किए जाते हैं। ताज की सभी शक्तियों का उपयोग उत्तरदायी मन्त्री द्वारा किया जाता है। इसलिए कहा जाता है कि "राजा कभी गलती नहीं करता।" निम्नलिखित कविता से, जिसे एक बार राजा चार्ल्स द्वितीय के सोने के कमरे के बाहर एक दरबारी ने लिख दिया था, राजा की स्थिति और शक्तियाँ और स्पष्ट हो जाती हैं—

"यहाँ पर एक महान शक्तिशाली राजा लेटा हुआ है,
जिसकी बातों का कोई भी विश्वास नहीं करता,
जो कभी भी गलत बात नहीं कहता,
और न कभी विवेक का कार्य करता है।"

राजा राजकीय एकता का प्रतीक है, किन्तु जनता की भक्ति श्रद्धा के प्रति होती है। वह राज्य के प्रति विश्वास रखता है व उसके द्वारा दिए गए निर्देश का भी पालन करता है। राजा का सामाजिक जीवन में बहुत महत्त्व है, जबकि मुकुट का सामाजिक जीवन में कोई महत्त्व नहीं है। **राजा एक शरीरधारी** व्यक्ति होता है, किन्तु ताज एक अमूर्त विचार है **मुनरो** ने लिखा है—"ताज एक काल्पनिक व्यक्ति है, वह शरीरधारी नहीं है और इसकी कभी मृत्यु नहीं होती।" दूसरे शब्दों में राजा ताज नाम की संस्था का शारीरिक रूप है। सम्पूर्ण शक्तियों का प्रयोग ताज करता है। अतः ताज को "The consent of the governed" या "The will of the people" भी कह सकते हैं।

राजा का शासन में महत्त्व

वर्तमान समय में राजा के महत्त्व को लेकर लोगों में भ्रान्तियाँ हैं। दरअसल इंग्लैंड में कतिपय कारणों से आज भी राजतन्त्र अस्तित्त्ववान है जिसके विषय में ब्रैडले ने कहा है कि—"राजा न योग्य है न गम्भीर चिन्तक और न श्रेष्ठ प्रशासक, जो इस देश के शासन का संचालन कर सके। इसलिए यहाँ गणराज्य होना चाहिए।" एक दूसरे विद्वान ने लिखा है कि—"राजा पर वास्तव में काफी खर्च होती है। और एक ओर जब देश में निर्धनता व्याप्त है, तो यह व्यय अनुचित ही प्रतीत होता है।" इन कड़ी आलोचनाओं के होते हुए भी वहाँ के नागरिक राजतन्त्र की आवश्यकता समझते

हैं। **प्रो. लास्की** ने लिखा है कि "वास्तव में राजतन्त्र को प्रजातन्त्र के हाथों में बेच दिया गया है।" **ऑग** ने राजा का समर्थन करते हुए लिखा है कि "राजा संविधान का रहस्यात्मक भाग है जिसके बिना लगता है कि मनुष्यों पर कठिनता से शासन किया जा सकता है। **ऑग** तथा **जिंक** ने आगे लिखा है कि—"बकिंघम राजभवन में राजा के होने से लोग अपने बिस्तरों पर शान्तिपूर्वक सोते हैं।" **बाल्डविन** ने एक बार **एडवर्ड अष्टम** से कहा था कि "सम्राट ही हमारे बचे-खुचे साम्राज्य की अन्तिम कड़ी है। यदि इस कड़ी को तोड़ दिया गया तो स्वतन्त्र राष्ट्रमंडलीय लोगों के बीच कुछ भी सामान्य प्रतीक नहीं होगा।" **क्विंटन हौग** के अनुसार, "राजा वास्तव में व्यक्तिगत रूप से विधान का संरक्षक है।"

राजा का महत्त्व

बैजहॉट के अनुसार, "राजा के तीन प्रमुख कार्य हैं—परामर्श देने का अधिकार, उत्साह बढ़ाने का अधिकार तथा चेतावनी देने का अधिकार। इसके अलावा एक, बुद्धिमान और सजग राजा के लिए किसी अन्य अधिकार की जरूरत नहीं है।"

(1) राजा दलीय हित के स्थान पर राष्ट्रीय हित पेश करता है—राजा सलाह देते समय दलीय लाभ की अपेक्षा देश के लाभ को देखता है अतः उसकी सलाह लाभदायक होती है।

(2) राजा मन्त्रिमंडल को सलाह देता है—राजा अपने अनुभव और पिछली त्रुटियों को दृष्टिगत रखते हुए मंत्रिमंडल को अपने विवेक से सलाह देता है।

(3) राजा सामाजिक विकास का केन्द्र है—राजा के द्वारा ही देश में शिलान्यासों का आयोजन तथा उद्घाटन किया जाता है और राजा देश के सभी फैशन, कला, संस्कृति को भी प्रेरित करता है।

(4) राजा ब्रिटिश रूढ़िवादिता का पोषक है—अंग्रेज रूढ़िवादी स्वभाव के होते हैं। वे क्रान्ति में विश्वास नहीं रखते।

(5) राजा संसदात्मक व्यवस्था में अनिवार्य है—वह नाममात्र के अध्यक्ष की जरूरत को पूरा करता है।

(6) राजा देश के अनेक राजनैतिक संघर्षों में बिचौलिए का कार्य करता है—1872 में रानी विक्टोरिया ने ग्लेडस्टन को बताए बिना रसल को पत्र लिखकर उसके द्वारा किए जाने वाले सरकार के विरोध को खत्म कर दिया था।

(7) राजा देश की एकता का सूचक—इंग्लैंड का राजा ब्रिटिश साम्राज्य की एकता का प्रतीक है। **विन्सटन चर्चिल** ने कहा था कि "राजा एक ऐसी रहस्यात्मक

कड़ी है, एक ऐसी जादूभरी छड़ी है जो राष्ट्रों, राज्यों और जातियों के बीच हमारे शिथिल, परन्तु सुग्रन्थित राष्ट्रमंडल को एक रखता है।" **बैलफोर** का मत है कि "ब्रिटिश संविधान के अन्य अंगों के समान राजपद का भी एक नाम होता है वह उसी का प्रतिनिधित्व करता है। राजा किसी दल का नेता नहीं, न किसी वर्ग का प्रतिनिधित्व करता है। वह केवल राष्ट्र का प्रमुख है तथा सभी का राजा है।" **डायसी** के अनुसार, "ब्रिटिश राजतन्त्र में किसी भी बड़े परिवर्तन के कारण समस्त उपनिवेशों की राजभक्ति पर गहरा प्रभाव पड़ सकता है।" इसीलिए **डायसी** ने लिखा है कि–"राजा साम्राज्य के हर भाग में साम्राज्य की एकता का प्रतिनिधि है।"

(8) राजा जनप्रिय होता है–लोग व्यक्तिगत रूप में बहुत अधिक प्रभावित होते हैं। राजा को देखने के लिए बहुसंख्यक भीड़ इस बात का उदाहरण है कि राजा जनप्रिय है।

(9) राजा लोकतन्त्र के विकास में सहायक है–लास्की के अनुसार, "राजतन्त्र को प्रजातन्त्र के हाथों बेच दिया गया है।"

(10) राजा संस्कृति का केन्द्र है–वह प्रमुख शासक है और सभ्यता का प्रतीक है। **जेनिंग्स** के शब्दों में–"हम प्रशासन की आलोचना करते हैं किन्तु राजा का आदर भी करते हैं।"

परिणाम

निष्कर्ष रूप में यह कहने में बड़ा हर्ष हो रहा है कि आज भी ब्रिटेन में सम्राट के लिए श्रद्धा और विश्वास है। **मौरीसन** ने कहा है कि "विश्व का कोई भी राजतन्त्र इतना सुरक्षित और आदरणीय नहीं है जितना कि हमारा।" **क्विंटन हॉग** के अनुसार, "वास्तव में ब्रिटेन तड़क-भड़कपूर्ण वंशानुगत अध्यक्ष से युक्त एक गणतन्त्र बन चुका है।" **लास्की** का मत है कि "सीमित नृपतन्त्र की व्यवस्था वास्तव में बहुत सफल रही है क्योंकि इसने शक्ति की अपेक्षा प्रभाव प्राप्त कर लिया है तथा राजा की सारी त्रुटियाँ व्यवहार में मन्त्रियों का उत्तरदायित्व है।" **आग** और **जिंक** ने लिखा है यह अत्यन्त प्रभावशाली बन गई है। निरन्तर राजतन्त्र ने ब्रिटेन में प्रजातन्त्रात्मक सरकार के विकास में रोड़ा नहीं डाला है।" इसीलिए **लावेल** ने ठीक ही कहा है कि "यदि राजा राज्य रूपी जहाज की स्वचालित शक्ति के समान नहीं तो कम-से-कम वह जहाज के उस अंग के समान है जिस पर पतवार आधारित होती है। अतः वह राज्य रूपी जहाज को केवल एक उपयोगी अंग नहीं अपितु आवश्यक अंग मानता है।"

ब्रिटिश प्रधानमन्त्री

ब्रिटेन में प्रधानमंत्री को गौरवमय स्थान प्राप्त है। प्रधानमंत्री की नियुक्ति राजा द्वारा की जाती है और वर्तमान में प्रधानमंत्री ही देश का असल शासक माना जाता है। राजा उसकी नियुक्ति में अपनी इच्छा या विवेक से काम नहीं ले सकता। अपनी इच्छानुसार उसकी नियुक्ति नहीं कर सकता, उसे कॉमन सभा में बहुमत प्राप्त दल के नेता को इस पद के लिए आमन्त्रित करना पड़ता है। जब किसी दल को स्पष्ट बहुमत प्राप्त नहीं हो तो राजा को प्रधानमन्त्री के चुनाव में कुछ स्वतन्त्रता मिल जाती है। तब वह अपनी इच्छानुसार प्रधानमंत्री का चुनाव कर सकता है।

प्रधानमन्त्री की शक्तियों के बारे में **रेम्जेम्योर** ने लिखा है कि–"उसे इतनी अधिक शक्तियाँ प्राप्त हैं जितनी संसार में किसी भी संवैधानिक शासक को प्राप्त नहीं हैं। संयुक्त राज्य अमेरिका के राष्ट्रपति को भी इतनी शक्तियाँ प्राप्त नहीं हैं। जिस समय तक उसके दल का बहुमत कॉमन सभा में विद्यमान है उस समय तक वह ऐसे कार्य कर सकता है जो अमेरिका का राष्ट्रपति भी नहीं कर सकता। वह वचन दे सकता है कि किस विषय पर किस प्रकार की सन्धि की जाएगी तथा उसकी स्वीकृति हो जाएगी, अंकुश विधि संसद द्वारा पारित की जाएगी या कितनी धन-राशि संसद द्वारा स्वीकार कर ली जाएगी।"

प्रधानमन्त्री के अधिकार

ब्रिटिश प्रधानमन्त्री का अधिकार क्षेत्र काफी व्यापक है, जिसको निम्नलिखित बिंदुओं द्वारा स्पष्ट किया गया हैः–

सिडनी लॉ ने ब्रिटिश प्रधानमन्त्री की शक्तियों का उल्लेख करते हुए लिखा है कि "प्रधानमन्त्री जर्मन चान्सलर, अमेरिकन राष्ट्रपति तथा अमेरिका की कांग्रेस की समितियों के अध्यक्षों से भी अधिक शक्तिशाली है। क्योंकि वह किसी भी कानून को बदल सकता है, कोई भी कर लगा सकता है, हटा सकता है और राज्य की सारी शक्तियों का निर्देशन कर सकता है।" **मेरियट** के अनुसार, "वह इंग्लैंड का राजनैतिक शासक है।" जब तक उसे बहुमत प्राप्त है उसकी शक्तियाँ असीमित हैं। निम्नांकित तथ्यों द्वारा उसकी शक्तियों का अनुमान लगाया जा सकता है–

(1) मन्त्रिपरिषद और राजा के मध्य संचार कड़ी–प्रधानमन्त्री ही राजा को संसद के सभी कार्यों की सूचना देता है और राजा उसके द्वारा अपनी इच्छा प्रकट करता है। वह क्राउन का परामर्शदाता है। अन्य मन्त्री राजा से सीधा सम्बन्ध नहीं रख सकते।

वास्तव में सम्राट के नाम पर की गयी नियुक्तियाँ और कार्य प्रधान मंत्री द्वारा ही किये जाते हैं।

(2) प्रधानमन्त्री अपने दल का नेता होता है—साधारण निर्वाचन उसी के नाम से होते हैं। जनता उसी के नाम से वोट देती है। **लास्की** ने लिखा है कि—"इंग्लैंड का आम चुनाव साधारणतया प्रधानमन्त्री का ही चुनाव होता है।" मतदाता उसके नाम से मत देते हैं।

(3) विदेश नीति का संचालनकर्ता—(i) इंग्लैंड में प्रधानमन्त्री ही विदेश नीति का संचालन करता है। अधिकतर यह विभाग वह अपने पास ही रखता है। अगर कभी यह विभाग उसके पास नहीं होता तब भी वह विदेशी मामलों पर पूरी तरह अंकुश रखता है।

(ii) कामनवेल्थ के विभिन्न देशों से ब्रिटेन के सम्बन्धों को वही कार्यान्वित करता है।

(iii) अन्तर्राष्ट्रीय सम्मेलनों में वही देश का प्रतिनिधित्व करता है या किसी अपने ही द्वारा मनोनीत व्यक्ति को भेजता है।

(4) धन पर नियन्त्रण—प्रधानमंत्री का धन पर नियंत्रण होता है और उसी के निदेशानुसार वित्तमंत्री संसद के समक्ष बजट पेश करता है। **रेम्जेम्योर** के अनुसार—"कैबिनेट शासन रूपी जलयान का चालक यन्त्र है और प्रधानमन्त्री उसका चालक है।" **जैनिंग्स** ने उसकी शक्तियों के बारे में लिखा है कि "पद को शक्तिशाली बनाना प्रधानमन्त्री के व्यक्तित्त्व पर आधारित होता है।"

(5) कॉमन सभा का नेतृत्व—ब्रिटिश प्रधानमंत्री संसद में सरकार का प्रमुख होता है और उसके शब्द ही अुंतिम शब्द माने जाते हैं और संसद के जीवनकाल में वृद्धि भी ब्रिटिश प्रधानमंत्री करा सकता है। संसद का विघटन राजा द्वारा उसके ही परामर्श से किया जाता है। वह संसद में सरकार की नीति का पूरी तरह वर्णन करता है। संसद में महत्त्वपूर्ण विधेयक उसी के आदेशानुसार पेश किए जाते हैं। वह संसद के अधिवेशन को आमन्त्रित तथा स्थगित करता है। यह सब वह अपनी इच्छानुसार करता है। प्रधानमन्त्री कॉमन सभा में बहुमत दल का नेता होता है, इसलिए वह सरकार का प्रधान भी होता है।

(6) मन्त्रिपरिषद का नेतृत्व—मन्त्रिपरिषद की बैठक उसी के द्वारा बुलाई जाती है। वही बैठकों में अध्यक्ष का पद ग्रहण करता है। यदि किसी सदस्य को उसकी नीति स्वीकार नहीं है तो प्रधानमन्त्री उसे त्यागपत्र देने के लिए मजबूर कर सकता है। प्रधानमन्त्री का त्यागपत्र सारी मन्त्रिपरिषद का त्यागपत्र माना जाता है।

इस प्रकार उसे बराबर वालों में पहला कहना भूल है। उसकी स्थिति सितारों के बीच चन्द्रमा के समान भी नहीं है बल्कि वह एक सूर्य के समान है जिसके चारों ओर समस्त ग्रह चक्कर काटते हैं। यह समस्त शासन प्रणाली का केन्द्रबिन्दु है। ब्रिटिश प्रधानमन्त्री मन्त्रिपरिषद का आधारस्तम्भ है। उसके द्वारा ही इसका निर्माण होता है। राजा तो केवल औपचारिक अनुमति ही प्रदान करता है। मन्त्रिपरिषद के सदस्य साधारणतया उसके दल के मुख्य सदस्य होते हैं। वही मन्त्रियों के विभागों को बांटता है, उनमें हेर-फेर करने का उसे पूर्ण अधिकार है। वही यह निर्धारित करता है कि उसके मन्त्रिमंडल में कितने सदस्य होंगे। वह उनकी संख्या में वृद्धि समयानुसार कभी भी कर सकता है। **एमरी** ने लिखा है कि–"मन्त्रिमंडल के निर्माण में जितनी शक्तियाँ प्रधानमन्त्री को मिलती हैं उतनी संसार में बहुत कम तानाशाही को प्राप्त हैं।"

ब्रिटेन में कैबिनेट की स्वेच्छाचारिता

कैबिनेट पद्धति का विकास

ब्रिटेन में कैबिनेट प्रणालीय विकास अन्य राजनीतिक संस्थाओं की तरह होता है। पहले राजा प्रिवी कौंसिल के सदस्यों से सलाह लेता था और यहीं से कैबिनेट के रूप का विकास हुआ। 1650 में **क्लेरेन्डन** ने एक संस्था के रूप में इसका प्रयोग किया है। उसके अनुसार कैबिनेट का निर्माण प्रिवी कौंसिल के उन सदस्यों से मिलकर हुआ था जिनसे कि सम्राट परामर्श लेता था। 1650 में प्रिवी कौंसिल के सदस्यों में वृद्धि होने के फलस्वरूप यह असम्भव सा हो गया कि कैबिनेट का कार्य गुप्त एवं सुचारु रूप से हो सके। चार्ल्स द्वितीय ने प्रिवी कौंसिल के सदस्यों से सलाह लेने की प्रथा का अन्त कर दिया और उसने अपने विश्वस्त तथा संसद में प्रभावशाली व्यक्तियों को एकत्र करके एक समिति का निर्माण किया और उसी से परामर्श लेना प्रारम्भ किया। इस समिति को केबाल के नाम से पुकारा गया।

शनैः-शनैः इस समिति को कैबिनेट के नाम से पुकारा जाने लगा। इसकी मीटिंग केबिन में होती थी। 18वीं शताब्दी के अन्त तक कैबिनेट का पूर्ण विकास हुआ। वास्तविक कैबिनेट प्रणाली का जन्म उस समय से हुआ जब सम्राट ने कैबिनेट की सभा में भाग लेना बन्द कर दिया था। जार्ज प्रथम और द्वितीय जर्मन होने के कारण अंग्रेजी भाषा को नहीं जानते थे। इसलिए वे राजनीति में अधिक रुचि नहीं ले पाते थे। उन्होंने हर बात ह्विग पार्टी पर छोड़ दी। इस प्रकार धीरे-धीरे मन्त्रियों

पर सम्राट का अंकुश कम होने लगा। राजा की अनुपस्थिति में वरिष्ठ सदस्य वालपोल ने कैबिनेट की बैठकों की अध्यक्षता करनी शुरू कर दी और अन्य मन्त्री उसके निर्देशन में कार्य करने लगे। इस प्रकार से प्रधानमन्त्री के पद का जन्म सम्पूर्ण हुआ। 30 वर्ष तक वालपोल शासन का प्रधान बना रहा। इस काल में कैबिनेट प्रणाली सम्पूर्ण रूप धारण करने लगी और उसमें स्थायित्व आने लगा। ह्विग दल के शासनकाल में कैबिनेट प्रणाली ने अनेक गुणों का विकास हुआ। सभी मन्त्री एक ही दल के सदस्य होते थे। 1760 में जार्ज तृतीय ने कैबिनेट प्रणाली को समाप्त करके अपना व्यक्तिगत शासन स्थापित करने का प्रयत्न किया किन्तु अमेरिका के स्वतन्त्रता संग्राम में ब्रिटेन की पराजय ने उसकी इस कोशिश को असफल कर दिया।

कैबिनेट प्रणाली अपने आधुनिक रूप में महारानी विक्टोरिया के शासनकाल में 18वीं शताब्दी में विकसित हुई। इस समय तक यह निश्चित हो गया कि कैबिनेट में संसद के सदस्य होने चाहिएँ, कॉमन सभा में स्पष्ट बहुमत भी होना चाहिए और सामूहिक उत्तरदायित्व भी होना चाहिए।

कैबिनेट के अधिकार

कैबिनेट के अधिकारों को निम्नलिखित रूप में व्यक्त किया जा सकता हैः—

(1) कॉमन सभा के सामने कार्य की बाहुल्यता—कामन सभा में कार्य की बाहुल्यता होती है जिसके परिणामस्वरूप संसद कैबिनेट पर नियन्त्रण नहीं रख सकती। उसके कार्यों की देखभाल नहीं कर सकती है, अपितु कानूनों को सामान्य रूप में ही पास किया जाता है और उसकी बारीकियों को कैबिनेट खुद पूरा करती है। एक सत्र में सम्पूर्ण कार्य पूरा होना सम्भव नहीं होता है। इस प्रकार कार्यभार की अधिकता ने कैबिनेट को शक्तिशाली बना दिया है। **लार्ड रॉजबरी** ने लिखा है कि ''वर्ष में 6 महीने तक तो कैबिनेट से कोई हिसाब-किताब पूछा ही नहीं जा सकता। संसद के सारे अवकाशकाल में हमें जरा भी यह पता नहीं चलता कि हमारे शासक क्या कर रहे हैं। लेकिन थोड़ी बहुत जानकारी हमें समाचार-पत्रों से प्राप्त होती है।

(2) लार्ड सभा के अधिकारों में कमी—1911 तथा 1949 के संसदीय अधिनियम ने लार्ड सभा की शक्तियों में कमी कर दी। जिससे यह दूसरे दर्जे का सदन रह गया है। अब वह अधिनियमों के पारित होने में ही देर लगा सकता है रुकावट नहीं। इस प्रकार मन्त्रिमंडल का उत्तरदायित्व केवल एक ही सदन के लिए रह गया है जो उसके दल के बहुमत के कारण उसका अपना होता है। फलस्वरूप

कैबिनेट जो चाहती है उसे सदन में पारित करा सकती है। इससे उसकी महत्ता में चार चाँद लग गए हैं।

(3) शासन समस्याओं की जटिलता—शासन की समस्या जटिल होने के कारण कभी-कभी संसद सदस्य भी इसे सरलता से नही समझ पाते हैं। लोकहितकारी राज्य के निर्माण ने उन्हें और अधिक व्यापक बना दिया है। संसद सदस्य इन्हें आसानी से नहीं समझ पाते। उनमें इस बात की योग्यता नहीं होती कि वे राजनैतिक, प्रशासनिक, आर्थिक व तकनीकी समस्याओं में कैबिनेट को रास्ता दिखा सके। परिणामस्वरूप वे खुद इनके लिए कैबिनेट पर निर्भर होते हैं। इस कारण से भी कैबिनेट के महत्त्व में वृद्धि हुई है।

(4) राजा के अधिकारों में कटौती—**डायसी** का कहना है कि—"यद्यपि सारा कार्य राजा के नाम से होता है, किन्तु फिर भी ब्रिटेन की वास्तविक कार्यपालिका कैबिनेट ही है।"

(5) कैबिनेट को कॉमन सभा को भंग करने का अधिकार है—संवैधानिक मान्यताओं के अनुसार कैबिनेट कॉमन सभा को भंग करने का अधिकार रखती है। यह तब होता है जब कैबिनेट द्वारा पेश की गई नीतियों को कॉमन सभा न माने। इस स्थिति में प्रधानमंत्री राजा से कहकर उसे भंग करवा सकता है। इसी कारण कैबिनेट की शक्ति में वृद्धि हो गई है। संसद का कोई भी सदस्य भंग किए जाने पर दोबारा निर्वाचित होने की परेशानी में पड़ना नहीं चाहता। **जेनिंग्स** के शब्दों में, "भंग करने की शक्ति संसद सदस्यों के सिर पर हमेशा तलवार की भाँति लटकी रहती है।" संसद के सदस्य भी पद जाने के डर से कैबिनेट के विरुद्ध बोलने की हिम्मत नहीं करते हैं।

(6) प्रधानमन्त्री का नेतृत्व—ब्रिटिश प्रधानमंत्री का पद बहुमत दल के नेता रूप में होता है इसलिए यह भी कॉमन सभा का नेता होता है और अपनी पार्टी का भी नेतृत्व करता है।

(7) प्रदत्त कानूनी व्यवस्था—वर्तमान समय में मौजूद कानूनी व्यवस्था ने हर देश में कानून बनाने का अधिकार कार्यपालिका को सौंप दिया है जिससे उसकी शक्ति विकसित हो गई है। कानूनों की रूपरेखा भी मन्त्रियों द्वारा तैयार की जाती है। **कॉमन सभा** उनमें संशोधन कर सकती है, आलोचना कर सकती है, किन्तु अन्त में बिल उसी स्थिति में पास होगा जिस स्थिति में मन्त्रिपरिषद उसे पास करना चाहती है। निजी बिलों के पास होने का बहुत कम अवसर होता है। अधिक समय कैबिनेट खुद ले लेती है। मुख्य बात यह भी है कि मन्त्रिपरिषद ही कानून का कार्यक्रम कॉमन

सभा के सामने पेश करती है और कॉमन सभा उसमें कभी बदलाव नहीं करती। इन सब बातों के अलावा कैबिनेट कॉमन सभा की राय की इतनी चिन्ता नहीं करती जितनी जनमत और निर्वाचकों की करती है।

(8) दलीय अनुशासन—राजनैतिक दलों की प्रथा के निश्चित हो जाने से कैबिनेट की शक्तियों में बढ़ोतरी हुई है, क्योंकि संसद का बहुमत अपने दल की कैबिनेट के विरुद्ध दलीय अनुशासन के कारण नहीं जा सकता। हर सदस्य दलीय अनुशासन से बँधे होते हैं। इसी कारण कॉमन सभा उसके नियन्त्रण में रहती है। दलीय अनुशासन की कठोरता तथा नियन्त्रण करने वाली दलीय संस्था की जागरूकता ने दल को पूर्ण सहयोग के लिए विवश कर दिया है।

(9) संसद की शक्तियों का जनता में चला जाना—शिक्षा के प्रचार, आने-जाने के साधनों में सुविधाएँ और जनता में राजनैतिक चेतना की जागृति ने संसद की शक्तियों को कम कर दिया है। अब जनता खुद शासन में सक्रिय भाग लेने लगी है। इससे संसद की शक्तियों में भारी कमी हुई है।

(10) कैबिनेट की सामूहिक जिम्मेदारी—इस व्यवस्था में कैबिनेट के मन्त्रियों में से यदि किसी एक मन्त्री के विरुद्ध अविश्वास मत पास हो जाता है तो समस्त मन्त्रिमंडल को त्यागपत्र देना पड़ता है। इस प्रकार वे एक साथ तैरते हैं और एक साथ डूबते हैं। इस एकता की भावना ने उनमें सहयोग की भावना को जन्म दिया है। इसी को सामूहिक उत्तरदायित्व कहते हैं। इसी एकता तथा सहयोग ने कैबिनेट को शक्तिशाली बना दिया है।

कैबिनेट को तानाशाह मानना गलत है

इसका वर्णन निम्नलिखित बिन्दुओं के तहत किया गया है—

कॉमन सभा, प्रश्न पूछकर, पूरक प्रश्न पूछकर, काम रोको प्रस्ताव पास करके, मन्त्रियों के वेतन में कटौती का प्रस्ताव पारित करके, कैबिनेट पर पूर्ण नियन्त्रण रखती है। लार्ड सभा द्वारा की गई कॉमन सभा की आलोचना को ब्रिटेन के लोग अब भी ध्यान से सुनते हैं। कॉमन सभा के विवादों की ओर कोई भी इतना ध्यान नहीं देता। इसलिए कैबिनेट लार्ड सभा के सुझावों की अवहेलना जनमत के भय से नहीं कर सकती। कॉमन सभा में कैबिनेट की नीतियों की कटु आलोचना हो सकती है। कॉमन सभा कैबिनेट के विरुद्ध अविश्वास का प्रस्ताव पारित कर सकती है। कैबिनेट जनमत की अवहेलना नहीं कर सकती। आगामी चुनाव में हारने के भय से वह हमेशा जनहित का समर्थन करती रहती है। कैबिनेट उत्तरदायित्व की भावना से सीमित है।

उपरोक्त आधार पर कह सकते हैं कि कैबिनेट आने आप में संपूर्ण नहीं है। अतः इसकी निरंकुशता भी स्थायी नहीं है।

कैबिनेट की तानाशाही के पक्ष में तर्क

इस प्रकरण पर विद्वानों में मतान्तर है। **रैम्जेम्योर** ने अपनी पुस्तक "How Britain is governed" में इस निरंकुशता का विरोध किया है। उसके विचार में कैबिनेट की निरंकुशता से नौकरशाही को बढ़ावा मिला है। जहाँ तक लोक सदन का मन्त्रिमंडल पर अंकुश होना चाहिए था वहाँ इसके विरुद्ध लोक सेवा कर्मचारियों का मन्त्रिमंडल पर, मन्त्रिमंडल का लोक सदन पर नियन्त्रण है। इससे जनता के शासन के स्थान पर नौकरशाही का शासन रहता है, मंत्रिमंडलीय दायित्व के पीछे नौकरशाही का प्रभाव रहता है। इस मत के विरोध में **लास्की** अपनी पुस्तक "Parliamentary Government in England" में कहता है कि **"ब्रिटेन में कैबिनेट की स्थिति अधिनायकीय नहीं है किन्तु उसकी शासन में प्राथमिकता रहना संसदीय शासन में बहुत आवश्यक है।"** इसके समर्थन में निम्नांकित तथ्य प्रस्तुत कर सकते हैं–

व्यावहारिक दृष्टि से कैबिनेट की प्रमुखता जरूरी है क्योंकि वही नीतियों को उचित प्रकार से लागू कर सकती है। कैबिनेट संसदीय बहुमत दल की एक समिति है जिसे जनता का समर्थन तथा उसकी नीतियों के बारे में विश्वास प्राप्त होता है। कैबिनेट की शक्ति लोक सदन द्वारा प्रदान की हुई शक्ति होती है, इसलिए शक्ति छीन लेने का प्रश्न ही पैदा नहीं होता। देश की शासन व्यवस्था में नौकरशाही का अपना विशेष स्थान होता है। किन्तु वास्तव में उसे नौकरशाही का शासन कहना गलत है। कैबिनेट का मुख्य कार्य लोक सदन और लोक सेवा दोनों के बीच सामंजस्य बनाए रखना है क्योंकि लोक सदन यदि लोक इच्छा का प्रतिनिधित्व करता है तो लोक सेवा प्रशासनिक आवश्यकताओं का प्रतिनिधित्व करती है।

अन्त में, इस सम्बन्ध में **प्रो. लास्की** का मत ही अधिक उचित लगता है कि कैबिनेट ही शासन व्यवस्था का केन्द्र है।

एमरी ने लिखा है कि "उत्तरदायी नेतृत्व का शासन और संसद द्वारा उत्तरदायी आलोचना यही ब्रिटिश संविधान का सार है।"

अमेरिका और उसकी कार्यपालिका

अमेरिकी संविधान में राष्ट्रपति अहम् भूमिका रखता है जिसको कई राजनीतिक

विचारकों ने अपने शब्दों में व्यक्त किया है। **मुनरो** ने लिखा है कि "आज तक लोकतन्त्र में किसी भी व्यक्ति ने इतनी अधिक सत्ता का प्रयोग नहीं किया जितना कि अमेरिका का राष्ट्रपति प्रयोग करता है।" **लास्की** ने भी यह लिखा है कि–"ऐसी कोई विदेशी संस्था नहीं है जिसके साथ उसकी तुलना की जा सके।"

राष्ट्रपति का चुनाव

अमेरिकी राष्ट्रपति चुनाव प्रक्रिया को पाँच भागों में विभाजित कर सकते हैं–

(1) निर्वाचक मंडल के सदस्य दिसम्बर मास के दूसरे बुधवार के बाद आने वाले सोमवार के दिन अपने-अपने राज्यों की राजधानी में एकत्र होते हैं और राष्ट्रपति और उपराष्ट्रपति के लिए मत देते हैं। ये सदस्य अपने दल के प्रत्याशी को ही अपना मत देते हैं। 20 जनवरी को राष्ट्रपति अपने पद की शपथ ग्रहण करता है।

(2) 6 जनवरी को प्रतिनिधि सभा के भवन में कांग्रेस के दोनों सदनों के सदस्य एकत्रित होते हैं और सीनेट के सभापति की अध्यक्षता में मतगणना होती है। जिस प्रत्याशी को सबसे अधिक मत प्राप्त होते हैं, उसे राष्ट्रपति घोषित कर दिया जाता है।

(3) राष्ट्रपति पद के लिए खड़े होने वाले दल अपने-अपने प्रत्याशियों का नामांकन अपने राष्ट्रीय सम्मेलनों में करते हैं। ये सम्मेलन निर्वाचन वाले वर्ष के जून या जुलाई के महीने में होते हैं। सम्मेलनों का सभापति राष्ट्रपति पद के लिए नामांकित प्रत्याशियों की घोषणा करता है। जिस प्रत्याशी को सम्मेलन में उपस्थित सदस्यों के आधे से अधिक मत प्राप्त होते हैं वह उस दल का राष्ट्रपति पद के लिए प्रत्याशी घोषित कर दिया जाता है।

(4) निर्वाचक मंडल के सदस्यों का निर्वाचन वयस्क मताधिकार प्रणाली के आधार पर किया जाता है। जिस दल के प्रत्याशी को अधिक मत प्राप्त हो जाते हैं उसी को निर्वाचक मंडल का निर्वाचित सदस्य घोषित कर दिया जाता है।

(5) निर्वाचक मंडल के सदस्यों का नामांकन राज्य का विधानमंडल करता है। राजनीतिक दल ही राज्यों में निर्वाचक मंडल के सदस्य निर्वाचित किए जाने के लिए अपने प्रत्याशियों की सूची प्रस्तुत करते हैं।

राष्ट्रपति के अधिकार

अमेरिका के राष्ट्रपति को व्यापक शक्तियाँ प्राप्त हैं जिनका प्रयोग वह समय के अनुकूल करता है। **लास्की** ने अपनी पुस्तक 'अमेरिकन प्रेजीडेंसी' में लिखा है

कि–"राष्ट्रपति की शक्तियाँ बहुत व्यापक हैं। वह राज्य का औपचारिक प्रधान होता है। वह विधायी प्रस्तावों का महत्त्वपूर्ण स्रोत है। वह समस्त प्रशासनिक निर्णयों का अन्तिम उद्गम है। वह राष्ट्र की विदेश नीति का आधिकारिक व्याख्याकार है।" **जिंक** ने अमेरिका के राष्ट्रपति की शक्तियों का वर्णन करते हुए लिखा है कि "अमेरिका का राष्ट्रपति कानूनी व्यवस्था प्रस्तावित करता है, महत्त्वपूर्ण विधेयकों को पास कराने के लिए अपने सहयोगियों को संगठित करता है, अवांछनीय विधेयकों पर निषेधाधिकार का प्रयोग करता है, शासन सम्बन्धी आज्ञाओं का प्रकाशन करता है, विदेशी मामलों का संचालन करता है, मन्त्रिपरिषद और सरकारी कर्मचारियों की नियुक्ति करता है।" राष्ट्रपति के अधिकारों का वर्णन हम निम्नलिखित रूप में कर सकते हैं:–

(1) प्रशासन सम्बन्धी अधिकार–राष्ट्रपति का प्रमुख कार्य कानूनों को क्रियान्वित करवाना है। उसका मुख्य कार्य यह देखना है कि कानून समुचित रूप से क्रियान्वित हो। देश का हित ही उसके लिए सर्वोपरि है। प्रशासन के संचालन के लिए यह आदेश के रूप में शासन अधिकारियों के कार्यों का संचालन, नियन्त्रण और समन्वय स्थापित करता है।

राष्ट्रपति अनेक प्रशासकीय कर्मचारियों की नियुक्तियाँ करता है। उन्हें पद से हटा सकता है। यद्यपि यह नियुक्तियाँ सीनेट की सहमति पर की जाती हैं किन्तु दलीय अनुशासन की परम्परा ने इस क्षेत्र में भी उसे अत्यधिक शक्तिशाली बना दिया है।

(2) व्यवस्थापिका सम्बन्धी शक्तियाँ–राष्ट्रपति अध्यादेशों को कांग्रेस की अनुपस्थिति में भी जारी कर सकता है, जिसकी पालना कानून की नीति होती है, और राष्ट्रपति को किसी विधेयक को निषेध करने का अधिकार भी प्राप्त है। कैबिनेट उस पर पुनः विचार करके 2/3 सदस्यों की संख्या से पास कर सकती है। किन्तु विधेयक पास करके 60 दिन के अन्दर यदि कांग्रेस का विघटन हो जाता है तो फिर कैबिनेट उस पर विचार नहीं कर सकती और राष्ट्रपति का निषेधाधिकार लागू होता है।

(3) सैन्य अधिकार–वह अमेरिका की सेनाओं का कमांडर इन चीफ होता है तथा संकट के समय सेना को संसार में कहीं भी भेज सकता है। यद्यपि युद्ध की घोषणा करने का अधिकार वहाँ की कांग्रेस में निहित है किन्तु राष्ट्रपति ऐसी परिस्थितियाँ पैदा कर सकता है जिनमें युद्ध घोषणा करना जरूरी हो जाए। युद्ध के समय राष्ट्रपति की शक्तियों या अधिकारों में ज्यादा बढ़ोत्तरी हो जाती है। यदि वह उचित समझे तो स्वयं भी सैन्य संचालन कर सकता है।

(4) राष्ट्रपति का निषेधाधिकार–राष्ट्रपति को संविधान में कांग्रेस द्वारा पास किए गए विधेयकों आदि पर वीटो की शक्ति दी गई है। किन्तु कांग्रेस 2/3 बहुमत से उसे रद्द भी कर सकती है। राष्ट्रपति वाशिंगटन ने कुल दो वीटो, मैडीसन ने 7, जैक्सन ने 12, एन्ड्रू जानसन ने 28, ग्रांट ने 92, क्लीव्लैंड ने पहली अवधि में 414 तथा दूसरी अवधि में 170, थियोडोर रूजवैल्ट ने 82, कूलरिज ने 50, फ्रैंकलिन रूजवैल्ट ने 631, ट्रूमैन ने 250, आईजनहावर ने 181, कैनेडी ने 25 और जानसन ने 21 निषेधाधिकारों का प्रयोग किया। राष्ट्रपति वाशिंगटन से लेकर कैनेडी के समय तक कुल मिलाकर 2217 वीटो प्रयोग किए गए। उनमें से कांग्रेस ने कुल 72 वीटो दो तिहाई मत से रद्द किए। इस प्रकार यह स्पष्ट प्रकट होता है कि राष्ट्रपति की वीटो शक्ति अत्यधिक महत्त्वपूर्ण होती है।

(5) न्यायपालिका सम्बन्धी शक्तियाँ–राष्ट्रपति को क्षमादान का अधिकार प्राप्त है। राष्ट्रपति किसी अपराधी की सजा व दंड माफ कर सकता है।

(6) विदेशी शक्तियाँ–विदेशों में सन्धि तथा राजदूतों की नियुक्ति करने का उसे पूर्ण अधिकार है किन्तु सीनेट की सहमति जरूरी है। धीरे-धीरे उसकी विदेशी शक्तियों में विकास हुआ है।

(7) आर्थिक शक्तियाँ–राष्ट्रपति वार्षिक बजट पेश करता है और शासन को चलाने के लिए कांग्रेस से धन की स्वीकृति कराता है।

राष्ट्रपति के अधिकारों का मूल्यांकन

अमेरिकी राष्ट्रपति के अधिकार व्यापक हैं फिर भी इसका मूल्यांकन आवश्यक है।

ब्रोगन के मतानुसार, "अमेरिका के राष्ट्रपति में बोनापार्ट के एकतन्त्र की सभी विशेषताएँ निहित हैं।" **ऑग** ने भी लिखा है कि **"उसने इतनी शक्तियाँ प्राप्त कर ली हैं कि निश्चय ही वह राज्य का सर्वशक्तिशाली नेता है। उसे हम विश्व का भी शासक कह सकते हैं। वास्तव में वह राजा और प्रधानमन्त्री दोनों एक साथ ही है।"** इस प्रकार यद्यपि राष्ट्रपति एक अत्यन्त शक्तिशाली व्यक्ति है, किन्तु उसे असीमित अधिकारों का अधिष्ठाता नहीं कहा जा सकता। यह सत्य है कि उसकी शक्तियों में निरन्तर वृद्धि होती रही है और उस वृद्धि के कई कारण भी हैं। जिनका प्रमुख वर्णन निम्नवत् किया गया है–

दलीय अनुशासन तथा दल प्रणाली ने राष्ट्रपति की शक्तियों का बहुत विस्तार कर दिया है। यदि उनके दल का कांग्रेस के दोनों सदनों में बहुमत होता है तो

निश्चय ही ब्रिटेन के प्रधानमन्त्री से अधिक शक्तिशाली होता है। आधुनिक युग में अन्तर्राष्ट्रीय घटनाएँ दिन-प्रतिदिन जटिल होती चली जा रही हैं। इसलिए विदेशों में अमेरिका के राष्ट्रपति के शब्दों को विशेष महत्त्व दिया जाता है। उसकी आवाज को अमेरिका की जनता की आवाज समझा जाता है। इसके अलावा दो महान विश्व युद्धों ने अमेरिका के राष्ट्रपति के पद को बहुत अधिक शक्ति, सम्मान तथा महत्ता प्रदान किया है क्योंकि उनमें राष्ट्रपति ने ही नेतृत्व किया था।

अपने निर्वाचन के कारण वह जनता का सच्चा प्रतिनिधि, राष्ट्र का सर्वोच्च नेता तथा देश का मुख्य वक्ता होता है।

ऑग तथा **रे** के इस कथन से सहमत हैं कि–"राष्ट्रपति अब भी जनता का उत्तरदायी सेवक होता है।" वह वास्तव में जनता के प्रति उत्तरदायी होता है और यद्यपि जनता उसे निश्चित काल से पहले उसके पद से नहीं हटा सकती किन्तु उसे आगामी चुनाव में पुनः निर्वाचित नहीं होने देगी।

अमेरिकन राष्ट्रपति एवं ब्रिटिश सम्राट का तुलनात्मक अध्ययन

इस संबंध में लास्की ने अपनी पुस्तक American Presidency में विस्तार से समझाया है।

शासकों को निषेधाधिकार प्राप्त है किन्तु सम्राट उसका प्रयोग नहीं करता जबकि राष्ट्रपति अक्सर उसका प्रयोग करता है। यद्यपि कांग्रेस का 2/3 बहुमत उसे रद्द कर सकता है। कानूनी क्षेत्र में राष्ट्रपति की शक्तियाँ उस समय व्यवहार में बढ़ जाती हैं जिस समय उसके दल के सदस्यों का कांग्रेस में बहुमत होता है। शक्तियों के आधार पर ब्रिटेन का सम्राट सिद्धान्त रूप में राष्ट्रपति से अधिक प्रभावशाली होता है। कानून के क्षेत्र में उसे संसद को बुलाने, स्थगित करने तथा भंग करने का अधिकार है किन्तु राष्ट्रपति को नहीं है। राजा अपने मन्त्रियों द्वारा संसद में विधेयक पेश कर सकता है किन्तु अमेरिका का राष्ट्रपति विधि-निर्माण में सक्रिय भाग नहीं ले सकता। उसके मन्त्री कांग्रेस के सदस्य नहीं होते। न्याय के क्षेत्र में दोनों को ही क्षमा प्रदान करने तथा दंड कम करने का अधिकार प्राप्त है।

कार्यपालिका क्षेत्र में सिद्धान्त रूप में ब्रिटिश सम्राट की शक्तियाँ अधिक हैं क्योंकि उसके द्वारा की गई नियुक्तियों की पुष्टि किसी अन्य संस्था द्वारा जरूरी नहीं होती, इसके विपरीत अमेरिका के राष्ट्रपति द्वारा की गई नियुक्तियों के लिए सीनेट की पुष्टि जरूरी है, किन्तु राष्ट्रपति ये नियुक्तियाँ खुद करता है जबकि व्यवहार रूप में सम्राट कोई नियुक्तियाँ नहीं करता। वे सब सम्राट के नाम से प्रधानमन्त्री के द्वारा

की जाती हैं। इसी प्रकार वैदेशिक नीति के क्षेत्र में सैद्धान्तिक रूप से सम्राट ही युद्ध तथा सन्धि की घोषणा करता है परन्तु व्यवहार में उसकी शक्तियाँ शून्य हैं। इसके विपरीत अमेरिका का राष्ट्रपति युद्ध की घोषणा तो नहीं करता किन्तु युद्ध की घोषणा के लिए परिस्थिति पैदा कर सकता है। सन्धि करने का अधिकार उसे खुद है किन्तु सीनेट द्वारा समर्थन जरूरी है और कभी-कभी सीनेट उसके सुझाव को रद्द कर देती है। फिर भी यह मानना पड़ेगा कि अमेरिका का राष्ट्रपति विदेश नीति का मुख्य संचालक है जबकि ब्रिटेन में यह कार्य **प्रधानमन्त्री** तथा **विदेशमन्त्री** द्वारा संचालित होता है न कि सम्राट द्वारा।

उपरोक्त तथ्यों का अवलोकन करने से यह मालूम होता है कि सिद्धान्त रूप से ब्रिटिश सम्राट अमेरिका के राष्ट्रपति से अधिक शक्तिशाली है किन्तु व्यवहार में राष्ट्रपति की शक्तियाँ और उत्तरदायित्व उससे कहीं अधिक हैं।

अमेरिकन राष्ट्रपति और ब्रिटिश प्रधानमन्त्री

अमेरिकन राष्ट्रपति और ब्रिटिश प्रधानमन्त्री के कार्य क्षेत्र में विविधता के पश्चात् भी दोनों पद समान माने जाते हैं। लेखकों के विचार हैं कि दोनों स्थितियाँ बराबर हैं क्योंकि ब्रिटेन का प्रधानमन्त्री वास्तविक रूप में अमेरिका के राष्ट्रपति की तरह कार्यपालिका का मुखिया है किन्तु कुछ विद्वानों का कहना है कि अमेरिका के राष्ट्रपति **रूजवेल्ट** की शक्तियाँ ब्रिटिश प्रधानमन्त्री **चर्चिल** से कहीं अधिक विस्तारपूर्वक थीं क्योंकि प्रधामन्त्री अपनी कैबिनेट से सलाह लिए बगैर कोई कार्य और निश्चय नहीं कर सकता। जबकि अमेरिका का राष्ट्रपति इस मामले में पूर्ण स्वतन्त्र है। एटलांटिक चार्टर का जिक्र करते हुए **जेनिंग्स** के अनुसार—इन्होंने एटलांटिक चार्टर की चर्चा करते हुए कहा था कि "संयुक्त राज्य अमेरिका की तरफ से राष्ट्रपति ने वचन दिया परन्तु इंग्लैंड की ओर से युद्ध कैबिनेट ने वचन दिया, प्रधानमन्त्री ने नहीं।" किन्तु यह मानना पड़ेगा कि कुछ क्षेत्रों में राष्ट्रपति की शक्तियाँ अधिक हैं तो कुछ क्षेत्रों में ब्रिटिश प्रधानमन्त्री की। दोनों की शक्तियों की तुलना निम्नांकित है—

(1) मन्त्रिमंडल से सम्बन्ध—अमेरिका का राष्ट्रपति स्वयं अपने मंत्रिमंडल का नियुक्ति करता है जबकि ब्रिटिश मंत्रिमण्डल का विस्तार प्रधानमंत्री व राजा के परामर्श से किया जाता है।

(2) कार्यकाल—अमेरिकी राष्ट्रपति का कार्यकाल 4 वर्ष का होता है। उसे केवल महाभियोग द्वारा हटाया जा सकता है और ब्रिटिश प्रधानमंत्री तब तक बना

रहेगा जब तक उसे कॉमन सभा का विश्वास प्राप्त होता है। ब्रिटेन का प्रधानमन्त्री उस समय तक अपने पद पर बना रहता है जब तक उसे कॉमन सभा का विश्वास प्राप्त होता है और उसका सदन में बहुमत भी होता है।

(3) दायित्व—अमेरिका का राष्ट्रपति अपने कार्यों के लिए कांग्रेस के प्रति उत्तरदायी नहीं होता हैं। जबकि ब्रिटिश प्रधानमंत्री कॉमन सभा के प्रति उत्तरदायी होता है।

(4) नियुक्ति का अधिकार—ब्रिटिश प्रधानमन्त्री की अपेक्षा अमेरिका के **राष्ट्रपति को नियुक्तियों के सम्बन्ध में विस्तृत अधिकार प्राप्त हैं।** यद्यपि राजा के नाम से की गई सभी नियुक्तियाँ प्रधानमन्त्री द्वारा ही होती हैं, फिर भी ब्रिटेन में अधिकांश नियुक्तियाँ राजकीय सेवा आयोग द्वारा पूरी की जाती हैं। अमेरिका में राष्ट्रपति सीनेट की अनुमति से सर्वोच्च न्यायालय के न्यायाधीशों की नियुक्ति करता है और अपराधियों को क्षमा प्रदान करने का अधिकार भी उसे प्राप्त है। ब्रिटेन के प्रधानमन्त्री को न्यायपालिका के क्षेत्र में इतने विस्तार से अधिकार प्राप्त नहीं हैं तो भी राजा के न्याय सम्बन्धी अधिकारों के पीछे उसी का हाथ होता है।

(5) व्यवस्थापिका से सम्बन्ध—राष्ट्रपति केवल कांग्रेस को सन्देश भेज सकता है और किसी भी कानून को बल देकर पास नहीं करा सकता जबकि ब्रिटेन का प्रधानमन्त्री संसदीय व्यवस्था के कारण किसी भी कानून को पास करा सकता है। दूसरे, राष्ट्रपति के मन्त्रिमंडल के सदस्य न तो कांग्रेस के ही सदस्य होते हैं और न ही उसके अधिवेशनों में भाग लेते हैं। जबकि ब्रिटेन में मन्त्रिमंडल के सदस्य संसद के भी सदस्य होते हैं और उन्हीं के द्वारा समस्त कानून पेश किए जाते हैं। इस प्रकार कानूनी क्षेत्र में ब्रिटिश प्रधानमन्त्री की शक्तियाँ अमेरिका के राष्ट्रपति से बहुत अधिक हैं। यद्यपि उसे कांग्रेस के अधिवेशन की अनुपस्थिति में अध्यादेश जारी करने का अधिकार प्राप्त है किन्तु यह अध्यादेश सीमित अवधि के लिए होता है।

(6) अध्यक्षता—अमेरिका का राष्ट्रपति राज्य का अध्यक्ष होने के साथ ही सरकार की भी अध्यक्षता करता है और वह प्रशासन की शक्तियों का वास्तविक स्वामी होता है। इसके विपरीत प्रधानमन्त्री सरकार का **अध्यक्ष** है किन्तु राज्य का अध्यक्ष नहीं है। यह स्थान वहाँ के सम्राट को प्राप्त होता है।

(7) नियुक्ति—अमेरिका का राष्ट्रपति प्रत्यक्ष रूप से जनता के द्वारा निर्वाचित होता है जबकि प्रधानमन्त्री की नियुक्ति राजा के द्वारा की जाती है और वह संसद में बहुमत दल का नेता होता है।

कार्यपालिका क्षेत्र में यदि राष्ट्रपति अधिक शक्तिशाली है तो कानून के क्षेत्र

में प्रधानमन्त्री की शक्तियाँ राष्ट्रपति से कहीं विस्तृत हैं। केवल उस स्थिति में अमेरिका का राष्ट्रपति इस क्षेत्र में प्रधानमन्त्री की समानता कर सकता है, जबकि कांग्रेस के दोनों सदनों में उसी के दल का बहुमत होता है।

अमेरिकी मंत्रिमंडल का विकास एवं राष्ट्रपति से संबंध

मन्त्रिमंडल विकास

सवैधानिक मान्यताओं के अनुरूप कार्यपालिका का पूरा अधिकार राष्ट्रपति को प्रदान किया गया है और मन्त्रिमंडल वहाँ पर केवल रूढ़ियों पर आधारित है। संविधान निर्माताओं ने मन्त्रिमंडल के विषय में कोई निर्णय नहीं लिया था।

रैडफोर्ड ट्रूमैन का कथन है कि "राष्ट्रपति का मन्त्रिमंडल एक संस्था के रूप में 1907 से अमेरिकन शासन प्रणाली का एक भाग है। संविधान में इसका कोई वर्णन नहीं है और न ही 1907 से पहले किसी कांग्रेस द्वारा पारित कानून में कोई उल्लेख मिलता है।"

फरगुसन तथा मैकहेनरी का विचार है कि "मन्त्रिमंडल अभिसमयों पर आधारित संस्था है और इसके पीछे कानून की शक्ति नहीं है। इसके सदस्यों की संख्या भी राष्ट्रपति खुद निश्चित करता है।"

वैसे अमेरिका का राष्ट्रपति मंत्रिमंडल की सलाह से ही सब कार्य करवाता है क्योंकि वो अपने मंत्रिमंडल का विस्तार अपने मंत्रियों की योग्यता के आधार पर ही करता है।

राष्ट्रपति का मन्त्रिमंडल से सम्बन्ध

अमेरिका में राष्ट्रपति व मंत्रिमंडल का संबंध एक परिवार की तरह है। इनके बीच जो कार्यवाही होती है उसे गोपनीय रखा जाता है। मंत्री अपनी सलाह राष्ट्रपति को देते हैं परंतु राष्ट्रपति उनकी सलाह को मानने के लिए बाध्य नहीं है। मन्त्रिमंडल केवल एक परामर्शदात्री संस्था है और वह कांग्रेस के प्रति सामूहिक रूप से उत्तरदायी भी नहीं है क्योंकि अमेरिका में अध्यक्षात्मक सरकार है न कि संसदीय सरकार। **ब्रोगन** ने लिखा है कि "राष्ट्रपति अपने विभागों के प्रधानों का शासक होता है। राष्ट्रपति समकक्षों में प्रथम नहीं है और ब्रिटेन का प्रधानमन्त्री कितना भी प्रभावशाली क्यों न हो उसका मन्त्रिमंडल पर राष्ट्रपति के समान पूर्ण नियन्त्रण नहीं होता है।

यह कहना ठीक ही है कि अमेरिकन मन्त्रिमंडल राष्ट्रपति का परिवार होता

है।" राष्ट्रपति लिंकन बहुत से मामलों में अपनी मनमानी करता था और निर्णय लेने के बाद केवल मन्त्रियों को सूचना देने की दृष्टि से उनकी बैठक बुलाता था। लिंकन ने दासों की मुक्ति के प्रश्न पर अपने आप ही निर्णय कर लिया था और मन्त्रिमंडल को इसकी सूचना बाद में दी।

ब्रोनन का यह कथन सत्य प्रतीत होता है कि "अमेरिकन पद्धति में मन्त्रिमंडल वैसा ही होता है जैसा राष्ट्रपति उसे बनाना चाहता है। वह उसका औजार है। उसकी तनिक-सी इच्छा उसको बना सकती है और तनिक-सी इच्छा हटा भी सकती है।"

मन्त्रिमंडल तथा कांग्रेस में सम्बन्ध

अमेरिका में मंत्रिमंडल एवं कांग्रेस का सम्बंध महत्वपूर्ण माना जाता है लेकिन यह कांग्रेस के प्रति जिम्मेदार नहीं है। क्योंकि मंत्रिमंडल के सदस्य कांग्रेस के सदस्य नहीं होते हैं और न ही इनकी बैठकों में भाग लेते हैं। लास्की के शब्दों में, "विभाग के हर मुख्य विषय पर राष्ट्रपति विभागीय निश्चयों का अपीलीय न्यायालय है।"

राष्ट्रपति एवं कांग्रेस

अमेरिका का राष्ट्रपति संवैधानिक मान्यता के अनुरूप सर्वोपरि है और राष्ट्रपति ही कार्यपालिका का अध्यक्ष होता है। तथा व्यवस्थापिका को कांग्रेस के नाम से जाना जाता है। कांग्रेस के ऊपरी सदन को सीनेट तथा निचले सदन को प्रतिनिधि सदन कहते हैं। उसका कार्य तो कांग्रेस द्वारा पारित की गई विधियों का निष्पादन करना होता है किन्तु वह उनके बनाने में कांग्रेस की कार्यवाहियों पर निम्नांकित असर डालता है–

1. वह कांग्रेस को एक वार्षिक सन्देश या तो स्वयं या अपने एक प्रतिनिधि के द्वारा जो उसे पढ़ता है, देता है। किन्तु यदि परिस्थितियाँ गम्भीरतावश जरूरी हों तो वह एक बार से अधिक बार भी सन्देश देने के उद्देश्य से कांग्रेस को आमन्त्रित करता है। उसके इस आधार का विधि-निर्माण पर बड़ा प्रभाव पड़ता है। विशेष रूप से उस समय जबकि उसका प्रयोग किसी सफल वक्ता द्वारा किया जाता है जो कि कांग्रेस को खुद ही संशोधित करना पड़ता है। जैसा कि वुडरो विल्सन और फ्रैंकलिन रूजवेल्ट दोनों ने किया था।

2. राष्ट्रपति कांग्रेस के किसी सदस्य के द्वारा किसी विषय पर अपने विचारों को विधेयक के रूप में पेश कर सकता है किन्तु यह याद रखना चाहिए कि राष्ट्रपति और उसके मन्त्रिमंडल के पदाधिकारियों में से कोई भी न तो सीनेट के और न प्रतिनिधि सदन के कार्य में ही भाग ले सकता है। इस दृष्टि से कांग्रेस को प्रभावित करने की राष्ट्रपति की शक्ति अधिकतर सदनों में दलों की स्थिति पर निर्भर रहती है। जहाँ राष्ट्रपति का निर्वाचन प्रत्येक चौथे वर्ष होता है वहाँ प्रतिनिधि सदन का और सीनेट के तृतीयांश का हर दूसरे वर्ष होता है। इसलिए जहाँ यह सम्भव है किसी दल की लोकप्रियता, जिसने किसी व्यक्ति को राष्ट्रपति पद पर आसीन किया हो सदनों में उसको बहुमत दिला दे वहाँ यह भी हो सकता है कि आगामी निर्वाचन पर वह राष्ट्रपति जिसे दो वर्ष और कार्य करना है अपना समर्थन खो दे। फिर भी राष्ट्रपति के पास विधि निर्माण प्रक्रिया के दूसरे छोर पर एक महत्त्वपूर्ण शक्ति होती है जो सदनों में उसके दल के अल्पमत के प्रभाव को आसानी से दूर कर सकती है।

अमेरिकी सदन में विधेयक पास हो जाने के बाद राष्ट्रपति का हस्ताक्षर अनिवार्य है। अगर ऐसा नहीं होता है तो यह विधेयक बेकार हो जायेगा। ऐसे हस्ताक्षर करने से वह इनकार कर सकता है और यदि वह ऐसा करे तो विधेयक फिर कांग्रेस को लौटाया जाएगा और प्रत्येक सदन में स्पष्ट दो-तिहाई बहुमत से उसका पारित होना जरूरी होगा। जैसा कि कल्पना किया जा सकता है ऐसा बहुमत प्राप्त करना बहुत मुश्किल है जब तक कि राष्ट्रपति का दल अत्यन्त अल्पसंख्यक हो। व्यवहार में राष्ट्रपति के द्वारा निषिद्ध विधेयक बाद में अवश्य बहुमत प्राप्त कर सकता है और इस प्रकार राष्ट्रपति का निषेधाधिकार उसके पास एक बड़ा शक्तिशाली शस्त्र होता है। इसके अतिरिक्त, राष्ट्रपति स्थल सेना और नौसेना का सर्वोच्च सेनापति होता है। संघीय शासन की सारी महत्त्वपूर्ण नियुक्तियाँ करना उसी का कार्य होता है और विदेशी मामलों का संचालन भी उसके ही हाथ में होता है।

हालाँकि सीनेट कुछ नियुक्तियों पर अपनी अनुमति देने से इनकार कर सकती है और राष्ट्रपति द्वारा की गई सन्धि पर भी दो-तिहाई सीनेट के अनुमोदन की आवश्यकता होती है। अन्त में, युद्ध की घोषणा करने की शक्ति पूरी तरह से कांग्रेस की है। किन्तु स्पष्टतः कार्यपालिका की कार्यवाही ऐसी अवस्था उत्पन्न कर सकती है कि युद्ध अपरिहार्य हो जाए। अमेरिका की कार्यपालिका और विधान मंडल के बीच जो संबंध विद्यमान होते हैं उनकी घनिष्ठता राष्ट्रपति के व्यक्तित्व ओर दलों की

आपसी शक्ति पर निर्भर करती है। यदि वह पुनर्निर्वाचित होना चाहता है तो वह निस्सन्देह जैसे-जैसे निर्वाचन का समय आता है दल के महान गुटों के अधीन होता जाता है, जो अमेरिका की राजनीति का नियन्त्रण करते हैं। किन्तु देश के अन्य किसी राजनीतिज्ञ से वह कम नहीं होता।

अमेरिकन एवं ग्रेट ब्रिटेन के मन्त्रिमंडल में भिन्नता

अमेरिका में राष्ट्रपति का पद सर्वोपरि है जबकि ग्रेट ब्रिटेन में प्रधानमन्त्री का पद प्रमुख होता है। अमेरिका में अध्यक्षीय प्रणाली लागू है जब कि ग्रेट ब्रिटेन में संसदीय प्रणाली लागू है। इन दोनों के बीच जो अंतर पाये जाते हैं उन्हें निम्नलिखित बिंदुओं द्वारा स्पष्ट कर सकते हैं।

(1) कार्यपालिका व विधानमंडल में सम्बन्ध—ग्रेट ब्रिटेन में संसदीय प्रणाली प्रभावी है जिससे कार्यपालिका और विधानमंडल में बेहतर संबंध होता है। विधानमंडल में घनिष्ठ सम्बन्ध होता है क्योंकि वहाँ संसदीय सरकार है। ब्रिटेन में प्रधानमन्त्री कॉमन सदन में बहुमत दल का नेता होता है इसलिए वह सदन का नेता भी कहलाता है। वह कार्यपालिका तथा संसद में एक प्रकार से संयोजक के रूप में कार्य करता है, जो कि सरकार के दोनों अंगों में मेल बनाए रखता है। दूसरी ओर, अमेरिका में शक्तियों का पृथक्करण सिद्धान्त प्रचलित है। इसलिए राष्ट्रपति कांग्रेस का नेता नहीं होता। वह कांग्रेस की बैठकों में भाग भी नहीं लेता। जबकि ब्रिटिश प्रधानमन्त्री अपनी संसद का सदस्य होता है और विधेयकों पर होने वाली बहस में भाग लेता है तथा मतदान भी करता है। अमेरिकी मन्त्री ऐसा नहीं करते।

(2) सामूहिक उत्तरदायित्व—ब्रिटिश मन्त्रिमंडल सामूहिक रूप से कॉमन सदन के प्रति उत्तरदायी होता है। यदि एक मन्त्री के खिलाफ अविश्वास का प्रस्ताव पास हो जाता है तो वह सभी मन्त्रियों के विरुद्ध समझा जाएगा और सारा मन्त्रिमंडल अपना त्यागपत्र दे देगा। ब्रिटेन में यह सामूहिक उत्तरदायित्व प्रधानमन्त्री के द्वारा लागू किया जाता है। एक मन्त्री की रक्षा के लिए वह त्यागपत्र दे सकता है और उसका त्यागपत्र सबका त्यागपत्र समझा जाता है। अमेरिका में शक्तियों के पृथक्करण के कारण कार्यपालिका को कांग्रेस के प्रति उत्तरदायी नहीं बनाया गया है। इस प्रकार कहा जा सकता है कि अमेरिकन मंत्रिमण्डल और ब्रिटिश मन्त्रिमंडल के कार्यों व पद्धतियों में बहुत अन्तर पाया जाता है। अमेरिका के राष्ट्रपति को अधिक अधिकार प्राप्त है। ब्रिटेन के प्रधानमंत्री का सम्बन्ध मंत्रिमण्डल से भी होता है।

(3) मन्त्रियों की नियुक्ति—ग्रेट ब्रिटेन के मन्त्रिमंडल में प्रधानमंत्री सक्रिय

भूमिका अदा करता है इसके साथ ही उन व्यक्तियों की नियुक्ति करता है जो उसके दल के बहुत प्रसिद्ध नेता होते हैं और जिन्होंने अपनी योग्यता संसद में अपने कार्यों से स्थापित की है। किन्तु अमेरिकी मन्त्रिमंडल में ऐसी स्थिति नहीं है। वहाँ पर कई बार राष्ट्रपति अपने दल के अन्य नेताओं के दबाव या विविध हितों को सन्तुष्ट करने के लिए कई ऐसे व्यक्तियों को अपने मन्त्रिमंडल में ले लेता है जिनको पहले कभी राष्ट्रपति ने नहीं देखा था और जिनकी जनता में कोई प्रसिद्धि नहीं थी। इसके अलावा अमेरिका में प्रसिद्ध राजनीतिज्ञ मन्त्रिमंडल के सदस्य बनने की अपेक्षा सीनेट के सदस्य बनना अधिक पसन्द करते हैं क्योंकि योग्यता दिखाने के लिए मन्त्रिमंडल इतना अच्छा मंच नहीं है जितना कि सीनेट है। इसका कारण यह है कि मन्त्रिमंडल पर सदा राष्ट्रपति का अंकुश बना रहता है, जबकि सीनेट का अंकुश राष्ट्रपति के ऊपर रहता है।

(4) मन्त्रियों की अवधि—मंत्रियों का कार्यकाल अमेरिका के राष्ट्रपति पर आधारित है यदि राष्ट्रपति वहां पर किसी भी मंत्री को पद से अलग कर दे तो कोई भी राजनीतिक उपद्रव या हलचल पैदा नहीं होती परन्तु ग्रेट ब्रिटेन में प्रधानमन्त्री अक्सर अपने मन्त्रियों को नहीं हटाता और यदि हटाता भी है तो किसी विशेष या असाधारण कारण से ही हटाता है। मन्त्रियों को हटाने पर ब्रिटेन में हलचल मच जाती है और अखबारों में इस समाचार को बड़े शीर्षक देकर छापा जाता है और देश में उस पर चर्चाएँ भी होने लगती हैं।

(5) मन्त्रिमंडल की स्थिति—संयुक्त राज्य अमेरिका में मन्त्रिमंडल राष्ट्रपति के लिए केवल सलाहकार समिति है। प्रधानमन्त्री को प्रायः अपने मन्त्रिमंडल की सलाह को मानना ही पड़ता है। राष्ट्रपति अपने मन्त्रिमंडल का स्वामी (Boss) होता है, ब्रिटिश प्रधानमन्त्री अपने मन्त्रियों का साथी होता है।

(6) राजनीतिक सजातीयता—ब्रिटेन में सभी मंत्री एक नीति का निर्धारण करते हैं और फिर टीम की तरह कार्य करते हैं। राष्ट्रीय संकट के समय ब्रिटेन में राष्ट्रीय सरकार बनती है जिसमें सभी दलों के प्रतिनिधि ले लिए जाते हैं। संयुक्त राज्य अमेरिका में राजनीतिक सजातीयता नहीं पाई जाती। वहाँ पर राष्ट्रपति विरोधी दल का सहयोग प्राप्त करने के लिए उसके भी कुछ सदस्यों को मन्त्रिमंडल में लेता है।

सोवियत रूस की कार्यपालिका

राष्ट्रपति

रूसी संविधान में परिवर्तन करके वहां राष्ट्रपति की आवश्यकता महसूस हुयी।

इस प्रकार अब सर्वोच्च सोवियत के चेयरमैन के स्थान पर कांग्रेस द्वारा राष्ट्रपति निर्वाचित किया जाता है जो प्रेसीडियम का अध्यक्ष और साम्यवादी दल का महसचिव भी बना रहेगा।

राष्ट्रपति का चयन एवं कार्यकाल—राष्ट्रपति के चयन के लिए कानूनविदों ने सोवियत संघ में राष्ट्रपति शीर्षक के अंतर्गत 15वाँ अध्याय जोड़ दिया है। देश की परिस्थिति को ध्यान में रखते हुए जन प्रतिनिधि कांग्रेस के तीसरे अधिवेशन ने अपनी बैठक में राष्ट्रपति का चुनाव किया। राष्ट्रपति को आम, समान और सीधे चुनाव अधिकार के आधार पर गुप्त मतदान द्वारा चुने जाने की व्यवस्था की गई है। इसके साथ ही यह आवश्यक है कि राष्ट्रपति चुने जाने वाले व्यक्ति को चुनाव में भाग लेने वाले निर्वाचकों के आधे से अधिक वोट मिलने जरूरी हैं तथा कम-से-कम अधिकांश संघीय जनतन्त्रों में बहुमत मिलना चाहिए। **तीसरे,** केवल वही नागरिक राष्ट्रपति चुना जा सकता है जिसकी आयु 35 वर्ष से अधिक तथा 65 वर्ष से कम हो। रूसी राष्ट्रपति का चयन नागरिकों द्वारा पाँच वर्ष के लिए किया जाता है किन्तु इसके साथ ही यह भी व्यवस्था की गई है कि एक व्यक्ति दो कार्यकालों से अधिक नहीं रहेगा।

राष्ट्रपति के अधिकार और शक्तियाँ—राष्ट्रपति को व्यापक अधिकार प्रदान किये गये हैं तथा शासन की सर्वोच्च संस्थाओं के कार्यों में सामंजस्य की गारंटी एवं मार्शल लॉ या आपातकालीन स्थिति घोषित करने का भी उसको अधिकार प्राप्त है।

सोवियत संघ में प्रेसीडियम

प्रेसीडियम में 1 चेयरमैन, 1 फर्स्ट वाइस चेयरमैन, 15 वाइस चेयरमैन (प्रत्येक संघ गणराज्य से एक-एक), 1 सेक्रेटरी तथा 21 अन्य सदस्य होते हैं। संविधान के द्वारा प्रेसीडियम को राज्य का कार्य करती हुई सबसे बड़ी निकाय माना गया है।

प्रेसीडियम के कार्य और शक्तियाँ

प्रेसीडियम के निम्नलिखित कार्य और शक्तियाँ हैं:—

1. अन्तर्राष्ट्रीय सन्धियों की अनुमति प्रदान करना। 2. देश की रक्षा के लिए मार्शल ला की घोषणा करना। 3. संघ की विधियों का निर्वाचन करना। 4. सर्वोच्च सोवियत के सत्रों को बुलाना। 5. प्रचलित कानूनों की व्याख्या करना। 6. अध्यादेश जारी करना। 7. अपनी इच्छा से या संघ गणराज्यों की माँग पर जनमत संग्रह की

व्यवस्था करना। 8. सर्वोच्च सोवियत के दोनों सदनों को भंग करना और नए निर्वाचन का आदेश देना।

प्रेसीडियम की वर्तमान स्थिति

रूस में प्रेसीडियम एक स्थायी समिति के रूप में स्थापित की गयी है। किसी अन्य देश की शासन व्यवस्था में इसके समान कोई संस्था नहीं है। कानूनतः वह सोवियत संघ की एक स्थायी समिति है किन्तु उसकी शक्तियों की तुलना संसार के किसी दूसरे विधानमंडल की स्थायी समिति से नहीं की जा सकती। संविधान निर्माताओं ने सर्वोच्च सोवियत को सर्वोच्च व्यवस्थापिका भी माना है और सोवियत संघ की मन्त्रिपरिषद को सर्वोच्च कार्यपालिका और प्रशासनिक सत्ता माना है।

ऑग तथा जिंक ने अपनी पुस्तक "Modern Foreign Govt." में लिखा है कि ''प्रेसीडिग्रम व्यवस्थापिका और कार्यपालिका दोनों का ही मिश्रण है। यह राष्ट्र के अध्यक्ष तथा उच्च सदन के कार्यों को सम्पन्न करती है।।'' **जिंक** के मतानुसार, ''रिकार्ड से पता चलता है कि प्रेसीडियम ने सरकार के कार्यों में सर्वोच्च सोवियत की अपेक्षा अधिक भाग लिया है।''

प्रेसीडियम तथा मन्त्रिपरिषद

रूस में प्रेसीडियम एक सर्वोच्च कैबिनेट के रूप में जानी जाती है और मंत्रिपरिषद् अपने सभी कार्यों के लिये प्रेसीडियम के प्रति उत्तरदायी है। औपचारिक रूप से प्रेसीडियम सम्पूर्ण मन्त्रिपरिषद को अपदस्थ कर सकती है लेकिन रूस में ऐसा कभी नहीं हुआ। अन्त में यह अवश्य मानना पड़ेगा कि ''प्रेसीडियम सोवियत संघ की मन्त्रिपरिषद और सर्वोच्च सोवियत को जोड़ने वाली कड़ी है। यह एक प्रकार की सुपर कैबिनेट है जो मन्त्रिपरिषद की नीति का निर्माण करती है, उसके कार्यों में समन्वय स्थापित करती है और उनका पर्यवेक्षण करती है।''

रूस में मंत्रिपरिषद् की कार्यपालिका शक्तियाँ

रूस में मंत्रिपरिषद् की कार्यपालिका शक्तियाँ निम्नलिखित हैं—

मन्त्रिपरिषद की नियुक्ति एवं कार्यकाल—रूसी सुप्रीम की सम्मिलित बैठक में मन्त्रिपरिषद के सदस्यों का चुनाव किया जाता है। जब रूसी सुप्रीम का अधिवेशन नहीं होता उस समय प्रेसीडियम ही मन्त्रिपरिषद के अध्यक्ष के सलाह पर मन्त्री नियुक्त करती है, उनको हटाती है, नए मन्त्रालय बनाती है और उन्हें एक विभाग

से दूसरे में भेजती है। इन सब कार्यों के लिए सर्वोच्च सोवियत की अन्तिम स्वीकृति जरूरी है। संविधान के अनुच्छेद 130 के अनुसार मन्त्रिपरिषद सर्वोच्च सोवियत के प्रति उत्तरदायी होगी और उसके अधिवेशन के बीच के काल में प्रेसीडियम के प्रति उत्तरदायी होगी। हालाँकि मंत्रिपरिषद् के कार्यकाल के बारे में संविधान में कोई चर्चा नहीं की गई है फिर भी रूस की सर्वोच्च सोवियत नई मन्त्रिपरिषद का चुनाव अपने पहले अधिवेशन में करती है और मन्त्रिपरिषद सर्वोच्च सोवियत के साथ-साथ कार्य करती है। इसलिए मन्त्रिपरिषद का कार्यकाल भी 5 वर्ष ही होता है।

रूसी मन्त्रिपरिषद का गठन

रूसी संविधान के अनुच्छेद 129 के तहत् मंत्रीपरिषद् का गठन रूसी संघ की सुप्रीम शक्ति द्वारा की जाती है। ये चयनित मंत्री किसी न किसी रूप में किसी विभाग या बोर्ड का अध्यक्ष होता है। ये मन्त्री दो प्रकार के होते हैं—अखिल संघीय मन्त्री तथा संघीय गणराज्य मन्त्री। मन्त्रियों की संख्या समयानुसार बदलती रहती है। रूस की आल यूनियन मन्त्रिपरिषद का सभापति चेयरमैन कहलाता है और उसका अपनी मन्त्रिपरिषद में वही स्थान है जो भारत या इंग्लैंड में प्रधानमन्त्री का होता है।

रूसी मन्त्रिपरिषद का वाइस चेयरमैन—रूसी मन्त्रिमंडल में उपप्रधानमंत्री का चयन भी किया जाता है। सबसे पहले सन् 1921 में लेनिन के बीमार पड़ने पर दो उप-प्रधानमन्त्रियों की नियुक्ति की गई थी।

आन्तरिक मन्त्रिमंडल—रूसी मंत्रिमंडल में प्रधानमंत्री व उपप्रधानमंत्री एक साथ मिलकर ही किसी मामले पर निर्णय लेते हैं या उनमें आम सहमति बन जाती है और वे सभी मंत्रियों की सलाह नही लेते हैं।

मन्त्रियों का बँटवारा—रूस में मंत्रियों को दो भागों में बांटा गया है—

1. अखिल संघीय मन्त्रालय—इस मंत्रालय के क्षेत्राधिकार में सम्पूर्ण देश आता है। वे या तो प्रत्यक्ष तौर या अपने द्वारा नियुक्त अन्य एजेंसियों द्वारा अपने कर्तव्यों को पूरा करवाती है। उनकी संख्या 32 है।

2. इनको संघीय गणराज्य मन्त्रालय के रूप में जाना जाता है। शुरू में इनकी संख्या केवल 10 थी परन्तु इस समय इनकी संख्या 12 हो चुकी है। संघीय गणराज्यों के अधिकार उन्हीं समस्याओं तक सीमित हैं जो संघीय गणराज्यों की सीमा में उत्पन्न होते हैं।

परामर्शदात्री समिति–रूसी मन्त्रिपरिषद में परामर्शदात्री समिति के निम्नांकित क्षेत्र हैं–

(1) स्टेट बैंक समिति।

(2) श्रम परिषद।

(3) राज्य योजना कमीशन इसे गोस्प्लान भी कहते .हैं।

(4) उच्च शिक्षा समिति।

(5) सुरक्षा परिषद।

(6) कला समिति।

सर्वाधिक महत्त्व की समिति राज्य योजना कमीशन है जिसके निर्देशन में रूस की सारी अर्थव्यवस्था का नियोजन हो रहा है। इन समितियों, बोर्डों तथा आयोगों के सभापति मन्त्रिपरिषद के ही सदस्य होते हैं। ऊपर वर्णित समितियों के अलावा और भी बहुत-से सलाहकार निकाय होते हैं। जिनका मन्त्रिपरिषद से निकट सहयोग और सम्पर्क रहता है। ये निकाय–कट्टरपन्थी चर्च समिति माप-तोल समिति आदि हैं।

रूसी मन्त्रिपरिषद की शक्तियाँ और कार्य

रूसी मंत्रिपरिषद् की शक्तियाँ और कार्य निम्नलिखित हैंः–संविधान के 128 वें अनुच्छेद में कहा गया है कि रूस की मन्त्रिपरिषद "राज्य-शक्ति की उच्चतम कार्यपालिका और प्रशासकीय अंग है।" इसकी शक्तियों का वर्णन संविधान के 131वें अनुच्छेद में किया गया है। इसकी मुख्य शक्तियाँ निम्नवत् वर्णित की गई हैं–

1. राष्ट्रीय आर्थिक योजनाओं और बजट को बनाना और उन्हें लागू करना तथा साख व मुद्रा-व्यवस्था को शक्तिशाली बनाना।
2. सोवियत संघ के कानूनों के अनुसार आदेश निकालना और इनके क्रियान्वित होने पर देखरेख करना। ये आदेश सारे संघ में लागू होते हैं।
3. विदेशों के साथ सम्बन्धों को संचालित करना। सोवियत संघ के उपराज्यों के शासन विभागों, अन्य आर्थिक व सांस्कृतिक संस्थाओं के कार्यों का संचालन करना व उनमें समन्वय करना।
4. यदि रूसी सुप्रीम के किसी सदस्य द्वारा किसी मन्त्री से कोई प्रश्न

पूछा जाए तो उस प्रश्न का उत्तर अधिक-से-अधिक तीन दिन के अन्दर सम्बधित सदन में मौखिक या लिखित रूप में जरूर देना पड़ता है।

5. सोवियत संघ की मन्त्रिपरिषद के सदस्य सोवियत संघ के अधिकार क्षेत्र में आने वाली राजकीय प्रबन्ध की शाखाओं का संचालन करते हैं। मन्त्री अपने-अपने मन्त्रालय के अधिकार क्षेत्र के अन्तर्गत मन्त्रिपरिषद के फैसले तथा आशाएँ दे सकते हैं और उनका पालन करा सकते हैं।

रूसी मन्त्रिपरिषद को संघीय स्वरूप पर प्रश्न चिन्ह (सन्देह)

सरकार में मन्त्रिमण्डल पूर्ण रूप में मौजूद है क्योंकि यहाँ संसदीय प्रणाली के सभी लक्षण होते हैं। प्रेसीडियम का चेयरमैन, रूस संघ के नाममात्र की शक्तियों वाले राज्याध्यक्ष के रूप में काम करता है। उसे वे सभी अधिकार प्राप्त होते हैं जो किसी पाश्चात्य राज्य के अध्यक्ष को प्राप्त होते हैं। प्रेसीडियम के चेयरमैन का पद संसदीय प्रणाली के शासन में एक राज्याध्यक्ष के पद से कहीं कम महत्त्व का और शक्तिहीन है।

रूसी प्रधानमंत्री का पद भारत के प्रधानमंत्री से मिलता-जुलता है जिस तरह भारत के प्रधानमंत्री मंत्रिपरिषद् का नेता होता है उसी प्रकार रूस का प्रधानमंत्री भी मंत्री परिषद् का नेता होता है। और वह सर्वोच्च सोवियत द्वारा मत्रिपरिषद् का गठन करता है।

मन्त्रिगण व्यक्तिगत रूप में रूसी सुप्रीम या प्रेसीडियम के प्रति उत्तरदायी होते हैं। इसलिए कहा जा सकता है कि रूसी प्रधानमन्त्री का पद ग्रेट ब्रिटेन के प्रधानमन्त्री से एकदम मिलता-जुलता है। दोनों में भारी अन्तर है। इसलिए रूस में मन्त्रिमंडलीय सरकार का स्वरूप पाश्चात्य देशों से अलग है। उपरोक्त बिन्दुओं का अवलोकन करने से हमें ज्ञात होता है कि रूसी संसदीय व्यवस्था कैबिनेट की तरह दिखती है परन्तु यह कैबिनेट प्रणाली से बहुत हद तक अलग है। रूसी गणराज्य में मन्त्रियों का अपना कोई अस्तित्त्व नहीं और न ही उनकी कोई अपनी इच्छा होती है जिसके अनुसार वे सरकार की नीतियों का निर्धारण और संचालन कर सकें। इस महत्त्वपूर्ण कार्य के लिए वे पूर्णतया पार्टी के पोलित ब्यूरो के ऊपर ही निर्भर होते हैं और उसके यन्त्र के रूप में कार्य करते हैं।

फ्रांस की कार्यपालिका

फ्रांस का राष्ट्रपति

1946 के संविधान के मुताबिक फ्रांस के राष्ट्रपति की स्थिति एक राज्य के अध्यक्ष के रूप में थी परन्तु वर्तमान संविधान में वह राष्ट्र का प्रतीक, शासन का प्रमुख और राष्ट्रीय मंच है। वह राज्य का वास्तविक अध्यक्ष है।"

राष्ट्रपति का चुनाव

फ्रांस के संविधान की धारा 6-7 के अनुसार राष्ट्रपति का निर्वाचन 7 वर्ष के लिए होता है। निर्वाचन मंडल द्वारा इसका निर्वाचन होता है जिसमें जनता अपनी भूमिका निभाती है।

निर्वाचक मंडल का संगठन

निर्वाचक मंडल में निम्नांकित प्रतिनिधि भाग लेते हैं—

(1) राष्ट्रीय प्रतिनिधि—नेशनल असेम्बली 490 (मार्च 1973) सीनेट —230 (1958)।

(2) स्थानीय प्रतिनिधि—नगरपालिकाओं के निर्वाचित सदस्य—

1 मेयर तथा 1 प्रथम उपमेयर (1001 से 2000 से कम जनसंख्या पर), 1 मेयर (1000) से कम जनसंख्या पर, 1 मेयर तथा 2 प्रथम उपमेयर तथा 2 निर्वाचित नगरपालिका कौंसिलर्स (2501 से 3000 जनसंख्या पर), 1 मेयर तथा 1 प्रथम उपमेयर तथा 1 निर्वाचित नगरपालिका कौंसिलर्स (2001 से 25000 जनसंख्या पर)

(3) समुद्र पार प्रदेशों के प्रतिनिधि—प्रशासकीय यूनिट्स की परिषदों के निर्वाचित सदस्य निर्वाचक मंडल के सदस्य होते हैं। इनकी शर्तें ऑर्गेनिक लॉ के द्वारा निर्धारित की जाती हैं। 1958 के चुनाव में समुद्र पार प्रदेशों के निर्वाचकों की कुल संख्या 2553 थी जो कुल निर्वाचकों की संख्या का 4% थी। निर्वाचक मंडल में कुल 81,761 सदस्यों ने भाग लिया।

निर्वाचन पद्धति की आलोचना

इस पद्धति के अनुसार ग्रामीण क्षेत्रों को अधिक प्रधानता दी गई है क्योंकि फ्रांस में ग्रामीण क्षेत्र बहुत अधिक नहीं पाये जाते। **पेरिस क्षेत्र** में फ्रांस की लगभग

1/8 जनसंख्या रहती है जबकि केवल निर्वाचक मंडल में उनका 7% प्रतिनिधित्व है। संसद के दोनों सदन चुनाव में भाग लेते हैं। किन्तु अमेरिका की तरह प्रत्यक्ष या अप्रत्यक्ष को नहीं अपनाया गया है। यदि राष्ट्रपति को प्रथम बार में पूर्ण बहुमत प्राप्त नहीं होता तो दूसरे बैलट का प्रयोग किया जाता है। संविधान के पैरा 3 धारा 7 के अनुसार यह स्पष्ट होता है कि नए राष्ट्रपति का चुनाव पहले राष्ट्रपति की अवधि खत्म होने से कम-से-कम 20 दिन तथा अधिक-से-अधिक 50 दिन पूर्व होगा। उस स्थिति में जबकि राष्ट्रपति का पद या तो रिक्त हो जाए या वैधानिक रूप से संवैधानिक परिषद उसे कार्य करने से रोक दे तो केवल धारा 11 व 12 में दिए गए राष्ट्रपति के कार्यों को छोड़कर अन्य सब कार्य अस्थायी रूप से सीनेट का प्रधान करेगा और इस स्थिति में भी राष्ट्रपति का चुनाव कम-से-कम बीस दिन तक अधिक-से-अधिक 50 दिन के पूर्व होना जरूरी है।

फ्रांस के राष्ट्रपति की शक्तियाँ

फ्रांस में राष्ट्रपति को निम्नलिखित शक्तियाँ प्रदान की गयी हैं—

(1) विधायी शक्तियाँ—(i) राष्ट्रपति को दोनों सदनों में संदेश भेजने का अधिकार है, (ii) राष्ट्रपति द्वारा ही संसार के विशिष्ट सत्रों का उद्‌घाटन एवं उनकी आज्ञा से ही उनको खत्म किया जाता है। (iii) कानूनों अध्यादेशों को वैध बनाने के लिए राष्ट्रपति के हस्ताक्षर जरूरी हैं। (iv) वोटों का अधिकार राष्ट्रपति को प्राप्त है। (v) राष्ट्रपति प्रधानमंत्री और दोनों सदनों के अध्यक्षों की सलाह से नेशनल असेम्बली का विघटन कर सकता है।

(2) कार्यपालिका सम्बन्धी शक्तियाँ—(i) राष्ट्रपति ही प्रधानमंत्री की नियुक्ति करता है। (ii) राष्ट्रपति द्वारा ही सिविल और मिलिट्री पदों पर नियुक्तियाँ की जाती हैं। (iii) राष्ट्रपति मंत्रिपरिषद् की बैठकों का सभापति होता है। (iv) राष्ट्रपति दूसरे देशों से की गई संधियाँ या बातचीत करता है और उन पर स्वीकृति प्रदान करता है। (v) दूसरे देशों में राजदूतों की नियुक्ति करता है।

(3) न्याय सम्बन्धी शक्तियाँ—नवीन संविधान में राष्ट्रपति को न्याय संबंधी शक्तियाँ प्रदान की गई है जो निम्नवत् हैं— सर्वोच्च न्यायिक परिषद की बैठक में 9 सदस्यों की नियुक्ति Organic Law के अनुसार करता है और उसकी बैठकों में सभापति का पद ग्रहण करता है। फ्रांस के राष्ट्रपति को अपराधियों को क्षमा करने का कार्यपालिकीय विशेष अधिकार प्राप्त हैं।

(4) आपातकालीन शक्तियाँ—उपरोक्त शक्तियों के अतिरिक्त धारा 16 के अन्तर्गत राष्ट्रपति की आपातकालीन शक्तियों का वर्णन किया गया है। इस धारा में स्पष्ट लिखा है कि जब गणतन्त्र की संस्थाओं, राष्ट्र की स्वतन्त्रता तथा उसकी भूमि की अखंडता या उसके द्वारा किए गए अन्तर्राष्ट्रीय वादों की पूर्ति में खतरा हो और उस स्थिति में जबकि संविधान के अनुसार नियमित सार्वजनिक शक्तियों का संवैधानिक रूप में नियमित कार्य सम्पादन में बाधा उत्पन्न हो जाए तो ऐसी स्थिति में राष्ट्रपति प्रधानमन्त्री और दोनों सदनों के सभापतियों और संवैधानिक परिषद से मन्त्रणा कर जरूर कदम उठाएगा और इसके साथ ही साथ राष्ट्रपति अपने आदेश द्वारा राष्ट्र को सूचित करेगा।

पाँचवें गणतन्त्र में फ्रांस के राष्ट्रपति की संवैधानिक स्थिति

फ्रांस का राष्ट्रपति राष्ट्रीय स्वतन्त्रता तथा राज्य भूमि की अखंडता का प्रत्याभू है। फ्रांस में राष्ट्रपति कैबिनेट की बैठकों की अध्यक्षता करता है। वह प्रधानमन्त्री की नियुक्ति करता है और फ्रांस में अधिक राजनैतिक दलों के होने के कारण उसकी प्रधानमन्त्री के पद पर नियुक्ति किए जाने की शक्ति भारतीय राष्ट्रपति की अपेक्षा वास्तविक है क्योंकि भारत में प्रधानमन्त्री लोकसभा के बहुमत दल का नेता होता है। राष्ट्रपति उसके अलावा अन्य व्यक्तियों की नियुक्ति नहीं कर सकता है।

फ्रांस में मन्त्रियों के सामूहिक उत्तरदायित्व की व्यवस्था भी नहीं है। धारा 19 के अनुसार कुछ ऐसे विषय हैं जिन पर फ्रेंच प्रीमियर या मन्त्री के हस्ताक्षर होना जरूरी है। अनेक ऐसे अधिकार हैं जिन्हें वह स्वयं करता है जैसे—संसद का विघटन करना, विधेयकों को जनमत संग्रह के लिए प्रस्तुत करना, दोनों सदनों को सन्देश भेजना और अन्य विशेष अधिकार। वह संसद के विभिन्न नेताओं से अपने सम्बन्ध स्थापित कर सकता है। विदेशी मामलों में वह आगे रहता है। वह राष्ट्र का सैरीमोनियल और सम्मानित मुखिया है।

राष्ट्रपति पर प्रतिबन्ध—फ्रांस के संवैधानिक मान्यताओं के अनुरूप राष्ट्रपति पर प्रतिबन्ध लगाया जा सकता है। संविधान की धारा 68 के अन्तर्गत महाभियोग चलाया जा सकता है। संविधान में स्पष्ट लिखा गया है कि—"The President of the Republic shall not be held accountable for actions performed in the exercise of his office except in the case of high reason." किन्तु

अभियोग प्रक्रिया बहुत जटिल है। अभियोग प्रस्ताव दोनों सदनों में अलग-अलग स्पष्ट बहुमत से खुले बैलट द्वारा पास होना चाहिए।

संक्षेप में हम कह सकते हैं कि फ्रांस की वर्तमान राजनैतिक शासन व्यवस्था अध्ययनात्मक तथा संसदात्मक व्यवस्थाओं का मिश्रण है। इसमें कार्यपालिका शक्ति का दो सत्ताओं में कर दिया गया है। राष्ट्रपति तथा मंत्रिपरिषद इनका नेता प्रधानमंत्री होता है।

फ्रांस राष्ट्रपति का ब्रिटेन सम्राट, प्रधानमन्त्री एवं अमेरिकन राष्ट्रपति से तुलनात्मक अध्ययन

फ्रेंच राष्ट्रपति की इंग्लैंड के सम्राट से तुलना

फ्रेंच राष्ट्रपति की इंग्लैंड के सम्राट से तुलना निम्नलिखित बिंदुओं के अंतर्गत की जा सकती है:—

इंग्लैंड में संसद सर्वोच्च है सम्राट नाममात्र का सवैधानिक प्रधान है। वह सदैव प्रधानमन्त्री तथा कैबिनेट की सलाह के अनुसार कार्य करता है। किन्तु फ्रांस के राष्ट्रपति को इस संविधान के अन्तर्गत अनेक शक्तियाँ ही गई हैं जिनके आधार पर कहा जा सकता है कि वह वास्तव में शासन करता है। उसकी शक्तियाँ इतनी विस्तृत हैं कि वह संविधान को भी समाप्त कर सकता है। इंग्लैंड का सम्राट वंशानुगत होता है। वह जीवनपर्यन्त सम्राट रहता है किन्तु फ्रांस का राष्ट्रपति 7 वर्ष के लिए निर्वाचक-मंडल द्वारा चुना जाता है। उसे महाभियोग द्वारा ही उसके पद से हटाया जा सकता है। इंग्लैंड का सम्राट कैबिनेट की बैठकों में कभी भी भाग नहीं लेता किन्तु फ्रांस का राष्ट्रपति कैबिनेट की बैठकों में तथा उसके वाद-विवादों में भाग लेता है और उसकी नीति के निर्माण में आगे रहता है। सम्राट इंग्लैंड के चर्च का अध्यक्ष तथा सब सम्मानों का स्रोत होता है तथा वह एक अनुभवी व्यक्ति होता है। यह बात फ्रांस के राष्ट्रपति पर लागू नहीं होती।

फ्रांस के राष्ट्रपति का ब्रिटेन के प्रधानमन्त्री से तुलना

पाँचवें गणतन्त्र के तहत फ्रांस में नवीन संविधान का गठन हुआ है जिसके अनुसार फ्रांस के राष्ट्रपति को ब्रिटेन के प्रधानमन्त्री की भाँति शक्तिशाली किया गया है।

फ्रांस की कार्यपालिका शक्ति दो भागों में बंटी हुयी है। वहां का प्रधानमंत्री शासन का अध्यक्ष होता है किंतु इंग्लैंड का प्रधानमंत्री खुद ही शासन का स्वामी होता है। फ्रांस का राष्ट्रपति सात साल तक अपने पद पर बना रह सकता है जबकि ब्रिटेन का प्रधानमंत्री तब तक अपने पद पर बना रह सकता है जब तक कॉमन सभा में बहुमत होता है। परन्तु फ्रांस में प्रधानमन्त्री और कैबिनेट के सदस्य संसद के सदस्य नहीं होते और वे राष्ट्र के प्रति उत्तरदायी होते हैं। कानून के क्षेत्र में ब्रिटिश प्रधानमन्त्री की शक्तियाँ फ्रांस के राष्ट्रपति की शक्तियों से कहीं अधिक हैं। वह संसद से किसी भी कानून को पास करा सकता है क्योंकि संसद में उसके दल को बहुमत मिला हुआ होता है।

फ्रांस के राष्ट्रपति की अमेरिकन राष्ट्रपति से तुलना

इसका वर्णन निम्नवत् बिन्दुओं में वर्णित किया गया है–

दोनों राष्ट्रपतियों का निर्वाचन निर्वाचक मंडल द्वारा किया जाता है। किन्तु दोनों के निर्वाचक मंडलों के संगठन में अन्तर होता है। फ्रांस के राष्ट्रपति का निर्वाचन अप्रत्यक्ष हो गया है क्योंकि निर्वाचक मंडल के सदस्यों को पार्टी के आधार पर ही चुना जाता है और चुनाव पूरा होने के बाद निर्वाचक मंडल खत्म हो जाता है। इस प्रकार अमेरिकन राष्ट्रपति फ्रांस के राष्ट्रपति की अपेक्षा अधिक लोकप्रिय होता है। फ्रांस के राष्ट्रपति की शक्तियाँ अमेरिका के राष्ट्रपति से अधिक हैं। अमेरिका के राष्ट्रपति की शक्तियों में वहाँ की सीनेट भी भाग लेती है क्योंकि अमेरिकन संविधान में निरोध एवं सन्तुलन के सिद्धान्त को अपनाया गया है। अमेरिकन राष्ट्रपति को कांग्रेस की हमेशा सहायता लेनी पड़ती है। किन्तु फ्रांस के राष्ट्रपति की स्थिति नवीन संविधान में एक अधिनायक के समान है।

अमेरिका में अभिसमय के अनुसार कोई राष्ट्रपति लगातार 3 बार नहीं चुना जा सकता किन्तु फ्रांस में इसके बारे में कुछ नहीं कहा जा सकता। क्योंकि संविधान में ऐसी कोई रोक नहीं लगाई गई है। दोनों राष्ट्रपतियों को महाभियोग द्वारा उनके पद से हटाया जा सकता है। दोनों की शक्तियाँ महान हैं। दोनों शासन करते हैं। दोनों अपने-अपने देशों के सर्वोच्च नेता होते हैं। फ्रांस के चौथे संविधान में संसद की शक्तियाँ अधिक थीं किन्तु पाँचवें संविधान में राष्ट्रपति की शक्तियों का विस्तार किया गया है। यहाँ तक कहा जाता है कि नवीन संविधान राष्ट्रपति के लिए ही निर्मित किया गया है। कुछ क्षेत्रों में फ्रांस के राष्ट्रपति की शक्तियाँ अमेरिका के राष्ट्रपति से बढ़कर हैं। जैसे अमेरिकन राष्ट्रपति को आपातकाल की शक्तियाँ अलग

से प्रदान की गई हैं। वह फ्रांस के राष्ट्रपति की तरह संविधान को खत्म नहीं कर सकता। अमेरिका में राष्ट्रपति 4 वर्ष के लिए चुना जाता है। किन्तु फ्रांस में 7 वर्ष के लिए चुना जाता है।

फ्रांस प्रधानमन्त्री

फ्रांस के प्रधानमन्त्री को अधिकार

सरकार धारा 20 के अनुसार राष्ट्र की नीति का निर्धारण व निर्देशन करती है। सरकार के अधीन प्रशासन और सशस्त्र सेनाएँ रहती हैं। प्रधानमन्त्री बहुत-से नागरिक और सैनिक पदों पर नियुक्तियाँ करता है। उसे अपनी शक्तियों में से कुछ को अपने मन्त्रियों को सौंपने का अधिकार मिला हुआ है। संविधान की धारा 19 में वर्णित विषयों के अलावा प्रधानमन्त्री और अन्य विभागों के मन्त्री राष्ट्रपति के सभी कार्यों पर हस्ताक्षर करते हैं। प्रधानमंत्री को संविधान में संशोधन संबंधी प्रस्ताव रखने का अधिकार प्राप्त है और इन तथ्यों को राष्ट्रपति के समक्ष रखा जाता है।

नवीन संविधान के अनुसार प्रधानमन्त्री संसद के सत्र की राष्ट्रपति से माँग कर सकता है। इन सत्रों का कार्यकाल भी उसके द्वारा ही निश्चित किया जाता है। प्रधानमन्त्री संसद के कानूनों को पेश करता है और दोनों सदनों में मतभेद होने पर उसे दोनों सदनों से बराबर सदस्यों की एक संयुक्त समिति बुलाने का अधिकार है। प्रधानमन्त्री ही संसद के सम्मुख सरकार की ओर से प्रमुख वक्ता होता है।

धारा 49 के अनुसार प्रधानमंत्री सामान्य नीति की घोषणा के विषय में नेशनल असेम्बली को उसके प्रति सरकार के उत्तरदायित्व का विश्वास दिला सकता है । किंतु असेम्बली को निंदा प्रस्ताव पास करने का अधिकार प्राप्त है।

फ्रांस प्रधानमन्त्री की स्थिति

फ्रांस के नवीन संविधान के अनुसार प्रधानमंत्री की नियुक्ति राष्ट्रपति द्वारा की जाती है।

फ्रांस की लोकतांत्रिक व्यवस्था भारत या इंग्लैण्ड से कुछ भिन्न है जहां भारत में प्रधानमंत्री की नियुक्ति राष्ट्रपति द्वारा किसी बहुमत दल के नेता को किया जाता है और इंग्लैण्ड में सम्राट द्वारा, वहीं फ्रांस में राष्ट्रपति द्वारा प्रधानमंत्री का चयन किया जाता है क्योंकि नेशनल एसेम्बली में किसी एक दल को बहुमत मुश्किल से मिलता है। अतः फ्रांस का राष्ट्रपति प्रधानमन्त्री की नियुक्ति करने में स्वतन्त्र है। अन्य

मन्त्रियों की नियुक्तियाँ भी राष्ट्रपति प्रधानमन्त्री की सलाह से ही करता है। फ्रांस के संविधान में प्रधानमन्त्री की स्थिति और शक्तियों को समझने के लिए दो बातों में अन्तर समझना जरूरी है।

फ्रांस के संविधान में मन्त्रिपरिषद का वर्णन किया गया है। मन्त्रिपरिषद की बैठकों में राष्ट्रपति सभापति का आसन ग्रहण करता है। किन्तु समय के अनुसार कैबिनेट का निर्माण भी हुआ है, जिसकी बैठकों में प्रधानमन्त्री सभापति का आसन ग्रहण करता है। प्रधानमन्त्री एक ओर तो राष्ट्रपति के प्रति और दूसरी ओर संसद के प्रति उत्तरदायी होता है। संसद का विश्वास खोने पर वह राष्ट्रपति को इस्तीफा दे देता है, किन्तु शासन का भार ज्यादातर उसी पर रहता है। प्रधानमंत्री को सिद्धांत के तौर पर व्यापक अधिकार प्रदान किये गये हैं किन्तु व्यावहारिक रूप से वह इसका प्रयोग करने में अक्षम है। यदि फ्रांस के प्रधानमन्त्री की इंग्लैंड और भारतवर्ष के प्रधानमन्त्री तथा अमेरिका के राष्ट्रपति से तुलना की जाए तो उसकी शक्तियाँ बहुत कम हैं। वह शक्तियों का प्रयोग करने में पूरी तरह स्वतन्त्र नहीं है। वह राष्ट्रपति के हाथों में एक खिलौना मात्र है। वह उसी के आदेशों के अनुसार कार्य करता है। मन्त्रिपरिषद की बैठकों में भी राष्ट्रपति ही सभापति का आसन ग्रहण करता है।

इंग्लैंड तथा भारतवर्ष में प्रधानमन्त्री ही वास्तविक कार्यपालिका की अध्यक्षता करता है। सम्राट तथा राष्ट्रपति तो नाममात्र के वैधानिक प्रधान होते हैं। अमेरिकन राष्ट्रपति यथार्थ में कार्यपालिका अध्यक्ष है। इस प्रकार फ्रांस के प्रधानमन्त्री की शक्तियाँ इंगलैंड, भारतवर्ष तथा अमेरिकन राष्ट्रपति से बहुत कम हैं।

फ्रेंच मन्त्रिमंडल की मुख्य विशेषताएँ और अस्थिरता के कारण

फ्रेंच मन्त्रिमंडल की मुख्य विशेषताएँ वर्णित की गयी हैं। फ्रांस के नवीन संविधान के तहत मंत्रिपरिषद का उल्लेख हुआ है। मन्त्रिमंडल एक अभिसमय का फल है। किन्तु दोनों का अन्तर समझना जरूरी है। फ्रांस में जब राष्ट्रपति मन्त्रियों की बैठक का सभापतित्त्व करता है तो वह बैठक मन्त्रिपरिषद कहलाती है और जब मन्त्रियों की बैठक का सभापतित्त्व प्रधानमन्त्री करता है तो वही बैठक मन्त्रिमंडल कहलाती है। राज्य की नीति का निर्धारण करना और उसे कार्यान्वित करना मन्त्रिमंडल का ही कार्य होता है। प्रधानमन्त्री को इसलिए फ्रांस में शासन का अध्यक्ष कहकर पुकारते हैं।

फ्रांस की कैबिनेट की मुख्य विशिष्टताएँ

फ्रांस के कैबिनेट की मुख्य विशिष्टताएँ निम्नवत् वर्णित की गई हैं—

फ्रेंच का प्रधानमन्त्री इतना शक्तिशाली नहीं होता जितना कि उसे होना चाहिए क्योंकि 1958 के संविधान में राष्ट्रपति की शक्तियाँ उससे अधिक हो गयी हैं। नवीन संविधान में कैबिनेट की शक्तियाँ अधिकतर राष्ट्रपति के अधीन ही हैं। राष्ट्रपति ही वास्तविक **कार्यपालिका** है। फ्रांस में **बहुदलीय व्यवस्था होने के कारण** अधिकतर मिले-जुले (Coalition) मन्त्रिमंडल का निर्माण होता है। इसलिए वह इंग्लैंड की कैबिनेट की तरह सुदृढ़ नहीं होता और न उनमें वह एकरूपता पाई जाती है जो एक ही पार्टी के सदस्यों वाली कैबिनेट में पाई जाती है।

फ्रेंच कैबिनेट की अस्थिरता के कारण

फ्रांस में कैबिनेट के अस्थिरता के कारण निम्नलिखित हैंः—

(1) कौलोनीज सम्बन्धी सरकार की नीति में मतभेद—फ्रेंच सरकार फ्रांस के अधीन राज्यों को स्वतन्त्र नहीं करना चाहती। इस प्रश्न पर कैबिनेट में बहुत मतभेद रहता है और यह नीति कैबिनेट की अस्थिरता का मुख्य कारण बन गई है।

(2) फ्रांस के लोगों की प्रकृति—फ्रांसीसी लोग स्वतंत्रता प्रेमी और खुले दिमाग के होते हैं।

(3) राजनीतिक दलों की बाहुल्यता—फ्रांस में अनेक राजनीतिक दल होने के कारण मंत्रिमंडल में अस्थिरता बनी रहती है और किसी भी दल को स्पष्ट बहुमत प्राप्त नहीं होता है। इस प्रकार मिला-जुला मन्त्रिमंडल बनता है जिसमें हर मन्त्री की आस्था भिन्न होने के कारण मन्त्रिमंडल में एकरूपता कभी नहीं आ पाती।

(4) अभियोग प्रश्न प्रथा—फ्रांस में मंत्रियों से पूछे गये सदस्यों के प्रश्न उद्देश्य जानकारी के लिए नहीं बल्कि शक्ति परीक्षण के लिए पूछे जाते हैं। मतदान में सरकार की हार हो जाती है और मन्त्रिमंडल टूट जाता है। फ्रांस में सामूहिक उत्तरदायित्व के अभाव में कैबिनेट की स्थिरता हमेशा खतरे में रहती है।

(5) संवैधानिक निर्बलता—इंग्लैंड का प्रधानमन्त्री राजा को परामर्श देकर संसद को खत्म करा सकता है। किन्तु चौथे संविधान के अन्तर्गत फ्रांस के प्रधानमंत्री को राष्ट्रीय सभा को भंग कराने के लिए पहले खुद त्यागपत्र देना पड़ता था। इसके अलावा पहले 18 महीने में संसद भंग नहीं की जा सकती थी और उस दशा में भी संसद भंग नहीं की जा सकती थी जबकि कैबिनेट के बनने के 25 दिनों में उसने

त्यागपत्र दे दिया हो। राष्ट्रपति संसद को उस दशा में भंग कर सकता है जबकि 18 महीनों में दो मन्त्रिमंडल बदले जा चुके हों। पाँचवें संविधान में भी यदि संसद ने कैबिनेट के विरुद्ध अविश्वास का प्रस्ताव पास कर दिया है तो प्रधानमन्त्री राष्ट्रपति से संसद को भंग करने की प्रार्थना कर सकता है। इस प्रकार फ्रांस में राष्ट्रीय सभा कैबिनेट पर हावी रहती है जबकि इंग्लैंड में वहाँ की कैबिनेट का संसद पर पूर्ण अंकुश रहता है।

(6) दलगत अनुशासन की कमी—इंग्लैंड तथा अमेरिका की तरह फ्रांस में दलीय अनुशासन दृढ़ नहीं है। इसलिए व्यक्ति एक पार्टी को छोड़कर दूसरी पार्टी में शामिल हो जाते हैं। इस प्रकार कैबिनेट में स्थिरता नहीं आ पाती। इस प्रकार "फ्रांस का संविधान कैबिनेट के प्रारम्भ तथा अन्त, उत्थान तथा पतन की एक कहानी मात्र है।" दूसरे, ब्रिटेन और भारतवर्ष की पार्टियाँ सचेतक रखती हैं जो दलों को सुदृढ़ रखते हैं, किन्तु फ्रांस में ऐसी कोई व्यवस्था नहीं है। फ्रांस के राजनैतिक दल न तो अपने सदस्यों को दूसरे दलों में जाने से रोक पाते हैं और न दूसरे दलों के सदस्यों को अपने दल में मिलाने से मना करते हैं। पद के लालच में कोई भी व्यक्ति दल को छोड़ सकता है।

(7) मन्त्रियों का कैबिनेट में पुनः नियुक्त हो जाना—फ्रांस की कैबिनेट ताश के पत्तों की तरह है क्योंकि पुराने मंत्रियों को फिर से मंत्रिमंडल में जगह मिल जाती है और इसी का नतीजा यह होता है कभी-कभी एक दल के स्थान पर दूसरा दल बन जाता है।

(8) आनुपातिक प्रतिनिधित्व पद्धति—फ्रांस में संसदीय निर्वाचन क्षेत्र की पद्धति के स्थान पर आनुपातिक प्रतिनिधित्व प्रणाली को अपनाया गया है। इसी कारण वहाँ की संसद में अनेक दलों के प्रतिनिधियों को अवसर प्राप्त हो जाता है और मन्त्रिमंडल राजनीतिज्ञों का अखाड़ा बन जाता है।

इस प्रकार दूसरे राजनैतिक दलों के सहयोग के बिना मन्त्रिमंडल का निर्माण नहीं किया जा सकता और उसका जीवनकाल बहुत थोड़ा होता है क्योंकि तनिक से मतभेद पर ही कैबिनेट का अन्त हो जाता है। यही कारण है कि फ्रांस की कैबिनेट इंग्लैंड की भाँति संसद पर नियन्त्रण नहीं रख सकती। ये सभी उपाय कैबिनेट को स्थिरता प्रदान करने के लिए किए गए हैं।

पाँचवें गणतन्त्र में कैबिनेट को स्थायी रखने के तरीके—पाँचवें गणराज्य में कैबिनेट की अस्थिरता को दूर रखने के लिए निम्नवत् तरीके वर्णित किये गये हैं। वामपंथी राजनैतिक दलों पर अंकुश लगा दिए गए हैं। मुख्य रूप से साम्यवादी पार्टी

पर नियन्त्रण रखा जाता है। संसद की शक्तियों में कमी कर दी गई है। कैबिनेट पर संसद का नियन्त्रण वास्तविक नहीं रहा है क्योंकि कैबिनेट के सदस्य संसद के सदस्य नहीं होते। कैबिनेट के खिलाफ संसद द्वारा अविश्वास के पास होने पर प्रधानमन्त्री की राय पर राष्ट्रपति द्वारा उसे भंग किया जा सकता है।

सारांशतः उपरोक्त दिए गए सभी तथ्यों से यह ज्ञात होता है कि मत्रिमंडल में तीव्रता से हुए बदलावों के कारण फ्रेंच कैबिनेट अस्थिर रही। इसका एक कारण संवैधानिक निर्बलता भी थी। दलगत अनुशासन की कमी के कारण भी कैबिनेट स्थिर नहीं रह पाई। इस स्थिति को सुधारने हेतु पांचवें गणतंत्र में कैबिनेट को स्थायी रखने के लिए अनेक उपाय किए गए। जिसके चलते कुछ महत्त्वपूर्ण कदम उठाए गए हैं। यह कितने कारगर साबित होंगे इस सन्दर्भ में कुछ भी कहना जल्दबाजी होगी।

6

न्याय व्यवस्था का तुलनात्मक विश्लेषण

न्यायपालिका प्रत्येक देश में संविधान के रक्षक के रूप में कार्य करती है और यह नागरिकों के अधिकारों एवं कर्तव्यों का हनन होने पर उन्हें न्याय दिलाती है। न्यायपालिका का महत्त्व इस बात से समझा जा सकता है कि इसे किसी भी दबाव से परे एव स्वतंत्र रखा गया है भारत में न्यायपालिका को किसी भी दबाव से मुक्त रखा गया है साथ ही ऐसी व्यवस्था की गई है कि प्रत्येक व्यक्ति चाहे वह अमीर हो या गरीब न्याय प्राप्त कर सकता है।

ब्रिटिश न्याय व्यवस्था की विशिष्टताएँ

ब्रिटिश न्याय व्यवस्था की निम्नलिखित विशेषताऐं हैंः—

1. दो तरह के वकील—ब्रिटेन में दो प्रकार के वकील है—**बैरिस्टर** तथा **सॉलिसिटर**। बैरिस्टर विद्वान अधिवक्ता होता है जिसने 'बार' की परीक्षा पास की होती है। उसका काम ऊँची अदालतों में पेश होकर अपने मुवक्किल के पक्ष में बहस करना है। **सॉलिसिटर** द्वितीय श्रेणी का वकील होता है जिसने 'लॉ सोसायटी' की परीक्षा पास की होती है। ये ही मुकदमों का प्रारूप तैयार करते हैं और सारा दिन कार्यालय में अपनी मेज पर व्यतीत करते हैं तथा मुकदमों की तैयारी कराते हैं। सॉलिसिटर सामान्यतः अदालतों में भाग नहीं लेते।

2. विधि का शासन—जैसा ऊपर वर्णन किया गया है कि ब्रिटिश न्याय व्यवस्था की सर्वप्रमुख विशेषता वहाँ पर स्थापित 'विधि का शासन' है। इसका तात्पर्य

यह है कि वहाँ व्यक्ति का नहीं कानून का शासन है। वहाँ का सांविधानिक शासन इसका प्रमाण है। जनता द्वारा चुने गए प्रतिनिधियों पर आधारित ब्रिटिश शासन स्वेच्छाचारी नहीं बन सकता। छोटे-बड़े सभी लोग कानून के अधीन हैं और उसी के अनुसार व्यवहार करने को बाध्य हैं।

3. सम्पूर्ण विधि-संहिता की कमी—ब्रिटेन में अन्य देशों के समान कोई लिखित विधि संहिता नहीं है क्योंकि वहाँ के अधिकांश कानून 'सामान्य विधि' पर आधारित हैं जो समय के साथ-साथ विकसित हुए हैं। सारे देश में रीति -रिवाजों के रूप में प्रचलित ऐसे नियम जिन्हें न्यायाधीशों ने मान्यता प्रदान कर दी है, अलिखित सामान्य विधि के रूप में बिखरे पड़े हैं और इन्हें कभी संहिताबद्ध नहीं किया गया। अतः ब्रिटेन में आज भी सम्पूर्ण विधि संहिता नहीं है।

4. एकरूपता की कमी—यद्यपि ब्रिटेन में एकात्मक शासन है किन्तु फिर भी वहां के न्याय विभाग में एकरूपता नहीं है। देश के विभिन्न क्षेत्रों की व्यवस्था समान नहीं है। एक ओर इंग्लैण्ड व वेल्स की न्याय व्यवस्था का समान संगठन है तो दूसरी ओर स्काटलैण्ड व आयरलैण्ड में भिन्न-भिन्न प्रकार का न्यायिक संगठन हे।

5. न्यायालयों में खुली कार्यवाही—ब्रिटिश सरकार के न्यायालय द्वारा की गई कार्यवाही को जनता देखने का अधिकार रखती है और बंद कमरे में नहीं बल्कि खुले कमरे में फैसला सुनाया जाता है।

6. सरल न्यायिक प्रक्रिया—ब्रिटिश न्याय प्रक्रिया सरल है। न्यायाधीशों को कार्य पद्धति सम्बन्धी बाधाओं को दूर करने का अधिकार है अतः मुकदमें के फैसलों में विलम्ब नहीं होता।

7. न्यायिक पुनरीक्षण की कमी—भारत तथा अमरीका में सर्वोच्च न्यायालयों की स्थापना संविधान द्वारा की गयी है, जिससे कि वहाँ से मौलिक अधिकारों की रक्षा हो सके। इसके विपरीत ब्रिटिश न्यायालय को न्यायिक पुनरीक्षण का अधिकार प्राप्त नहीं है। वह संसद द्वारा पारित अधिनियमों को अवैध घोषित नहीं कर सकता।

8. जूरी व्यवस्था—न्याय व्यवस्था में न्यायाधीशों के न्याय सम्पादन में सहायता करने के लिए जूरी या अभिनिर्णायकों की व्यवस्था की गई है। जूरी के समाज के प्रतिष्ठित तथा अनुभवी व्यक्ति सम्मिलित होते हैं। देश के ऐसे नागरिक जिनकी आयु पैंसठ वर्ष से अधिक न हो, जो संसद सदस्य, बैरिस्टर, सॉलिसिटर व पादरी आदि तथा जिन्हें कैद की सजा न मिली हो, जूरी के सदस्य हो सकते हैं। जूरी में सामान्यतः बारह सदस्य होते हैं।

जूरी अनिवार्यतः तभी लागू होंगे जब बारह सदस्यों में से दस सदस्य निर्णय के पक्ष में मत दें। सामान्यतः फौजदारी मुकदमों में जूरी व्यवस्था होती है।

9. निःशुल्क कानूनी सहायता एवं परामर्श—प्रत्येक ब्रिटिश नागरिक को निःशुल्क कानूनी सहायता उपलब्ध है। **1949 के 'कानूनी सहायता तथा कानूनी सलाह'** अधिनियम के अनुसार गरीब लोगों को निःशुल्क अथवा बहुत कम शुल्क देकर वकीलों की कानूनी सहायता प्राप्त हो सकती है।

10. न्यायपालिका की स्वच्छंदता—ब्रिटिश न्यायपालिका अपनी स्वतंत्रता के लिए प्रसिद्ध है। यद्यपि वहां संसद की सर्वोच्चता का सिद्धान्त प्रचलित है और न्यायालय को संसद के अधिनियमों को अवैध घोषित करने का अधिकार नहीं है फिर भी वहां का न्यायालय परम्परागत रूप में कार्यपालिका व संसद के नियंत्रण से परे है। वास्तव में वरिष्ठ न्यायाधीशों की नियुक्ति में लार्ड चान्सलर का विशेष हाथ होता है अतः उच्च न्यायविदों को ही नियुक्त किया जाना सम्भव होता है। **दूसरे,** न्यायाधीशों का कार्यकाल सुरक्षित रहता है तथा कार्यपालिका की इच्छा पर निर्भर नहीं करता। **तीसरे,** न्यायाधीशों को संचित निधि से वेतन मिलता है इसके कारण संसद में होने वाली आलोचना का उन पर प्रभाव नहीं पड़ता। **चौथे,** न्यायाधीशों के न्यायिक कार्यों के सम्बन्ध में उन पर मुकदमा नहीं चलाया जा सकता अर्थात् उन्हें न्यायिक उन्मुक्तियाँ प्राप्त हैं। इस प्रकार ब्रिटेन में न्यायपालिका की स्वतन्त्रता को स्थायी बनाने का प्रयास किया गया है।

ब्रिटिश विधि के प्रकार

ब्रिटिश न्याय व्यवस्था में तीन प्रकार की विधियाँ हैं जिनका वर्णन निम्नवत् है—

1. साम्य विधि—साम्य विधि में का निर्णय परंपराओं के आधार पर न होकर लोगों की आवश्यकताओं तथा न्याय भावना पर आधारित होता था और इस प्रकार जो विधि उत्पन्न हुयी वह 'साम्य विधि' के नाम से प्रसिद्ध हुयी और ब्रिटिश न्याय व्यवस्था का एक महत्वपूर्ण अंग बन गई। सम्राट ने एक कानूनी सदस्य चांसलर के पास भेजना प्रारम्भ कर दिया और इसके अधीन न्याय विभाग होता है और इस विभाग द्वारा ही जनता को न्याय दिया जाता था।

2. सामान्य विधि—इस विधि का निर्माण परम्पराओं के आधार पर हुआ है जिनमें सम्राट या संसद ने कभी नहीं बनाया किंतु ये न्यायालय द्वारा मान्य होती हैं। नार्मन राजाओं से पहले ब्रिटेन के विभिन्न भागों में अनेक स्थानीय प्रथाएँ व

रीति-रिवाज प्रचलित थे जिनमें कोई एकरूपता नहीं थी। न्यायाधीश इन्हीं को कानून के रूप में लागू करते थे। बाद में नार्मन व अगेविन सम्राटों ने सारे देश में समान कानूनों को लागू करने के लिए न्यायाधीशों को विभिन्न क्षेत्रों की प्रथाओं के अध्ययन करने के लिए कहा। न्यायाधीशों ने इन रीति-रिवाजों को धीरे-धीरे लागू करना प्रारम्भ किया। परिणामस्वरूप कालान्तर में इनमें विद्यमान स्थानीय भेदभाव समाप्त हो गए

3. संविधि—इसका निर्माण संसद द्वारा किया जाता है। आधुनिक युग में तेजी से बदलती हुई परिस्थितियों के अनुसार आर्थिक व सामाजिक क्षेत्र में अनेक कानूनों की आवश्यकता अनुभव हुई। सामान्य विधि इस आवश्यकता की पूर्ति न कर सकी अतः संसद को बड़ी संख्या में संविधि बनाने का कार्य करना होता है। उन्नीसवीं शताब्दी से पूर्व तक ब्रिटेन में केवल सामान्य विधि तथा साम्य विधि जिसका वर्णन किया जा रहा है, प्रचलित थीं। बदलती हुई परिस्थितियों ने सामान्य विधि की दुर्बलताएँ प्रकट कीं और साम्य विधि इन दुर्बलताओं को दूर न कर सकी। इस प्रकार वर्तमान काल के कल्याणकारी राज्य के विस्तृत अधिकार क्षेत्र की पूर्ति के लिए ब्रिटिश संसद कानून बनाती है। संसद की सर्वोच्चता के कारण न्यायालयों को इन्हें लागू करना होता है। वे इन्हें अवैध घोषित नहीं कर सकते।

न्यायालयों का संगठन

1873 ई. के पूर्व ब्रिटेन में किसी एकल न्याय व्यवस्था का अभाव था अतः यहाँ के न्यायालयों के अधिकार क्षेत्र में प्रक्रिया में भिन्नता विद्यमान थी और आज भी सम्पूर्ण ब्रिटेन में कोई एकल न्याय व्यवस्था विद्यमान नहीं है। 1783 व 1786 के बीच पास होने वाले 'ज्यूडीकेचर एक्ट्स' ने इंग्लैण्ड व वेल्स में जो न्याय व्यवस्था विद्यमान है उसके अनुसार मुकदमों के प्रकार हैं जिनका वर्णन निम्नवत् है—

1. दीवानी न्यायालय

दीवानी का सबसे निचला स्तर **'काउन्टी न्यायालय'** होता है। प्रत्येक काउन्टी न्यायाधीश अपनी सम्पूर्ण काउन्टी में भ्रमण करता है तथा प्रत्येक क्षेत्र गें सामान्यतः एक मास में एक बार न्यायालय लगता है। काउन्टी न्यायाधीश के निर्णयों की अपीलें न्याय के उच्च न्यायालय में होती हैं जिसका प्रारम्भिक अधिकार क्षेत्र भी होता है अर्थात् इस न्यायालय में मुकदमें प्रारम्भ भी होते हैं।

उच्च न्यायालय तीन भागों में बँटकर कार्य करता है जिनका वर्णन निम्नवत् है—

(i) क्विन्स बैच विभाग (ii) परिवार विभाग (iii) चान्सरी विभाग।

(i) क्विन्स बैच विभाग—इसमें मुकदमें प्रारम्भ भी होते हैं और यहाँ निचली अदालतों के निर्णयों के विरुद्ध अपीलें भी होती हैं। इसका अध्यक्ष इंग्लैण्ड का मुख्य न्यायाधीश तथा कुछ अन्य न्यायाधीश सदस्य होते हैं। एक निश्चित राशि से ऊपर के मुकदमें इस न्यायालय में प्रारम्भ किए जा सकते हैं। इसके अतिरिक्त कम राशि के काउन्टी न्यायालयों के निर्णयों के विरुद्ध इनमें अपील भी की जा सकती है।

(ii) परिवार विभाग—इस विभाग द्वारा घरेलू व वैवाहिक विवाद, गोद ग्रहण, वसीयत तथा नाबालिग बच्चों से सम्बंधित विवादों को सुलझाया जाता है। इसका अध्यक्ष लार्ड चांसलर व कुछ न्यायाधीश होते हैं।

(iii) चान्सरी विभाग—इसका अध्यक्ष लार्ड चान्सलर होता है। यह न्यायालय मृत व्यक्तियों की सम्पत्ति के प्रावधान , साझा रहन, ठेके, बँटवारे, सम्पत्ति, बिक्री, दीवाले आदि से सम्बन्धित विवादों को सुलझाता है। 1970 के एक अधिनियम के पश्चात नौसेना सम्बन्धी विवाद भी इसी विभाग को हस्तान्तरित कर दिए गए हैं।

2. फौजदारी न्यायालय

फौजदारी न्यायालय को शान्ति व्यवस्था कायम रखने के लिए स्थापित किया गया इनकी नियुक्ति काउन्टी में शांति बनाये रखने के लिए की गयी। स्थानीय समिति से लार्ड चान्सलर शांति न्यायाधीशों की नियुक्ति करता है। इन्हें कोई वेतन नहीं मिलता। इनके लिए किसी शिक्षा विशेष की भी आवश्यकता नहीं है। ये न्यायाधीश छोटे-छोटे मुकदमों की सुनवाई करते हैं। इन्हें कारावास व जुर्माना करने का अधिकार दिया गया है। लंदन तथा अन्य बड़े-बड़े नगरों में निम्नतम फौजदारी न्यायालय वेतनभोगी मजिस्ट्रेटों का होता है। यदि मामला शान्ति न्यायाधीश की परिधि से परे होता है तो उसकी सुनवाई **'पैटी सैयांस'** में होती है जिसमें दो शान्ति न्यायाधीश बैठते हैं। शान्ति न्यायाधीशों तथा मजिस्ट्रेटों के निर्णयों की अपीलें **'कोर्ट ऑफ क्वार्टर सैशंस'** को जाते हैं जो काउन्टी अदालत होती है। निम्नतम अदालतों के अधिकार क्षेत्र के बाहर के मुकदमें भी इन अदालतों में सीधे प्रारम्भ होते हैं। क्वार्टर सैशन्स की कोर्ट से ऊपर **'परिभ्रमण या एसाइज न्यायालय'** होता है जिसमें निचले न्यायालयों के निर्णयों की अपीलें होती हैं तथा गम्भीर अपराध जैसे हत्या आदि के मुकदमें प्राप्त होते हैं। परिभ्रमण न्यायालय प्रत्येक नगर में तीन-चार बार लगता है। इसका न्यायाधीश क्विन्स बैंच डिवीजन का न्यायाधीश होता है और अपने क्षेत्र में

भ्रमण करता रहता है। परिभ्रमण न्यायालय के रूप में केंद्रीय फौजदारी न्यायालय है जो 'बोल्ड बेली' के नाम से विख्यात है।

उपरोक्त न्यायालयों के निर्णयों की अपीलें **'फौजदारी अपील के न्यायालय'** में की जाती हैं। इन अपीलों की विशेषता यह है कि ये सामान्यतः कानूनी प्रश्नों को सुलझाने के लिए प्रस्तुत की जाती हैं। कुछ महत्त्वपूर्ण अपीलें तथ्य के प्रश्नों को सुलझाने के लिए भी स्वीकार कर ली जाती हैं। ब्रिटेन में फौजदारी मुकदमों की अन्तिम अपील **लार्ड सभा** में की जा सकती है। इसके लिए महान्यायवादी में यह प्रमाणित करना होता है कि उक्त मुकदमा सार्वजनिक महत्त्व का है। लार्ड सभा में अपील की आज्ञा कुछ प्रमुख मुकदमों में ही दी जाती है।

भारतीय न्यायपालिका

भारत एक लोकतान्त्रिक देश है। सवैधानिक मान्यताओं के अनुसार कार्यपालिका व्यवस्थापिका और न्यायपालिका का गठन किया गया है इसकी प्रमुख विशेषता यह है कि भारत की न्यायपालिका पूर्ण स्वतन्त्र है। सम्पूर्ण संघ की न्याय व्यवस्था को एक सूत्र में बांधने के लिए यहाँ एक सर्वोच्च न्यायालय की स्थापना की गई है। सर्वोच्च न्यायालय के अधीन राज्यों के मुख्य न्यायालय की स्थापना की गई है।

हमारे देश में न्यायिक प्रक्रिया का महत्त्वपूर्ण स्थान है। जनता तथा विपक्ष और सरकार के अन्य अंगों के अधिकारियों को न्यायालय पर आज भी विश्वास है—कम से कम सर्वोच्च न्यायालय पर। स्वस्थ न्याय की स्थापना के लिए न्यायालयों की व्यवस्था करना स्वाभाविक है।

सर्वोच्च न्यायालय की स्थापना

संविधान में अनुच्छेद 124 के प्रथम उपभाग में सर्वोच्च न्यायालय की व्यवस्था की गई है, जिसमें एक मुख्य न्यायधीश तथा उतने ही अन्य न्यायधीश होंगे। इस समय न्यायधीशों की संख्या 26 है और भारत के राष्ट्रपति द्वारा इनकी नियुक्ति की जाती है और अन्य न्यायाधीशों की नियुक्ति में मुख्य न्यायधीश का परामर्श आवश्यक है।

भारतीय सर्वोच्च न्यायालय के न्यायाधीशों की योग्यताएँ

भारत में संविधान के अनुच्छेद 124 (3) के अन्तर्गत सर्वोच्च न्यायालय के

न्यायाधीशों की योग्यताओं का वर्णन निम्नवत् किया गया है– कम से कम दस वर्ष किसी एक अन्य उच्च न्यायालय में या दो या दो से अधिक उच्च न्यायालयों में अधिवक्ता रह चुका हो। राष्ट्रपति की दृष्टि में वह एक विधिवेत्ता अथवा कानून का प्रवीण हो। यदि आवश्यकता पड़े तो राष्ट्रपति को सर्वोच्च न्यायालय में अस्थायी न्यायाधीश भी नियुक्त करने का अधिकार है (अनुच्छेद 127)। सर्वोच्च न्यायालय के अवकाश प्राप्त न्यायाधीशों को मुख्य न्यायाधीश की प्रार्थना पर सर्वोच्च न्यायालय में बैठने तथा न्यायाधीश के रूप में कार्य करने के लिए कहा जा सकता है। (अनुच्छेद 128), वह भारत का नागरिक हो। कम से कम पाँच वर्ष तक किसी एक उच्च न्यायालय अथवा दो या दो से अधिक उच्च न्यायालयों में लगातार न्यायाधीश रह चुका हो।

न्यायाधीशों का कार्यकाल

सर्वोच्च न्यायालय के न्यायाधीश 65 वर्ष की आयु तक अपने पद पर रह सकते हैं। इस अवधि से पूर्व कोई भी न्यायाधीश अपनी इच्छा से पद से त्यागपत्र दे सकता है। इस अवधि से पूर्व किसी भी न्यायाधीश को उसके पद से हटाया भी जा सकता है [अनुच्छेद 124 (2)]।

न्यायाधीशों को पदच्युत करने की प्रक्रिया

सर्वोच्च न्यायालय के न्यायाधीशों को हटाने की प्रक्रिया से सम्बन्धित विवरण संविधान के अनुच्छेद 124 के चौथे भाग में मिलता है। किसी न्यायाधीश को सिद्ध कदाचार अथवा उसकी असमर्थता के आधार पर हटाया जा सकता है। संसद के प्रत्येक सदन की समस्त संख्या के बहुमत तथा उपस्थित और मत दे रहे सदस्यों के दो-तिहाई बहुमत द्वारा पारित प्रस्ताव को राष्ट्रपति की स्वीकृति के बाद उस न्यायाधीश को हटाया जा सकता है जिसके विरुद्ध सिद्ध कदाचार अथवा असमर्थता का प्रस्ताव पारित किया गया हो।

सर्वोच्च न्यायालय का अधिकार क्षेत्र

सर्वोच्च न्यायालय को निम्नलिखित अधिकार प्राप्त हैं:–

1. प्रारम्भिक अधिकार क्षेत्र—प्रारम्भिक क्षेत्राधिकार से हमारा अभिप्राय उन मुकदमों से है जो सीधे सर्वोच्च न्यायालय में ले जाए जा सकते हों। सर्वोच्च न्यायालय

को प्राप्त प्रारम्भिक क्षेत्राधिकार का वर्णन संविधान में निम्नवत् वर्णित किया गया है–

(i) **मौलिक अधिकारों का संरक्षण**—सर्वोच्च न्यायालय को मौलिक अधिकारों से सम्बन्धित प्रारम्भिक क्षेत्राधिकार भी प्रदान किया गया है। संविधान के अनुच्छेद 32 के अध्ययन से स्पष्ट हो जाता है कि मौलिक अधिकारों की रक्षा का दायित्व सर्वोच्च न्यायालय पर होगा। अनुच्छेद 32-A के अनुसार सर्वोच्च न्यायालय तब तक किसी राज्य कानून की वैधानिकता पर विचार नहीं करेगा जब तक कि उस कानून में किसी संघीय कानून का सम्बन्ध न हो। इन अधिकारों की रक्षा के लिए सर्वोच्च न्यायालय प्रलेख (Writs) आदि जारी कर सकता है, (अनुच्छेद 139)।

(ii) **संघीय व्यवस्था सम्बन्धी क्षेत्राधिकार**—संघीय व्यवस्था सम्बन्धी क्षेत्राधिकार अग्रलिखित हैं–

(अ) वे मुकदमे जिनमें दो अथवा दो से अधिक राज्य हों। दूसरे शब्दों में राज्यों के बीच मुकदमे भी सर्वोच्च न्यायालय में ले जाए जा सकते हैं, (अनुच्छेद 131)।

(ब) संविधान के (अनुच्छेद 131 A) में कहा गया है कि सर्वोच्च न्यायालय द्वारा असंवैधानिक घोषित करने का अधिकार है।

(स) वे मुकदमे जिनमें भारत सरकार तथा एक अथवा एक से अधिक राज्य पक्ष हों।

(द) वे मुकदमे जिनमें एक ओर भारत सरकार तथा कोई एक राज्य अथवा अधिक राज्य एक और दूसरी ओर एक अथवा एक से अधिक राज्य हों।

इससे अनुमान लगाया जा सकता है कि भारत का सर्वोच्च न्यायालय प्रारंभिक क्षेत्राधिकार में संघीय व्यवस्था की रक्षा करता है। श्री बसु के शब्दों में, "यद्यपि हमारा संविधान एक सन्धि अथवा समझौते के रूप में नहीं है परन्तु फिर भी संघ तथा राज्यों के बीच विधानपालिका तथा कार्यपालिका सम्बन्धी अधिकारों का विभाजन किया गया है। अतः संविधान के अनुच्छेद 131 संघ तथा राज्यों अथवा राज्यों के बीच न्याय-योग्य मुकदमे के निर्णय का प्रारम्भिक तथा अनन्य अधिकार सर्वोच्च न्यायालय को सौंपता है।"

2. अपील संबंधी—सर्वोच्च न्यायालय अपील सम्बन्धी मामलों में अन्तिम

न्यायालय स्वीकार किया गया है। सर्वोच्च न्यायालय के पास निम्न प्रकार की अपीलें प्रस्तुत की जा सकती हैं–

(i) **संवैधानिक**—संविधान के अनुच्छेद 132 के अनुसार यदि उच्च न्यायालय यह सिद्ध कर दे कि किसी मुकदमे में संविधान की व्याख्या से सम्बन्धित कानून का कोई सारवान प्रश्न अंतर्निहित है तो उस मुकदमे की अपील सर्वोच्च न्यायालय से की जा सकती है। यदि उच्च न्यायालय इस प्रकार का प्रमाण पत्र नहीं देता तो सर्वोच्च न्यायालय स्वयं विशेष अनुमति दे सकता है। **सर्वोच्च न्यायालय को प्राप्त इस क्षेत्राधिकार के अन्तर्गत इसे संविधान का अन्तिम व्याख्याता तथा अभिरक्षक कहा जाता है।**

(ii) **दीवानी**—संविधान के अनुच्छेद 133 के अनुसार सर्वोच्च न्यायालय के पास निम्न प्रकार की दीवानी अपीलें प्रस्तुत की जा सकती हैं–
संविधान के 30वें संशोधन के द्वारा अनुच्छेद 133 में परिवर्तन किया गया। इस संशोधन के द्वारा अब सर्वोच्च न्यायालय में दीवानी विवादों में उच्च न्यायालयों द्वारा दिए गए सभी निर्णयों के विरुद्ध अपील हो सकती है, यदि उच्च न्यायालय यह प्रमाण-पत्र दे कि अमुक विवाद में कानून की व्याख्या की आवश्यकता है। वे मुकदमे जिनमें कानून का सार निहित हो। वे मुकदमे जिनमें 20,000 रु. की धनराशि का दावा निहित है अथवा वे मुकदमे जिनमें 20,000 रु. से अधिक धनराशि अथवा सम्पत्ति अथवा दावा निहित है।

(iii) **फौजदारी**—संविधान के अनुच्छेद 134 के अनुसार सर्वोच्च न्यायालय के पास निम्न प्रकार की फौजदारी अपीलें प्रस्तुत की जा सकती हैं– वे मुकदमे जिनमें उच्च न्यायालय ने किसी निम्न न्यायालय से मुकदमा अपने पास मंगा लिया हो तथा अपने निर्णय से किसी व्यक्ति को मृत्यु दण्ड दे दिया हो। वे मुकदमे जिन्हें सर्वोच्च न्यायालय के पास अपील के योग्य समझा गया हो। वे मुकदमे जिनमें उच्च न्यायालय ने अपील प्रस्तुत होने पर किसी व्यक्ति को जिसे निम्न न्यायालय ने बरी कर दिया है, उसे मृत्यु दण्ड दे दिया हो।

3. परामर्शदात्री शक्ति—भारतीय न्यायपालिका के क्षेत्र में परामर्शदात्री शक्ति का गठन किया गया है। संविधान के अनुच्छेद 143 के तहत सर्वोच्च न्यायालय को परामर्शदात्री क्षेत्राधिकार दिया गया है। इस अनुच्छेद के अनुसार यदि किसी समय राष्ट्रपति को प्रतीत हो कि कानून अथवा तथ्य का कोई ऐसा प्रश्न

उत्पन्न हुआ है जो सार्वजनिक महत्त्व का है तो उक्त प्रश्न पर वह सर्वोच्च न्यायालय से परामर्श माँग सकता है। सर्वोच्च न्यायालय ने 1951 में तीन अधिनियमों (दिल्ली कानून अधिनियम, 1919, अजमेर-मारवाड़ अधिनियम 1947; भाग 'ग' राज्य अधिनियम, 1950) पर राष्ट्रपति को सलाह दी थी। 1957 में केरल शिक्षा अधिनियम पर भी सर्वोच्च न्यायालय से परामर्श लिया गया था।

भारत-पाक समझौते के फलस्वरूप पाकिस्तान को दिए गए क्षेत्रों से सम्बन्धित समस्या पर राष्ट्रपति ने सर्वोच्च न्यायालय से परामर्श लिया था। इनके अतिरिक्त उत्तर प्रदेश विधानसभा के विशेषाधिकारों तथा समुद्री करटिम्ज एक्ट आदि पर भी सर्वोच्च न्यायालय की राय ली गई थी। जून, 1974 में भी राष्ट्रपति ने सर्वोच्च न्यायालय से छठी बार इस विषय पर परामर्श लिया कि यदि किसी राज्य की विधानसभा को भंग कर दिया गया हो तो उस समय राष्ट्रपति का चुनाव कराया जा सकता है अथवा नहीं। सर्वोच्च न्यायालय का परामर्श यह था कि किसी विधानसभा के भंग किए जाने पर भी राष्ट्रपति का चुनाव कराया जा सकता है।

4. अन्य कार्य—उक्त अधिकारों के अलावा सर्वोच्च न्यायालय के दूसरे कार्य भी होते हैं जिनका वर्णन निम्नवत् है–सर्वोच्च न्यायालय को किसी भी निम्न न्यायालय के निर्णय, आदेश तथा दण्ड के विरुद्ध अपील की विशेष अनुमति देने का अधिकार प्राप्त है। परन्तु उसे सैनिक न्यायालय द्वारा किसी निर्णय के विरुद्ध अपील की आज्ञा देने की शक्ति नहीं है, (अनुच्छेद 136)। सर्वोच्च न्यायालय अपने निर्णयों पर पुनः विचार करने का अधिकार रखता है। इसका तात्पर्य यह है कि सर्वोच्च न्यायालय अपने किए गए निर्णय पर भविष्य में किसी मुकदमे के अन्तर्गत अपने पूर्व निर्णय पर फिर से विचार करके निर्णय बदल सकता है, (अनुच्छेद 137)।

संसद कानून द्वारा सर्वोच्च न्यायालय के क्षेत्राधिकार को उचित प्रकार से निभाने हेतु क्षेत्राधिकार सम्बन्धी शक्तियों का विस्तार कर सकती है, (अनुच्छेद 140)। अपने क्षेत्राधिकार के प्रयोग में सर्वोच्च न्यायालय को आदेश आदि देने की शक्ति है, (अनुच्छेद 142)। राष्ट्रपति के अनुमोदन पर सर्वोच्च न्यायालय न्यायिक कार्यवाही से सम्बन्धित नियम निर्धारित कर सकता है, (अनुच्छेद 145)। राष्ट्रपति तथा उपराष्ट्रपति के चुनावों से सम्बन्धित विवादों को भी सर्वोच्च न्यायालय द्वारा सुनने का प्रस्ताव संसद के विचाराधीन है। सर्वोच्च न्यायालय अभिलेख न्यायालय भी है। इसका अर्थ यह है कि इस न्यायालय के अभिलेख सभी स्थानों पर स्वीकार किए जाएँगे तथा किसी भी न्यायालय में प्रस्तुत करने पर उनकी प्रामाणिकता के विषय में चुनौती नहीं दी जाएगी। इसका अभिप्राय यह है कि अभिलेख न्यायालय

के रूप में सर्वोच्च न्यायालय किसी व्यक्ति को न्यायालय की अवमानना के लिए दण्ड देने की शक्ति रखता है, (अनुच्छेद 129)।

भारतीय सर्वोच्च न्यायालय की स्थिति

भारतीय सर्वोच्च न्यायालय की स्थिति को हम निम्नलिखित रूप से स्पष्ट कर सकते हैं।

1. मौलिक अधिकारों का संरक्षक—संविधान का अनुच्छेद 32 (1) कहता है कि वह भारतीय मौलिक अधिकारों की रक्षा के लिए उचित कार्यवाही करे। इस सम्बन्ध में सर्वोच्च न्यायालय को अनेक प्रकार के प्रलेख (उदाहरण के लिए बन्दी प्रत्यक्षीकरण, परमादेश, प्रतिषेध, उत्प्रेषण, अधिकार पृच्छा आदि) जारी करने का अधिकार प्राप्त है। कोई भी नागरिक अपने अधिकारों की रक्षा के लिए सर्वोच्च न्यायालय की शरण ले सकता है। यदि सरकार कानून द्वारा नागरिकों के अधिकारों पर अतिक्रमण करती है तो सर्वोच्च न्यायालय उन कानूनों को अवैध घोषित कर सकता है।

2. संघीय व्यवस्था का संरक्षक—सर्वोच्च न्यायालय ऐसे विवाद जिनका सम्बंध संघीय सरकार से हो अथवा किसी राज्य सरकार से हो अथवा राज्यों के बीच हो, उन्हें सीधा सर्वोच्च न्यायालय में लाया जा सकता है। इसका अर्थ यह हुआ कि सर्वोच्च न्यायालय मुख्य रूप से उन विवादों की सुनवाई करता है जिनमें संघवाद से सम्बन्धित प्रश्नों का सम्बन्ध हो तथा वह उन विवादों का भारतीय संघवाद में निहित नियमों के अनुसार निर्णय करता हो। अभी तक सर्वोच्च न्यायालय ने अपने इस क्षेत्राधिकार का प्रयोग नहीं किया है, जिनका वर्णन अनुच्छेद 131 में किया गया है। इसका मुख्य कारण यह है कि संघीय तथा राज्य सरकारें अथवा दो या दो से अधिक राज्य सरकारें अपने विवादों तथा झगड़ों का निर्णय स्वयं ही कर लेते हैं। परन्तु कभी भी ऐसा कोई झगड़ा, जिनमें संघीय तथा किसी राज्य सरकार का सम्बन्ध हो अथवा दो या दो से अधिक राज्यों का सम्बन्ध हो, सर्वोच्च न्यायालय के पास लाया जा सकता है। उस समय सर्वोच्च न्यायालय से यह आशा की जाएगी कि वह भारतीय संघवाद के नियमों के अनुसार संघीय व्यवस्था की रक्षा करे।

3. संविधान का संरक्षक—संविधान के संरक्षण में सर्वोच्च न्यायालय की महत्त्वपूर्ण भूमिका है। संविधान के अनुच्छेद 132 में सर्वोच्च न्यायालय को यह अधिकार प्राप्त है कि वह किसी भी ऐसे मुकदमे को अपील के रूप में सुनने की शक्ति रखता है जिसमें संविधान के अनुच्छेद से सम्बन्धित कोई सारवान प्रश्न

अन्तर्निहित हो। इस अनुच्छेद से यह संकेत मिलता है कि सर्वोच्च न्यायालय संविधान का सर्वोच्च व्याख्याता है। संविधान के 42वें संशोधन के अन्तर्गत सर्वोच्च न्यायालय को संघीय कानून की वैधानिकता की जाँच करने का अधिकार है। सर्वोच्च न्यायालय को किसी भी ऐसे कानून को जो कि संसद द्वारा बनाया गया हो अवैध घोषित करने का अधिकार है, जो संविधान की अवहेलना करता हो। सर्वोच्च न्यायालय राज्य कानून को भी अवैध घोषित कर सकता है परन्तु केवल तब जबकि राज्य कानून का सम्बन्ध किसी संघीय कानून से हो। इस प्रकार हम देखते हैं कि सर्वोच्च न्यायालय संविधान का संरक्षक है।

भारत में न्यायिक पुनरावलोकन

भारतीय संविधान में न्यायिक पुनरावलोकन की व्यवस्था की गयी है, जिसके द्वारा न्यायपालिका किसी ऐसे कानून को असंवैधानिक घोषित कर सकती है जो संविधान का विरोध करता है।

भारतीय संविधान और न्यायिक पुनरावलोकन

संवैधानिक मान्यताओं के अनुरूप सर्वोच्च न्यायालय को न्यायिक पुनरावलोकन का अधिकार प्रदान किया गया है जिसका वर्णन निम्नवत् है—

(i) संविधान ने सर्वोच्च न्यायालय को संघीय प्रणाली की रक्षा के लिए यह शक्ति भी प्रदान की है कि वह उन कानूनों तथा अध्यादेशों को संविधान के प्रतिकूल घोषित ठहरा सकता है जो संघीय सरकार द्वारा राज्य सरकारों की शक्तियों के हनन हेतु बनाए गए हों अथवा राज्य सरकारों द्वारा संघीय सरकार की शक्तियों का हनन करते हों। अन्य शब्दों में सर्वोच्च न्यायालय का न्यायिक पुनरावलोकन अधिकार संघीय व्यवस्था के संरक्षण का प्रतीक है।

(ii) संविधान के अनुच्छेद 13 तथा 32 के अध्ययन से सर्वोच्च न्यायालय के न्यायिक पुनरावलोकन अधिकार का एक और उदाहरण मिलता है। अनुच्छेद 13 में यह स्पष्ट किया गया है कि वे सभी कानून जो भाग तीन में प्राप्त मौलिक अधिकारों का जिस सीमा तक विरोध करेंगे, उस सीमा तक अवैध माने जाएँगे। अनुच्छेद 32 द्वारा सर्वोच्च न्यायालय तथा अन्य न्यायालयों को यह शक्ति दी गई है कि वे मौलिक अधिकारों की रक्षा के लिए विभिन्न प्रकार के प्रलेख जारी कर सकते हैं। इससे यह स्पष्ट होता

है कि सर्वोच्च न्यायालय मौलिक अधिकारों से सम्बन्धित विषयों पर न्यायिक पुनरावलोकन का अधिकार रखता है ताकि सरकार की स्वेच्छाचारिता के फलस्वरूप नागरिकों की स्वतन्त्रताओं का हनन न हो।

(iii) अनुच्छेद 32A तथा 131A के अनुसार सर्वोच्च न्यायालय किसी भी ऐसे संघीय कानून को जो संविधान का उल्लंघन करता हो, अवैध घोषित करने का अधिकार रखता है। राज्य कानून को सर्वोच्च न्यायालय द्वारा तभी अवैध किया जा सकता है जब ऐसे कानून का सम्बन्ध किसी संघीय कानून से हो।

(iv) संविधान की व्याख्या का महत्त्वपूर्ण कार्य संविधान निर्माताओं ने सर्वोच्च न्यायालय तथा राज्यों के उच्च न्यायालयों को सौंप दिया है। संविधान के अनुच्छेद 132 के अनुसार, कोई भी ऐसा मुकदमा जिसमें संविधान के किसी अनुच्छेद की व्याख्या अन्तर्निहित हो, अपील के रूप में सर्वोच्च न्यायालय के पास लाई जा सकती है। इससे यह संकेत मिलता है कि सर्वोच्च न्यायालय संविधान के दायरे में रहते हुए संविधान की सर्वोच्चता को मानते हुए अपना निर्णय दे सकता है। सर्वोच्च न्यायालय को संविधान के किसी भी अनुच्छेद की व्याख्या का अधिकार प्राप्त है परन्तु सर्वोच्च न्यायालय को संविधान के किसी अनुच्छेद पर अपने विचार देने का अधिकार नहीं है।

सर्वोच्च न्यायालय और न्यायिक पुनरावलोकन

भारतीय सर्वोच्च न्यायालय ने अपनी स्थिति को इतनी प्रभावशाली बनाने की कोशिश की जितनी कि अमेरीका के सर्वोच्च न्यायालय की है। भारतीय सर्वोच्च न्यायालय ने अनेक कानूनों तथा अध्यादेशों को अवैध घोषित किया। राज्य सरकार द्वारा बनाये गये भूमि सुधार कानूनों को सर्वोच्च न्यायालय ने असंवैधानिक घोषित किया है। भारतीय सर्वोच्च न्यायालय द्वारा दिया गया गोलकनाथ सम्बन्धी निर्णय उसकी बढ़ती हुई प्रतिभा में पतन का सूचक था। संविधान के 42वें संशोधन (1971) के अनुसार संसद के संविधान संशोधन अधिकार को दोहराया गया जिसके परिणामस्वरूप सर्वोच्च न्यायालय के प्रभाव को अत्यधिक क्षति पहुँची।

उपसंहार—भारतीय सर्वोच्च न्यायालय के विविध बिन्दुओं का अवलोकन करने से यह ज्ञात होता है कि भारत में सर्वोच्च न्यायालय को एक महत्त्वपूर्ण स्थान

प्राप्त है। परन्तु यह संविधान के अन्तर्गत निर्णय करने का अधिकार रखता है, संविधान से ऊपर नहीं।

इसके साथ-साथ न्यायपालिका को अपार स्वतन्त्रता देने के बावजूद भी उसे इतनी स्वतत्रंता नहीं दी गई कि वह अपनी मनमानी कर सके। उच्चतर न्यायालय के न्यायाधीश को महाभियोग द्वारा एवं राष्ट्रपति की स्वीकृति से हटाया जा सकता है। साथ ही किसी भी न्यायाधीश को भ्रष्ट पाए जाने पर उसे निलंबित कर मुकदमा चलाया जा सकता है। इन तथ्यों से स्पष्ट होता है कि न्यायपालिका पर भी अकुंश है। परन्तु इसका स्तर इतना ज्यादा नहीं है कि इससे न्यायालय के फैसले प्रभावित हों। भारतीय संविधान के न्याय से संबधित उपबंधों से स्पष्ट होता है कि संविधान निर्माताओं ने न्यायपालिका की स्वतंत्रता को सही परिधि प्रदान की है जिससे प्रत्येक नागरिक न्याय प्राप्त कर सके। अतः लोकतंत्र के निर्माण में न्यायपालिका एक आधारभूत स्तंभ है तथा सवैधानिक मान्यताओं के समरूप है।

7

राजनीतिक व्यवस्थाओं का तुलनात्मक अध्ययन

राज्य व्यवस्थाओं का अध्ययन सुव्यवस्थित एवं क्रमबद्ध तरीके से करने से एक सुव्यवस्थित वर्गीकरण सत्ता का हो जाता है, जिसे राजनैतिक व्यवस्था का रूप दे दिया जाता है। जिससे शासन का काम सुचारु ढंग से संचालित हो सके। इस राजनीतिक व्यवस्था का स्वरूप हमें प्राचीन काल से ही देखने को मिलता है तथा अरस्तु ने भी राजनीतिक व्यवस्था के ऊपर अपने विचार रखे हैं। अरस्तु ने संख्या के आधार पर राज्यों को राजतंत्र (एक व्यक्ति का शासन), कुलीनतंत्र (कुछ व्यक्तियों का शासन), समाजतंत्र (बहुत से लोगों का शासन) में विभाजित किया था। लक्ष्य यदि स्वच्छ हो तो शासन राजतंत्र, कुलीनतंत्र तथा समाजतंत्र होगा और यदि शासन का स्वरूप विकृत होगा तो उसे अत्याचारी शासन, अल्पंतत्र तथा भीड़तंत्र कहा जाएगा। अरस्तु ने राज्यों की परिवर्तिक प्रक्रिया को उनके वर्गीकरण का चक्र कहा है। माण्टेस्क्यू के अनुसार यथार्थतः सरकारों के तीन मौलिक स्वरूप होते हैं—लोकतांत्रिक, राजतांत्रिक और निरंकुश, रूपों के इस वर्गीकरण में राजतंत्र, कुलीनतंत्र तथा जनतंत्र को सम्मिलित किया था। मैरियट ने सरकारों के वर्गीकरण को (1) शासन-शक्ति के विभाजन (एकात्मक तथा संघात्मक), (2) संविधान के रूप (परिवर्तनशील तथा अपरिवर्तशील), (3) कार्यपालिका-विधानपालिका के परस्पर सम्बन्ध (संसदीय-अध्यक्षीय) के आधार पर बताया था। आधुनिक समाज में राज्यों के वर्गीकरण को विस्तृत रूप में बताया जा सकता है।

अरस्तु का वर्गीकरण

प्राचीन यूनानी राजनीतिक विचारक अरस्तु ने अपने समय के 158 संविधानों का अध्ययन करके राज्यों के वर्गीकरण के दो आधार बताए हैं। यह दो आधार निम्नलिखित हैं–

(1) शासन-शक्ति कितने लोगों के पास है?

(2) शासन-शक्ति के प्रयोग का लक्ष्य क्या है?

(1) शासन-शक्ति के प्रयोग करने वाले लागों के आधार को संख्या का आधार कहा जा सकता है। इस दृष्टि से शासन-शक्ति एक व्यक्ति के पास भी हो सकती है, कुछ के पास भी हो सकती है तथा बहुत से लोगों के पास भी हो सकती है। अरस्तु एक व्यक्ति के हाथ में शासन-शक्ति को राजतंत्र, कुछ लोगों के हाथों में शासन-शक्ति को कुलीनतंत्र तथा बहुत से लोगों के हाथों में शासन-शक्ति को समाजतंत्र कहते हैं।

(2) किसी भी शासन-व्यवस्था का प्रयोग किस उद्देश्य और माध्यम से किया जा रहा है, यह उसके स्वरूप के निर्धारित में महत्वपूर्ण कारक हुआ करता है। ऐसी दृष्टि में एक व्यक्ति का शासन, सर्वहित में राजतंत्र कुछ व्यक्तियों का शासन, सर्वहित में कुलीनतंत्र तथा बहुत लोगों का शासन, सर्वहित में समाजतंत्र होता है। यदि इन व्यवस्थाओं में शासन-शक्ति स्वार्थपूर्ति का प्रतीक हो, तो उन्हें क्रमशः अत्याचारी शासन, अल्पंतत्र, लोकतंत्र अर्थात् भीड़तंत्र कहा जाएगा।

अरस्तु के राज्यों के वर्गीकरण की अलोचना–अरस्तु द्वारा प्रतिपादित राज्यों के आलोचना मुख्यतया निम्नलिखित से की जा सकती है–

(1) अरस्तु राज्य तथा सरकार में कोई भेद नहीं समझता जिसे वो राज्यों का वर्गीकरण करता है। राज्य तो राज्य ही रहेगा और सरकारों का रूप बदलता रहता है। राजतंत्र एक शासन का रूप है, राज्य का नहीं। राज्य तो जहाँ कहीं भी हो, राज्य ही रहते हैं। यह तो सरकारें होती हैं जिनका स्वरूप भिन्न-भिन्न होता है।

(2) अरस्तु द्वारा प्रतिपादित वर्गीकरण में जो उसने विद्यमान सरकारों को इस युग में हम नहीं देख सकते।

(3) अरस्तु राजतंत्र में विश्वास करता था, उसकी नजर लोकतंत्र में न के बराबर थी।

(4) आधुनिक युग में सरकार की जिन प्रणालियों को देखा जाता है, वह अरस्तु के बताए गए वर्गीकरण में नहीं मिलते। आज प्रायः सरकारें एकात्मक हैं अथवा

संघात्मक; संसदीय हैं अथवा अध्यक्षात्मक/ प्रधानीय। वर्तमान सरकार के रूपों का वर्णन अरस्तु के वर्गीकरण में नहीं मिलता।

(5) अरस्तु ने अपने वर्गीकरण में मिश्रित शासन-प्रणाली की कल्पना नहीं की है। उसके अनुसार यदि कहीं राजतंत्र है तो वहाँ उसी समय कुलीनतंत्र नहीं हो सकता और न ही उसी समय समाजतंत्र/ वर्तमान दृष्टि से लोकतंत्र। आज प्रायः मिश्रित शासन-प्रणाली व्यवस्था देखी जा सकती है। ब्रिटेन में महारानी/ सम्राट् को अस्तित्व राजतंत्र का, लार्ड सदन कुलीनतंत्र तथा समाजतंत्र।

(6) बोदाँ हाब्स, माण्टेक्यू, रूसो, ब्लूंशली, मैरियट तथा लीकाक द्वारा सरकारों का वर्गीकरण राजनीतिक विश्लेषण में महत्वपूर्ण स्थान रखता है। अनेक राजनीतिक विचारकों ने सरकारों के वर्गीकरण का प्रयास किया है और

फ्रांसीसी विद्वान बोदाँ ने अरस्तु द्वारा प्रतिपादित संख्या के आधार पर सरकारों को राजतंत्र, कुलीनतंत्र तथा लोकतंत्र बताया था। उसके अनुसार—

(1) यदि राज्यसत्ता एक व्यक्ति के पास हो तो वह राजतंत्र है।

(2) यदि राज्यसत्ता बहुसंख्यक से कम व्यक्तियों के पास हो तो वह कुलीनतंत्र है।

(3) यदि राज्यसत्ता जनता द्वारा चुने गये प्रतिनिधियों के द्वारा संचालित हो, तो उसे लोकतंत्र कहते हैं।

अंग्रेज विचारक थामस हाब्स भी सरकारों के वर्गीकरण में अरस्तु से प्रेरणा लेते हुए बताता है कि जब एक व्यक्ति प्रतिनिधि होता है तो उसे राजतंत्र कहा जाता है; जब प्रतिनिधि एक में मिलने को इच्छुक लोगों की संख्या होती है, तो उसे लोकतंत्र कहा जाता है; जब एक ही दल का शासन होता है तो उसे कुलीनतंत्र कहा जाता है।

माण्टेस्क्यू ने सरकारों के तीन रूप बताए हैं—(1) लोकतंत्रीय, (2) राजतंत्रीय, (3) निरंकुश।

रूसो भी माण्टेस्क्यू तथा उससे पूर्व अरस्तु, बोदाँ तथा हाब्स की भांति सरकारों का वर्गीकरण तीन रूपों में करता है—राजतंत्र, कुलीनतंत्र तथा जनतंत्र। वह कुलीनतंत्रीय व्यवस्था में तीन प्रकार बताया है—प्राकृतिक कुलीनतंत्र, निर्वाचित कुलीतंत्र, पैतृक कुलीनतंत्र। रूसो के अनुसार निर्वाचित कुलीनतंत्र सर्वश्रेष्ठ तथा पैतृक कुलीनतंत्र सबसे विकृत सरकार होती है।

मैरियट ने सरकारों के वर्गीकरण के मुख्यतः तीन आधार बताए हैं—

(1) **शासन-शक्ति का विभाजन**—शासन-शक्ति का विभाजन सरकार के

वर्गीकरण का एक आधार है। इस आधार पर सरकार एकात्मक तथा संघात्मक हो सकती है। एकात्मक सरकार उस शासन प्रणाली को कहा जाता है जहाँ शासकीय शक्तियाँ एक ही सरकार में केन्द्रित रहती हैं। संघात्मक सरकार उस शासकीय व्यवस्था का नाम है, जहाँ शासन शक्ति संविधान द्वारा केन्द्र तथा राज्य सरकारों में विभाजित होती है। ग्रेट ब्रिटेन एकात्मक व्यवस्था का प्रतीक है; भारत संघात्मक व्यवस्था का।

(2) **संविधान का रूप**— मैरियट ने संविधान के रूप को लेकर सरकारों का वर्गीकरण किया है। उसके अनुसार, संविधान परिवर्तनशील भी होती है तथा जटिल भी। परिवर्तनशील संविधान उसे कहते हैं जहाँ कानून-निर्माण तथा संशोधन प्रक्रिया में कोई भेद नहीं होता है। ब्रिटेन में परिवर्तनशील संविधान है। जटिल संविधान उसे कहते हैं जहाँ कानून-निर्माण तथ संशोधन-प्रक्रिया में भेद होता है। संयुक्त राज्य अमेरिका का संविधान जटिल संविधान का उदाहरण है।

(3) जिस राजनीतिक व्यवस्था में विधायिका और कार्यपालिका के बीच सहयोगात्मक सम्बंध होता है और जब दोनों एक दूसरे के प्रति उत्तरदायी होती हैं, तो उस व्यवस्था को लोकतांत्रिक या संसदीय व्यवस्था कहते हैं तथा विधानपालिका के प्रति उत्तरदायी होती है, उसे संसदीय सरकार कहा जाता है। जहाँ विधानपालिका तथा कार्यपालिका एक-दूसरे से स्वतंत्र होते हैं, उसे प्रधानीय/अध्यक्षात्मक तथा भारत-ब्रिटेन में संसदीय सरकार कहा जाता है।

निष्कर्ष रूप में उदारवादी सरकार की मुख्य विशेषताओं व्यक्तिगत स्वतंत्रता, निजी सम्पत्ति का अधिकार तथा कल्याणकारी राज्य की स्थापना होती है (ब्रिटेन, संयुक्त राज्य अमेरिका)।

समाजवादी सरकार की मुख्य विशेषताओं में सार्वजानिक सम्पत्ति की व्यवस्था, समाजवादी पद्धति तथा दलीय सहयोग (जैसे जनवादी चीन, क्यूबा) उल्लेखनीय हैं।

उदारवादी-समाजवादी सरकार के अंतर्गत मिश्रित अर्थव्यवस्था मुख्य विशेषता होती है, जैसे भारत।

प्रत्यक्ष लोकतांत्रिक प्रणाली में आम जनता स्वयं शासन का संचालन करती है। इस तरह की प्रणाली में मतदाता और शासक के बीच अन्तर नहीं होता। इस तरह की व्यवस्था स्विट्जरलैण्ड में प्रचलित है।

अप्रत्यक्ष लोकतंत्र में शासन जनता द्वारा चुने हुए प्रतिनिधियों द्वारा चलाया जाता है। प्रायः सभी बड़े-बड़े देशों में अप्रत्यक्ष लोकतंत्र की व्यवस्था है, जैसे ब्रिटेन, अमेरिका, भारत, कनाडा आदि।

निरंकुश राजतंत्र, सीमित राजतंत्र एवं कुलीन तंत्र

सरकारों के वर्गीकरण में निरंकुश राजतंत्र, सीमित राजतंत्र एवं कुलीन तंत्र उनके कुछ रूप माने जाते हैं। इनमें प्रत्येक के विषय में निम्नलिखित बताया जा सकता है–

(1) निरंकुश राजतंत्र–निरंकुश राजतंत्र उस शासन प्रणाली को कहा जाता है जिसमें राजनीतिक सत्ता किसी व्यक्ति विशेष के इच्छा के अनुसार चलायी जाती है। वह सभी शक्तियों का स्रोत होता है, उसकी शक्तियाँ असीमित होती हैं तथा वह अपनी शक्तियों के प्रयोग के लिए किसी के प्रति उत्तरदायी नहीं होता। राजतंत्र वंशगत होता है।

राजतंत्र में राजा या रानी शासन करते थे और वे अपनी शक्तियों का प्रयोग अपनी स्वेच्छाचारी ढंग से करते थे।

निरंकुश राजतंत्र की निम्नलिखित विशेषताएँ हैं–

(i) शासन-शक्तियों का एकमात्र स्रोत स्वयं सम्राट् /रानी होते हैं।

(ii) अपनी शक्तियों के प्रयोग में वह किसी के प्रति उत्तरदायी नहीं होते।

(iiii) उनकी शक्तियों पर कोई सीमा नहीं होती। वह कोई भी आदेश जारी कर सकते हैं।

(iv) सरकारी सम्बन्धी अन्य सभी अंग उनके सलाहकार मात्र होते हैं। मंत्री राजा/रानी की इच्छा पर नियुक्त किये जाते हैं तथा उनके द्वारा पदमुक्त किये जाते हैं।

निरंकुश राजतंत्र से जनसाधारण के पास अधिकार व स्वतंत्रताएँ नही होती हैं। ऐसी व्यवस्था में क्रांतियों की संभावना बढ़ जाती है।

(2) सीमित राजतंत्र–इस तरह की शासन प्रणाली का सर्वोच कोई वंशानुगत राजा या रानी होती है। परन्तु सत्ता का संचालन एक मंत्रीमण्डल के द्वारा होता है। ऐसी व्यवस्था में राज्य निरंकुश नहीं होता और न ही निरंकुश बनने का प्रयास करता है। ऐसी व्यवस्था ब्रिटेन, जापान, नेपाल आदि देशों में देखी जा सकती है।

सीमित राजतंत्र प्रणाली की मुख्य विशेषताएँ निम्नलिखित है–

(i) सीमित राजतंत्र व्यवस्था में राजा/रानी नाममात्र के होते है।

(ii) राजा/रानी के नाम पर शक्तियाँ होती हैं, परन्तु उनका प्रयोग वास्तविक कार्यपालिका अर्थात् मंत्रिमंडल करता है।

(iii) मंत्रिमंडल के नाम पर शक्तियाँ नहीं होतीं, परन्तु शक्तियों का वास्तविक प्रयोग वह मंत्रिमंडल ही करता है।

(iv) ऐसी व्यवस्था में राजतंत्र तथा लोकतंत्र का परस्पर मेल होता है।

(v) ऐसी पद्धति प्रायः संसदीय व्यवस्था की प्रतीक है।

(3) कुलीनतंत्र—कुलीनतंत्र का अंग्रेजी शब्द 'अरिस्टीक्रसा' है, जो यूनानी भाषा के दो शब्दों का जोड़ है। यह शब्द हैं—अरिस्टोस तथा क्रेट्स। अरिस्टोस का अर्थ है सर्वश्रेष्ठ तथा सर्वोत्तम और क्रेट्स का अर्थ है—शासन। इस प्रकार अरिस्ट्रोक्रेसी अर्थात् कुलीनतंत्र का अर्थ है—सबसे उत्तम शासन। इस दृष्टि से कुलीनतंत्र शासन की व्यवस्था है। जहाँ कुछ श्रेष्ठ तथा अनुभवी लोग शासन होता है, वह स्थायी रूप से शासन करते हैं।

कुलीनतंत्रीय व्यवस्था की मुख्य विशेषताएँ निम्नालिखित हैं—

(i) कुलीनतंत्र श्रेष्ठ व्यक्तियों का शासन होता है।

(ii) ऐसी व्यवस्था में शासन-शक्ति कुछ लोगों के हाथों में बनी रहती है।

(iii) ऐसी व्यवस्था में शासन का आधार योग्यता होती है।

(iv) चुनावों के अभाव में कुलीनतंत्रीय व्यवस्था स्थायी रहती है।

लोकतंत्रीय एवं अलोकतंत्रीय राजनीतिक व्यवस्था

लोकतंत्र में जनता अपने प्रतिनिधियों को चुनकर शासन करवाती है इसलिये विश्व के तमाम शक्तिशाली देशों में इसे अपनाया गया है और इसमें सत्ता प्रणाली लोकहित में होती है। लोकतंत्र के प्रत्यक्ष तथा अप्रत्यक्ष दो रूप होते हैं। प्रत्यक्ष लोकतंत्र में लोग अपना शासन स्वयं करते हैं जबकि अप्रत्यक्ष लोकतंत्र में जनता अपने निर्वाचत प्रतिनिधियों द्वारा करती है। ब्रिटेन, भारत, संयुक्त राज्य अमेरिका, फ्रांस, कनाडा आदि में लोकतंत्रीय व्यवस्था है।

लोकतंत्रीय व्यवस्था की सफलता के लिए अनेक शर्तों का होना अनिवार्य है। यह शर्तें उन लोगों के लिये हैं जो किसी भी रूप में लोकतंत्र में भाग लेते हैं और लोकतंत्र में अनुकूल वातावरण से सम्बन्धित हैं।

लोकतंत्र का अर्थ

लोकतंत्र का अंग्रेजी नाम डेमोक्रेसी है जो स्वयं दो यूनानी शब्दों से निकला है— डिमास तथा क्रेटिया जिनका अर्थ क्रमशः यह है— जनता/लोग तथा शासन। दूसरे शब्दों में लोकतंत्र का अर्थ हुआ—जनता का शासन। लोकतंत्र की प्रमुख विद्वानों द्वारा निम्मिलिखित परिभाषाएँ दी गयी हैंः—

लिंकन के अनुसार, "लोकतंत्र जनता का, जनता द्वारा तथा जनता के लिए शासन है।"

डाससी के अनुसार, "लोकतंत्र वह शासकीय व्यवस्था है जिसमें राष्ट्र का अधिकांश भाग शासन होता है।"

सिले के अनुसार, "लोकतंत्र वह शासन है जिसमें प्रत्येक व्यक्ति शासन में भाग लेता है।"

ब्राइस के अनुसार "लोकतंत्र सरकार का वह रूप है जिसमें शासन की शक्ति किसी विशेष वर्ग अथवा वर्गों में निहित न होकर सम्पूर्ण जन-समाज के सदस्यों में निहित होती है।"

लोकतंत्र की उपर्युक्त परिभाषाओं से उसकी मुख्य विशेषताओं की जानकारी को निम्नलिखित बताया जा सकता है–

(1) किसी भी लोकतांत्रिक राज्य व्यवस्था में जनता की भागीदारी अपरोक्ष रूप से मौजूद रहती है। यह एक शासकीय व्यवस्था है जो जनता को महत्व प्रदान करती है तथा उसे शासन का आधार मानती है।

(2) लोकतंत्रीय व्यवस्था में जन-साधारण की भागीदारी यह संकेत देती है कि शासनकार स्रोत स्वयं जनता है।

(3) लोकतंत्र न केवल जनता का शासन है, यह जनता द्वारा चलाया गया शासन भी होता है। दूसरे शब्दों में लोकतांत्रिक सरकार स्वयं लोगों अथवा उनके द्वारा चुने गए प्रतिनिधियों द्वारा चलायी गयी सरकार होती है।

(4) लोकतंत्रीय राजनीतिक व्यवस्था मात्र ऐसी व्यवस्था है जहाँ शासन का लक्ष्य जनहित की प्राप्ति होती है। ऐसी सरकार जनता के लिए सरकार होती है।

(5) लोकतंत्रीय व्यवस्था व्यक्ति तथा व्यक्ति में समानता पर जोर देती है। व्यक्ति की स्वतंत्रता लोकतांत्रिक सरकार का सार है तथा उसका कल्याण लोकतंत्र का लक्ष्य। इस प्रकार यह कहा जा सकता है कि लोकतंत्र समानता, स्वतंत्रता तथा कल्याणकारिता से सम्बन्धित सरकार है।

लोकतंत्र के दो रूप बताए जाते हैं। यह रूप हैं (1) प्रत्यक्ष लोकतंत्र तथा अप्रत्यक्ष लोकतंत्र।

प्रत्यक्ष लोकतंत्र वह व्यवस्था है जहाँ लोग अपना शासन स्वयं करते हैं। दूसरे शब्दों में, प्रत्यक्ष लोकतंत्र में मतदाता और शासकों में कोई भेद नहीं होता। प्राचीन यूनान तथा वर्तमान समय में स्विट्ज़रलैंड के कुछ अर्द्ध-कैन्टनों में प्रत्यक्ष लोकतंत्र अथवा उससे सम्बन्धित अनेक विधियाँ हैं।

अप्रत्यक्ष लोकतंत्र वह व्यवस्था है जहाँ लोग अपना शासन अपने निर्वाचित प्रतिनिधियों द्वारा चलाते हैं। ऐसी व्यवस्था में जनता पहले अपने प्रतिनिधियों को चुनती है और फिर यह प्रतिनिधि लोगों के लिए कानून बनाते हैं तथा उनके लिए शासन करते हैं।

जनसंख्या और सरकार की दृष्टि बड़ी होने के कारण आज प्रत्यक्ष लोकतंत्र नामुमकिन है।

प्रत्यक्ष लोकतंत्र की विधियाँ—प्रत्यक्ष लोकतंत्र की विधियों में निम्नलिखित का उल्लेख किया जा सकता है—

(1) लोकसभाएँ—प्रत्यक्ष लोकतंत्र की एक महत्त्वपूर्ण विधि लोकसभाएँ अर्थात् हैं। इनकी व्यवस्था स्विट्ज़रलैंड के कुछ प्रान्तों में लोकसभाओं की व्यवस्था है। इन प्रान्तों में उरी तथा ग्लेरस पूर्ण प्रान्त हैं तथा चार अर्द्ध-प्रान्त है। यह अर्द्ध प्रान्त है— अंटरवालडेन, स्क्वीज़, ज़ग तथा एपैन्ज़ील। इन पूर्णतया अर्द्ध-प्रान्तों (कैन्टनों) में लोकसभाओं की मुख्य विशेषताएँ निम्न हैं—

- (i) इन प्रान्तों में मतदाता अपना शासन स्वयं करते हैं।
- (ii) प्रतिवर्ष प्रत्येक प्रान्त में लोकसभाओं का आयोजन किया जाता है।
- (iii) इन लोकसभाओं में भाग लेने के लिए नागरिक कानून-निर्माण का कार्य करते हैं तथा अपना वार्षिक बजट पास करते हैं।
- (iv) कार्यपालिका व न्यायपालिका के अधिकारियों का चुनाव लोकसभाओं में किया जाता है।

(2) जनमत संग्रह—प्रत्यक्ष लोकतंत्र की एक अन्य विधि जनमत संग्रह है। जनमत संग्रह का अर्थ है—जनता से मत प्राप्त करना। किसी भी सार्वजनिक विषय पर जनता की राय प्राप्त करने को जनमत संग्रह कहते हैं।

स्विट्ज़रलैण्ड जैसे देश में केन्द्र या उन राज्यों में जहां लोकसभाएँ नहीं हैं, जनमत संग्रह कराए जाते हैं। संवैधानिक तथा कानूनी विषयों पर जनमत का प्रयोजन है।

(3) आरम्भिक/पहल—प्रत्यक्ष लोकतंत्र की एक अन्य विधि है। आरम्भिक/पहले का अर्थ है—कानून/संविधान-संशोधन कार्यों में नागरिकों द्वारा पहल । स्विट्ज़रलैण्ड के उन कैन्टनों में, जहाँ लोकसभाएँ नहीं हैं, वहाँ पर जनमत संग्रह के साथ-2 आरम्भिक/पहल की व्यवस्था है। संघीय सरकार में संविधान संशोधनीय मामलों पर ही आरम्भिक/पहल की व्यवस्था है। संघीय नागरिकों की एक निश्चित संख्या संविधान के संशोधन के लिए प्रस्ताव प्रस्तावित कर सकती है। तत्पश्चात् संघीय

विधान पालिका संशोधन पर कार्य करते हुए अपने पास संशोधनीय प्रस्ताव को जनमत संग्रह के लिए आरक्षित रखती है।

कानूनों से सम्बन्धित आरम्भिक/पहल की व्यवस्था स्विट्ज़रलैण्ड के प्रान्तों में की गयी है। वहाँ संविधान-संशोधन प्रस्ताव के लिए भी पहल की जा सकती है। ऐसी व्यवस्था में नागरिकों की कुछ निश्चित संख्या कानून/संशोधन सम्बन्धी मामलों पर पहल कर सकती है।

(4) **प्रत्यावर्तन**—प्रत्यक्ष लोकतंत्र की विधियों में एक अन्य विधि प्रत्यावर्तन है। प्रत्यावर्तन का अर्थ है—निर्वाचित प्रतिनिधि को वापिस बुलाना, यदि वह निर्वाचन क्षेत्र के मतदाताओं के बहुमत को महसूस हो कि वह उनका प्रतिनिधित्व नहीं कर रहा। यह व्यवस्था चीन व संयुक्त राज्य अमेरिका के कुछ राज्यों ऐरीजोना, कनसास, नैवेडा आदि में प्रचलित है। इस विधि के अंतर्गत यदि किसी अमुक निर्वाचन क्षेत्र में वहाँ के मतदाताओं को यह लगे कि उनका प्रतिनिधि उनकी इच्छाओं का प्रतिनिधित्व नहीं कर रहा, तो वह अपने प्रतिनिधि को वापिस बुला सकते हैं।

प्रत्यक्ष लोकतंत्र की अव्यवहारिकता के मुख्य तर्क निम्नलिखित हैं—

(1) आज के युग में राज्यों की जनसंख्या लाखों/करोड़ों तक है। इतनी विशाल जनसंख्या के दायरे में लोगों द्वारा अपने कानून बनाना सम्भव नहीं हो पाता है।

(2) आधुनिक युग में राज्यों की विशाल जनसंख्या है, इतने विशाल क्षेत्रों में फैले लोगों को एक स्थान पर एकत्रित करना, उन पर कानून बनाना एक कठिन काम है।

(3) आधुनिक युग में राजनीतिक समस्याओं की जटिलता इतनी अधिक है कि साधारण व्यक्ति के लिए उन पर सोचना तथा उनके समाधान के लिए समय निकालना कठिन है। आज की राजनीति की मांग स्व-चेतना है जो साधारण मतदाताओं के लिए बनाए रखना संभव नहीं है।

(4) आज के युग में राजनीतिक समस्या विकट होने के कारण प्रत्यक्ष लोकतंत्र की व्यावहारिकता सम्भव नहीं है।

लोकतंत्र के गुण और दोष

लोकतंत्र में निम्नलिखित गुण पाये जाते हैंः—

(1) व्यवस्था तथा प्रगति का मेल—लोकतंत्र का एक अन्य गुण व्यवस्था तथा प्रगति का आपसी मेल है। राजतंत्र, कुलीनतंत्र तथा अधिनायकवाद में व्यवस्था कायम की जा सकती है, परन्तु उनमें प्रगति की सम्भवना नहीं की जा सकती।

लोकतंत्र ही ऐसी प्रणाली है जहाँ व्यवस्था के साथ-2 प्रगति सम्भव हो सकती है और फिर लोकतंत्र में व्यवस्था का रूप मानव की अपनी इच्छा के अनुकूल होता है जबकि अन्य प्रणालियों में व्यवस्था थोपी जाती है।

(2) दक्षता—लोकतंत्र के कुछ समर्थकों का दावा है कि इस प्रणाली में अन्य प्रणालियों (राजतंत्र, कुलीनतंत्र और अधिनायकतंत्र) की अपेक्षा कार्यदक्षता अधिक होती है। अन्य किसी प्रकार की शासन प्रणाली की अपेक्षा आमचुनाव, सार्वजनिक नियंत्रण तथा सार्वजनिक उत्तरदायित्व से उच्चकोटि की कार्यदक्षता अधिक सम्भव है।

(3) जनमत का आदर—लोकतंत्र प्रणाली जनमत पर न केवल आधारित होती है, बल्कि जनमत के कारण जीवित भी रहती है। जितना जनमत का आदर लोकतंत्रीय सरकारें करती हैं, उतना कोई भी अन्य सरकारें नहीं करतीं। राजतंत्र, कुलीनतंत्र तथा तानाशाही सरकारें तो जनमत की अवहेलना करती हैं।

(4) सभी शासन-प्रणालियों में सर्वश्रेष्ठ—लोकतंत्रीय सरकार का गुण यह है कि यह व्यवस्था अन्य सभी व्यवस्थाओं से श्रेष्ठ है। एक शासकीय पद्धति के रूप में राजतंत्र ऐसी व्यवस्था है जहाँ लोगों की सुनवाई नहीं होती। कुलीनतंत्र में भी जन-साधारण के हितों को अवहेलना होने की सम्भावना होती है। माना जाता है कि एक सफल लोकतंत्र में कोई भी व्यक्ति अपने को अभिव्यक्त करने का अधिकार रखता है।

(5) शिक्षाप्रद—लोकतंत्र जनशिक्षा में बड़े पैमाने पर एक प्रयोग होता है। लोकतंत्रीय व्यवस्था में लोग शासकीय कार्यों में भाग लेते हैं और इससे उनमें राजनीतिक मामलों के लिए जानकारी बढ़ती है। ऐसी व्यवस्था में प्रत्येक व्यक्ति यह समझता है कि जो कानून बनाया गया है, उसमें उसकी भूमिका है। फलस्वरूप लोगों में राजनीतिक रुचि बढ़ती है तथा वह राजनीतिक मामलों में निरन्तर शिक्षा प्राप्त करते रहते हैं। बर्न्स ने कहा है—"वैसे तो सभी प्रकार की शासकीय व्यवस्था शिक्षा प्रदान करने की पद्धति होती है, परन्तु आत्मशिक्षा ही सबसे अच्छी शिक्षा है। अतः सबसे अच्छा शासन स्वशासन है जो लोकतंत्र का है।"

(6) नैतिक उत्थान—लोकतंत्र की परिकल्पना तब तक सार्थक सिद्ध नहीं हो सकती जब तक वहां की जनता का नैतिक उत्थान न हुआ हो। जितना उत्तम तथा उच्च कोटि के राष्ट्रीय चरित्र का विकास लोकतंत्र में होता है, उतना किसी अन्य शासन पद्धति में नहीं होता।

(7) देश-प्रेम की भावना में वृद्धि—लोकतंत्र लोगों का शासन होता है तथा लोकतांत्रिक राज्य लोगों का राज्य होता है। इससे इस व्यवस्था में देश-प्रेम की भावना का विकास होता है। लोकतंत्र में प्रत्येक व्यक्ति अपने देश की समस्याओं में रुचि लेता है तथा उन्हें हल करने का प्रयत्न करता है। यदि लोगों को राज्य के मामलों में भागीदार नहीं बनाया जाता, तो उनमें राज्य के प्रति उदासीनता स्वभाविकतः होती है।

(8) लोक-कल्याण—लोकतंत्र जनता की सरकार होने के कारण यह जनता में हित का ध्यान रखती है तथा लोकतंत्र में लोककल्याण, लोकसेवा तथा लोकहित का ध्यान रखा जाता है।

(9) विद्रोह से सुरक्षा—प्रायः यह देखने में आया है कि लोग तब विद्रोह करते हैं जब उन पर अत्याचार किया जाता है अथवा उनके अधिकारों का हनन किया जाता है। क्योंकि लोकतंत्रीय व्यवस्था में लोग प्रशासन में बराबरी के भागीदार होते हैं, इसलिए वह अन्याय का अनुभव नहीं करते तथा फलस्वरूप विद्रोह-संघर्ष नहीं हो पाते।

(10) कानूनों की अधिकतम पालना—लोकतंत्रीय व्यवस्था का एक अन्य गुण यह है कि ऐसी व्यवस्था में लोग कानूनों की अवहेलना की अपेक्षा उनका पालन अधिक करते हैं। लोकतंत्र में कानून का निर्माण जनता के चुने हुए प्रतिनिधियों के द्वारा सामूहिक रूप से होता है। इसलिए आम आदमी कानून पर विश्वास रखने की कोशिश करता है। इससे कानून व्यवस्था बनी रहती है।

(11) समानता—लोकतंत्र का एक आधार समानता का सिद्धान्त है और यह इसका एक गुण भी है। लोकतंत्र ही केवल एक ऐसी प्रणाली है जिसमें जाति, रंग, भाषा, धर्म, नस्ल आदि के आधार पर नागरिकों में भेद नहीं किया जाता। इस प्रणाली में सब नागरिक एक दूसरे के समान समझे जाते हैं। दूसरी ओर राजतन्त्र अथवा कुलीनतंत्र ऐसी प्रणालियाँ हैं जहाँ समानता के अधिकार की अवहेलना की जाती है।

(12) स्वाधीनता—लोकतंत्र का एक अन्य आधार तथा एक अन्य गुण स्वाधीनता है। लोकतांत्रिक प्रणाली में हर किसी को अपने आपको अभिव्यक्त करने का अधिकार है। वह अपने आपका आजादीपूर्वक रखने का मौलिक अधिकार रखता है। फलस्वरूप लोग अपनी इच्छाओं तथा भावनाओं के अनुसार शासन में योग दे सकते हैं। अन्य प्रणालियों में (विशेष रूप में राजतन्त्र तथा कुलीनतंत्र आदि में) लोगों को उनकी स्वतन्त्रताओं को कुचल दिया जाता है।

लोकतंत्र के दोष—लोकतंत्र में निम्नलिखित दोष पाये जाते हैंः—

(1) उत्तरदायित्वहीन भीड़ का शासन—अरस्तु लोकतंत्र को एक विकृत रूप मानते थे। मिल बहुसंख्यकों की निरंकुशता से भयभीत थे। अनेक विद्वानों की धारणा है कि लोकतंत्र प्रणाली में स्वाधीनता की रक्षा न होकर स्वाधीनता का हनन होता है।

(2) लोकतंत्र कुलीनतंत्र में परिवर्तित हो जाता है—लोकतंत्र कभी-कभी कुलीनतंत्र में बदल जाता है। ऐसा कुछ आलोचकों का मानना है क्योंकि इस प्रणाली में कभी-कभी कमी उत्पन्न हो जाती है। ऐसा तर्क दिया जाता है कि प्रत्येक व्यक्ति शासन संचालन के कार्यों में भाग लाने की योग्यता नहीं रखता, जिसका परिणाम यह होता है कि शासन संचालन का कार्य भारत कुछ गिने-चुने व्यक्ति अपने हाथों में ले लेते हैं तथा वह स्वयं ही प्रशासन चलाते हैं। फलस्वरूप कुलीनतंत्र की स्थापना हो जाती है।

(3) राजनीतिक दलबन्दी—लोकतांत्रिक प्रणाली में बिना राजनीतिक दलों के कार्य नहीं किया जा सकता। इसका परिणाम यह निकलता है कि एक राज्य में एक दूसरे का विरोध करने के लिये राजनीतिक दलों की स्थापना हो जाती है और परिणाम यह निकलता है कि दलबंदी की भावना का विकास होता है।

(4) अकुशलता की उपासना—फ्रांसीसी लेखक फ्रैगवे लोकतंत्र को 'अयोग्यता की उपासना' बताते हैं। कुछ अन्य विचारकों का मत है कि लोकतंत्र में गैर-जिम्मेदारों का शासन होता है। फलस्वरूप लोकतंत्र में स्वस्थ नीति नहीं अपनाई जा सकती, योग्य व्यक्ति मन्त्री नहीं बन पाते, राष्ट्रीय सुरक्षा को सदैव खतरा रहता है तथा सामान्य भीड़ के सिद्धान्त का बोलबाला होता है। अतः लोकतंत्र को नौसिखियों का शासन कहा जाता है।

(5) खर्चीली शासन-प्रणाली—कुछ लोगों का मानना है कि यह एक ऐसी प्रणाली है जिसमें फिजूल का खर्च अधिक होता है। इस व्यवस्था के अन्तर्गत लौकिक संस्थाओं की स्थापना की जाती है, चुनाव होते हैं, तथा मन्त्रियों पर खर्च किया जाता है। मैक्सी का कहना है कि कुछ विचारक तो यहाँ तक कहते हैं कि लोकतंत्र सबसे अधिक अकुशल तथा खर्चीला, सबसे अधिक दलबन्दी तथा असहनशीलता से भरा हुआ और प्रगति का सबसे अधिक विरोधी अथवा उसकी ओर उदासीन रहता है।

(6) भ्रष्टाचार—लोकतांत्रिक व्यवस्था के कटु आलोचकों का मानना है कि लोकतंत्र में भ्रष्टाचार का प्रचार-प्रसार अपेक्षाकृत अधिक होता है। इसीलिए ये लोग भ्रष्टाचार को लोकतंत्र का पर्याय मानते हैं। ब्राइस का मत है कि ऐसे अनेक उदाहरण मिल जाते हैं जिनसे यह संकेत मिलता हो कि निर्वाचकों, विचारकों, प्रशासकीय कर्मचारियों तथा न्याय अधिकारियों ने धन के लोभ के समक्ष सिर झुका दिया हो।

इस कारण इन आलोचकों ने घूसखोरी तथा भ्रष्टाचार को लोकतंत्र की एक गम्भीर त्रुटि बताया है। राजनीति लाभप्रद व्यवसाय बन जाती है।

(7) शिक्षा की बजाय अशिक्षा—लोकतंत्र की एक बुराई यह भी बताई जाती है कि यह शिक्षा की बजाय अशिक्षा तथा कुशिक्षा का साधन है। इस प्रणाली का मुख्य कार्यभार राजनीतिक दलों द्वारा चलाया जाता है जिनका उद्देश्य जनता की चापलूसी करना होता है। सत्तारूढ़ दल न तो प्रशासन सम्बन्धी समस्त सूचनाएँ जनता तक पहुँचाता है और न ही विरोधी दल सरकार की उचित ढंग से आलोचना कर पाते हैं।

(8) वास्तविक लोकतंत्र केवल एक कल्पना है—आधुनिक युग भले ही लोकतंत्र का युग कहा जाता है, परन्तु आज किसी भी देश में वास्तविक लोकतंत्र का अस्तित्व नहीं है। स्पेगन्लर के अनुसार, लोगों द्वारा शासन पूर्णतः असम्भव है।

(9) अस्थिरता—लोकतंत्र प्रणाली में स्थापित सरकारें प्रायः अस्थिर होती हैं क्योंकि लोकतंत्रात्मक सरकारें जनता तथा प्रतिनिधियों के बहुमत पर आधारित होती हैं और चूंकि यह बहुमत समसामयिक होता है, इसलिए जैसे ही बहुमत में बदलाव आता है, वैसै ही सरकारों में भी परिवर्तन आ जाता है। सरकारें बदलती रहती हैं। फलस्वरूप नीतियों में निरन्तरता नहीं रहती है।

लोकतंत्र की सफलता की शर्तें

लोकतंत्र को आम आदमी का शासन माना जाता है। इसमें जनता अपने चुने हुए प्रतिनिधियों के द्वारा शासन करती है। 'डेमोक्रेसी' शब्द दो ग्रीक शब्दों 'डिमोस' तथा 'क्रेटिया' से निकला है। उनका अर्थ क्रमशः 'लोक' तथा 'सत्ता' है। इस दृष्टि से लोकतंत्र लोगों द्वारा शासन कहा जा सकता है।

परिभाषा—लोकतंत्र की कुछेक परिभाषाएँ निम्न हैं—

(1) "लोकतंत्र वह शासन व्यवस्था है जिसमें राष्ट्र की अधिकांश भाग शासक होता है।" —डायसी

(2) "लोकतंत्र शासन का वह रूप है जिसमें राजसत्ता किसी विशेष श्रेणी के लोगों की नहीं अपितु समस्त समाज के व्यक्तियों को प्रदान की जाए।" —ब्राइस

(3) "लोकतंत्र जनता के लिए जनता द्वारा जनता का शासन है।" —लिंकन

(4) "लोकतंत्र वह शासन है जिसमें हर व्यक्ति भाग लेता है।" —सीले

लोकतंत्र की सफलता के लिए आवश्यक शर्तें—लोकतंत्र एक कठिन शासन प्रणाली है। इसको सफल बनाने के लिए निम्नलिखित शर्तें आवश्यक हैं—

(1) लोकतन्त्रात्मक प्रणाली में विश्वास—लोकतंत्र प्रणाली एक शासन-व्यवस्था से बहुत ऊंची पद्धति है। यह जीवन का रहस्य है। इस प्रणाली को सफलता के लिए स्वयं लोकतंत्र प्रणाली में विश्वास होना अति आवश्यक है। प्रत्येक व्यक्ति को समझना चाहिए कि लोकतंत्र में हर सदस्य का अपना महत्व है, अपना सम्मान है। प्रत्येक व्यक्ति को दूसरे व्यक्ति का उतना आदर करना चाहिए जितने का वह स्वयं पात्र है। प्रत्येक व्यक्ति को अपने कर्त्तव्यों का सुचारु रूप से पालन करना चाहिए।

(2) सार्वजानिक शिक्षण—लोकतंत्र की सफलता जनता के शैक्षणिक स्तर पर निर्भर करती है। इसलिए सचेत जनमानस द्वारा संचालित लोकतंत्र सुचारु और सुव्यवस्थित होता है। वह इस योग्य हों कि सरकार की नीतियों को समझ सकें तथा उसकी समय अपने पर, यदि जरूरी हो, तो आलोचना कर सकें। कहने का भाव यह है कि लोग संतुलित तथा विवेकशील हों।

(3) आदर्श नागरिकता—लोकतंत्र की सफलता आदर्श नागरिकता पर आधारित है। लोगों में नागरिक गुणों का होना लोकतंत्र की सफलता का प्रमाण है। यदि जन-साधारण सहनशील, विवेकवान जागरूक, कर्त्तव्य पालन करने वाला, त्याग तथा बलिदान की भावना वाला होगा, तो लोकतंत्र की सफलता की सम्भावना बढ़ जाएगी। आदर्श नागरिकता का अर्थ केवल यह नहीं होता कि नागरिकों को अपने अधिकारों की रक्षा के लिए सावधन होना चाहिए, इसका अर्थ यह भी है कि उन्हें इतना सचेत होना चाहिए कि वह दूसरों के अधिकारों की रक्षा भी कर सके।

(4) आर्थिक समानता—आर्थिक समानता लोकतंत्र की सफलता के लिए एक अन्य शर्त है। आर्थिक समानता से अर्थ अवसरों की समानता है। इसका अर्थ यह भी है कि प्रत्येक व्यक्ति को आर्थिक सुरक्षा प्राप्त होनी चाहिए तथा किसी भी व्यक्ति का किसी भी रूप में आर्थिक शोषण नहीं होना चाहिए। जो आर्थिक असमानता होती है या अमीर तथा गरीब में बड़ा अन्तर होता है या समाज का अर्थिक लाभ कुछ लोगों को प्राप्त होता है वहाँ लोकतंत्र की सफलता निश्चित होती है।

(5) सामाजिक समानता—किसी भी तरह के लोकतांत्रिक समाज में किसी भी तरह का सामाजिक भेद नहीं होना चाहिए। लोगों में जाति, वर्ग, रंग, भाषा, धर्म, नस्ल आदि के भेदों का अन्तर नहीं होना चाहिए, तभी लोकतंत्र सफल हो सकता है।

(6) स्थानीय स्वशासन—लोकतंत्र की सफलता हेतु स्थानीय स्वशासन आवश्यक है। स्थानीय स्वशासन की इकाइयों की स्थापना के फलस्वरूप साधारण जनता को स्थानीय समस्याओं को हल करने का अनुभव प्राप्त होता है तथा उनमें

सार्वजानिक विषयों के बारे में रुचि पैदा होती है। परिणामस्वरूप साधारण जनता में राजनैतिक शिक्षा तथा राजनैतिक अनुभव बढ़ता है और वह इस अनुभव के फलस्वरूप राष्ट्रीय एवं अन्तर्राष्ट्रीय समस्याओं के हल निकालने का शिक्षण प्राप्त कर लेते हैं।

(7) शान्ति तथा सुरक्षा—लोकतंत्र की सफलता के लिए शान्तिमय वातावरण का होना आवश्यक है। जहाँ कहीं भी अराजकतावाद हो, कानूनों का उल्लंघन होता हो, व्यक्ति सुरक्षा का अभाव हो, तथा जहाँ एक व्यक्ति दूसरे व्यक्ति का शत्रु हो, तो वहाँ लोकतन्त्र की सफलता तो दूर, उसका विचार करना भी कठिन होता है।

(8) सहयोग की भावना—सामाजिक जीवन का आधार सहयोग है। किसी भी कार्य को करने के लिए एक व्यक्ति को दूसरों का सहयोग लेना जरूरी होता है। लोकतंत्र की सफलता के लिए सहयोग का महत्व और अधिक बढ़ जाता है, क्योंकि ऐसी शासन प्रणाली में, जिसका आधार सभी नागरिकों के पारस्परिक सम्पर्क पर आधारित हो, बिना सहयोग के स्वस्थ शासन की कल्पना नहीं की जा सकती।

(9) विकेन्द्रीकरण—लोकतंत्र लोगों का शासन होता है। ऐसी व्यवस्था में शासकीय शक्तियों का स्रोत स्वयं जनता होती है। जितनी अधिक मात्रा में जनता शासन में भाग लेती है, उतनी अधिक मात्रा में लोकतंत्र की सफलता बढ़ जाती है। इस हेतु शासकीय अधिकारों के केन्द्रीयकरण की बजाय उनका विकेन्द्रीयकरण होना आवश्यक है। शासकीय शक्तियों की बाँट उस सीमा तक हो कि प्रत्येक नागरिक को यह महसूस हो कि वह अपना शासन स्वयं कर रहा है।

(10) विधि का शासन—किसी भी लोकतांत्रिक व्यवस्था की सफलता इस बात पर निर्भर करती है कि शासन प्रणाली किस ढंग से चलायी जा रही है। सांवैधानिकपूर्वक सत्ता का संचालन ही लोकतंत्र की सफलता का रहस्य है। जहाँ भी शासन कानूनों की बजाय व्यक्तियों की विवेकशील इच्छाओं पर होता है, यह समझ लेना चाहिए कि वहाँ लोकतन्त्र अपनी सबसे अधिक निर्बल स्थिति में है।

अधिनायक तन्त्र

अधिनायक लोकतंत्र के प्रतिकूल ऐसी सरकार है जो जनता के प्रति उत्तरदायी न होकर किसी वर्ग, दल अथवा व्यक्ति विशेष की ओर उत्तरदायी होता है। इस तरह के तंत्र में शासन व्यवस्था पर किसी एक व्यक्ति या समूह विशेष का वर्चस्व होता है और वे मनमाने तरीके से इसका संचालन करते हैं। दूसरे शब्दों में, ऐसा शासन जो किसी व्यक्ति, वर्ग अथवा दल विशेष का शासन, उसके द्वारा तथा उसके लिए

शासन हो, उसे अधिनायकतन्त्र कहा जाता है। दूसरे महायुद्ध से पूर्व इटली तथा जर्मनी में अधिनायकतन्त्र की व्यवस्था थी।

अधिनायकतन्त्र की उत्पत्ति तथा विकास अनेक कारणों का फल है। उग्र राष्ट्रवाद की भावना, विस्तारवादी विदेश नीति, आन्तरिक क्षेत्र में स्वतन्त्रता की अपेक्षा व्यवस्था पर अत्यधिक बल, लोकतंत्रीय नियमों का हनन आदि ऐसे कारण हैं जिनके फलस्वरूप अधिनायकतंत्र का उदय तथा विकास होता है।

अधिनायकवादी शासन व्यवस्था लोकतंत्र के ठीक उल्टा पड़ती है। इसमें आम आदमी की जगह किसी व्यक्ति विशेष की इच्छा-अनिच्छा का बोलबाला रहता है। जनसाधारण की आकांक्षाओं का बारंबार हनन होता है। लोकतंत्र समानता तथा स्वतन्त्रता पर आधारित होता है, अधिनायकतन्त्र व्यवस्था तथा अनुशासन पर। लोकतंत्र अधिकारों को महत्व देता है, अधिनायकतंत्र कर्त्तव्यों पर। लोकतन्त्र में शासन-शक्तियों का विकेन्द्रीयकरण होता है, अधिनायकतन्त्र में शासन-सत्ता का केन्द्रीयकरण/लोकतंत्र में सरकार का रूप उत्तरदायी होता है, अधिनायकतंत्र में निरंकुश।

अधिनायक तन्त्र का अर्थ

अधिनायकतन्त्र शासन की वह व्यवस्था है, जहाँ पर शासन प्रबन्ध एक व्यक्ति, एक वर्ग अथवा एक दल के हाथों में हो, जहाँ शासन प्रबन्ध की सभी इकाइयाँ, जनता के प्रति उत्तरदायी न होकर उस एक व्यक्ति एक वर्ग अथवा एक दल के प्रति उत्तरदायी हो। ऐसी प्रणाली में शासक वर्ग की अवधि निश्चित नहीं होती है तथा वह वर्ग तब तक शासन करता है जब तक कि कोई दूसरा वर्ग उसे क्रान्ति द्वारा हटा न ले। वस्तुतः यह प्रणाली तानाशाही का ही एक रूप है, जिसमें स्वेच्छाचारिता, जबरदस्ती और निरंकुशता का बोलबाला रहता है।

एल्फर्ड ने अधिनायकतन्त्र की परिभाषा करते हुए कहा है, अधिनायकतंत्र उस व्यक्ति का शासन है जिसने अपनी स्थिति वंश के आधार पर नहीं अपितु शक्ति अथवा स्वीकृति अथवा इन दोनों के मिश्रण के आधार पर प्राप्त की हो। उसके पास निरंकुश प्रभुसत्ता अवश्य होती है, जिसका अर्थ यह है कि वह सम्पूर्ण राजनीतिक शक्ति का स्रोत है तथा उसकी यह शक्ति असीमित है। वह इस शक्ति का प्रयोग कानून के अनुसार नहीं अपितु अपनी इच्छा के अनुसार अपने आदेश द्वारा करता है। उसकी यह शक्ति किसी अन्य शक्ति के प्रतिबन्धों के अधीन नहीं होती, क्योंकि ऐसे प्रतिबन्ध निरंकुश शासन के विरुद्ध होते हैं।

अधिनायकतंत्र की विशेषताएँ

अधिनायकतन्त्र में बुद्धि-विवेक की अपेक्षा स्वाभाविक प्रवृत्तियों पर अधिक बल दिया जाता है। फासिस्ट इटली तथा नाजी जर्मनी में यह बात विशेष रूप से सही थी। राज्य का स्वरूप तानाशाही होता है। अधिनायकवाद सभी प्रकार के लोकतन्त्रीय सिद्धान्तों का विरोध करता है। इस प्रणाली का मुख्य लक्ष्य "राज्य के भीतर सब कुछ, राज्य के बाहर कुछ नहीं, राज्य के विरुद्ध कुछ भी नहीं" होता है। अधिनायकतन्त्र में राष्ट्रीय हित को अनावश्यक रूप से महत्त्व दिया जाता है। सरकार, समाज तथा राज्य 'राष्ट्र' के साथ मिला दिए जाते हैं। अधिनायक नेता की आवाज़ ही राष्ट्र की आवाज बन जाती है। अधिनायकतन्त्र बल तथा शक्ति में विश्वास रखता है। इस हेतु ऐसी प्रणाली में सेना तथा पुलिस व्यवस्था पर अधिक बल दिया जाता है। अधिनायक तन्त्र व्यक्ति की स्वतन्त्रता के प्रबल विरोध पर आधारित होता है। अधिनायकतन्त्र में लोगों को इस प्रकार की शिक्षा दी जाती है, "विश्वास करो, आज्ञा मानो, लड़ो।"

गुण—अधिनायकतन्त्र के निम्न गुण बताए गए हैं—

(1) स्थायी सरकार—अधिनायकतन्त्र में चुनाव आदि प्रथम तो होते ही नहीं और यदि होते हैं तो केवल एक दिखावा होते हैं। फलस्वरूप अधिनायक शासकों की अवधि अनिश्चित होती है तथा यह शासक स्थायी रूप से शासन करते रहते हैं। चूंकि अधिनायकतन्त्र तथा शासन में स्थिरता एक-दूसरे के साथ चलते हैं, इसलिए ऐसी प्रणालियों में स्थापित नीतियों का क्रम नहीं टूट पाता। यह अलग बात है कि ऐसी सरकारों में अपनाई गई नीतियाँ लोकहित की अवहेलना करती हैं।

(2) बचत—अधिनायकतन्त्र के गुणों में एक गुण यह भी बताया जाता है कि इसमें अपव्यय नहीं होता। सरकार के सभी कार्य सोच-समझकर किए जाते हैं और फिर चूंकि इस व्यवस्था में चुनाव आदि नहीं होते, इसलिए चुनावों पर किया गया खर्च ऐसी प्रणालियों में नहीं होता है।

(3) संकटकाल में सफल सरकार—अधिनायक तन्त्र किसी भी संकट का मुकाबला करने की शक्ति रखता है। राज्य पर संकट का सामना एकता तथा शक्ति द्वारा ही किया जा सकता है और यह दोनों विशेषताएँ अधिनायकतन्त्र में विद्यमान होती हैं।

(4) प्रभावशाली सरकार—अधिनायकतंत्र का प्रथम गुण यह बताया जाता है कि इस प्रणाली में आयोजित सरकार शक्तिशाली तथा प्रभावशाली होती है।

दरअसल इस प्रणाली का आधार ताकत और जोर-जबर्दस्ती होती है, इसलिए इसके आतंक के कारण लोग इसका विरोध नहीं करते। इसलिए इस प्रणाली का प्रभावशाली होना स्वाभाविक है।

अवगुण—अधिनायक तंत्र के अवगुण के निम्नलिखित रूप हो सकते हैं—

(1) व्यक्ति की स्वतन्त्रता का हनन—इस तरह की शासन प्रणाली में व्यक्ति की स्वतंत्रता समाप्तप्रायः हो जाती है। इसमें राष्ट्र के हित और शासक वर्ग के हित को सर्वोपरि माना जाता है।

(२) असामयिक शासन-प्रणाली—अधिनायकवाद एक असामयिक व्यवस्था का प्रतीक है। लोकतंत्र के युग में अधिनायकतन्त्र केवल अतीत की गाथा बन गया है। आधुनिक युग में अधिनायकतन्त्र के साथ लगभग सभी त्रुटियों को जोड़ा जाता है और किसी विरोधी राज्य को बदनाम करने के लिए एक राज्य उसे अधिनायकवादी घोषित करने में संकोच नहीं करता है। राजनीति में अधिनायकतन्त्र एक गाली-गलौच जैसी स्थिति प्राप्त कर चुका है।

(३) तानाशाही—अधिनायकतन्त्र तानाशाही को प्रोत्साहित करता है। इसमें स्थापित सरकार पर कोई बन्धन नहीं होता। अतः सरकार का रूप निरंकुश तथा तानाशाह बन जाता है। इसका परिणाम यह होता है कि लोगों के अधिकार तथा स्वतन्त्रताएँ कुचल दी जाती हैं।

(4) संकुचित राष्ट्रवाद, साम्राज्यवाद तथा युद्ध—अधिनायकवाद का एक अवगुण उग्र राष्ट्रवाद की स्थापना करना है। चूंकि इस प्रणाली में आयोजित सरकार अपने राज्य से ऊपर कुछ देख नहीं पाती, इसलिए राज्य ही राष्ट्र का एकमात्र रूप बन जाता है। अधिनायकवादी सरकार अपने राष्ट्र ने हितों के लिए अन्य राष्ट्रों पर शासन की लालसा रखती है। फलस्वरूप साम्राज्यवाद तथा युद्ध का वातावरण बनता है।

निष्कर्ष के तौर पर कहा जा सकता है कि अधिनायकवादी शासन-व्यवस्था समाज के आर्थिक और राजनीतिक विकास में एक व्यवधान है। इसमें आम आदमी और व्यक्ति का हित हाशियों पर रहता है।

लोकतंत्र व अधिनायकतंत्र में अन्तर

लोकतंत्र तथा अधिनायकतंत्र (तानाशाही) के भेद को निम्नलिखित प्रकार से प्रस्तुत किया जाता है—

(1) शासन का उद्देश्य—लोकतांत्रिक व्यवस्था में सत्ता का उद्देश्य जनहित

होता हैं, यहां आर्थिक, राजनीतिक और सामाजिक नीतियों का निर्धारण जन आकांक्षाओं के मद्देनजर तय होता है। परन्तु अधिनायक तंत्र में ऐसा कुछ नहीं होता। इस तंत्र में व्यक्ति या समूह विशेष का हित सर्वोपरि होता है। इस दृष्टि से लोकतन्त्र में सरकार का उद्देश्य अधिनायकतंत्र के उद्देश्य की अपेक्षा अधिक व्यापक है।

(2) शासन का स्वरूप—लोकतंत्र में शासन का स्वरूप निरंकुश नहीं होता। लोकतंत्रीय सरकार तथा उत्तरदायी सरकार पर्यायवाची हैं। सरकार के किसी स्तर तथा किसी अंग को सब अधिकारी प्राप्त नहीं होते। अन्ततः लोकतंत्रीय सरकार जन साधारण में प्रेरित होती है, अपितु जनसाधारण के प्रति उत्तरदायी भी होती है। इसके विपरीत अधिनायकतंत्र में सरकार स्वेच्छाचारी तथा तानाशाह होती है। शासन-शक्ति का विकेन्द्रीकरण न होकर केन्द्रीकरण होता है। मनमानापन तथा अधिनायकतंत्र एक साथ रहते हैं।

(3) जनमत का स्थान—लोकतंत्र जनमत की आधारित प्रणाली है। लोकतंत्र में प्रत्येक व्यक्ति तथा उनके व्यक्तित्व को सम्मान तथा महत्व प्राप्त होता है। इस प्रणाली में कोई यह नहीं कह सकता कि उनकी सुनवाई नहीं हुई है। जनता के मतानुसार लोकतंत्र में बदलाव होता रहता है। उसका चरित्र अपेक्षाकृत उदारवादी और लोककल्याणकारी बनता है। अधिनायक तंत्र में इसकी कोई गुंजाईश नहीं बचती है। व्यक्ति तथा उसके व्यक्तित्व का अधिनायकतंत्र में कोई स्थान नहीं होता।

(4) राजनीतिक शिक्षण—क्योंकि लोकतंत्र जनमत पर आधारित प्रणाली है, इसलिए लोकतंत्रीय सरकार सदैव जनता के राजनीतिक शिक्षण पर बल देती है। लोकतंत्र में जनसाधारण सरकार की नीतियों से परिचित रहता है। सरकार स्वयं जनता एक अपनी गतिविधियाँ तथा सूचनाएँ पहुँचाने का प्रयास करती है। लोकतंत्र में सरकार का कार्य खुले रूप में होता है। अधिनायकतंत्र में सरकार की समस्त गतिविधियाँ गुप्त रूप से चलती हैं। जनता तक सरकार की नीतियों का ज्ञान उतना ही पहुँचता है जितना सरकार स्वयं चाहती है।

(5) विवेक तथा अविवेक का अन्तर —लोकतंत्र का सम्बन्ध विवेक से होता है, अधिनायकतंत्र का सम्बन्ध भावनाओं से। लोकतंत्र व्यक्ति के विवेक पर बल देता है; अधिनायकतंत्र व्यक्ति की भावनाओं पर। प्रथम का सम्बन्ध व्यक्ति की बुद्धि से है, दूसरे का सम्बन्ध व्यक्ति के दिल से। लोकतंत्र लोगों की इच्छाओं को एक रूप देने का प्रयास करता है; अधिनायकतंत्र उनकी इच्छाओं का दमन करता है।

(6) समानता की अवधारणा—लोकतंत्र सभी व्यक्तियों की समानता पर आधारित है। लोकतंत्रीय व्यवस्था व्यक्तियों में किसी भी प्रकार के भेद को उचित

नहीं समझती। इस व्यवस्था में प्रत्येक व्यक्ति दूसरे व्यक्ति के समान होता है। भाषा, रंग, जाति, धर्म, लिंग, क्षेत्र आदि किसी से भी भेद करता है। इस प्रणाली में अनेकों को सुविधाएँ मिलतीं ही नहीं हैं जबकि कुछ को विशेष सुविधाएँ प्रदान की जाती हैं।

(7) स्वतन्त्रता का प्रश्न—लोकतंत्र के आधारभूत नियमों में स्वतन्त्रता एक प्रमुख नियम है। लोकतन्त्रीय प्रणाली में लोगों को अनेक प्रकार की स्वतन्त्रताएँ प्राप्त होती हैं। भाषण, विचार, सभाएँ करने तथा लेख सम्बन्धी स्वतन्त्रताएँ लोकतंत्र की नींव समझी जाती हैं। स्वयं लोकतंत्रीय सरकार लोगों की इच्छाओं पर संगठित की जाती है। अधिनायकतंत्र स्वतन्त्रता को कोई महत्व नहीं देता। इस व्यवस्था में स्वतन्त्रता व्यवस्था की बाधक मानी जाती है। अधिनायकतंत्र में लोगों की स्वतन्त्रताओं को समाप्त अथवा सीमित कर दिया जाता है।

(8) शासन-शक्ति का स्रोत—लोकतांत्रिक व्यवस्था में शासन व्यवस्था जनता के चुने हुए प्रतिनिधियों के द्वारा चलायी जाती है और जनता की आकांक्षाओं को महत्व मिलता है किन्तु अधिनायक तंत्र में ऐसा कुछ नहीं होता। वहां सबसे ताकतवर व्यक्ति की मनमर्जी चलती है। अधिनायकतंत्र में शासन-शक्ति का स्रोत कोई व्यक्ति, दल अथवा वर्ग विशेष होता है। शासन उस व्यक्ति, वर्ग अथवा दल के प्रति उत्तरदायी रहता है। प्रथम तो चुनाव होते ही नहीं, और यदि चुनाव हों भी तो वह एकपक्षीय चुनाव होते हैं। अधिनायकतंत्रात्मक सरकार को बदलने का एकमात्र साधन क्रान्ति होता है।

निष्कर्ष के तौर पर कहा जा सकता है कि लोकतंत्र अपनी तमाम कमजोरियों के बावजूद एक बेहतर प्रणाली है। इसका चरित्र मानवीय और विश्वव्यापी है। जबकि अधिनायकवाद एक क्रूर और उन्मादी एवं संकीर्ण मानव विरोधी प्रणाली है। बर्न्स की धारणा है, "इससे कोई इन्कार नहीं करता कि वर्तमान प्रतिनिध्यात्मक सभाएँ दोषपूर्ण हैं, परन्तु कोई स्वचालित मोटर अच्छी प्रकार से चले, तो भी उसके स्थान पर बैलगाड़ी स्वीकार करना मूर्खता है, भले ही ऐसा करना चाहे कितना ही रोमांचकारी क्यों न हो।" स्मिथ का कहना है, "यदि किसी को स्वर्ण प्राप्त नहीं होता तो निराश होना मूर्खता है, जब तक कि एक व्यक्ति के हाथ में नर्क से दूर रहने के साधन विद्यमान हैं।"

अमेरिका में राजनैतिक दल तथा दबाव-समूह

लोकतांत्रिक राजनीतिक व्यवस्था में राजनीतिक दलों का महत्व केन्द्रीय होता है। ये जनाकांक्षाओं के वाहक होते हैं और जनता अपना राजनीतिक मत इनके

माध्यम से व्यक्त करती है। इसलिए यह कहना समुचित होगा कि लोकतंत्र और राजनीतिक दलों के बीच परस्पर अन्योन्याश्रय सम्बंध होता है। लार्ड ब्राइस कहते हैं, "राजनैतिक दल अनिवार्य हैं। कोई भी बड़ा स्वतन्त्र देश इसके बिना नहीं रह सकता। किसी व्यक्ति ने यह नहीं दिखाया कि लोकतन्त्र उनके बिना कैसे चल सकता है। ये मतदाताओं के समूह की अराजकता में से व्यवस्था उत्पन्न करते हैं, यदि दल कुछ बुराइयाँ उत्पन्न करते हैं, तो दूसरी ओर बुराइयों को दूर भी करते हैं।" राजनैतिक दल लोकमत को सदैव जागरूक रखते हैं। जनता की शिकायतों को विधानमंडल तक ले जाते हैं तथा उन्हें दूर करते हैं। जनता को राजनैतिक शिक्षा देने की आधारशिला है। यह सामाजिक त्रुटियों को भी सामने लाते हैं। कार्यपालिका तथा विधानमंडल और केन्द्र तथा राज्यों में सम्पर्क स्थापित करने का सुन्दर साधन है। संविधान निर्माताओं में दलीय प्रभाव से राजनीति को मुक्त करने हेतु संसदीय शासन नहीं अपनाया। राष्ट्रपति का चुनाव अप्रत्यक्ष अपनाया परन्तु राजनैतिक दलों ने शासन पर प्रभाव डाला। राजनैतिक दलों की वजह से व्यवस्थापिका और कार्यपालिका में सम्बन्ध स्थापित हो गया है। राष्ट्रपति का चुनाव व्यवहार में प्रत्यक्ष हो गया है। स्पष्ट है कि अमेरिका में शासन पर दलों का प्रभाव किसी अन्य राष्ट्र से कम नहीं। ब्रिटेन की भांति यहाँ द्वि-दलीय प्रणाली है—लोकतन्त्रात्मक और गणतन्त्रात्मक दल।

संयुक्त राज्य अमेरिका की दल पद्धति

विभिन्न राज्यों की दल-प्रणाली के स्वरूप में भिन्नता होती है। अमेरिकन दल-प्रणाली के स्वरूप को इसकी भिन्न विशेषताओं द्वारा जाना जा सकता है।

(1) द्वि-दलीय प्रणाली—इंग्लैड की तरह संयुक्त राज्य में भी द्वि-दलीय प्रणाली है और वहाँ पर 'डेमोक्रेटिक दल' व 'रिपब्लिकन दल' दो ही मुख्य राजनीतिक दल हैं और भी छोटे-मोटे दल बनाते रहे हैं, परन्तु सफल न होने के कारण उनकी समाप्ति होती रहती है अथवा उनका कोई महत्व नहीं रहा है। इस समय भी दो मुख्य दलों के अतिरिक्त कहीं-कहीं कुछ दल दिखाई देते हैं जैसे 'ग्रीन बैक', 'लेबर रिफार्म', 'सोशालिस्ट दल', 'प्रोग्रेसिव पार्टी', 'साम्यवादी दल' आदि। परन्तु "अमेरिकन राजनीति में तीसरे दल केवल नीति को बनाने में सहायक रहे हैं; उन्होंने पद प्राप्त नहीं किए हैं।"—फरग्यूसन तथा मैकहैनरी

(2) संविधानेत्तरस्वरूप—अमेरिकी संविधान के अनुसार राजनीतिक दलों का निर्माण निषेश है क्योंकि उसका मानना है कि इससे राष्ट्र की एकता और अखण्डता प्रभावित होती हैं। दलों के कारण समाज कई भागों में बंट जाता है और परस्पर विरोधी

प्रवृत्तियाँ विकसित होती हैं। राष्ट्र में अलगाववाद और विभाजन की गुंजाईश बनती है। परन्तु संविधान लागू होने के लगभग 10 ही वर्ष बाद राजनीतिक दलों की स्थापना हो गई। अतः अमेरिकन दल प्रणाली को संविधानेत्तर कहा जाता है और ब्रिटिश दल-प्रणाली की भी यही विशेषता है।

(3) मौलिक विचारधारा में समानता—सामान्यतः अमेरिकी राजनीतिक दलों में दो दल प्रमुख हैं। इनका नाम और नेता अलग-अलग जरूर हैं, परन्तु इनकी विचारधारा में कोई मौलिक अंतर नहीं पाया जाता है। इंग्लैड के दो दलों की नीतियों में अत्यधिक अन्तर है, परन्तु अमेरिका के दोनों दल लोकतंत्र, आर्थिक विकास, सामाजिक कल्याण तथा विश्व शांति का समर्थन करते हैं। वास्तव में देखा जाए तो यह दोनों दल ऐसी दो समान प्रकार की शक्तियाँ हैं जिनमें केवल चुनाव के समय संघर्ष दिखाई देता है "कोई ऐसी मापदण्ड नहीं है जिसके आधार पर यह निश्चित किया जा सके कि डेमोक्रेटिक एवं रिपब्लिकन दलों के अलग-अलग स्थायी विचार क्या हैं।" लास्की

(4) दबाव गुटों का प्रभाव—प्रत्येक राज्य में राजनीतिक दलों के अलावा कुछ दबाव गुट भी होते हैं, जैसे श्रमिक संघ, विद्यार्थी संघ, सामाजिक संस्थाएँ आदि। संयुक्त राज्य में इस प्रकार के कई दबाव गुट हैं जिनका दोनों राजनीतिक दलों से गहरा रिश्ता है और ये उनकी नीतियों को प्रभावित करते हैं।

संयुक्त राज्य अमेरिका के राजनीतिक दलों का तुलनात्मक स्वरूप

अमेरिका के संविधान-निर्माता राजनीतिक दलों की स्थापना के विरुद्ध थे। इनमें मैडिसन तथा वाशिंगटन के नाम विशेष हैं। मैडिसन ने उस समय यह कहा था कि "एक सुगठित संघ में दलवाद को तोड़ने और उसे नियंत्रित करने की अपने आप एक प्रवृत्ति होती है और इस प्रवृत्ति का अधिक से अधिक विकास होना चाहिए।" वाशिंगटन, जो प्रथम राष्ट्रपति बने, ने अपने मन्त्रिमंडल में विभिन्न विचारधारा के व्यक्तियों को नियुक्त किया था। वाशिंगटन कहा करते थे कि "दलगत विद्वेष में सभी के लिए बुराई और हानि छिपी हुई है।"

फैडरलिस्ट्स तथा एण्टी-फैडरलिस्ट्स—यद्यपि फिलाडेल्फिया सम्मेलन के सदस्यों के विचारों में मतभेद राजनीतिक दलों के आधार पर नहीं थे, फिर भी अमेरिका की वर्तमान दल-प्रणाली की नींव उस सम्मेलन में ही पड़ चुकी थी। इस सम्मेलन के सदस्य दो गुटों में बंटे हुए थे। फैडरलिस्ट गुट जिसके नेता हेमिल्टन थे, शक्तिशाली संघ का समर्थक था और एण्टी-फैडरलिस्ट गुट जिसके नेता जैफरसन

था, राज्यों तथा नागरिकों की स्वतंत्रता के पक्ष में था। जब सर्वसम्मति से वाशिंगटन को अमेरिका का राष्ट्रपति चुना गया तो वे दलीय धारा के विरुद्ध थे और दोनों प्रमुख दलों के नेताओं को अपने मंत्रिमण्डल में स्थान दिया। जैफरसन और हैमिल्टन दोनों ने उनके साथ काम किया। परन्तु उनमें मतभेद बने रहे। 1796 के चुनाव में फैडरलिस्ट्स की जीत हुई, परन्तु 1800 के निर्वाचन में 'डेमोक्रेटिक रिपब्लिकन' गुट ने विजय प्राप्त की और उसने अपने आपको इतना प्रसिद्ध कर लिया कि 1815 के पश्चात् तो फैडरलिस्ट गुट धीरे-धीरे राजनीतिक रंगमंच से लुप्त हो गया। जब केवल 'डेमोक्रेटिक-रिपब्लिकन' दल राजनीतिक क्षेत्र में था।

रिपब्लिकन्स तथा डेमोक्रेट्स—1856 के पश्चात् अब्राहम लिंकन के नेतृत्व में 'रिपब्लिकन-दल' की स्थापना की गई और 1860 के चुनाव में अब्राहम लिंकन राष्ट्रपति निर्वाचित हुए। दास प्रथा के प्रश्न पर रिपब्लिकन दल काफी प्रसिद्ध हो गया और 24 वर्षों तक सत्ता इसी दल के पास रही। इस प्रकार अमेरिका के वर्तमान दो दलों की स्थापना हुई और कभी एक दल और कभी दूसरा दल सत्ताधारी बना। ऐसा होता है कि कांग्रेस में डेमोक्रेटिक दल का बहुमत हो तथा राष्ट्रपति फोर्ड रिपब्लिकन दल में से ऐसा अनेक बार हुआ है। अमेरिकी राजनीतिक व्यवस्था की एक प्रमुख विशेषता यह है कि यह जरूरी नहीं कि राष्ट्रपति और कांग्रेस का सम्बन्ध एक ही दल से हो।

संयुक्त राज्य अमेरिका के दो मुख्य राजनीतिक दलों के कार्यक्रम में कोई विशेष अन्तर नहीं है और वास्तव में देखा जाए तो इन दोनों का कोई निश्चित कार्यक्रम नहीं है। फिर भी व्यवहार में रिपब्लिकन दल के कार्यक्रम में राज्यों की स्वतंत्रता, सोवियत संघ का विरोध, साम्यवादी चीन को सहयोग, सैनिक शक्ति, सामाजिक सुरक्षा, उत्पादकों के हितों की रक्षा, पूँजीवाद का समर्थन आदि सम्मिलित हैं। इसी प्रकार डेमोक्रेटिक दल संघीय सरकार के समर्थन, सामाजिक समानता, साम्यवाद का विरोध, पिछड़े देशों को आर्थिक सहयता, सार्वजनिक कल्याण आदि का समर्थक है। यद्यपि डेमोक्रेटिक दल रिपब्लिकन दल की तुलना में अधिक उदारवादी है। सैद्धान्तिक दृष्टि से दोनों की नीति में कोई विशेष अन्तर नहीं बताया जा सकता। इस समानता को बताते हुए कुछ विद्वानों ने निम्न शब्दों में अपने विचार प्रस्तुत किये हैं—

(1) "अमेरिका में केवल एक ही दल रिपब्लिकन-डेमोक्रेटिक है जो आदतों और पदों की होड़ के कारण दो समान भागों में विभाजित है और जिसमें एक का नाम रिपब्लिकन और दूसरे का डेमोक्रेटिक है।" —**फाइनर**

(2) "दोनों दल भावनाओं, विचारों तथा इच्छाओं में बिल्कुल एक हैं और मतदाता खोखले शब्दों को मत देते हैं।" **—बियर्ड**

(3) "जहाँ तक सिद्धान्तों का सम्बन्ध है रिपब्लिकन तथा डेमोक्रेटिक दलों में कोई मौलिक मतभेद नहीं हैं।" **—जार्डन"**

(4) "संयुक्त राज्य में रिपब्लिकन तथा डेमोक्रेटिक दल एक जैसे सिद्धान्तों का समर्थन करते हुए दिखाई देते हैं।" **—फर्ग्यूसन और मैकहैनरी**

दलीय कार्यक्रम की तरह दोनों दलों का संगठन भी एक जैसा है। इस संगठन को दो भागों में बांटा जा सकता है—(1) स्थायी संगठन और (2) अस्थायी संगठन। इस स्थायी संगठन की व्यवस्था केवल चुनाव के समय की जाती है और कई प्रकार की अस्थायी समितियाँ बनाई जाती हैं। यहाँ पर स्थायी संगठन को जानना आवश्यक है स्थायी संगठन—दरअसल स्थायी संगठन किसी भी दल का सबसे छोटा संगठन होता है। इसे विभागीय संगठन भी कहा जाता है। इस स्थानीय संगठन के मुख्य कार्यकर्ता को 'विभागीय-कार्यकर्ता कहते हैं। स्थानीय संगठन के कार्यों में मतदाताओं की सूची का रिकार्ड रखना, चुनाव आन्दोलन चलाना, नए सदस्य बनाना, राज्य संगठन के आदेशों के अनुसार कार्य करना आदि मुख्य हैं।'

राज्य-संगठन—दोनों दलों की प्रत्येक राज्य में एक 'राज्य केन्द्रीय समिति' होती है। इस समिति के सदस्य नगर समितियों अथवा जिला समितियों द्वारा निर्वाचित होते हैं। कुछ सदस्यों का चुनाव राज्य-सम्मेलनों द्वारा होता है। राज्य संगठन द्वारा राष्ट्रीय-सम्मेलन के लिए प्रतिनिधियों का निर्वाचन, दल के लिए प्रचार, राज्य घोषणा-पत्र की स्वीकृति, राष्ट्रीय समिति को परामर्श देना आदि कार्य किये जाते हैं।

राष्ट्रीय संगठन्न—प्रत्येक राजनीतिक दल का एक राष्ट्रीय संगठन है जिसमें एक 'राष्ट्रीय समिति ' होती है। इस समिति में प्रत्येक राज्य संगठन में दो सदस्य होते हैं। जिनमें एक पुरुष और एक महिला होती है। इनकी अवधि 4 वर्ष होती है, समिति द्वारा एक अध्यक्ष चुना जाता है। प्रत्येक 4 वर्ष बाद समिति द्वारा एक राष्ट्रीय सम्मेलन बुलाया जाता है। यह सम्मेलन राष्ट्रपति, उपराष्ट्रपति पदों के लिए उम्मीदवारों को चुनता है।

अमेरिकन दल-प्रणाली का मूल्यांकन इसकी आलोचना, प्रशंसा तथा ब्रिटिश दल-प्रणाली से तुलना के आधार पर किया जा सकता है।

आलोचना

अमेरिका दल-प्रणाली की आलोचना निम्न आधारों पर की जाती है—

1. राजनीतिक दलों का संगठन भी दोषपूर्ण है। इसमें अनुशासन, लोकतन्त्रात्मक सिद्धान्तों, त्याग की भावना, सहयोग आदि गुणों का अभाव है। वैसे भी इनके संगठन को काफी जटिल रूप दिया गया है। तमाम आलोचनाओं के बावजूद भी अमेरिका के राजनीतिक मानस को दोनों दलों ने गहराई से प्रभावित किया है। इनकी विशिष्टताओं को आप निम्नलिखित आधारों पर परख सकते हैं।
2. अमेरिका के दोनों राजनीतिक दलों पर पूंजीपतियों का नियंत्रण है। सामान्य जनता का इनमें प्रतिनिधित्व बहुत कम है। दल के कुछ नेता बार-बार दल के पदाधिकारी निर्वाचित होते हैं, और वह अपने मित्रों का पक्षपात करते हैं। इसीलिए साधारण सदस्य तो दल की बैठकों में बहुत कम जाते हैं।
3. चुनाव में विजय प्राप्त करने के लिए सभी प्रकार के उचित तथा अनुचित साधन अपनाए जाते हैं। वाटरगेट काण्ड का उदाहरण सभी जानते हैं; राष्ट्रपति के चुनाव को तो इसीलिए विश्व का एक बहुत बड़ा राजनीतिक युद्ध कहा गया है।
4. राजनीतिक दलों द्वारा चुनावों में बहुत-सा धन खर्च किया जाता है। 1972 में केवल राष्ट्रपति के चुनाव पर दोनों दलों द्वारा 40 करोड़ डालर खर्च किए गए। केवल उन उम्मीदवारों को टिकट दी जाती है जो स्वयं भी अपनी जीत और प्रचार के लिए काफी धनराशि व्यय कर सके।
5. दोनों राजनीतिक दलों के कार्यक्रम में अन्तर न होने के कारण मतदाताओं के लिए वह निर्णय करना कठिन होता है। कि किस दल के पक्ष में मत दिया जाए। अतः सामान्यतः उम्मीदवार को विजय प्राप्त होती है और कांग्रेस के चुनावों में दूसरा दल विजयी होती है।

ब्रिटिश दल प्रणाली से तुलना

अमेरिका और ब्रिटेन दोनों ही देशों में द्वि-दलीय प्रणाली है। और दोनों सावैधानिक रूप से निषेध हैं। इसके बावजूद निम्नलिखित अन्तर मौजूद हैं–

1. इंग्लैड के दो दलों के सिद्धान्तों तथा कार्यक्रमों में बहुत अन्तर है जैसा कि ब्रिटिश संविधान के अध्ययन में बताया जा चुका है। परन्तु अमेरिकन दल-प्रणाली में दोनों दलों के मौलिक सिद्धांतों में पर्याप्त समानता है।

2. दोनों के संगठन में भी भिन्नता है। ब्रिटेन में राजनीतिक दल अधिक संगठित हैं और उनका अनुशासन भी अधिक कठोर है। परन्तु अमेरिकन दल-प्रणाली में इन गुणों का अभाव है।
3. अमेरिका की दल-प्रणाली में दबाव गुटों का अत्यधिक प्रभाव रहता है, परन्तु इंग्लैड में ऐसा नहीं है।
4. इंग्लैंड में संसदीय शासन प्रणाली होने के कारण संसद में जिस दल का बहुमत होता है उसी दल की सरकार बनती है। इससे व्यवस्थापिका तथा कार्यपालिका दोनों पर एक ही दल का नियंत्रण रहता है। परन्तु अमेरिका में अध्यक्षात्मक प्रणाली होने से ऐसा होना निश्चित नहीं है।
5. इंग्लैड में विरोधी दल का भी बहुत अधिक महत्व होता है और प्रधानमंत्री को उससे सतर्क रहना पड़ता है अमेरिका के राष्ट्रपति को इसका भय नहीं होता।

अमेरिका के दबाव समूह

अमेरिका में कई महत्वपूर्ण राजनीतिक दबाव समूह हैं और ये अपेक्षाकृत अधिक संगठित और सक्रिय हैं, इसलिए इनका सामाजिक प्रभाव भी ज्यादा है। ये कानूनी रूप से मान्यता प्राप्त भी होते हैं। प्रत्येक दबाव-समूह को 1946 के अन्तर्गत, रजिस्टर्ड करवाना पड़ता है। उन्हें प्रत्येक वर्ण का लेखा-जोखा राजकीय अधिकारी से स्वीकृत करवाना होता है। रजिस्टर्ड करवाते समय स्पष्ट कर देना होता है कि वे किसी हित को प्रकट करते हैं। अर्थात् उनका सम्बन्ध उद्योगपतियों अथवा मजदूर-वर्ग अथवा छात्र-वर्ग अथवा किसी और वर्ग से है। दबाव-समूह की आवश्यकता के दो मुख्य कारण हेरी इक्सटीन ने बताए—एक, आधुनिक, दूसरा, राजनीतिक समाजीकरण।

एक दबाव-समूह की सफलता इस बात पर आधारित है कि उसका नेतृत्व किस प्रभावशाली व्यक्ति के हाथ में है, उसके पास कितने साधन हैं। उसके उद्देश्य क्या हैं, उसका संगठनात्मक रूप क्या है, उस सरकार का संगठन कैसा है, दबाव-समूह के सदस्य कहाँ तक संसद सदस्यों पर अपना प्रभाव डाल सकते हैं, उस राज्य की चुनाव पद्धति क्या है तथा सरकार के समक्ष वे अपने उद्देश्य को किस प्रकार रखते हैं।

अमेरिका में दल व दबाव-समूह का मूल बहुत अच्छी तरह बैठा है जैसा कि

सम्यूल बीयर ने कहा है, "कल्याणकारी राज्य के ढाँचे तथा निश्चित अर्थव्यवस्था ने दबाव-समूहों तथा प्रशासन में अधिक मेल उत्पन्न किया है तथा इसलिए दबाव समूह प्रशासनिक स्तर पर होने वाले निर्णयों से सम्बन्धित रहते हैं" सेम्यूल बीयर कहते हैं कि दबाव-समूहों के महत्व का एक और कारण यह है कि जहाँ दबाव-समूह होते हैं वहाँ व्यक्तियों को कोई महत्व नहीं दिया जाता। इसे सेम्यूल बीयर ने का नाम दिया है। इसका अर्थ बताते हुए वे कहते हैं कि समाज व्यक्तियों का समूह नहीं वह उपसमूहों और उपसमाजों का समाज है। सरकार इन दबाव-समूहों से बातचीत कर जन आकांक्षाओं का पता लगा सकती है और जन हित में विभिन्न नीतियों का निर्माण कर सकती है।

जैसा कि ऊपर बतायाा गया है पृथक्करण के कारण राष्ट्रपति कांग्रेस व सर्वोच्च न्यायालय में सम्बन्ध का अभाव है। राजनैतिक दल इस सम्बन्ध को स्थापित नहीं कर सके हैं। इन्हें दबाव-समूहों से पूरा किया गया है। साधारणतया राजनैतिक गतिविधियों पर दबाव-समूहों का प्रत्यक्ष प्रभाव नहीं होता, परन्तु अप्रत्यक्ष प्रभाव होता है। इनका कोई निश्चित कार्यक्रम नहीं होता। दबाव डालने का कोई निश्चित समय नहीं होता। इनकी मांग किसी समय भी उठ सकती है। इनका सम्बन्ध केन्द्रीय विधामण्डल या कार्यकारिणी तक ही नहीं होता बल्कि संघीय सरकारों व स्थानीय सरकारों से होता है।

स्पष्ट है कि अमेरिका के दबाव-समूह सम्पूर्ण शासन में सक्रिय हैं। उनका सरकार पर प्रत्यक्ष अथवा अप्रत्यक्ष प्रभाव है। इन्होंने सत्य ही सरकार व जनता वे बीच एक सुन्दर कड़ी स्थापित की है। लोकमत को जाग्रत रखा है तथा राजनैतिक दलों की कमी को पूरा किया है। इनके महत्त्व को किसी प्रकार भी कम नहीं किया जा सकता।

संयुक्त राज्य अमरीका में दल पद्धति

अमेरिका के राजनीतिक जगत के लिए यह एक आश्चयजनक बात है कि यहां के लोग राजनीतिक दलों के अस्तित्व की जरूरत को महसूस करते हैं और विभिन्न दबाव-समूह और कुछ महत्वपूर्ण राजनीतिक दल भी बनाकर रखे हैं। फिर भी अमेरिका का संविधान राजनीतिक दलों को मान्यता नहीं देता यद्यपि विश्व के अधिकांश लोकतांत्रिक देशों में संविधान राजनीतिक दलों के अस्तित्व को गैरकानूनी मानता है। यद्यपि अनुभव के आधार पर यह कहना उचित होगा कि किसी भी

लोकतांत्रिक देश में लोकतंत्र की सफलता के लिए राजनीतिक दलों का होना लोकतंत्र के लिए फायदेमंद है।

हम जानते हैं कि लोकतान्त्रिक शासन वास्तव में दलीय शासन होते हैं। चाहे राजनीतिक दलों की, राजनीति को भ्रष्ट करने वाले महत्वपूर्ण कारक के रूप में, आलोचना की जाए किन्तु इस बात से इंकार नहीं किया जा सकता कि वे लोकतन्त्रीय शासन की विशिष्ट व आवश्यक विशेषता हैं।

यदि लोकतंत्र जनशक्ति पर आधारित है तो राजनीतिक दल जनता की प्रभुता नहीं हो सकती। यही कारण है कि सभी लोकतन्त्रों में राजनीतिक दलों की महत्वपूर्ण भूमिका को स्वीकार किया गया है, अमरीका भी इसका अपवाद नहीं है। वहां के विशाल पैमाने पर तथा जल्दी-जल्दी होने वाले चुनावों को वास्तव में राजनीतिक दल ही व्यवस्था प्रदान करते है। वहाँ राष्ट्रपति, उपराष्ट्रपति, प्रतिनिधि सभा व सीनेट के सदस्यों, राज्यों के राज्यपालों, उपराज्यपालों, विधानमण्डलों तथा स्थानीय निकायों आदि के चुनाव होते ही रहते हैं। अमरीका के राजनीतिक दल, प्रत्याशियों को छाँटने, चुनाव प्रचार करने तथा धनादि की व्यवस्था करने में वर्ष भर लगे रहते हैं। इन चुनावों को माध्यम बनाकर राजनीतिक दल जनता के भिन्न-भिन्न प्रकार के हितों, स्वार्थों व आवश्यकताओं में सामंजस्य स्थापित करते हैं, तथा महत्वपूर्ण विषयों पर जनता व शासन का ध्यान आकर्षित करते हैं। चुनावों के पश्चात् दलीय सरकारें निश्चित नीतियों व कार्यक्रमों को लागू करने के लिए प्रयास करती हैं। अमरीका में राजनीतिक दलों की एक महत्वपूर्ण भूमिका केन्द्र व राज्यों के बीच कड़ी के रूप में कार्य करना है। इतना ही नहीं, यदि वहां दलों का विकास न हो पाता तो शक्ति पृथक्करण के कारण व्यवस्थापिका व कार्यपालिका के बीच उत्पन्न होने वाले संघर्ष वहां की व्यवस्था के अस्तित्व के लिए खतरा पैदा कर देते। प्रोफेसर ब्रोगन ने अमरीका की वास्तविकता की ओर इशारा करते हुए कहा है कि राष्ट्रीय दल व्यवस्था के विकास के अभाव में अपने कर्तव्यों की पूर्ति करने वाले राष्ट्रीय नेता के रूप में राष्ट्रपति का चुनाव होना असम्भव हो जाता, यह निर्विवाद है कि जब दल व्यवस्था नष्ट हो गई थी तब ही गृहयुद्ध के रूप में अमरीकी सांविधानिक व्यवस्था का ह्रास हो गया था।

किसी भी लोकतांत्रिक देश में वहां मौजूद राजनीतिक दलों को समझे बिना वहां की राजनीति को समझना मुश्किल है। क्योंकि ये दल वहां की राजनीति में रंगे होते हैं। वे समाज के सामने विद्यमान विभिन्न समस्याओं को प्राथमिकता के अनुसार क्रमबद्ध करके उपस्थित करते हैं। इन समस्याओं को सुलझाने के लिए हल प्रस्तुत

करते हैं, समाधान में निरन्तरता पैदा करते हैं तथा समाधान के लिए दलीय नेताओं को प्रस्तुत करते हैं। इसलिए कहा गया है कि अमरीकी लोकतन्त्रीय प्रणाली को अधिक सार्थकता व महत्व प्रदान करने में वहाँ के राजनीतिक दल शक्तिशाली तत्व के रूप में विद्यमान रहे हैं।

दलीय पद्धति की विशेषताएँ

अमरीकी दलीय पद्धति की प्रमुख विशेषताओं को संक्षेप में निम्नलिखित प्रकार से व्यक्त किया जा सकता हैः—

(1) द्वि-दलीय पद्धति—अमरीकी भी ब्रिटेन के समान द्वि-दलीय पद्धति वाला लोकतंत्र है किन्तु वहां की दल पद्धति की प्रकृति सर्वथा भिन्न है।

वहां राष्ट्रीय, राज्यीय व नगर स्तर पर हितों के समूहनों को दो दल प्रकट करते हैं। राष्ट्रीय दल व उसके नेताओं का लक्ष्य इन हितों के समूहनों का निर्माण करना तथा उन्हें बनाए रखना होता है। इन समूहनों को यह विश्वास दिलाना आवश्यक है कि उनके हितों की पूर्ति राष्ट्रीय दल के साथ जुड़े रहकर तथा विभिन्न स्तरों पर और विशेषकर राष्ट्रीय स्तर पर चुनावों में दल को विजयी बनाकर की जा सकती है। राष्ट्रीय स्तर के दोनों दलों के यद्यपि दो अलग-अलग नाम हैं और अलग-2 उनके संगठन हैं किन्तु प्रत्येक दल के विभिन्न स्तरों पर विभिन्न घोषणा पत्र होते हैं जो अलग-2 स्थानों पर अलग-2 हितों को सन्तुष्ट करते हैं।

दरअसल अमेरिका में द्विदलीय व्यवस्था के विकास में औपनिवेशक परम्परा की महत्वपूर्ण भूमिका रही है। अमरीका के अंग्रेजी भाषा-भाषी लोगों के रक्त में समझौता, समन्वय व व्यावहारिकता मिली होती है और अमरीका के विभिन्न हितों को सभी स्तरों पर दो दलों में केन्द्रित करने में उनकी इसी प्रवृत्ति ने सहयोग दिया है। प्रारम्भ में संघवादी और संघविरोधी तथा बाद में संघवादी तथा लोकतान्त्रिक गणतन्त्रवादी, डेमोक्रेटिक्स व व्हिग्स तथा अन्त में डेमोक्रेटिक व रिपब्लिकन दलों का राष्ट्रीय स्तर पर निर्माण हुआ। बर्न्स एवं पेल्टासन का कहना है कि हमारी राष्ट्रीय दलीय पद्धति की प्रमुख विशेषता यह है कि यहाँ द्विदलीय पद्धति है। यदि हमारे यहां भी तीन या अधिक दल होते तथा सत्ता संघर्ष के लिए परस्पर संघर्षरत रहते तो यहाँ की राजनीति की प्रकृति भी वर्तमान से सर्वथा भिन्न होती। यदि हमने फासिस्ट या साम्यवादी शासन प्रणालियों के समान एक दलीय पद्धति को अपनाया होता तो न केवल यहां के लोकतंत्र का स्वरूप भिन्न होता बल्कि वह अपना अस्तित्व ही खो बैठता है।

इस प्रकार अमरीका में राष्ट्रीय स्तर पर दो दल—डेमोक्रेटिक तथा रिपब्लिकन हैं किन्तु इसका तात्पर्य यह नहीं है कि वहाँ अन्य दल हैं ही नहीं। यहां स्थानीय स्तर पर अनेक दल हैं और ये किसी प्रमुख दल से जुड़कर अपनी राजनीति करते हैं। साम्यवादी दल, समाजवादी श्रमिक दल, राष्ट्रीय राज्य अधिकार दल, नशाबन्दी दल तथा स्वतन्त्र मतदाता दल आदि अनेक दलों ने यहां की राजनीति को प्रभावित किया है। यद्यपि ये दल राष्ट्रपति पद को प्राप्त करने की आशा नहीं करते क्योंकि ये केवल सीमित मतदाताओं को ही प्रभावित करते हैं किन्तु ये अपनी विशिष्ट नीतियों व कार्यक्रमों को इस प्रकार से प्रचारित करते हैं कि इनका समर्थन प्राप्त करने का प्रयत्न करता है और दूसरी ओर विभिन्न हितों से सम्बन्धित वर्ग भावी विजयी प्रत्याशी के पक्ष में संगठित होने से अपने हितों की पूर्ति की आशा करते हैं। इस प्रकार दो पक्षों में सभी हितों का केन्द्रीकरण हो जाना सरल व तर्कसंगत हो जाता है।

(2) स्पष्ट सैद्धान्तिक मतभेदों का अभाव—हम जानते हैं कि यद्यपि ब्रिटेन व अमरीका में न केवल द्विदलीय पद्धति है बल्कि दोनों देशों में दलों का विकास संविधान के बाहर हुआ है किन्तु एक प्रमुख बात में दोनों देशों की दल पद्धति में मौलिक अन्तर है। ब्रिटेन में दलों का आधार सैद्धान्तिक व वैचारिक पृष्ठभूमि है जबकि अमरीका के प्रमुख दलों में सैद्धान्तिक दृष्टि से विशेष अन्तर नहीं है। आन्तरिक नीति के सम्बन्ध में ब्रिटेन के दलों अनुदार तथा श्रमिक, में व्यापक मतभेद है। एक ओर अनुदार दल पूंजीवादी व्यवस्था से जुड़ा हुआ है तो श्रमिकदल अधिकाधिक समाजवादी नीतियों के लिए वचनबद्ध है। अमरीका में सामाजिक, आर्थिक व राजनीतिक विचारधारा के आधार पर आज दलों में अन्तर करना बहुत कठिन है। अनेक अमेरिकी राजनीतिक दलों में सैद्धान्तिक रूप से कोई स्पष्ट और गहरा मतभेद नहीं होता। उनमें अन्तर सिर्फ इस बात का होता है कि कौन-सा दल किस मुद्दे को विशेष महत्व देता है।

अमरीका में प्रत्येक राज्य की अपनी-अपनी राजनीतिक व अपनी-अपनी समस्याएँ हैं और इस कारण प्रत्येक राज्य के दोनों राजनीतिक दल दूसरे राज्य के इन्हीं राजनीतिक दलों से विचारधारा व कार्यक्रमों की दृष्टि से भिन्न हो सकते हैं तथा भिन्न सामाजिक व आर्थिक समस्याएँ रखने वाले राज्यों के दोनों राष्ट्रीय दलों, डिमोक्रेटिक व रिपब्लिकन, के अपने कार्यकर्ताओं के विचारों में चाहे समानता दिखाई न दे किन्तु राष्ट्रीय स्तर पर वे अपने दलीय प्रत्याशियों को विजयी बनाकर अपने हितों की पूर्ति के लिए सदा कार्यरत रहते हैं। इसका प्रमुख कारण, रेडफोर्ड के शब्दों

में यह है कि अमरीकी व्यवस्था में अपने सिद्धान्तों की शुद्धता की तुलना में महत्वपूर्ण बात निर्वाचन के दिन अच्छा प्रदर्शन करने की है।

सामान्य अमेरिकी जनता वैचारिक रूप से लोकतंत्र, भाईचारा स्वाधीनता, व्यक्तिगत सम्पत्ति और विश्व भांति पर विश्वास करती है एवं पूंजीवाद को सही मानती है इसलिए ये राजनीतिक दलों में भी कोई खास अंतर नहीं पाया जाता है। दोनों दलों में कोई मौलिक सैद्धान्तिक मतभेद नहीं हैं। दोनों दलों में उदार व अनुदार दोनों तत्व सम्मिलित हैं, दोनों को श्रमिकों व पूंजीपतियों दोनों के मत मिलते हैं, दोनों समान रूप से कृषि व उद्योगों के विकास के लिए प्रत्यनशील हैं, दोनों साम्यवादी विरोधी हैं तथा दोनों की समाज कल्याण की नीतियों में कोई मौलिक अन्तर नहीं है। वैचारिक समानता के कारण ही फाइनर ने कहा है कि अमरीका में केवल एक ही राजनीतिक दल रिपब्लिकन-डेमोक्रेटिक दल – है जिसके लगभग बराबर-2 दो भाग हैं जो पदों की प्राप्ति के लिए प्रतिस्पर्धा करते हैं, इनमें से एक भाग का नाम रिपब्लिकन दल और दूसरे का डेमोक्रेटिक दल है। लार्ड ब्राइस ने कहा है कि अमरीका के राजनीतिक दल दो ऐसी बोतलों के समान हैं जिन पर दो भिन्न-2 लेबिल लगे हैं किन्तु दोनों खाली हैं।

(3) दल इकाइयों के परिसंघ हैं—अमरीका के राजनीतिक दलों का केन्द्रीय संगठन ढीला है और वे मुख्यतः स्थानीय व राज्यीय दलों पर आधारित हैं। केवल चार वर्ष में एक बार वे राष्ट्रीय दल के रूप में व्यवहार करते है। वहां के दलों में सत्ता राष्ट्रीय स्तर पर केन्द्रित न होकर इकाइयों में केन्द्रित हैं अतः उनमें सत्ता का फैलाव व विकेन्द्रीकरण है। जब देश में राष्ट्रपति का चुनाव होता है तब ये राष्ट्रीय दल के रूप में कार्य करते हैं अन्यथा ये स्थानीय संस्थाएँ ही हैं जो वर्ष भर स्थानीय चुनावों या चुनावों की तैयारी में सक्रिय रहती हैं। इन स्थानीय संस्थाओं पर विचारों के स्थान पर व्यक्तियों का प्रभाव रहता है जो स्पष्ट हितों से सम्बन्धित होते हैं। फाइनर का कहना है कि देश की विशालता, जनसंख्या की अधिकता तथा समाज के शहरी व ग्रामीण क्षेत्रों में विभाजन ने अमरीका में दलों का नियन्त्रण स्थानीय लोगों के हाथों में पहुंचा दिया है। इस परिस्थिति के कारण दलों में राष्ट्रीय दृष्टिकोण तथ केन्द्रीकरण की प्रकृति समाप्त हो जाती है और इसी कारण दल का उद्देश्य निश्चित करने तथ समन्वय स्थापित करने का कार्य भी समाप्त हो जाता है। कभी-2 तो राजनीतिक दलों का संगठन समाप्त ही हो जाता है।

अमरीका में राजनीतिक दलों के राष्ट्रीय नेता समर्थन के लिए निचले स्तर के पदाधिकारियों के समर्थन पर निर्भर करते हैं। इसके लिए नेताओं का व्यक्तित्व

सहायक होता है। क्योंकि राष्ट्रीय नेता के विजयी होने पर स्थानीय दल के हितों की पूर्ति सम्भव होती है अतः स्थानीय व राज्यीय दल भी राष्ट्रीय दल से जुड़े रहते हैं। राष्ट्रीय दल से अलग हो जाने पर वे भी महत्वहीन हो जाते हैं। इस प्रकार केन्द्र व राज्य परम्परावलम्बी होते हैं। स्थानीय संगठन निरन्तर कार्यरत रहकर संगठन को जीवन प्रदान करते हैं और केन्द्रीय नेतृत्व उनके हितों की पूर्ति का माध्यम है। यही कारण है कि राजनीतिक दलों को स्थानीय इकाइयों का परिसंघ कहा गया है।

(4) नीतियाँ एक जैसी नहीं रही हैं—दोनों दलों में मौलिक रूप से सैद्धान्तिक मतभेद नहीं रहने के बावजूद समय-समय पर विभिन्न मुद्दों पर मतान्तर बढ़ जाता है और ये अलग-अलग नीतियाँ बनाते हैं। उनके समर्थक हितों ने दलों को भिन्न-2 नीतियाँ अपनाने पर मजबूर किया है। यदि डेमोक्रेटिक दल ने रंग भेद व जाति भेद का विरोध किया है, चीन से मित्रता व एशियायी देशों के लोकतन्त्र का समर्थन किया है, सामाजिक सुरक्षा के क्षेत्र को व्यापक बनाने तथा नागरिक अधिकारों को अधिक संरक्षण देने की बात कही है, तो रिपब्लिकन दल ने राष्ट्रीय सुरक्षा, सैनिक शक्ति में वृद्धि, उद्योगों के विकास, करों में कमी तथा अहस्तक्षेप की नीति को अधिक समर्थन प्रदान किया है। उसने अराजकता को रोकने के लिए नागरिक अधिकारों पर रोक लगाने तथा पुलिस को व्यापक शक्तियाँ देने का समर्थन भी किया है।

(5) नेताओं की उच्च सामाजिक स्थिति—अमरीका की दलीय पद्धति की एक विशेषता यह है कि यहां दोनों प्रमुख दलों को धन सम्पन्न व ऐसे व्यक्तियों से नेतृत्व प्राप्त होता है जो समाज के विभिन्न वर्गों का आदर व सम्मान प्राप्त किए होते हैं। कोई भी निर्धन व्यक्ति किसी एक वर्ग के समर्थन के आधार पर किसी दल का नेतृत्व प्राप्त नहीं कर सकता। यद्यपि मध्य स्तर पर अनेक मध्य वर्ग व श्रमिक वर्गों के लोगों ने दलीय उत्तरदायित्व सम्भाला है किन्तु यह मुख्यतः डेमोक्रेटिक दल तक ही सीमित रहा है। रिपब्लिकन दल में तो अब भी धनी व उच्च वर्गीय लोगों का ही बोलबाला है।

अमरीका तथा ब्रिटिश दलीय व्यवस्था का तुलनात्मक अध्ययन

अमेरिका के दोनों राजनीतिक दलों में समानताओं की बहुलता के बावजूद कुछ महत्वपूर्ण विषमताएँ पायी जाती हैं जिनका वर्णन निम्नलिखित है। पहली समानता यह है कि इन दोनों देशों में राजनीतिक दलों का विकास संविधान के बाहर हुआ है। अमरीका तथा ब्रिटेन दोनों के संविधानों में राजनीतिक दलों का उल्लेख नहीं मिलता, जबकि वर्तमान स्थिति यह है कि वहां की शासन व्यवस्थाओं का अध्ययन

वहां की दलीय व्यवस्थाओं का अध्ययन किए बिना सम्भव नहीं है। यद्यपि इन देशों के राजनीतिक दलों को कानूनी मान्यता प्राप्त नहीं है फिर भी ये शासन व्यवस्था के महत्वपूर्ण अंग हैं।

दूसरी समानता यह है कि इन दोनों ही देशों में द्विदलीय पद्धति का विकास हुआ है। यद्यपि यहां दलों के निर्माण की पूरी स्वतन्त्रता है और इस कारण यहां अनेक दलों का अस्तित्व विद्यमान है किन्तु एक समय में केवल दो ही मुख्य दल रहे हैं। एक दल सरकार बनाता है और दूसरा दल विरोधी दल की भूमिका निभाता है। शेष दलों का राजनीतिक व्यवस्था में विशेष महत्व नहीं रहता।

इन दोनों देशों की दलीय व्यवस्था में समानताओं की अपेक्षा असमानताएँ निश्चित रूप से अधिक महत्वपूर्ण हैं। इसी कारण कॉवेल ने कहा है कि "संयुक्त राज्य अमरीका के राजनीतिक दल उद्देश्य व रूप की दृष्टि से इंग्लैण्ड तथा अन्य अधिकांश अन्य देशों से भिन्न है।"

1. संगठन की दृष्टि से—सांगठनिक दृष्टि से ब्रिटिश दलों का चरित्र राष्ट्रीय और संगठन मजबूत होता है जबकि अमेरिकी दलों की प्रवृत्ति स्थानीय ज्यादा होती है। अमरीकी राजनीतिक दल केवल राष्ट्रपति के चुनाव के समय ही राष्ट्रीय रूप धारण करते हैं, अन्यथा वस्तुतः वे स्थानीय और राज्य संगठन ही होते हैं।

2. अनुशासन की दृष्टि से—ब्रिटिश राजनीतिक दल अपने कठोर अनुशासन के लिए विख्यात हैं और वहां की राजनीति में सदस्यों द्वारा दलीय अनुशासन की अवहेलना की घटनाएँ बहुत ही कम होती हैं। दूसरी ओर यह कठोर दलीय अनुशासन अमरीकी राजनीतिक व्यवस्था में दिखाई नहीं देता। अमरीकी कांग्रेस के सदस्य अनेक बार अपने दलों के नेताओं के आदेशों-निर्देशों की अवहेलना करते हुए देखे जाते हैं।

3. विचारधारा के सम्बन्ध में—वर्तमान समय में ब्रिटिश राजनीति में दो प्रमुख दल हैं : अनुदार दल और श्रमिक दल। इन दोनों राजनीतिक दलों में सिद्धान्त और विचारधारा का स्पष्ट अन्तर है। अनुदार दल पूंजीवादी अर्थव्यवस्था और विद्यमान स्थिति को कम से कम परिवर्तनों के साथ बनाये रखने के पक्ष में है, लेकिन श्रमिक दल का उद्देश्य है शान्तिपूर्ण और सांविधानिक पद्धति से लोकतान्त्रिक समाजवाद की स्थापना। दूसरी ओर अमरीकी राजनीति के दो प्रमुख दलों— रिपब्लिकन दल और डेमोक्रेटिक दल—में विचारधारा सम्बन्धी भेद का सामान्यतः अभाव है। विदेश नीति, सामाजिक, राजनीतिक और आर्थिक आदर्शों के सम्बन्ध में इन दोनों राजनीतिक दलों

का एक समान दृष्टिकोण है। फाइनर के विचार में, ब्रिटेन के अनुदार तथा श्रमिक दलों की स्पष्ट भिन्नता के समान विभिन्न आदर्शों की समानता के आधार पर रिपब्लिकन और डेमोक्रेटिक दो दलों के बीच अन्तर की कोई रेखा नहीं खीची जा सकती। वास्तव में इन्हें एक ही दल के दो अंग कहना अर्थिक उचित होगा, जिनको रिपब्लिक और डेमोक्रेटिक दो विभिन्न नामों से पुकारा जाता है। लॉर्ड ब्राइस ने अमरीकी राजनीति के दो दलों की तुलना दो ऐसी खाली बोतलों से की है, जिनमें अलग-2 पेय के लेबिल लगे हुए हैं। एमरसन भी ब्रिटिश दलों से अमरीकी दलों के भेद को स्पष्ट करते हुए कहते हैं कि साधारणतया हमारे दल (अमरीकी दल) परिस्थितियों के दल हैं, सिद्धान्तों के नहीं।

भारत में दलीय व्यवस्था

भारत में दलीय व्यवस्था क़ा आरम्भ 1885 में कांग्रेस की स्थापना से आरम्भ हुआ। 1906 में मुस्लिम लीग, 1916 में हिन्दू महासभा, 1924 में साम्यवादी दल, 1934 में समाजवादी दल, की स्थापना हुई। स्वतन्त्रता से पूर्व इन राजनीतिक दलों का उद्देश्य विदेशी अंग्रेजी शासन से सुविधाएँ और बाद में स्वतन्त्रता की माँग करना था। 1947 में जब अंग्रेजों ने भारत छोड़ा तो मुस्लिम लीग भारत का विभाजन कराने में सफल हो पाई थी।

स्वतन्त्रता के पश्चात् शासन सत्ता मुख्यतः कांग्रेस के हाथों में रही। कुछेक नए राजनीतिक दल भी समय-समय पर उभरते रहे। आज राष्ट्रीय स्तर पर कांग्रेस के अतिरिक्त जनता दल, साम्यवादी पार्टी, मार्क्सवादी साम्यवादी पार्टी, भारतीय जनता पार्टी आदि राजनीतिक दल हैं। क्षेत्रीय स्तर के दलों में नेशनल कान्फ्रेंस (जम्मू-कश्मीर), अकाली दल (पंजाब), तेलुगू देशम (आन्ध्र प्रदेश), असम गण परिषद् (असम), द्रविड मुनेत्र कड़गम (तमिलनाडु) बसपा (उ.प्र.) आदि का नाम उल्लेखनीय है। राजनीतिक दलों (जो राष्ट्रीय स्तर के हैं) के कार्यक्रमों में कोई विशेष अन्तर नहीं है। लगभग सभी राष्ट्रीय दल समाजवाद, लोकतन्त्र तथा धर्मनिरपेक्ष व्यवस्था की ओर झुके हुए हैं। क्षेत्रीय स्तर के राजनीतिक दल राज्य को और अधिक अधिकार देने की माँग कर रहे हैं।

प्रजातन्त्र शासन प्रणाली के लिए राजनैतिक दल महत्त्वपूर्ण ही नहीं अपितु अनिवार्य भी होते हैं। लोकतंत्रीय शासन प्रणाली को सुचारु रूप से चलाने के लिए यह अति आवश्यक है कि राजनैतिक दल देश में उत्तरदायी रूप से कार्य

करें। वे जनता को राजनैतिक शिक्षा प्रदान करें। उन्हें राष्ट्रीय और अन्तर्राष्ट्रीय समस्याओं का ज्ञान करवाएँ और उनके समाधान के लिए पर्याप्त रूप से फैसला करने के लिए तैयार करें। प्रो. लास्की के अनुसार, "संसदीय शासन प्रणाली का जीवन और मृत्यु प्रचार पर आधारित होता है।" इसलिए लोकतन्त्रीय शासन को दलीय शासन कहा जाता है। इसकी अनुपस्थिति में लोकतन्त्र का चलना असम्भव है। बिना चुनावों के लोकतन्त्र असम्भव है। चुनावों के लिए दलों का होना स्वाभाविक है। ये जनता के समक्ष अपने कार्यक्रम रखते हैं। राष्ट्रीय और अन्तर्राष्ट्रीय समस्याओं का समाधान प्रस्तुत करते हैं। लोगों को राजनैतिक शिक्षा प्रदान करते हैं। जनता को उनके अधिकारों और कर्त्तव्यों के प्रति सजग रखते हैं। मैकाइवर ने राजनैतिक दलों के महत्त्व का इन शब्दों में वर्णन किया है, "बिना दलीय संगठन के प्रशासन का एकरूपीय सिद्धान्त नहीं बन सकता, न ही क्रमानुसार नीति का विकास हो सकता है, न ही किसी प्रकार से संसदीय चुनाव प्रणाली की संवैधानिक प्रक्रिया का अनुसरण और न ही किसी प्रकार की स्वीकृत संस्था की स्थापना हो सकती है, जिसके द्वारा कोई दल अपनी शक्ति को प्राप्त करना चाहता है या उसे स्थिर रखना चाहता है।"

प्रजातांत्रिक शासन प्रणाली में राजनैतिक दल इसलिए भी अनिवार्य हैं क्योंकि इनके द्वारा जनमत शिक्षित होता है। राजनैतिक दलों के द्वारा लोगों को सरकार की नीतियों के बारे में ज्ञान प्राप्त होता है। दल ही जनता की इच्छा को सरकार तक पहुँचाते हैं। ये जनता और सरकार के बीच कड़ी का कार्य करते हैं। राजनैतिक दलों के बिना विधानमण्डल में नीति का निर्माण करना भी असम्भव होता है। राजनैतिक दल सदस्यों को अनुशासन में रखते हैं जिससे नीति निर्माण करने में कोई कठिनाई उत्पन्न नहीं होती।

प्रजातन्त्र में विभिन्न दलों की आवश्यकता होती है, ताकि सत्तारूढ़ दल की विफलता के बाद अन्य विरोधी दल सत्ता सम्भालने के लिए आगे बढ़ सकें। लोकतंत्रीय शासन का नियम है कि बहुमत दल शासन सत्ता को संभाले और अल्पमत दल उत्तरदायी विरोधी दल का कार्य करें। यह सरकार की नीतियों की आलोचना करें और सत्तारूढ़ दल की तानाशाही पर रोक लगाएँ। इसलिए प्रो. लास्की के शब्दों में, "राजनैतिक दल देश में अफसरशाही से हमारी रक्षा करने का सर्वोत्तम साधन हैं।" लार्ड ब्राईस ने भी कहा है कि कोई भी स्वतन्त्र देश इनके बिना नहीं रह सकता।

अन्त में हम यह कह सकते हैं कि राजनैतिक दल प्रजातन्त्र के लिए

आवश्यक ही नहीं अपितु अनिवार्य भी हैं। दलों की अनुपस्थिति में शासन प्रजातांत्रिक न रह कर तानाशाही शासन का रूप होता है। यही कारण है कि लोकतन्त्र तथा राजनैतिक दल एक-दूसरे के पूरक माने जाते हैं।

भारत में राजनीतिक दलों का विकास उस क्रम के अनुसार नहीं हुआ जिस प्रकार राजनैतिक दलों का विकास ब्रिटेन तथा अमेरिका में हुआ। अंग्रेजी शासनकाल के समय भारत में ऐसी परिस्थितियाँ पैदा हुई हैं जिनके कारण राजनैतिक दलों का विकास हुआ। 1885 में एक रिटायर्ड I.C.S. आफिसर के प्रयत्नों के फलस्वरूप भारत में अखिल भारतीय राष्ट्रीय कांग्रेस का जन्म हुआ। इसका पहला अधिवेशन 1885 में बम्बई में हुआ जिसमें 72 सदस्यों ने भाग लिया। ये सदस्य समस्त भारत के अलग-अलग भागों से आए थे। इस दल की स्थापना इस उद्देश्य से की गई थी कि यह दल इंग्लैंड में विरोधी दल की भाँति सरकार को प्रशासन में सहयोग देगा और प्रशासन को जनमत का ज्ञान प्राप्त हो सकेगा। प्रारम्भ में ब्रिटिश सरकार ने इसको प्रोत्साहन दिया लेकिन धीरे-धीरे यह दल राष्ट्रवादी बन गया और परिणामस्वरूप ब्रिटिश सरकार का व्यवहार इसके प्रति कटु हो गया। इसकी राष्ट्रवादी नीतियों पर रोक लगाने के लिए ब्रिटिश सरकार ने 1906 में मुस्लिम लीग की स्थापना को प्रोत्साहन दिया। मुस्लिम लीग शुरू में एक राजनीतिक दल न होकर एक साम्प्रदायिक संस्था थी जिसका उद्देश्य मुसलमानों के लिए सुविधाएँ प्राप्त करना था। मगर कुछ समय उपरान्त मुस्लिम लीग ने भी पाकिस्तान की माँग करनी आरम्भ कर दी। साथ ही यह दल भारत के बंटवारे की माँग भी करने लगा और द्विराष्ट्र सिद्धान्त (Two Nation Theory) के आधार पर भारत का विभाजन चाहने लगा। मुहम्मद अली जिन्ना की अध्यक्षता में इस दल ने 1947 में भारत को दो भागों में विभाजित कराने में सफलता पाई।

मुस्लिम लीग की स्थापना के फलस्वरूप 1916 में भारत में अखिल भारतीय हिन्दू महासभा (All India Hindu Mahasabha) की स्थापना हुई। इसका उद्देश्य मुस्लिम लीग की साम्प्रदायिक नीतियों से हिन्दुओं के हितों की रक्षा करना था। इस दल का उद्देश्य "पूर्ण-स्वराज्य" की प्राप्ति तथा हिन्दू राष्ट्र की स्थापना करना था। इसके अध्यक्ष सावरकर के शब्दों में, "हिन्दू महासभा का उद्देश्य हिन्दू जाति, हिन्दू संस्कृति और हिन्दू सभ्यता की देखभाल, रक्षा, विकास और हिन्दू राष्ट्र के गौरव में वृद्धि और पूर्ण स्वराज्य की प्राप्ति है।"

बीसवीं शताब्दी के प्रारम्भ में कांग्रेस में दो समुदाय बन गए—उदारवादी

(Moderates) और उग्रवादी (Extremists)। 1907 में सूरत के अधिवेशन में कांग्रेस दो भागों में बँट गई और 1916 में जाकर इन दोनों गुटों में सम्मिलन हुआ।

1922 में जब महात्मा गांधी ने असहयोग आन्दोलन को स्थगित कर दिया तो उस समय कांग्रेस के कुछ वरिष्ठ सदस्यों ने जैसे सी.आर. दास, पं. मोतीलाल नेहरू और श्री एस.सी. केलकर ने स्वराज्य पार्टी की स्थापना की लेकिन 1926 में इसका महत्त्व लगभग समाप्त हो गया था।

1920 के बाद वामपंथी दलों (Leftist Parties) ने जन्म लिया। साम्यवादी दल की स्थापना 1924 में हुई परन्तु द्वितीय महायुद्ध तक यह एक गैर-कानूनी संस्था मानी जाती थी।

1934 में समाजवादी पार्टी (Sociatist Party) की स्थापना हुई। 1948 तक यह कांग्रेस की एक शाखा के रूप में कार्य करती रही, मगर 1948 में यह कांग्रेस से अलग होकर एक स्वतन्त्र दल के रूप में कार्य करने लगी।

स्वतन्त्रता प्राप्ति के पश्चात् भी कई छोटे-छोटे प्रान्तीय और साम्प्रदायिक दलों ने जन्म लिया है जैसे तमिलनाडु में द्रविड़ मुनेत्र कड़गम (D.M.K.), अखिल भारतीय अनुसूचित जाति संघ (All India Scheduled Castes Federation) भारतीय जनसंघ, स्वतन्त्र पार्टी इत्यादि। इस प्रकार भारतवर्ष में राजनैतिक दलों का जन्म हुआ।

मार्च, 1977 तक कांग्रेस पार्टी का लगभग भारत में वास्तविक शासन बना रहा। 1977 के आरम्भ में कांग्रेस पार्टी की नीतियों की प्रतिक्रिया के रूप में जनता पार्टी का गठन हुआ। बी.एल.डी., जनसंघ, कांग्रेस संगठन, समाजवादी पार्टी आदि ने मिलकर जनता पार्टी की स्थापना की। 1977-80 में जनता पार्टी का शासन रहा। 1980 में फिर कांग्रेस केन्द्र में सत्तारूढ़ हुई। भारत में मुख्य रूप से कांग्रेस, भारतीय जनता पार्टी, जनता दल, साम्यवादी दल (मार्क्सवादी), साम्यवादी दल आदि राजनीतिक दल हैं जो राष्ट्रीय स्तर पर सम्मिलित किए जा सकते हैं। क्षेत्रीय स्तर पर पाए जाने वाले दल हैं—नेशनल कांन्फ्रैस (जम्मू-कश्मीर), अकाली दल (पंजाब), तेलुगू देशम (आन्ध्र प्रदेश), असम गण संग्राम परिषद् (असम), द्रविड़ मुनेत्र कड़गम (तमिलनाडु) आदि।

1980-81 में हुए चुनावों में कांग्रेस पुनः सत्ता में आई। 1985-96 में हुए अनेक आम चुनावों में सबसे अधिक सदस्यों के कारण कांग्रेस सत्ता में आ गई और फिर अपना बहुमत बनाने में सफल रही। 1996 के चुनाव में पहले राष्ट्रपति ने

भारतीय जनता पार्टी को और बाद में जनता दल एवं उसके साथी गुट-दलों को सरकार बनाने का निमन्त्रण दिया।

भारत में दलीय व्यवस्था की विशेषताएँ

भारतीय में दलीय व्यवस्था की निम्नलिखित विशेषताएँ हैं–

1. असन्तुष्ट गुट—भारतवर्ष में राजनीतिक दलों में विशेषकर कांग्रेस पार्टी दो गुटों में विभाजित रही है। प्रत्येक प्रान्त में कांग्रेस के दो गुट बनते रहे हैं–एक सत्तारूढ़ दल (Ministerialists) और दूसरा असन्तुष्ट (Dissidents)। कांग्रेस के अन्दर ही इन दो गुटों में झगड़ा चलता रहा है। असन्तुष्ट गुट सत्तारूढ़ दल को हटाने की चेष्टा करता है। यह तत्त्व लगभग प्रत्येक प्रान्त में दिखाई दे रहे हैं।

2. स्वतन्त्र सदस्य—भारतवर्ष में बहुदलीय पद्धति के अतिरिक्त स्वतन्त्र सदस्यों को भी विधानमण्डलों में नेतृत्व प्राप्त होता है। स्वतन्त्र सदस्य चुनाव के समय दलगत गठबन्धन से स्वतन्त्र होते हैं। प्रायः यह देखा गया है कि ये स्वतन्त्र सदस्य चुनाव जीतने के लिए किसी न किसी दल का प्रत्यक्ष या अप्रत्यक्ष रूप से समर्थन प्राप्त करते हैं। चुनाव के तुरन्त बाद वे किसी न किसी दल में शामिल हो जाते हैं। यादे ये विधानमण्डल में स्वतन्त्र रहें तो इनका कोई महत्त्व नहीं होता। प्रायः यह देखा गया है कि ये सत्तारूढ़ दल में शामिल हो जाते हैं। ये स्वतन्त्र सदस्य वस्तुतः मन्त्रिमण्डल को गिराने और बनाने में सक्रिय रूप से भाग लेते हैं।

3. बहुदलीय पद्धति—भारत में अमेरिका और ब्रिटेन की भाँति द्वि-दलीय पद्धति नहीं है। फ्रांस की भाँति भारत में बहुदलीय पद्धति का जन्म हुआ है जो संसदीय शासन प्रणाली के लिए घातक सिद्ध हो सकती है। बहुदलीय पद्धति संसदीय प्रणाली के लिए घातक है। इसका सबसे बड़ा दुर्गुण यह है कि इसके कारण स्थायी सरकार का अभाव रहता है दूसरे, इस पद्धति के द्वारा देश में संगठित विरोधी दल की स्थापना नहीं हो सकती। इसका परिणाम यह होता है कि भारत जैसे देश में सत्तारूढ़ दल अपनी तानाशाही का प्रयोग करता रहता है।

4. एक दल की प्रधानता—स्वतन्त्रता प्राप्ति के पश्चात् भारत में कांग्रेस पार्टी की प्रधानता स्थापित हुई। चौथे आम चुनाव से पूर्व भारतवर्ष में केन्द्र और राज्यों में कांग्रेस पार्टी की प्रधानता स्थापित रही। 1967 में चौथे आम चुनाव के पश्चात् कांग्रेस दल को अनेक प्रान्तों में बहुमत प्राप्त न हो सका जिसके कारण मिली-जुली सरकारों की स्थापना हुई। परन्तु ये सरकारें अधिक समय तक न टिक सकीं और पाँचवें आम चुनाव के पश्चात् दोबारा कांग्रेस को प्रान्तों में बहुमत मिल गया। कांग्रेस पार्टी की

प्रधानता का मुख्य कारण यह था कि स्वतन्त्रता प्राप्ति में इस दल के नेताओं का अपार बलिदान था, जिस कारण लोगों की निष्ठा इस दल में बनी रही। मार्च, 1977 में हुए लोकसभा के चुनावों तथा जून 1977 में हुए राज्य विधानसभा के चुनावों के फलस्वरूप जनता पार्टी का उदय हुआ। 1980 के पश्चात् कांग्रेस द्वारा केन्द्र तथा अनेक राज्यों में सरकार की स्थापना की गई। परन्तु 1980 के पश्चात् केन्द्र में और विशेषरूप से राज्यों में कांग्रेस की स्थिति कमजोर होती चली गई। आज यह दल क्षेत्रीय दलों की शर्तों पर उनके साथ चुनावी गठजोड़ करता है।

वस्तुतः एक दल की प्रधानता लोकतन्त्र विरोधी होती है, जहाँ एक दल की प्रधानता होती है, वहाँ वह दल अपना मनमाना शासन करता है तथा विरोधी दल को प्रोत्साहित नहीं करता। सरकार के रवैये में सख्ती तथा तीव्रता आ जाती है।

5. संगठित विरोधी दल का अभाव—भारतवर्ष में इंग्लैंड की भाँति संगठित विरोधी दल का अभाव है। इंग्लैंड में विरोधी दल को कहा जाता है। विरोधी दल का कार्य सरकार की नीतियों की आलोचना करना है और उन नीतियों को सुधारने के लिए उपयोगी सुझाव पेश करना है। विरोधी दल एक वैकल्पिक सरकार होती है। डॉ जैनिंग्न के अनुसार, "आम चुनाव में केवल सरकार का ही नहीं, अपितु विरोधी दल का भी चुनाव होता है। विरोधी दल का नेता वैकल्पिक प्रधानमन्त्री होता है और जनमत में थोड़े से परिवर्तन के कारण विरोधी दल को सदन में बहुमत प्राप्त हो जाता है और यह सरकार का निर्माण करता है।"

भारतीय दलीय पद्धति की यह एक बड़ी त्रुटि है कि इस देश में इंग्लैण्ड की भाँति सुदृढ़ विरोधी दल पनप नहीं पाया। अनेक दल ऐसे हैं जो अवसरवादिता पर आधारित हैं। कांग्रेस पार्टी भी स्वयं में संगठित दल नहीं है। इसमें भी कई बार फूट पड़ी है। जनता पार्टी में भी फूट के कारण भारतीय जनता पार्टी का उदय हुआ। फलस्वरूप भारत में संगठित विपक्ष कभी न बन सका।

6. नीतियों और कार्यक्रम की अस्पष्टता तथा अनिश्चितता—भारतवर्ष में राजनैतिक दलों की एक विशेषता यह भी है कि दलों की नीतियाँ और कार्यक्रम अनिश्चित तथा अस्पष्ट हैं। विरोधी दलों का प्रमुख कार्यक्रम कांग्रेस का विरोध करना होता है। भारत में दलों का कार्यक्रम एक-दूसरे का विरोध करना ही होता है।

7. दल-बदल—चौथे आम चुनाव के पश्चात् दल-बदल काफी जोरों पर रहा है। कई सदस्यों ने तीन-चार दलों को त्यागा है। यह इस कारण हुआ कि आम चुनाव के बाद किसी भी दल को बहुमत प्राप्त न हुआ और मन्त्रिमण्डल बनाने की लालसा

से सदस्यों में गठजोड़ चलता रहा। मार्च, 1977 के लोकसभा के चुनावों के पश्चात् तथा कांग्रेस पार्टी की हार के कारण अनेक कांग्रेस सदस्य कांग्रेस छोड़कर जनता पार्टी में शामिल हो गए। सरकार ने 52वें संशोधन द्वारा दल-बदल प्रवृत्ति को रोकने का प्रयास किया है।

कांग्रेस की स्थापना 1885 में ए.ओ. ह्यूम के प्रयत्नों से हुई। उस समय इस दल की स्थापना करने का उद्देश्य केवल इंग्लैंड की भाँति एक विरोधी दल की स्थापना करना था ताकि ब्रिटिश सरकार को नीति निर्माण करने में सहायता दी जा सके। भारत में वायसराय लार्ड डफरिन ने इस प्रकार की आशा व्यक्त की थी। उनके अनुसार भारतवर्ष में एक ऐसी राष्ट्रीय संस्था स्थापित की जाए जो इंग्लैंड के विरोधी दल की तरह कार्य कर सके। चूँकि समाचार-पत्र विश्वसनीय नहीं थे इसलिए उनकी यह आकांक्षा थी कि प्रत्येक वर्ष भारत के राजनीति इकट्ठे हों और प्रशासन के दोषों को दूर भगाने के लिए सुझाव दें। बीस वर्ष तक कांग्रेस का कार्यक्रम यही था और हर वर्ष वह प्रस्ताव पास करती थी। परन्तु बहुत शीघ्र ही 1907 में कांग्रेस दो भागों में बंट गई—एक उदारवादी ग्रुप (Moderate Group) और दूसरा उग्रवादी ग्रुप (Extremist Group)। उदारवादी ग्रुप ब्रिटिश सरकार को वरदान मानते थे और वे केवल संवैधानिक तरीकों से ही और सुविधाएँ प्राप्त करना चाहते थे। मगर उग्रवादी उदारवादियों की इस नीति को भिखारियों की नीति कहते थे और उनका संवैधानिक तरीकों में विश्वास समाप्त हो गया था। यह विभाजन 1916 तक चलता रहा और उसके पश्चात् इन दोनों गुटों में समझौता हो गया।

स्वतन्त्रता प्राप्ति से पूर्व कांग्रेस का उद्देश्य देश को अहिंसाकारी तरीकों से स्वतन्त्र करवाना था। अतः इस दल ने भारतीय राष्ट्रीय आन्दोलन को नेतृत्व प्रदान किया। यह एक राष्ट्रीय दल था और इसमें प्रत्येक सम्प्रदाय के लोग शामिल थे मुहम्मद अली जिन्ना कांग्रेस को एक हिन्दू सम्प्रदाय का नाम देते थे। महात्मा गांधी ने कांग्रेस को राष्ट्रीय दल बताया जिसमें हिन्दू, मुस्लिम, ईसाई, पारसी, सिख इत्यादि सभी वर्गों के सदस्य थे।

स्वतन्त्रता प्राप्ति के पश्चात् कांग्रेस पार्टी का जो नया संविधान अप्रैल 1983 में बनाया गया उसके अनुसार इसके उद्देश्य के विषय में यह कहा गया, 'कांग्रेस पार्टी का उद्देश्य भारतीय जनता का हित तथा प्रगति और सहकारी संघवाद की शान्तिपूर्ण तथा वैधानिक तरीके से स्थापना है। यह अवसर की समानता और राजनीतिक, आर्थिक तथा सामाजिक अधिकार एवं विश्वशान्ति तथा बन्धुत्व पर आधारित होगा।''

अवाड़ी अधिवेशन में समाजवादी समाज की स्थापना के लिए प्रस्ताव पास किया गया। इसके निम्नलिखित सात सिद्धान्त थे–

(i) पूर्ण रोजगार और काम करने का अधिकार,
(ii) लघु ग्रामीण और गृह उद्योगों के द्वारा अधिक से अधिक राष्ट्रीय आत्मनिर्भरता की प्राप्ति;
(iii) सामाजिक तथा आर्थिक न्याय,
(iv) शान्तिपूर्ण अहिंसा और लोकतन्त्रीय उपायों से समाज़वादी समाज की स्थापना का उद्देश्य;
(v) ग्रामीण पंचायतों और सहकारी उद्योगों में आर्थिक और राजनैतिक विकेन्द्रीकरण;
(vi) गरीब और निम्नतर वर्ग की आवश्यकताओं की व्यवस्था करना। ये सिद्धान्त वस्तुतः गांधीजी के सिद्धान्तों के अनुकूल हैं और इन्हें सर्वोदय भी कहा जा सकता है। सन् 1956 में नेहरूजी ने अमृतसर के स्थान पर कांग्रेस के खुले अधिवेशन में आर्थिक नीति पर प्रस्ताव प्रस्तुत करते हुए कहा था कि भारतवर्ष का मुख्य उद्देश्य औद्योगिक क्रान्ति है परन्तु इसको प्राप्त करने का उपाय ऐंग्लो-अमेरिकन और रूसी उपायों से भिन्न है। हम रूस की भाँति औद्योगीकरण तुरन्त करना चाहते हैं परन्तु इसे शान्तिपूर्ण लोकतन्त्रीय ढंग से प्राप्त करेंगे।

जनवरी 1957 के इन्दौर अधिवेशन में कांग्रेस ने संविधान में संशोधन किया गया। इसका उद्देश्य शान्तिपूर्ण तथा वैधानिक तरीके से एक समाजवादी राष्ट्रमण्डल की स्थापना करना था। 1959 के नागपुर अधिवेशन में कांग्रेस ने सहकारी खेती के प्रति एक महत्त्वपूर्ण प्रस्ताव पास किया था। उसके अनुसार प्रत्येक व्यक्ति, जो भूमि की खेती करेंगे उन्हें आमदनी का उतना भाग मिलेगा जितना वे काम करेंगे, चाहे वे भूमिहीन क्यों न हों। इस योजना के अधीन सहकारी संगठन बनाए जाने थे और अतिरिक्त भूमि पर पंचायतों का अधिकार होना था। 1961 के अधिवेशन में कांग्रेस ने राष्ट्रीय एकता, मिश्रित अर्थव्यवस्था के द्वारा समाजवाद, पंचायती राज और सहकारी संगठनों के द्वारा ग्रामीण जीवन को प्रगतिशील बनाने का कार्यक्रम निर्धारित किया।

1977 तथा बाद के चुनाव घोषणा-पत्रों में कांग्रेस ने देश के भिन्न-भिन्न भागों के विकास और विशेषकर के पिछड़े हुए इलाकों के विकास के लिए जोर दिया। विदेशी नीति का इन्होंने समर्थन किया। अन्तर्राष्ट्रीय क्षेत्रों में कांग्रेस की सरकार ने

सदैव विश्व शान्ति तथा सुरक्षा का पक्ष लिया है। लोकतन्त्र, समाजवाद तथा धर्मनिरपेक्षता कांग्रेस के कार्यक्रम में सदैव सम्मिलित रहे।

सन् 1947 से लेकर 1967 तक कांग्रेस पार्टी का केन्द्र तथा प्रान्तों के विधानमण्डलों में लगभग बहुमत रहा लेकिन 1967 में कांग्रेस को आम चुनाव में बहुत आघात पहुँचा। बहुत से प्रान्तों में विरोधी दलों की संगठित सरकारें स्थापित हो गईं। यद्यपि किसी कारणवश ये सरकारें चिरकाल तक कायम न रह सकीं। 1971 के चुनाव में इन्दिरा कांग्रेस को भारी बहुमत प्राप्त हुआ क्योंकि इस दल ने गरीबी हटाओ 'और बेरोजगारी दूर करो' का नारा दिया। इसे लोकसभा में 350 स्थान प्राप्त हुए।

कांग्रेस पार्टी को 1971 के आम चुनाव में भारी बहुमत प्राप्त हुआ। मार्च, 1977 में इसकी स्थिति मन्द पड़ गई। 1977 के लोकसभा चुनावों में इस दल को 542 के सदन में 154 सीटों पर विजय प्राप्त हुई जबकि इस दल ने अपने 493 सदस्य चुनाव में खड़े किए थे। 1980 के चुनाव में कांग्रेस (इन्दिरा) केन्द्र में फिर सत्ता में आई। इस दल ने 1980 के लोकसभा चुनाव में 544 में से 353 स्थान प्राप्त किए। 1984 के चुनावों में कांग्रेस ने 544 में से 403 स्थान लोकसभा में प्राप्त किए थे। 1989 के एक संक्षिप्त काल के बाद 1991 में कांग्रेस पुनः सत्ता में आ गई। 1996 के चुनावों में कांग्रेस की लोकसभा में स्थिति कमजोर हो गई यद्यपि यह दल संख्या की दृष्टि से लोकसभा में दूसरे स्थान पर था।

कांग्रेस की चुनावी नीतियाँ समय-समय पर बदलती रही हैं। 1976 में समाजवाद का नारा देने वाली यह पार्टी 1991 में निजीकरण तथा उदारीकरण की चर्चा करने लग गई थी। अनुसूचित जातियों, जनजातियों, महिलाओं कमजोर वर्गों के प्रति कांग्रेस की नीति पहले जैसी ही रही है।

किसी भी लोकतन्त्रीय व्यवस्था में जहाँ राजनीतिक दलों का महत्त्व होता है, वहाँ दबाव गुटों का भी महत्त्व कम नहीं होता। राजनीतिक दल तथा दबाव गुट, दोनों ही राजनीति को प्रभावित करते हैं। दोनों का लक्ष्य सरकार से अपने हितों तथा मांगों की पूर्ति होती है। परन्तु इसका अर्थ यह नहीं है कि दोनों एक जैसे होते हैं। मुख्यतः राजनीतिक दल राजनीति में सक्रिय रूप से भाग लेते हैं, जबकि दबाव गुट राजनीति में अप्रत्यक्ष रूप से भाग लेते हैं। राजनीतिक दल चुनाव लड़ते हैं, सरकार अथवा विरोधी दल का गठन करते हैं, परन्तु दबाव गुट ऐसा कोई कार्य नहीं करते।

दबाव गुट

उपर्युक्त विवेचन से हमें दबाव गुट का अर्थ जानने में सहायता मिलती है। दबाव गुट किसी ऐसे संगठित समूह को कहा जा सकता है जो अपने संयुक्त प्रयास द्वारा अपने हितों की पूर्ति करता हो। दबाव गुट का मुख्य लक्ष्य राजनैतिक गतिविधियों को अपने प्रभाव के बल से प्रभावित करना होता है। औदगार्द के अनुसार 'एक दबाव गुट उन लोगों का औपचारिक संगठन होता है जिसके एक अथवा एक से अधिक सामान्य उद्देश्य होते हैं और जो घटनाक्रम को विशेष रूप से विधि निर्माण तथा प्रशासनीय कार्यों को प्रभावित करने में प्रयत्नशील रहते हैं जिससे कि वह अपने हितों की रक्षा कर सकें तथा उन्हें प्रोत्साहन दे सकें। माइरन वीनर के शब्दों में, "दबाव गुट से हमारा तात्पर्य शासन के ढांचे से बाहर स्वैच्छिक रूप से संगठित ऐसे समूहों से होता है जो प्रशासनिक अधिकारियों की नियुक्ति तथा नामजदगी, विधि निर्माण और सार्वजनिक नीति के क्रियान्वयन को प्रभावित करने में प्रयत्नशील रहते हैं।" इस प्रकार हम देखते हैं कि दबाव गुट संगठित तथा असंगठित दोनों ही हो सकते हैं। उनके द्वारा संवैधानिक तथा गैर-संवैधानिक दोनों प्रकार के साधनों को अपनाया जा सकता है। इनका उद्देश्य राजनीतिक सत्ता की प्राप्ति नहीं होती, बल्कि शासकीय अधिकारियों का प्रभाव मात्र ही होता है।

भारत में दबाव गुट

भारत में दबाव गुटों को मुख्यतः दो भागों में बांटा जा सकता है–

(i) वे गुट जो परम्परागत सामाजिक ढांचे से सम्बन्धित हैं।

(ii) वे गुट जो आधुनिक उद्योग से सम्बन्धित हैं।

(i) परम्परागत सामाजिक ढांचे से सम्बन्धित दबाव गुट–ऐसे गुटों में धर्म, जाति, भाषा के आधार पर बनाए गए गुट सम्मिलित किए जा सकते हैं। राष्ट्रीय स्वयं सेवक संघ ऐसा गुट है जिसका आधार धार्मिक कहा जा सकता है। नादार जाति संघ, अनुसूचित संगठन, असम और नागालैंड में संगठित जातीय संघ संगठन हैं जिन्हें जाति के आधार पर बना संघ कहा जा सकता है। दक्षिण भारत में अनेक ऐसे भाषायी संगठन हैं जो हिन्दी के विरोध हेतु बनाए गए हैं।

(ii) आधुनिक उद्योग आदि पर संगठित दबाव गुट–ऐसे गुटों में हम व्यापारिक संघ, मजदूर संघ, विद्यार्थी संघ, अध्यापक संघ आदि को सम्मिलित कर सकते हैं। प्रायः यह देखा गया है कि लगभग प्रत्येक व्यवसाय का अपना अलग संघ

है जो कि क्षेत्रीय आधार से लेकर राष्ट्रीय आधार पर फैला रहता है। समय-समय पर ऐसे विभिन्न दबाव गुट सरकार तथा शासन से अपने हितों की माँगें करते रहते हैं।

दबाव गुट के स्वरूप

कुछेक विशिष्ट गुटों का वर्णन इस प्रकार है—

1. श्रमिक संघ—श्रमिकों द्वारा बनाए गए संघ भारत में प्रभाव गुटों का एक अन्य उदाहरण है। प्रायः यह देखने में आया है कि भिन्न-भिन्न आर्थिक, सामाजिक, औद्योगिक, व्यापारिक, शैक्षणिक संस्थाओं में काम करने वालों ने अपने हितों की रक्षा के लिए श्रमिक संघ बना लिए हैं। बैंक कर्मचारियों का संघ, रेलवे कर्मचारियों का संघ, केन्द्रीय सरकार के प्रथम, द्वितीय, तृतीय तथा चौथी श्रेणियों के कर्मचारियों का संघ, स्टील उद्योग में काम करने वाले श्रमिकों का संघ, अध्यापक संघ, विद्यार्थी संघ आदि ऐसे ही कुछ उदाहरण हैं। भारत में इन श्रमिक संघों की विशेषता यह है कि इन्हें विभिन्न राजनैतिक दलों का समर्थन प्राप्त है। कुछेक श्रमिक संघों पर कांग्रेस पार्टी का प्रभाव है जबकि अन्य संघों पर साम्यवादी दल, साम्यवादी (मार्क्सवादी) पार्टी, भारतीय जनता पार्टी आदि का प्रभाव रहा है। केवल इतना ही नहीं, किसी विशेष संघ में विभिन्न राजनैतिक दल अपने-अपने अलग संगठन बना लेते हैं, उदाहरणार्थ विद्यार्थियों में युवक कांग्रेस वर्ग कांग्रेस पार्टी के प्रभाव में, विद्यार्थी फैडरेशन साम्यवादी पार्टी के प्रभाव में, विद्यार्थी परिषद् भारतीय जनता पार्टी के प्रभाव में था। ऑल इण्डिया ट्रेड यूनियन कांग्रेस पर कांग्रेस का प्रभाव है जबकि इण्डियन नेशनल ट्रेड यूनियन कांग्रेस पर साम्यवादी दलों का प्रभाव है। यही कारण है कि जब इन श्रमिक संघों की सत्ता कांग्रेस विरोधी दलों के हाथों में आती है तो कांग्रेस, जिसे कभी राजनैतिक सत्ता प्राप्त थी, इन संघों द्वारा चलाए गए आन्दोलनों को समाप्त करने का प्रयास करती थी और जब ये संघ कांग्रेस के समर्थक वर्गों के हाथों में आ जाते हैं तो कांग्रेस इनका सहयोग प्राप्त करती थी।

भारत में श्रमिक संघ आन्दोलन की विफलता के अनेक कारण हैं। श्रमिक संघों में आन्तरिक संगठन का अभाव, स्वस्थ नेतृत्व की कमी, निजी स्वार्थों की प्राथमिकता आदि इस सम्बन्ध में उल्लेखनीय हैं।

2. सर्वोदय संगठन—महात्मा गांधी के विचारों से प्रभावित होकर विनोबाजी तथा जयप्रकाश नारायण द्वारा संगठित सर्वोदय संस्था एक ऐसा संगठन है जिसका राजकीय कार्यों पर काफी प्रभाव रहता चला आया है। सर्वोदय संगठन का मुख्य लक्ष्य

सामाजिक कल्याण की कामना है। सरकार की ओर से आयोजित सामुदायिक विकास के कार्य (Community Development Projects) तथा पंचायती राज की स्थापना (Establishment of Panchayati Raj) सर्वोदय उद्देश्यों की देन हैं। आरम्भ से ही सर्वोदय नेताओं और कांग्रेस पार्टी के नेताओं में सम्पर्क चला आया है। चूँकि सर्वोदय नेताओं में अधिकांश सदस्य गांधीजी के विचारों से प्रभावित हुए होते हैं, इसलिए भारतीय राजनीति में, जहाँ गांधी को एक सम्मानजनक स्थान प्राप्त है, सर्वोदय नेताओं के विचारों का सदैव आदर किया जाता है। पंडित नेहरू, लालबहादुर शास्त्री, श्रीमती इन्दिरा गांधी तथा श्री मोरारजी देसाई ने सदैव विनोबाजी को पूर्ण सम्मान दिया है। 1960 में जयप्रकाश नारायण की अध्यक्षता में ग्रामीण विकास सम्बन्धी ऐच्छिक संस्थाओं के संगठन (Association of Voluntary Agencies for Rural Development) का राजकीय अधिकारियों द्वारा सहयोग प्राप्त करना यह संकेत करता है कि सर्वोदय विचारों का राजनीति में काफी योग रहता है।

3. जाति सम्बन्धी संगठन—यद्यपि संविधान के अन्तर्गत जाति, धर्म, रंग आदि किसी भी आधार पर भेदभाव न करने का वर्णन मिलता है, परन्तु इस बात से इन्कार नहीं किया जा सकता कि आज भी जाति, धर्म आदि का सामाजिक तथा राजनैतिक ढांचे में एक विशेष स्थान है। भले ही जाति, धर्म के आधार पर प्रत्यक्ष रूप से संस्थाएँ नहीं बनाई जातीं, परन्तु समाज तथा राज्य के प्रत्येक संगठन में इनके योग को भुलाना कठिन है। भारतीय समाज की प्रत्येक रीति में जाति तथा धर्म का अपना ही विशेष स्थान है। चुनावों के दौरान लगभग सभी राजनैतिक दल अपने-अपने उम्मीदवारों को चुनते समय जाति तथा धर्म के तत्त्व को भुलाने का साहस नहीं करते। आज भी जाति धर्म के नाम पर लोगों से मत लिए जाते हैं। आज भी कुछेक जातियाँ एक-दूसरे के साथ मिलकर राजनैतिक लाभ प्राप्त करने का यत्न करती हैं।

प्रभाव गुटों की ओर सरकार का रवैया—जहाँ तक सरकार का इन गुटों की ओर रवैये का प्रश्न है, यह कहना पड़ता है कि सरकार तथा अनेक प्रकार के दबाव गुट आपसी सम्बन्ध के हेतु आज इस स्तर पर हैं कि वे एक-दूसरे के प्रति समय-समय पर नीतियाँ बनाते हैं। यह देखने में आया है कि सरकार उन दबाव गुटों का प्रायः विरोध करती है जो उसके मार्ग में बाधा डालते हैं तथा उसे स्वतन्त्रतापूर्वक कार्य नहीं करने देते। यही कारण है कि सरकार ने सदैव उन संगठनों को सहानुभूति की दृष्टि से नहीं देखा जो हड़ताल, सत्याग्रह तथा संगठित विरोध का सहारा लेते हैं। परन्तु दूसरी ओर सरकार ने सदैव उन दबाव गुटों को प्रोत्साहन दिया है जो प्रस्तावों

तथा प्रतिनिधि मण्डलों के रूप में उसके समक्ष आते रहे। मैरन बीनर के शब्दों में, "वास्तव में, सरकार इन संगठित गुटों की ओर अपने सम्बन्ध को इस प्रकार ढालती है कि ऐसे संगठित गुट सरकार से किसी प्रकार की माँग न करें, अपितु सदैव उसे अपना सहयोग देते रहें।"

भारत में दबाव गुटों का महत्त्व जहाँ बढ़ता जा रहा है, वहाँ इन गुटों से सम्बन्धित कार्यविधि के नियमों पर अत्यधिक विचार नहीं किया गया। फलस्वरूप विभिन्न दबाव गुट अपने-अपने तरीकों (उचित तथा अनुचित तरीकों) से अपने उद्देश्यों की पूर्ति करते रहते हैं।

दबाव समूह प्रथा अमेरिका में बहुत प्रचलित है।

दबाव समूहों में 1. निर्धारित हित होते हैं। 2. इनके सामाजिक, आर्थिक, शैक्षिक या सांस्कृतिक उद्देश्य होते हैं। 3. ये विधायकों पर नियन्त्रण रखते हैं। 4. विधायकों से सौदेबाजी करते हैं। 5. जरूरत पड़ने पर असंवैधानिक तथा तोड़फोड़ की कार्यवाही भी करते हैं।